How to NEW
OPIc

등급공략편

INTERMEDIATE

How to **NEW OPIc** 등급공략편 INTERMEDIATE

지은이 김용직 · 추현호
펴낸이 안용백
펴낸곳 (주) 넥서스

초판 1쇄 발행 2011년 4월 20일
초판 8쇄 발행 2014년 9월 15일

출판신고 1992년 4월 3일 제311-2002-2호
121-893 서울시 마포구 양화로 8길 24
Tel (02)330-5500 Fax (02)330-5555
ISBN 978-89-5797-529-9 13740

저자와 출판사의 허락 없이 내용의 일부를
인용하거나 발췌하는 것을 금합니다.
저자와의 협의에 따라서 인지는 붙이지 않습니다.

가격은 뒤표지에 있습니다.
잘못 만들어진 책은 구입처에서 바꾸어 드립니다.

www.nexusbook.com

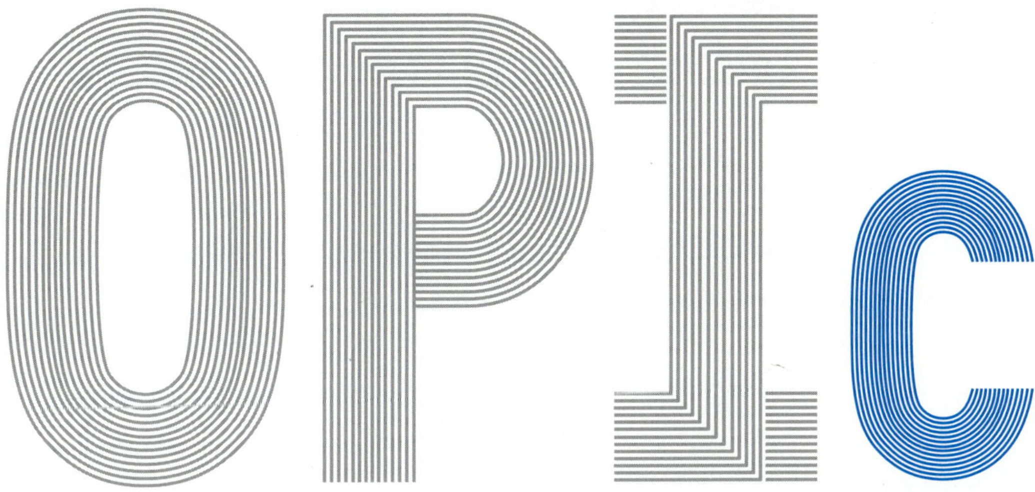

How to NEW OPIc

Oral Proficiency Interview - computer

등급공략편

INTERMEDIATE

김용직·추현호 지음

넥서스

How to NEW OPIc INTERMEDIATE as Your Strategy

Why OPIc?

모든 일에는 그 준비를 하는 기획과 세부적, 논리적으로 그 기획들을 정리하는 계획이 있으며, 그 계획이 완성되면 시행하는 과정이 있습니다. 바로 이 기획과 계획을 '전략'이라고 부르며, 시행 과정은 전술이라는 용어로 통상 지칭합니다. 여러분이 취업을 꿈꾸고 있는 학생이든지, 승진을 대비하고 있는 직장인이든지 무엇보다 우선 준비 중인 목표를 효율적으로 달성하기 위한 전략과 전술이 필요하다고 하겠습니다.

과거의 수험생들은 지필고사 영어 성적을 '취업과 승진의 전략'으로 활용해 왔습니다. 하지만, 지필고사 영어 성적은 듣기, 독해, 문법 위주의 간접적인 영어 능력을 평가하고 있기 때문에 기업과 사회에서 요구하는 다양한 영어 능력과는 무관하다는 평가를 받게 되었고 이에 따라 '전략'으로서의 효용 가치를 상실하기에 이르렀습니다. 이제는 'OPIc'으로 대표되는 영어 말하기 평가가 새로운 전략이 되었습니다. 국제화시대(Globalization)를 살아가고 있는 우리 모두에게 '영어 말하기 능력'과 이러한 능력을 가장 잘 측정하고 있는 OPIc 시험이 여러분들이 원하는 '취업'과 '승진'이라는 목표를 달성하게 해주는 최고의 '전략'입니다. 그리고 이러한 '전략'을 실행에 옮길 수 있도록 친절하게 안내해 주는 How to NEW OPIc INTERMEDIATE는 여러분들에게 최고의 전술이 되어 줄 것입니다.

Why How to NEW OPIc INTERMEDIATE?

How to NEW OPIc INTERMEDIATE는 4주 과정으로 12강(주 3일 학습) 또는 20강(주 5일 학습)으로 구성되어 있어 학원 강의용 교재는 물론이고 독학용, 스터디용 교재로도 안성맞춤입니다. 정기시험에서 난이도 3~4단계를 선택하여 Intermediate Low ~ Intermediate Mid 1, 2, 3 등급을 공략하려고 하는 OPIc 중급 실력을 지닌 수험생들을 위해 만들어졌으며, 등급이 세분화된 Intermediate Mid 1, 2, 3 등급을 보다 완벽하게 대비할 수 있도록 난이도 높은 실전문제를 추가로 수록하였습니다. 세분화된 Mid 1, 2, 3 등급의 핵심은 바로 문제의 유형과 난이도이기 때문에 본서의 난이도가 낮은 문제(소개, 묘사 문제)와 난이도가 높은 문제(과거 경험 문제, Role-play 문제)를 통하여 100% 완벽한 대비가 가능합니다.

STAGE 1 길잡이에서 뉴오픽 최신 출제 경향을 분석한 내용을 살펴볼 수 있고 STAGE 2 빈출문제에서는 가장 빈번하게 출제되고 앞으로 출제될 가능성이 높은 오픽 문제(IL~IM 1, 2 등급 수준의 문제)를 학습할 수 있으며 STAGE 3 ACTUAL TEST에서는 실전문제를 학습하게 됩니다.

KEY POINTS에서는 키워드 + 리스닝 포인트 + 스피킹 포인트의 3가지 중요한 포인트의 기능을 학습할 수 있고, STEP BY STEP에서는 서론 – 본론 – 결론에 해당되는 스토리텔링과 브레인스토밍을 통하여 답변 스토리를 예상해 볼 수 있습니다. HOW TO MAKE A STORY에서는 1st Story(서론) – 2nd Story(본론) – 3rd Story(결론)와 Full Story로 구성된 모범 답안을 학습할 수 있습니다.

본서의 가장 큰 장점은 난이도 3~4단계에 해당되는 Intermediate Low와 Intermediate Mid 1, 2, 3의 총 4개 등급을 수험생들이 보다 효율적으로 대비할 수 있도록 난이도별로 실전문제를 구분, 배치하였다는 것입니다. 따라서 수험생들은 비교적 쉬운 문제와 어려운 문제를 쉽게 구분하여 파악할 수 있으며, 3~4단계에서 난이도가 높은 과거 경험 문제와 Role-play 문제를 집중적으로 학습함으로써 IM 2, 3 등 비교적 높은 등급을 완벽하게 대비할 수 있습니다.

마지막으로 본 교재가 탄생할 수 있도록 물심양면으로 도와주신 넥서스 사장님과 곁에서 항상 힘이 되어준 김경희님과 양혜진님 그리고 우노곰스 회원 여러분들께 깊은 감사의 말씀을 드립니다.

저자 **김용직 · 추현호**

CONTENTS

NEW OPIC 학습 스케줄러

✖ 주 3일 / 12강 학습 스케줄러

	월	화	수	목	금	토
Week 1	1강	1강 복습	2강	2강 복습	3강	3강 복습
Week 2	4강	4강 복습	5강	5강 복습	6강	6강 복습
Week 3	7강	7강 복습	8강	8강 복습	9강	9강 복습
Week 4	10강	10강 복습	11강	11강 복습	12강	12강 복습

	1강	2강	3강
1주차 (월/수/금)	CHAPTER 1 Unit 1~2 뉴오픽 시험 이해하기 뉴오픽 유형 파악하기	CHAPTER 2 Unit 1~4 일반적 / 구체적 / 경험을 묻는 / 롤플레이(역할 연기) 질문 공략	CHAPTER 3 Unit 1~2 거주지 학생과 직장인

	4강	5강	6강
2주차 (월/수/금)	CHAPTER 4 Unit 1~4 공원 / 영화 콘서트와 공연 / 게임	CHAPTER 5 Unit 1~4 캠핑 / 해변 [뉴오픽] 쇼핑 / [뉴오픽] 외식	CHAPTER 6 Unit 1~4 음악 / 악기 노래 / 춤

	7강	8강	9강
3주차 (월/수/금)	CHAPTER 7 Unit 1~4 요리 / 애완동물 [뉴오픽] 인터넷 / [뉴오픽] 독서	CHAPTER 8 Unit 1~4 농구 / 수영 헬스 / 걷기와 조깅	CHAPTER 9 Unit 1~4 스키와 스케이트 요가 / 자전거 / 탁구

	10강	11강	12강
4주차 (월/수/금)	CHAPTER 10 Unit 1~2 여행 출장	CHAPTER 11 [돌발문제 1~12] 경찰 / 시골 / 농부 / 명절(공휴일) 병원 / 건물 / 은행 / 약속 계절 / 신분증 / 여가 / 건강	CHAPTER 12 Unit 1~2 Three Combo 실전문제 Role-play 실전문제

❈ 주 5일 / 20강 학습 스케줄러

	월	화	수	목	금	토	일
Week 1	1강	2강	3강	4강	5강	1~3강 복습	4~5강 복습
Week 2	6강	7강	8강	9강	10강	6~8강 복습	9~10강 복습
Week 3	11강	12강	13강	14강	15강	11~13강 복습	14~15강 복습
Week 4	16강	17강	18강	19강	20강	16~18강 복습	19~20강 복습

	1강	2강	3강	4강	5강
1주차 (월~금)	CHAPTER 1 Unit 1~2 뉴오픽 시험 이해하기 / 뉴오픽 유형 파악하기	CHAPTER 2 Unit 1~4 일반적 / 구체적 / 경험을 묻는 / 롤플레이(역할 연기) 질문 공략	CHAPTER 3 Unit 1~2 거주지 학생과 직장인	CHAPTER 4 Unit 1~2 공원 영화	CHAPTER 4 Unit 3~4 콘서트와 공연 게임
	6강	**7강**	**8강**	**9강**	**10강**
2주차 (월~금)	CHAPTER 5 Unit 1~2 캠핑 해변	CHAPTER 5 Unit 3~4 [뉴오픽] 쇼핑 [뉴오픽] 외식	CHAPTER 6 Unit 1~2 음악 악기	CHAPTER 6 Unit 3~4 노래 춤	CHAPTER 7 Unit 1~2 요리 애완동물
	11강	**12강**	**13강**	**14강**	**15강**
3주차 (월~금)	CHAPTER 7 Unit 3~4 [뉴오픽] 인터넷 [뉴오픽] 독서	CHAPTER 8 Unit 1~2 농구 수영	CHAPTER 8 Unit 3~4 헬스 걷기와 조깅	CHAPTER 9 Unit 1~2 스키와 스케이트 요가	CHAPTER 9 Unit 3~4 자전거 탁구
	16강	**17강**	**18강**	**19강**	**20강**
4주차 (월~금)	CHAPTER 10 Unit 1~2 여행 출장	CHAPTER 11 [돌발문제 1~4] 경찰 시골 농부 명절(공휴일)	CHAPTER 11 [돌발문제 5~8] 병원 건물 은행 약속	CHAPTER 11 [돌발문제 9~12] 계절 신분증 여가 건강	CHAPTER 12 Unit 1~2 Three Combo 실전문제 / Role-play 실전문제

STRUCTURE & FEATURES

Stage 1 길잡이

본문 학습에 앞서 뉴오픽 최신 출제 경향을
파악하여 실제 시험에 완벽 대비할 수 있도록
하였다.

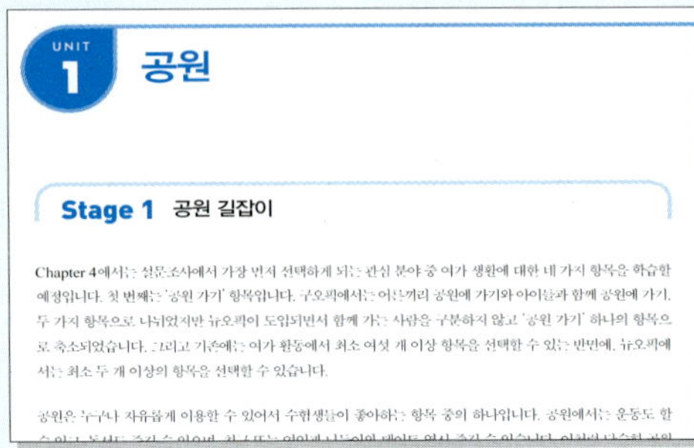

Stage 2 빈출문제

실제 오픽 시험에서 가장 자주 출제되는
문제와 앞으로 출제될 가능성이 높은
문제들을 제공하고 있다.

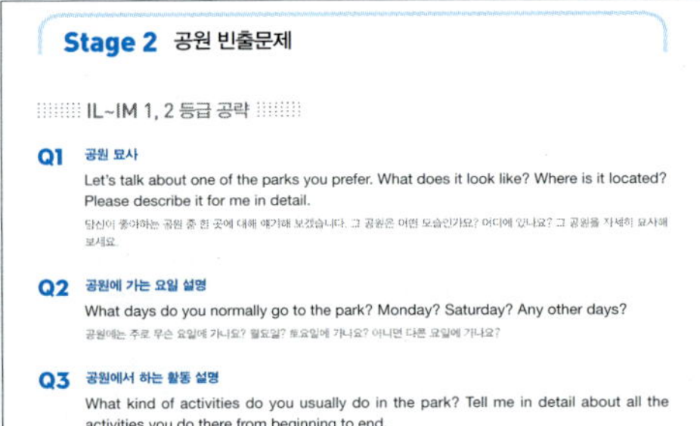

Stage 3 ACTUAL TEST

KEY POINTS

키워드 + 리스닝 포인트 + 스피킹 포인트의
3가지 중요한 포인트를 학습하여 답변을
전략적으로 공략할 수 있다.

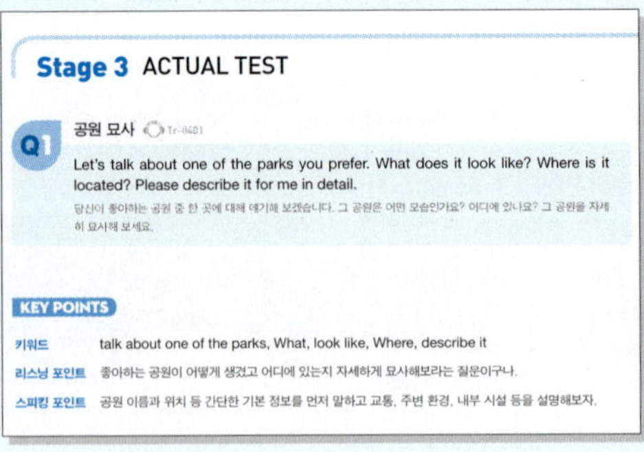

STEP BY STEP

서론 – 본론 – 결론에 해당되는
스토리텔링과 브레인스토밍을 통하여
답변 스토리를 예상해볼 수 있다.

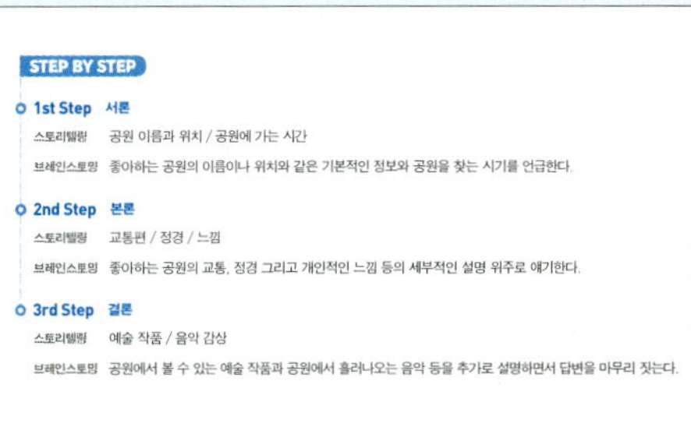

HOW TO MAKE A STORY

1st Story - 2nd Story - 3rd Story와
실제 정기시험에서 활용할 수 있는 모범 답안인
Full Story를 제공하고 있다.

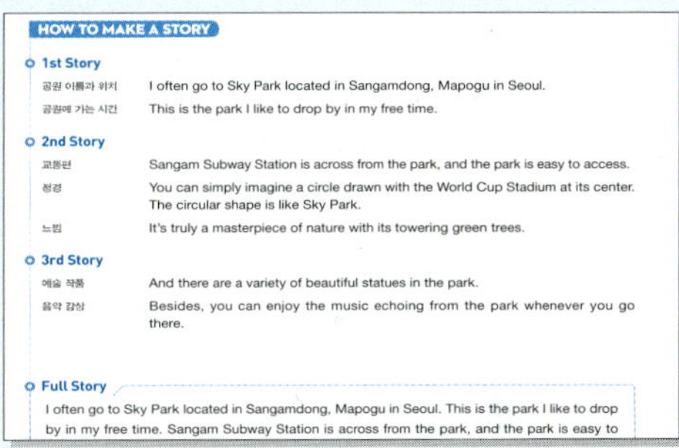

IM3 등급 공략

난이도가 높은 과거 경험 문제와
Role-play 문제를 집중적으로 학습함으로써
Intermediate Mid 3 등급을 효과적으로 공략할 수
있다.

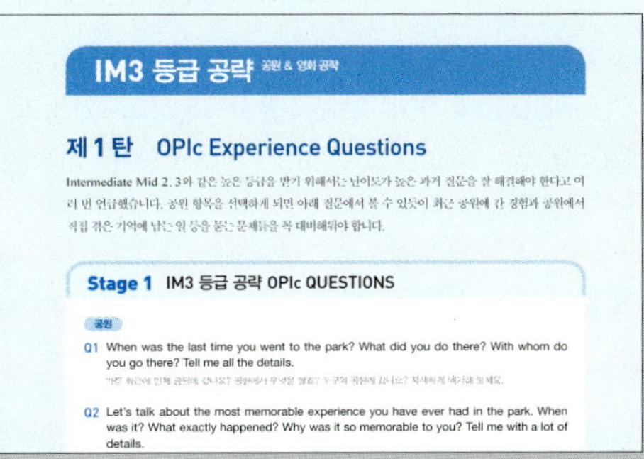

 **이란?**

OPIc은 컴퓨터를 통해 진행되는 반직접 평가로 외국어를 얼마나 잘 구사하는가를 평가하는 언어 능숙도 시험입니다. 응시자 개개인의 질문에 대한 대답을 녹음한 후 미국의 평가 서버에 전송되며, ACTFL 공인평가자가 평가하게 됩니다.

OPIc은 국제적인 명성의 ACTFL Oral Proficiency Interview(OPI)에 기초하고 있습니다. OPI는 ACTFL 공인 평가자와 면대면 또는 전화 인터뷰 방식으로 진행됩니다.

OPIc은 단순히 문법(Grammar), 어휘(Vocabulary)나 외국어 규칙을 얼마나 많이 알고 있는가를 측정하는 시험이 아닙니다. 실제 생활에서 얼마나 효과적이고 적절하게 언어를 사용할 수 있는지를 측정하는 시험입니다. 다시 말해서, OPIc은 응시자가 외국어로 어떤 일을 할 수 있고, 실생활의 목적들과 연관되게 언어 기술을 사용할 수 있는가를 측정하는 시험입니다. 따라서, OPIc은 응시자가 얼마나 오랫동안 외국어를 학습했는지, 언제, 어디에서, 어떤 이유로 어떻게 언어 능력을 습득하였는가 보다는 응시자의 본질적인 언어 활용 능력을 측정하게 됩니다.

OPIc은 5단계에 걸쳐 언어 능력을 측정하게 되며, Grammar, Vocabulary, Pronunciation은 5단계 평가 영역 중 Language Control의 한 가지 평가 영역에 불과합니다. 따라서, 특정 분야에 치우치지 않는 언어 수행 능력을 중심으로 한 총체적인 언어 수행 능력을 평가하게 됩니다.

OPIc은 절대평가 방식으로 측정됩니다. 응시자의 녹음된 대답 내용은 "ACTFL Proficiency Guidelines Speaking (Revised 1999)"라는 범용적인 말하기 기준에 따라 절대평가됩니다. ACTFL 공인 평가자는 녹음된 대답을 듣고 상기의 기준에 따라 Novice Low ~ Advanced Low까지의 등급을 부여하게 됩니다.

 **의 특징**

평가영역　OPIc은 수험자의 말하기 능력을 총제적으로 평가합니다. 언어적 요소(Accent, Grammar, Vocabulary, Fluency)뿐만 아니라 기능적 측면(Global Tasks and Functions, Context/Contents, Accuracy, Text type) 모두 집중함으로써 언어적인 요소만을 평가하는 타 외국어 시험과는 차별화됩니다.

문항구성　OPIc에서는 시험 전(前) Background Survey를 통해 응시자 개개인의 관심사에 맞춘 문제가 출제됩니다. 일방적으로 문제가 출제되는 타 시험들과는 구별된다고 할 수 있습니다.

충분한 녹음 시간의 확보　타 말하기 시험과는 달리, OPIc에는 각 문항당 답변의 제한시간이 없습니다. 충분한 녹음 시간 확보를 통해 수험자의 실질적인 말하기 실력을 측정합니다.

*출처: http://www.opic.or.kr

OPIc은 총 4가지 평가 영역에서 수험자의 말하기 능력을 평가합니다. 4가지 평가 기준으로 의사소통의 총체적 능력 (Holistic Approach)을 평가하므로 평가 결과를 신뢰할 수 있습니다.

시험 진행 구성

오리엔테이션 (약 20분)	❶ Background Survey	시험 문항 출제를 위한 사전 설문
	❷ Self Assessment	시험 난이도 결정을 위한 자가 평가
	❸ Overview of OPIc	화면 구성, 문항 청취 및 답변 방법 안내
	❹ Sample Question	실제 답변 방법 연습
본 시험 (약 40분)	❶ 1st SESSION	개인별 맞춤 문항(질문 청취 2회 가능)
	❷ 난이도 재조정	2차 Self Assessment(쉬운 질문, 비슷한 질문, 어려운 질문 중 택 1)
	❸ 2nd SESSION	1st 와 동일, 언어의 정확성
평가 및 결과 통보	❶ 답변 전송	인터넷을 통한 실시간 답변 전송
	❷ 평가	ACTFL 공인 Rater 신뢰도, 객관성 유지
	❸ 결과 통보	근무일 기준 5일 내외의 신속한 평가 결과 통보

시험 문제 유형

OPIc / OPI

영어로 당면 과제를 잘 수행하는가에 대한 측정

묘사와 설명, 상황에 대한 대처 방법의 지속적인 연습

| 특정 장소, 사람,
사물에 대한 묘사 | 평소에 하는
일이나 활동에
대한 묘사 | 과거의 경험의
설명 | 질문하고 질문에
대답하기 등 |

제반 일상 말하기 능력

ACTFL Proficiency Guidelines

OPIc의 평가는 ACTFL Proficiency Guidelines-Speaking에 따라 절대평가로 진행됩니다. 이는 말하기 능숙도(Oral Proficiency)에 대한 언어 능력 기준입니다.
ACTFL이 발행한 40년간의 노하우가 집적된 Guidelines는 교육과 평가, 실제 능력의 일치를 이루어 낸 가장 신뢰할 수 있는 평가 기준입니다.

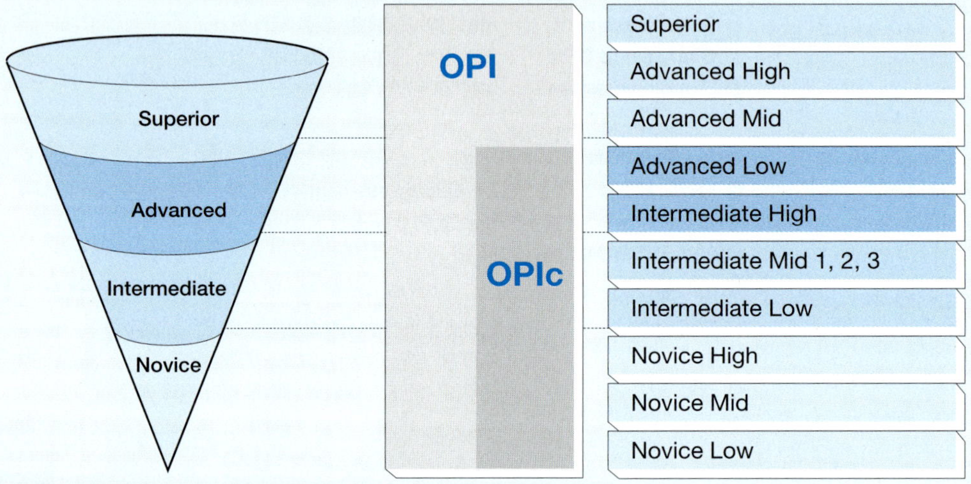

Level	레벨별 요약 설명
AL Advanced Low	사건을 서술할 때 일관적으로 동사 시제를 관리하고, 사람과 사물을 묘사할 때 다양한 형용사를 사용한다. 적절한 위치에서 접속사를 사용하기 때문에 문장 간의 결속력도 높고 문단의 구조를 능숙하게 구성할 수 있다. 익숙하지 않은 복잡한 상황에서도 문제를 설명하고 해결할 수 있는 수준의 능숙도이다.
IH Intermediate High	개인에게 익숙하지 않거나 예측하지 못한 복잡한 상황을 만날 때, 대부분의 상황에서 사건을 설명하고 문제를 효과적으로 해결하곤 한다. 발화량이 많고 다양한 어휘를 사용한다.
IM Intermediate Mid	일상적인 소재뿐만 아니라 개인적으로 익숙한 상황에서 문장을 나열하며 자연스럽게 말할 수 있다. 다양한 문장 형식이나 어휘를 실험적으로 사용하려고 하며 상대방이 조금만 배려해 주면 오랜 시간 대화가 가능하다.
IL Intermediate Low	일상적인 소재에서는 문장으로 말할 수 있다. 대화에 참여하고 선호하는 소재에서는 자신감을 가지고 말할 수 있다.
NH Novice High	일상적인 대부분의 소재에 대해서 문장으로 말할 수 있다. 개인 정보라면 질문을 하고 응답을 할 수 있다.
NM Novice Mid	이미 암기한 단어나 문장으로 말하기를 할 수 있다.
NL Novice Low	제한적인 수준이지만 외국어 단어를 나열하면 말할 수 있다.

*출처: http://www.opic.or.kr

 시험 진행 안내

ACTFL OPIc 시험 관리 및 신분증 규정에 따라 시험에 응시하여 주세요.

❖ 준비물

필수 지참 : 신분증 (규정 신분증 및 대체 신분증만 허용)

※수험표 없이 시험 응시 가능합니다. (단, 시험 시간 및 시험센터를 확인 후 출발하시기 바랍니다.)

❖ 규정신분증

구분	규정 신분증	대체 신분증 (규정 신분증 대신 사용 가능)
일반인 및 대학생	주민등록증, 운전면허증, 기간 만료 전 여권, 공무원증	거주지 또는 해당 동사무소에서 발급한 기간 만료 전 「주민등록증 발급 신청 확인서」
초등학생	주민등록 등본/초본, 기간 만료 전 여권, 의료보험증, 청소년증	학교장의 직인을 득한 「신분 확인 증명서」 (반드시 시험일로 3개월 이내의 사진 必)
중/고등학생	학생증, 기간 만료 전 여권, 청소년증	학교장의 직인을 득한 「신분 확인 증명서」 (반드시 시험일로 3개월 이내의 사진 必)
군인	장교 및 부사관 신분증, 군무원증, 공익근무요원증, 기간 만료 전 여권	군복무 확인 증명서
외국인	외국인등록증, 기간 만료 전 여권	없음

*위 규정에 명시되지 않는 신분증은 OPIc 규정 신분증으로 인정되지 않습니다.

❖ 입실 시간 : 시험 시작 10분전까지 입실하셔야 합니다.
지각시 시험 응시가 불가능합니다.

❖ 시험 시간 : 약 60분 정도 소요됩니다.

구분	내용	시간
Orientation	시험 진행 안내	20분
OPIc	본 시험 진행	40분

❖ 시험 진행 절차

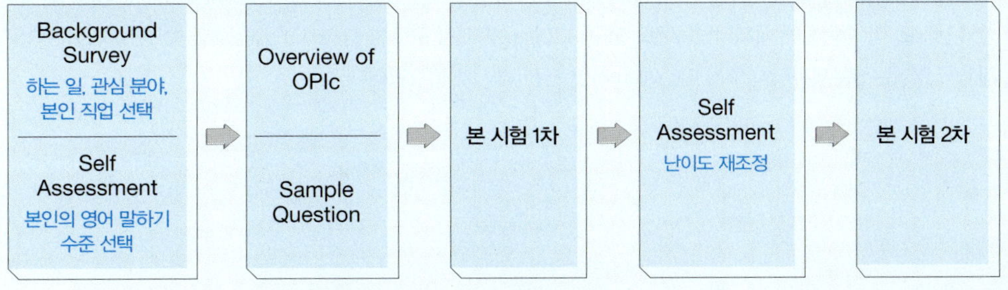

*출처: http://www.opic.or.kr

2010년 8월 1일부로 뉴오픽이 시행되었습니다. 기존의 오픽을 구오픽이라고 한다면 구오픽이 뉴오픽에 영향을 끼치는 부분이 있기 때문에 구오픽과 뉴오픽을 비교하여 설명 드리도록 하겠습니다. 뉴오픽의 변화, 구오픽이 뉴오픽에 끼치는 영향, 뉴오픽의 핵심 등 3가지 정도로 구분하여 말씀 드리겠습니다.

1. 뉴오픽의 변화

뉴오픽의 가장 큰 변화라 하면, 설문조사에서 기존 구오픽의 14개 정도의 항목이 삭제되고 2개 항목이 새롭게 추가되었습니다. 그리고 기존 평가 7등급에서 9등급으로 늘어나게 된 것을 꼽을 수 있는데요. Intermediate Mid 등급이 Intermediate Mid 1, Mid 2, Mid 3 3등급으로 다시 재분류되어서 총 9개의 평가 등급이 마련되었습니다.

한 가지 큰 변화를 더 말씀 드리자면, 구오픽에서는 최소 선택항목 수가 정해져 있었지만 뉴오픽에서는 좀 더 자유롭게 설문조사 항목 선택이 가능해졌습니다.

설문조사	여가 활동	취미나 관심사	스포츠	휴가나 출장	최소 선택항목 수
구오픽	6개 이상	3개 이상	1개 이상	1개 이상	11개
뉴오픽	2개 이상	1개 이상	1개 이상	1개 이상	5개

뉴오픽에서는 총 12개의 항목을 의무적으로 선택해야 하기 때문에 최소 선택항목 5개를 제외한 나머지 7개의 항목은 자유롭게 또는 집중적으로 선택할 수 있습니다. 국내여행과 해외여행을 좋아하면 2개를 선택해도 되고, 스포츠를 좋아한다면 7개 항목을 모두 스포츠에서 선택해도 됩니다.

삭제된 14개가량의 항목에 대해서 말씀 드리자면, 여가 활동에서 쇼핑, 외식, 미용실, 교회 가기 등을 포함한 10개의 항목이 뉴오픽이 도입되면서 삭제되었고, 취미나 관심사에서는 TV 시청, 전화 담소, 인터넷 서핑, 독서 등 4개 항목이 삭제되었습니다.

주의 깊게 살펴봐야 할 부분은 바로 구오픽에서 수험생들이 자주 선택해서 정기시험에서도 빈번하게 출제된 항목인데요. 이 항목들이 삭제되었음에도 불구하고 뉴오픽에서 꾸준히 출제되고 있습니다. 한 번 출제되면 3문제에서 많게는 5문제까지 나오기 때문에 철저한 사전 대비가 필요합니다.

2. 구오픽이 뉴오픽에 끼치는 영향

뉴오픽이 도입되면서 "삭제된 구오픽 설문항목 14개가 모두 출제되고 있나요?"라고 궁금해 하시는 분들이 많으실 텐데요. 14개 항목 중에서도 대표적으로 자주 출제되는 항목들이 있습니다. 간단하게 이 항목들을 짚어보겠습니다.

여가 생활	쇼핑 / 외식 / 외국어 배우기 / 미용실 가기
관심사나 취미	TV 시청 / 전화 담소 / 인터넷 서핑 / 독서

이렇게 대략적으로 8개 항목들로 정리해볼 수 있습니다. 이 8개 항목들이 뉴오픽에서도 계속해서 돌발 문제 성격으로 등장하고 있는 만큼 꼭 철저한 대비가 필요합니다. 이 중에서도 쇼핑, 외식, 독서 등의 항목들은 Role-play 문제까지 다양하게 출제되고 있어서 대표적인 돌발 문제로 분류하여 대비해둬야 합니다. 시간이 부족한 수험생들에게는 쇼핑, 외식, TV 시청, 독서 등 4개 항목만큼은 꼭 대비해두기 바랍니다.

3. 뉴오픽의 핵심

뉴오픽의 핵심은 역시 '설문조사 항목 관련 문제 + 돌발 문제 1, 2'입니다. 돌발 문제 1은 구오픽에서 자주 선보였던 '경찰, 은행, 농부, 시골, 명절, 계절, 여가, 건강한 사람' 등의 돌발 문제이고, 돌발 문제 2는 뉴오픽에서 자주 등장하고 있는 '쇼핑, 외식, TV 시청, 전화 담소, 인터넷 서핑, 독서' 등의 돌발 문제입니다. 뉴오픽에서는 "새롭게 준비해야 할 돌발 문제가 추가되었다"라고 이해해 두세요.

그리고 등급이 9등급으로 늘어나고 좀 더 세분화됨에 따라서 난이도 선택이 중요해졌습니다. 따라서 난이도에 맞는 문제 유형을 정확히 분석하여 실제 정기시험과 흡사한 난이도의 문제를 직접 풀어보는 실전 연습이 꼭 필요합니다. 뉴오픽 설문조사 12개 항목과 돌발 문제 1, 2 그리고 난이도 선택에 따른 문제 유형을 잘 파악해서 준비하는 것이 뉴오픽의 핵심이라고 할 수 있습니다.

BACKGROUND SURVEY

❖ 이 Background Survey 응답을 기초로 개인 맞춤형 문항이 출제 됩니다.
질문을 자세히 읽고 답변해 주시기 바랍니다.

1 현재 귀하는 어느 분야에 종사하고 계십니까?

○ 사업/회사

> **1.1** 현재 귀하는 직업이 있으십니까?
>
> ○ 네
>
> **1.1.1** 귀하의 근무 기간은 얼마나 되십니까?
>
> ○ 첫 직장 – 2개월 미만
> ○ 첫 직장 – 2개월 이상
> ○ 첫 직장 아님 – 경험 많음

○ 가사
○ 교사/교육자

> **1.1** 현재 귀하는 어디에서 학생을 가르치십니까?
>
> ○ 고등학교/대학교
> ○ 초등학교/중학교
> ○ 평생교육

○ 일 경험 없음

2 현재 귀하는 학생이십니까?

○ 네

> **2.1** 현재 귀하가 강의를 듣는 목적은 무엇입니까?
>
> ○ 학위 취득
> ○ 전문 기술을 향상시키기 위한 평생 학습
> ○ 어학 수업

○ 아니오

3 현재 귀하는 어디에 살고 계십니까?

○ 독신자로서 개인 주택이나 아파트에 거주
○ 친구나 룸메이트와 함께 주택이나 아파트에서 거주
○ 가족(배우자/자녀/기타 가족 일원)과 함께 주택이나 아파트에 거주
○ 학교 기숙사
○ 군대 막사

※ 아래의 4~7번 문항에서 12개 이상을 선택해 주시기 바랍니다.

4 귀하는 여가 활동으로 주로 무엇을 하십니까? (두 개 이상 선택)

- 영화 보기
- 클럽/나이트클럽 가기
- 공연 보기
- 콘서트 보기
- 박물관 가기
- 공원 가기
- 캠핑하기
- 해변 가기
- 스포츠 관람
- 자녀들의 운동시합 관람
- 운동 지도하기
- 혼자 게임 하기 (카드, 비디오 게임 등)
- 어른들끼리 게임하기 (카드, 당구, 보드 게임 등)
- 아이들과 게임 하기 (카드, 보드게임 등)
- 자녀들의 숙제 돕기
- 집안일 거들기
- 승용차 정비하기

5 귀하의 취미나 관심사는 무엇입니까? (한 개 이상 선택)

- 아이에게 책 읽어 주기
- 음악 감상하기
- 악기 연주하기
- 혼자 노래하기
- 그룹으로 노래 부르기
- 댄스 교습하기
- 춤추기
- 글쓰기(편지, 단편, 시 등)
- 그림 그리기
- 바느질 또는 자수
- 뜨개질하기
- 요리하기
- 정원 가꾸기
- 애완동물 기르기

6 귀하는 주로 어떤 운동을 즐기십니까? (한 개 이상 선택)

- 농구
- 야구/소프트볼
- 축구
- 미식축구
- 럭비
- 아이스하키
- 하키
- 크리켓
- 골프
- 배구
- 테니스
- 배드민턴
- 탁구
- 수영
- 자전거
- 스쿠버 다이빙/스노클
- 스키/스노보드
- 수상스키
- 아이스 스케이트
- 인라인 스케이트
- 승마
- 조깅
- 걷기
- 격투기
- 요가
- 하이킹/트레킹
- 낚시
- 보트 타기
- 헬스
- 체조
- 운동을 전혀 하지 않음

7 귀하는 어떤 휴가나 출장을 다녀온 경험이 있습니까? (한 개 이상 선택)

- 국내 출장
- 해외 출장
- 집에서 보내는 휴가
- 국내 여행
- 해외 여행

How to NEW OPIc

CHAPTER 1

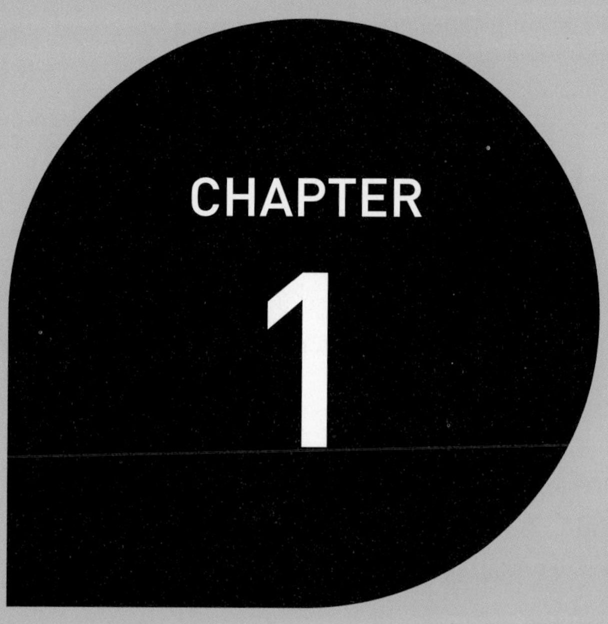

뉴오픽 시험 이해하기

Stage 1 OPIc 길잡이

2010년 8월에 뉴오픽이 도입되면서 크게 두 가지 변화가 있었습니다. 가장 큰 변화는 약 14개의 기존 설문조사 항목이 삭제되었고 Intermediate Mid 등급이 Intermediate Mid 1, Mid 2, Mid 3로 세분화되면서 기존 7등급에서 9등급으로 평가 등급이 더 늘어 났습니다.

현재 대기업 입사 기준이 Novice High ~Intermediate High 등급까지이고 앞으로 오픽 시험이 더 정착이 된다면 Intermediate Mid 1, 2, 3 등급이 입사 시 중요한 등급으로 활용될 가능성이 높다고 볼 수 있습니다. 오픽 홈페이지에도 나와 있지 않은 Intermediate Mid 1, 2, 3은 어떻게 대비해야 할지 수험생들의 고민이 이만저만이 아닐 거라고 예상합니다.

How to NEW OPIc Intermediate는 Intermediate Low부터 Intermediate Mid 3까지 총 4 등급을 완벽하게 대비할 수 있는 도서입니다. Intermediate Mid 3 등급을 공략할 수 있는 실전문제도 난이도별로 적절하게 구성하였으므로 실전문제를 통해서 얼마든지 높은 등급을 대비할 수 있습니다.

최신 출제 경향을 정리한다면 '설문조사 항목에는 없는 돌발문제가 뉴오픽에서 새롭게 선보이고 있다'라고 할 수 있습니다. 기존에는 경찰, 농부, 시골 등의 돌발문제가 아주 빈번하게 출제되었던 반면에 최근에는 이런 항목의 출제 횟수가 조금씩 줄어들고 있는 추세이며 오히려 뉴오픽이 도입되면서 설문조사에서 없어진 14개의 항목들이 계속해서 출제되고 있습니다. 가장 대표적인 항목은 '쇼핑, 외식하기, 독서하기, 인터넷 서핑'입니다. 본서는 위 4개 항목을 자세하게 다룸으로써 구오픽과 뉴오픽을 동시에 대비가 가능합니다.

먼저 오픽 시험을 준비하기 전에 오픽 시험 유형을 100% 파악해서 숙지해두는 것이 중요하기 때문에 최신 출제 경향은 어떻고, 오픽은 어떤 문제가 출제되고, 어떤 유형이 있는지를 머릿속으로 잘 정리해두기 바랍니다.

Stage 2 OPIc 빈출문제

⠿⠿ IL~IM 1, 2 등급 공략 ⠿⠿

Q1 자기소개

Can you tell me a little bit about yourself?

간단히 자기소개를 해보시겠어요?

Q2 집과 집안 물건 설명

Please describe your house. What can you see in your house? Tell me all the details.

당신의 집을 묘사해 보세요. 집안에는 어떤 것들이 있나요? 자세히 말해 보세요.

Q3 스포츠: 걷기 장소 묘사

You indicated that you like to walk. What are your favorite places for walking? Please describe what these places are like.

당신은 걷는 것을 좋아한다고 했습니다. 당신이 좋아하는 걷기 장소는 어디인가요? 그곳이 어떤 곳인지 묘사해 보세요.

Q4 여가 활동: 공원에 대한 여러 가지 질문

You indicated in the survey that you go to parks. How often do you go to parks? When and with whom do you usually go there? What do you do in the park? Tell me all the details.

설문조사에서 당신은 공원에 간다고 했습니다. 얼마나 자주 공원에 가나요? 대개 언제 그리고 누구와 함께 공원에 가죠? 공원에서는 무엇을 하나요? 자세하게 말해 보세요.

Stage 3 ACTUAL TEST

자기소개 Tr-0101

Can you tell me a little bit about yourself?

간단히 자기소개를 해보시겠어요?

KEY POINTS

키워드	tell me, about yourself
리스닝 포인트	'tell me, about yourself'를 묻고 있으므로 자기소개를 하는 문제이구나.
스피킹 포인트	대학생이라면 이름 / 성격 / 외모 / 학업 / 취미 / 장래희망 등을 간단하게 소개하거나 대학교 생활 및 전공 위주로 소개하자.

STEP BY STEP

1st Step _ 서론

스토리텔링 이름 / 성격

브레인스토밍 자기소개를 위한 이름, 성격 등을 말하면서 답변을 시작한다.

2nd Step _ 본론

스토리텔링 외모 / 취미 / 학업 & 아르바이트

브레인스토밍 구체적으로 외모, 취미나 관심사, 학업이나 아르바이트에 대해서 설명한다.

3rd Step _ 결론

스토리텔링 장래희망 / 이유

브레인스토밍 장래희망과 그 장래희망을 갖게 된 이유에 대해 설명하면서 자기소개를 마무리한다.

1st Story

이름	My name is Youngchul Kim and I am a sophomore majoring in Law at Yonsei University.
성격	Basically, I think I am optimistic about everything and I am amiable. That's why I have a number of friends to be with.

2nd Story

외모	Even though I wear glasses and look like a model student, I am pretty good at playing soccer.
취미	So I play soccer every Friday afternoon.
학업&아르바이트	Now, I have been doing a part-time job by teaching English and Math to high school students. My current aim is to help my parents out with paying my tuition.

3rd Story

장래희망	Ultimately, I hope to pass the bar exam as soon as possible.
이유	It's not only just for getting a job, but also for leading a healthy society.

Full Story

My name is Youngchul Kim and I am a sophomore majoring in Law at Yonsei University. Basically, I think I am optimistic about everything and I am amiable. That's why I have a number of friends to be with. Even though I wear glasses and look like a model student, I am pretty good at playing soccer. So I play soccer every Friday afternoon. Now, I have been doing a part-time job by teaching English and Math to high school students. My current aim is to help my parents out with paying my tuition. Ultimately, I hope to pass the bar exam as soon as possible. It's not only just for getting a job, but also for leading a healthy society.

제 이름은 김영철이고, 연세대 법학과 2학년에 재학 중입니다. 기본적으로 저는 모든 것에 대해서 낙천적으로 생각하며 쾌활한 성격을 가지고 있습니다. 그래서 주변에 친구들이 많습니다. 비록 안경을 끼고 있어서 공부만 하는 학생처럼 보이겠지만, 저는 축구를 정말 잘 합니다. 그래서 매주 금요일 오후에 축구를 합니다. 저는 지금 고등학생들에게 영어와 수학을 가르치는 아르바이트를 하고 있습니다. 현재 제 목표는 부모님이 내주시는 등록금 부담을 덜어드리는 것입니다. 궁극적으로, 저는 가능한 한 빨리 변호사 시험을 통과하기를 희망합니다. 그 이유는 단지 직업을 가지기 위해서 뿐만 아니라 건강한 사회를 이끌기 위해서이기도 합니다.

Voca
sophomore (대학교) 2학년   amiable 쾌활한, 정감 있는   tuition (대학의) 수업료, 등록금
ultimately 궁극적으로   bar exam 변호사 시험

Q2 집 묘사   Tr-0101

Please describe your house. What can you see in your house? Tell me all the details.

당신의 집을 묘사해 보세요. 집안에는 어떤 것들이 있나요? 자세히 말해 보세요.

KEY POINTS

키워드	describe your house, What can you see in your house
리스닝 포인트	아하! 내가 살고 있는 집을 묘사하고, 집에는 어떤 것들이 있는지를 설명해보라는 문제이구나. 현재시제로 묻고 있으니 현재시제로 답하면 되겠구나.
스피킹 포인트	거주지 형태와 집에 있는 물건, 그리고 좋아하는 물건이나 장소를 설명하면서 답변을 이어나가자.

STEP BY STEP

1st Step _ 서론

스토리텔링   나의 집 / 내 방

브레인스토밍   나의 집에 대한 대략적인 소개와 더불어 방에 있는 물건이나 가구를 간략하게 나열한다.

2nd Step _ 본론

스토리텔링   책상 / 컴퓨터 / TV / 책꽂이

브레인스토밍   방에 있는 가구나 물건들을 구체적으로 설명해 준다.

3rd Step _ 결론

스토리텔링   창문 / 좋아하는 것

브레인스토밍   창문 밖으로 보이는 풍경과 방에서 내가 좋아하는 물건이나 장소를 언급하며 답변을 마무리한다.

HOW TO MAKE A STORY

1st Story

나의 집	I live in a small furnished studio apartment. It has only one room.
내 방	There is a bed, two bookshelves, a desk, a sofa, a sink, a bathroom and so on in my room.

2nd Story

책상	As I like to take photographs, I have pictures of me on the desk.
컴퓨터	And I only have a desk-top computer, so I sometimes chat through messenger or surf the Internet.
TV	I love watching movies, so I have a 30-inch flat panel TV mounted on the wall.
책꽂이	I also collect movie DVDs, so I have one bookshelf filled with them.

3rd Story

창문	I have a big window, so I can view the Han River through it. Except for the foggy days, I can clearly see the river.
좋아하는 것	I really love to sit on the sofa that is placed beside the big window.

Full Story

I live in a small furnished studio apartment. It has only one room. There is a bed, two bookshelves, a desk, a sofa, a sink, a bathroom and so on in my room. As I like to take photographs, I have pictures of me on the desk. And I only have a desk-top computer, so I sometimes chat through messenger or surf the Internet. I love watching movies, so I have a 30-inch flat panel TV mounted on the wall. I also collect movie DVDs, so I have one bookshelf filled with them. I have a big window, so I can view the Han River through it. Except for the foggy days, I can clearly see the river. I really love to sit on the sofa that is placed beside the big window.

저는 가구가 딸린 작은 원룸에 살고 있습니다. 방은 하나 밖에 없어요. 방안에는 침대 한 개, 책꽂이 두 개, 책상, 소파, 싱크대, 욕실 등이 있습니다. 제가 사진 찍는 것을 좋아해서 책상 위에는 제 사진들이 놓여 있습니다. 그리고 데스크톱 컴퓨터가 한 대 있는데, 가끔 메신저로 채팅을 하거나 인터넷을 합니다. 저는 영화 보는 것을 매우 좋아해서 30인치 평면 벽걸이 TV를 가지고 있습니다. 또한 저는 영화 DVD를 수집해서 책꽂이 하나는 DVD들로 가득 채워져 있습니다. 제 방에는 큰 창문이 하나 있어서 이 창문으로 한강을 볼 수 있습니다. 안개 낀 날을 빼놓고는 강이 잘 보입니다. 저는 그 큰 창문 옆에 있는 소파에 앉아 있는 시간이 참 좋습니다.

Voca studio apartment 원룸 flat panel TV 평면 TV mounted 고정한, 붙박은 foggy 안개 낀

Q3 걷기 장소 묘사 Tr-0101

You indicated that you like to walk. What are your favorite places for walking?
Please describe what these places are like.

당신은 걷는 것을 좋아한다고 했습니다. 당신이 가장 좋아하는 걷기 장소는 어디인가요? 그곳이 어떤 곳인지 묘사해 보세요.

KEY POINTS

키워드　　　your favorite places for walking, describe what these places

리스닝 포인트　아하! 내가 좋아하는 걷기 장소가 어디이고 그곳을 묘사하라는 문제이군. 세 문장으로 되어 있는 질문이지만 내가 좋아하는 걷기 장소 묘사로 쉽게 정리가 되는구나.

스피킹 포인트　개인적으로 선호하는 장소를 말하고 걷기 운동을 하는 장소와 그곳의 특징을 적절하게 설명하자.

STEP BY STEP

○ 1st Step _ 서론

스토리텔링　　선호하는 걷기 장소

브레인스토밍　선호하는 걷기 장소에 대해서 간략하게 언급해준다.

○ 2nd Step _ 본론

스토리텔링　　첫 번째 걷기 장소 / 탄천 묘사

브레인스토밍　살고 있는 곳에서 가까운 걷기 장소인 '탄천'에 대해 설명한다.

○ 3rd Step _ 결론

스토리텔링　　두 번째 걷기 장소 / 한강 묘사

브레인스토밍　좋아하는 또 다른 걷기 장소인 '한강'을 추가로 언급하며 답변을 마무리한다.

HOW TO MAKE A STORY

1st Story

선호하는 걷기 장소

I really like walking. I actually think every place could be good place to walk. But I like to walk by a river or by a stream.

2nd Story

첫 번째 걷기 장소

First of all, Pangyo, the city where I live, has a wonderful stream called "Tancheon," which flows all the way to Seoul.

탄천 묘사

Since Tancheon has a great walking path alongside, you can see lots of people jogging, power walking, and cycling in the early morning time.

3rd Story

두 번째 걷기 장소

Second of all, there is no doubt that the Han River is the best place to take a walk.

한강 묘사

You can come up with many creative ideas while walking by the river. Plus, you can rediscover the beauty of the sunset on the banks of the Han River.

Full Story

I really like walking. I actually think every place could be good place to walk. But I like to walk by a river or by a stream. First of all, Pangyo, the city where I live, has a wonderful stream called "Tancheon," which flows all the way to Seoul. Since Tancheon has a great walking path alongside, you can see lots of people jogging, power walking, and cycling in the early morning time. Second of all, there is no doubt that the Han River is the best place to take a walk. You can come up with many creative ideas while walking by the river. Plus, you can rediscover the beauty of the sunset on the banks of the Han River.

저는 산책을 정말 좋아합니다. 사실 모든 장소들이 걷기에 좋다고 생각합니다. 하지만 저는 강이나 개울을 따라서 걷는 것이 좋습니다. 첫 번째로 꼽는 곳은, 제가 사는 도시인 판교에서 서울로 흘러들어 가는 탄천이라는 이름을 가진 정말 좋은 개울이 있습니다. 탄천을 따라서 아주 좋은 산책로가 있어서 이른 아침 시간에 조깅이나, 빨리 걷기, 자전거를 타는 사람들을 많이 볼 수 있습니다. 두 번째 장소는, 두말할 필요가 없을 정도로 산책하기에 가장 좋은 곳인 바로 한강입니다. 강가를 따라서 걸으면 창의적인 아이디어들을 많이 생각해낼 수 있습니다. 뿐만 아니라 한강 강변에서 일몰의 아름다움을 재발견할 수 있습니다.

Voca

alongside ~와 함께, 나란히   **come up with** 창안하다, 생각해 내다   **rediscover** 재발견하다

뉴오픽 유형 파악하기

Stage 1 OPIc 문제 유형 길잡이

오픽 시험은 1~2단계에서는 보통 12문제가, 3단계 이상부터는 15문제가 출제됩니다. 여러 가지 문제 유형이 15문제에 포함이 되며 설문조사에서 선택한 항목에 대해서는 1문제가 아닌 보통 2~3문제가 덩어리로 등장하게 됩니다. 따라서 1개 항목에서 실수하면 2~3문제를 놓치게 되기 때문에 선택하려는 항목에 대해서는 자세한 사전 준비가 필요합니다.

문제 유형에 따라서 일정 수준 난이도 기준 역시 변하게 됩니다. 먼저 가장 기초적인 문제 유형은 소개 또는 묘사하기입니다. 자기소개, 살고 있는 집 묘사 등의 질문이 바로 가장 기본적인 오픽 문제라 할 수 있습니다. 기본적인 것을 물어봤으니 그 다음으로는 좀 더 구체적으로 물어보겠죠? 살고 있는 집에는 어떤 것들이 있고 평일에 집에서 어떤 활동을 하는지를 묻는 질문을 좀 더 구체적인 문제 유형으로 이해할 수 있습니다.

학교에서의 일과를 설명해보라든지, 좋아하는 요리의 조리법을 처음부터 요리가 완성될 때까지 과정을 자세하게 설명해보라든지, 이런 전체 과정을 설명해야 하는 문제 유형도 간혹 출제되고 있습니다.

모든 단계에서 중요하지만 특히 Intermediate Mid 1, 2, 3 등급을 목표로 하고 있다면 주의 깊게 살펴봐야 할 오픽 문제 유형이 있습니다. 과거시제와 현재시제를 자유롭게 사용하는 답변을 요구하는 과거 질문과 특정 상황을 해결해야 하는 Role-play 질문이 바로 이에 해당됩니다.

소개하기, 구체적으로 설명하기, 전체 과정 설명하기 등의 문제 유형보다 상대적으로 난이도가 좀 높다고 할 수 있습니다. 난이도 높은 문제들은 보통 1회 시험에서 많게는 5문제 이상 출제되기 때문에 Intermediate Mid 등급을 받기 위해서는 과거 질문과 Role-play 질문에 대한 연습을 꾸준히 반복해야 실전에서 큰 실수 없이 대처할 수 있습니다. 자 그럼, 오픽 문제 유형을 간단하게 살펴보고 실전문제로 넘어가도록 하겠습니다.

Stage 2 OPIc 문제 유형 빈출문제

::::::: IL~IM 1, 2 등급 공략 :::::::

Q1 학교 묘사

Let's talk about your school. What does your school look like? Describe it in detail.

당신의 학교에 관해서 얘기해 보겠습니다. 당신의 학교는 어떤 모습인가요? 자세히 묘사해 보세요.

Q2 학교 일과 설명

When do you go to school? Monday? Tuesday? What kind of things do you usually do on your campus? Please tell me about the activities you do on a typical school day from beginning to end.

언제 학교에 가나요? 월요일인가요, 화요일인가요? 학교에서는 보통 어떤 활동들을 하나요? 일상적으로 하는 학교 활동들에 대해 처음부터 끝까지 얘기해 보세요.

Q3 학교에서의 에피소드 소개

I'd like to know about some episodes you have experienced on the campus. Maybe you missed a class or could not find a building on your campus. Tell me about the memory in as much detail as you can.

당신이 학교에서 겪었던 에피소드에 관해 알고 싶습니다. 수업을 놓쳤거나 학교에서 건물을 찾지 못했던 적이 있을 것입니다. 그 기억에 대해 가능한 한 자세히 얘기해 보세요.

Q4 최근에 끝낸 프로젝트 소개

When did you most recently complete a project? What kind of project was it? Was it a group project? Tell me about it with a lot of details.

가장 최근에 언제 프로젝트를 끝냈나요? 어떤 프로젝트였나요? 그룹 프로젝트였나요? 프로젝트에 대해서 자세하게 얘기해 보세요.

학교 묘사 Tr-0102

Let's talk about your school. What does your school look like? Describe it in detail.

당신의 학교에 관해서 얘기해 보겠습니다. 당신의 학교는 어떤 모습인가요? 자세히 묘사해 보세요.

KEY POINTS

키워드   your school look like, Describe it

리스닝 포인트   학교가 어떤 모습인지를 묻고 있고 학교를 묘사해보라는 질문이구나. 학교가 어떻게 생겼는지는 Describe에 포함이 되니까 질문의 핵심은 학교 묘사하기구나.

스피킹 포인트   학교 규모와 이름, 정경과 다양한 건물, 시설을 차례대로 얘기하도록 하자.

STEP BY STEP

1st Step _ 서론

스토리텔링   크기 / 캠퍼스 이름

브레인스토밍   현재 다니고 있는 학교의 크기, 캠퍼스 이름 등 기본적인 내용에 대해 간략하게 얘기한다.

2nd Step _ 본론

스토리텔링   학교 정경 / 학교 건물 / 주차장

브레인스토밍   캠퍼스의 정경과 다양한 건물, 시설을 차례대로 얘기하도록 한다.

3rd Step _ 결론

스토리텔링   학교 정문

브레인스토밍   학교 정문에서 보이는 전체적인 정경을 설명하면서 답변을 마무리하도록 한다.

1st Story

크기	My school is not very large, but it is small like a high school. Its name is Myongji University, which is in Seodaemungu.
캠퍼스 이름	The university has two campuses, but the Yongin campus is much larger than the Seoul campus. What I am going to introduce to you is the Seoul campus.

2nd Story

학교 정경	If you arrive at the street in front of Myongji University, you can see the main gate. You can also see several buildings.
학교 건물	There are the College of Business, the College of Humanities, a dormitory building and a club building on the right.
주차장	In addition to these, you can see a few spaces including a parking lot and a playground.

3rd Story

학교 정문	While walking up from the main gate, you can view the whole campus. All you have to do is to imagine some buildings in a little space.

Full Story

My school is not very large, but it is small like a high school. Its name is Myongji University, which is in Seodaemungu. The university has two campuses, but the Yongin campus is much larger than the Seoul campus. What I am going to introduce to you is the Seoul campus. If you arrive at the street in front of Myongji University, you can see the main gate. You can also see several buildings. There are the College of Business, the College of Humanities, a dormitory building and a club building on the right. In addition to these, you can see a few spaces including a parking lot and a playground. While walking up from the main gate, you can view the whole campus. All you have to do is to imagine some buildings in a little space.

우리 학교는 그렇게 크지 않고 고등학교처럼 작은 편입니다. 학교 이름은 명지대이고 서대문구에 있습니다. 학교는 두 개의 캠퍼스가 있는데 용인 캠퍼스가 서울 캠퍼스보다 훨씬 더 큽니다. 제가 소개할 곳은 서울 캠퍼스입니다. 명지대 앞 거리에 도착하면 학교 정문이 바로 보입니다. 그리고 건물들도 몇 개 보입니다. 오른쪽에 경영대, 인문대, 기숙사 그리고 동아리 건물이 있습니다. 이 건물들 이외에도, 주차장이나 운동장과 같은 공간들도 몇 곳 더 있습니다. 정문에서 걸어 올라오면 캠퍼스 전경이 한눈에 들어옵니다. 작은 공간 안에 몇 개의 건물들이 모여 있을지 상상만 해보시면 됩니다.

Voca   dormitory 기숙사   include 포함하다, 포함시키다

Q2 학교 일과 설명 Tr-0102

When do you go to school? Monday? Tuesday? What kind of things do you usually do on your campus? Please tell me about the activities you do on a typical school day from beginning to end.

언제 학교에 가나요? 월요일인가요, 화요일인가요? 학교에서는 보통 어떤 활동들을 하나요? 일상적으로 하는 학교 활동들에 대해 처음부터 끝까지 얘기해 보세요.

KEY POINTS

키워드 When, go to school, What kind of things, do, tell, the activities, on a typical school day from beginning to end

리스닝 포인트 먼저 학교에 가는 요일을 묻고 있네. 그리고 바로 뒤에 보통 학교에 가는 날에 하는 일을 처음부터 끝까지 설명해보라는 추가 질문이 있구나.

스피킹 포인트 'from beginning to end'는 자세하게 설명하라는 의미이므로 아침에 학교에 도착해서 집에 갈 때까지 일과를 대답하자.

STEP BY STEP

○ 1st Step _ 서론

스토리텔링 학교생활

브레인스토밍 학교생활에 대한 개략적인 설명으로 답변을 시작하도록 한다.

○ 2nd Step _ 본론

스토리텔링 기상시간 / 수업시간 / 점심시간 / 오후생활

브레인스토밍 학교생활을 시간 순서(기상시간 → 수업시간 → 점심시간 → 오후생활)대로 설명한다.

○ 3rd Step _ 결론

스토리텔링 자유시간 활동 / 방과 후 활동

브레인스토밍 자유시간이나 방과 후에 하는 활동들에 대해서 설명하며 답변을 마무리한다.

HOW TO MAKE A STORY

1st Story

학교생활 | Those who have known me well always tell me that they hope I have a lot of fun in my school life. Actually, I'm happy with my university life even if every day is the same. I have classes every day except for Saturday and Sunday.

2nd Story

기상시간 | I usually get up at 8:00 in the morning.

수업시간 | After getting ready for school, I take classes from 9:00 a.m. to 5:00 p.m.

점심시간 | Lunch with my friends is my favorite time.

오후생활 | Sometimes, a series of discussions on my major is scheduled for the afternoons.

3rd Story

자유시간 활동 | I also often play basketball on cool days when I get some free time.

방과 후 활동 | After school, I stop by the central library and study for about two hours, and then I go back home to have dinner.

Full Story

Those who have known me well always tell me that they hope I have a lot of fun in my school life. Actually, I'm happy with my university life even if every day is the same. I have classes every day except for Saturday and Sunday. I usually get up at 8:00 in the morning. After getting ready for school, I take classes from 9:00 a.m. to 5:00 p.m. Lunch with my friends is my favorite time. Sometimes, a series of discussions on my major is scheduled for the afternoons. I also often play basketball on cool days when I get some free time. After school, I stop by the central library and study for about two hours, and then I go back home to have dinner.

제 지인들은 항상 제가 학교생활을 재미있게 했으면 한다고 말합니다. 비록 학교생활이 같은 날의 연속이지만 저는 사실 대학생활에 만족하고 있습니다. 토요일, 일요일을 제외하고는 매일 수업이 있습니다. 저는 보통 아침 8시에 일어납니다. 등교 준비를 한 후, 오전 9시부터 오후 5시까지는 수업을 받습니다. 친구들과의 점심시간은 제가 가장 좋아하는 시간입니다. 가끔씩 전공과 관련된 여러 토론 수업들이 오후에 잡혀있기도 합니다. 또한 선선한 날에 시간이 나면 종종 농구를 합니다. 수업이 끝나면 중앙도서관에 들러서 두 시간 정도 공부를 하고 집에 가서 저녁을 먹습니다.

Voca

discussion 논의, 토론   stop by (잠시) 들르다   central library 중앙도서관

Q3 학교에서의 에피소드 Tr-0102

I'd like to know about some episodes you have experienced on the campus. Maybe you missed a class or could not find a building on your campus. Tell me about the memory in as much detail as you can.

당신이 학교에서 겪었던 에피소드에 관해 알고 싶습니다. 수업을 놓쳤거나 학교에서 건물을 찾지 못했던 적이 있을 것입니다. 그 기억에 대해 가능한 한 자세히 얘기해 보세요.

KEY POINTS

키워드 episodes, experienced on the campus, missed a class or could not find a building, Tell me about the memory

리스닝 포인트 내가 학교에서 겪었던 에피소드를 말해보라는 거군. 예를 들어 수업을 놓쳤거나 건물을 찾지 못한 뭐 이런 에피소드를 말하면 되겠구나.

스피킹 포인트 에피소드는 과거를 의미하기 때문에 과거시제를 사용하여 당시 상황을 생생하게 전달하고 에피소드에 관한 간단한 느낀 점이나 생각으로 마무리하자.

STEP BY STEP

● 1st Step _ 서론

스토리텔링 개인적인 생각이나 의견

브레인스토밍 학교생활에 대한 개인적인 의견을 피력하며 답변을 시작한다.

● 2nd Step _ 본론

스토리텔링 과거에 참여한 프로그램 / 당시 상황 설명

브레인스토밍 과거에 참여했던 리더십 프로그램에 대한 설명과 함께 당시의 상황을 자세하게 얘기한다.

● 3rd Step _ 결론

스토리텔링 느낀 점 설명

브레인스토밍 해당 에피소드를 통해서 느낀 점, 다짐, 기타 의견 등을 언급하면서 답변을 마무리한다.

HOW TO MAKE A STORY

1st Story

개인적인 생각이나 의견   I thought that school life was not only about studying but also about expanding human networks. I always thought that I had to be a leader to know many people.

2nd Story

과거에 참여한 프로그램   Fortunately, I was involved in a popular leadership program at school. It was a club made up of 73 students regardless of major and school year.

당시 상황 설명   One day, I had an opportunity to give them all a presentation. I was so nervous to just stand up in front of many students expressing my opinion, but I tried to ignore that feeling and convinced myself to get used to public speaking.

3rd Story

느낀 점 설명   Finally, I made it. Through this involvement, beyond just knowing different people, I could build up strong interpersonal skills and self-confidence.

Full Story

I thought that school life was not only about studying but also about expanding human networks. I always thought that I had to be a leader to know many people. Fortunately, I was involved in a popular leadership program at school. It was a club made up of 73 students regardless of major and school year. One day, I had an opportunity to give them all a presentation. I was so nervous to just stand up in front of many students expressing my opinion, but I tried to ignore that feeling and convinced myself to get used to public speaking. Finally, I made it. Through this involvement, beyond just knowing different people, I could build up strong interpersonal skills and self-confidence.

저는 학교생활은 공부뿐만 아니라 인간 관계를 확장하는 것이라고 생각합니다. 그리고 저는 많은 사람들을 알려면 리더가 되어야 한다고 항상 생각해왔습니다. 운 좋게도, 저는 학교에서 인기 있는 리더십 프로그램에 참가했는데 그 프로그램은 전공과 학년에 상관없이 73명의 학생으로 구성된 클럽이었습니다. 어느 날, 저는 모두에게 발표 기회가 있었어요. 제 의견을 말하기 위해서 많은 학생들 앞에 선다는 게 너무 긴장이 되긴 했지만 개의치 않고 연설에 익숙해지려고 노력했습니다. 결국 저는 해냈습니다. 저는 그 프로그램을 통해서 단지 다른 사람들을 아는 것 이상으로 강한 대인관계 능력과 자신감을 쌓을 수 있었습니다.

Voca

regardless of ~에 관계없이   **public speaking** 연설, 공석에서 말하기   **build up** ~을 쌓다
self-confidence 자신감

How to **NEW**
OPIc

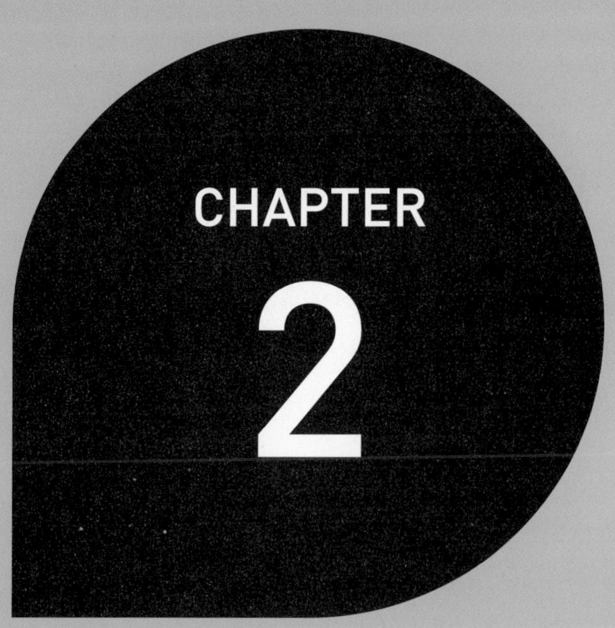

CHAPTER 2

일반적인 오픽 질문 공략

Stage 1 OPIc 일반적인 질문 길잡이

오픽 문제는 문제 유형별로 난이도가 정해져 있어서 문제마다 난이도 차이가 납니다. 즉, 쉬운 질문이 있고 어려운 질문이 있다는 의미입니다. 오픽 문제 중에서 가장 난이도가 낮은 문제는 사람, 사물 또는 장소를 소개하거나 묘사해 보라는 질문들입니다.

예컨대 설문조사에서 영화 관람하기 항목을 선택했을 경우, 정기시험에서 영화와 관련된 문제가 출제되면 가장 먼저 '좋아하는 영화 장르 소개, 좋아하는 영화배우 소개, 자주 가는 극장 묘사'와 같은 일반적인 질문이 주어집니다. 이 일반적인 질문 다음에는 '보통 영화관에서 어떤 일을 하는지, 영화를 보기 전과 후에 무엇을 하는지' 등 좀 더 구체적인 질문이 등장하게 됩니다.

그렇다면 일반적인 문제에는 어떤 것이 있을까요? 간단하게 정리하자면 사람(동물)/사물을 소개하는 문제와 장소/사물을 묘사하는 문제 등을 꼽을 수 있습니다. 좋아하는 친구, 룸메이트, 교수님, 영화배우, 운동선수, 이웃, 기르고 있는 애완동물 등을 소개해보라는 질문들도 이에 해당됩니다.

그리고 가장 대표적인 일반적인 문제가 묘사와 관련된 문제인데요. 살고 있는 동네, 살고 있는 집, 내 방, 대학교 캠퍼스, 자주 가는 공원, 자주 찾는 여행 장소, 자주 찾는 야영지 등 어떤 특정 장소의 분위기, 시설, 주변 환경, 특징 등을 묘사해보라는 질문들이 묘사 문제 유형에 해당됩니다.

따라서 위와 같이 소개 또는 묘사 문제가 등장하게 된다면, 그 다음 문제는 보다 구체적으로 묻는 질문이 출제될 것임을 미리 짐작하여 적절히 대비해둬야 합니다. 다음 문제를 예측할 수 있다는 것은 어느 정도 대비도 가능하다는 의미이므로 이런 문제 패턴을 잘 이해하고 익혀두는 것이 무엇보다 중요합니다.

Stage 2 OPIc 일반적인 질문 빈출문제

IL~IM 1, 2 등급 공략

Q1 살고 있는 동네 묘사

Please tell me about your neighborhood. What kind of buildings and places are there? Describe your neighborhood in detail.

당신의 동네에 관해서 얘기해 보세요. 어떤 종류의 건물들과 장소들이 있나요? 당신의 동네를 자세히 묘사해 보세요.

Q2 교수님 소개

Tell me about the professor you like best. Please introduce him or her to me.

당신이 가장 좋아하는 교수님에 대해서 얘기해 보세요. 그 교수님을 제게 소개해 보세요.

Q3 집에서 볼 수 있는 색상 묘사

What colors can you see in your house? Black, white, or yellow? What else is there?

집에서 어떤 색깔을 볼 수 있나요? 검정색, 흰색 아니면 노란색인가요? 어떤 다른 색깔들이 있나요?

Q4 학교 캠퍼스 묘사

You indicated in the survey that you are a student. What do the buildings and lecture rooms in your campus look like? Please describe your campus in detail.

설문조사에서 당신은 학생이라고 했습니다. 캠퍼스에 있는 건물과 강의실은 어떻게 생겼나요? 캠퍼스를 자세하게 묘사해 보세요.

Stage 3 ACTUAL TEST

Q1 살고 있는 동네 묘사 Tr-0201

Please tell me about your neighborhood. What kind of buildings and places are there? Describe your neighborhood in detail.

당신의 동네에 관해서 얘기해 보세요. 어떤 종류의 건물들과 장소들이 있나요? 당신의 동네를 자세히 묘사해 보세요.

KEY POINTS

키워드 tell me about your neighborhood, What, buildings, places, Describe your neighborhood

리스닝 포인트 동네의 건물이나 장소 등 내가 살고 있는 동네를 묘사해 보라는 질문이구나.

스피킹 포인트 먼저 살고 있는 곳이 어디인지를 말한 후, 주변에 있는 큰 건물이나 유명한 곳을 자세하게 묘사하도록 하자.

STEP BY STEP

1st Step _ 서론

스토리텔링 거주지 / 경복궁 / 역사 유적지

브레인스토밍 현재의 거주지가 경복궁 근처에 있음에 착안하여 경복궁에 대한 기본정보(위치, 유명한 이유 등)를 얘기한다.

2nd Step _ 본론

스토리텔링 경복궁 묘사

브레인스토밍 경복궁의 주변 환경을 구체적으로 묘사해 준다.

3rd Step _ 결론

스토리텔링 개인적인 생각이나 느낌

브레인스토밍 경복궁에 대한 개인적인 느낌을 간략하게 언급해주면서 답변을 마무리한다.

1st Story

거주지 | I'm currently living near Gyeongbok Palace.

경복궁 | Gyeongbok Palace is located near Jongro, the center of Seoul. It's a very famous old palace of the Joseon Dynasty period in Korea.

역사 유적지 | Koreans are very proud of their traditional cultural heritage like Gyeongbok Palace.

2nd Story

경복궁 묘사 | Every time I walk by the place, I rediscover its values. A stone wall was erected surrounding Gyeongbok Palace. The lower stone wall separates the traditional beauty from a modern city.

3rd Story

개인적인 생각이나 느낌 | To have a building such as Gyeongbok Palace in my neighborhood is like adding a modern twist to a traditional art form.

Full Story

I'm currently living near Gyeongbok Palace. Gyeongbok Palace is located near Jongro, the center of Seoul. It's a very famous old palace of the Joseon Dynasty period in Korea. Koreans are very proud of their traditional cultural heritage like Gyeongbok Palace. Every time I walk by the place, I rediscover its values. A stone wall was erected surrounding Gyeongbok Palace. The lower stone wall separates the traditional beauty from a modern city. To have a building such as Gyeongbok Palace in my neighborhood is like adding a modern twist to a traditional art form.

저는 현재 경복궁 근처에 살고 있습니다. 경복궁은 서울 중심부인 종로 근처에 있습니다. 경복궁은 한국 조선왕조시대의 오래된 궁전으로 아주 유명합니다. 한국인들은 경복궁과 같은 그들의 전통 문화 유산을 매우 자랑스러워합니다. 그 옆을 지나갈 때마다 저는 그 궁전의 가치를 재발견하게 됩니다. 경복궁 주변으로는 돌담이 세워져 있습니다. 그 아래쪽 돌담이 현대적 도시와 전통의 아름다움을 갈라놓고 있습니다. 우리 동네에 경복궁과 같은 건물이 있다는 것은 전통 예술에 현대적 요소를 가미한 것과 같다고 할 수 있겠습니다.

Voca Joseon Dynasty period 조선왕조시대   be proud of ~를 자랑스럽게 여기다   heritage 유산   erect 세우다, 건립하다   separate 갈라놓다, 분리시키다

Q2 교수님 소개 ◯ Tr-0201

Tell me about the professor you like best. Please introduce him or her to me.

당신이 가장 좋아하는 교수님에 대해서 얘기해 보세요. 그 교수님을 제게 소개해 보세요.

KEY POINTS

키워드	the professor you like, introduce him or her
리스닝 포인트	내가 좋아하는 교수님을 소개해 보라는 아주 간단한 질문이군!
스피킹 포인트	교수님 성함과 가르치는 과목을 먼저 얘기하고 좋은 점, 특징, 성격, 좋아하는 이유 등을 추가로 설명하자.

STEP BY STEP

1st Step _ 서론

스토리텔링 교수님 소개 / 교수님 성함

브레인스토밍 좋아하는 교수님 소개를 시작으로 교수님의 성함을 얘기해 준다.

2nd Step _ 본론

스토리텔링 가르치는 과목 / 교수님의 성격

브레인스토밍 교수님이 가르치는 과목과 교수님의 성격들을 설명해 준다.

3rd Step _ 결론

스토리텔링 싫어하는 점 / 좋아하는 이유

브레인스토밍 교수님이 싫어하시는 것들을 언급해 주고 교수님을 개인적으로 좋아하는 이유를 설명하면서 답변을 종결한다.

HOW TO MAKE A STORY

1st Story

교수님 소개   Well, I have to say that there is a professor I like best.

교수님 성함   Her name is Jisu Lee, and she is one of my minor professors.

2nd Story

가르치는 과목   She mostly teaches students who minor in Library and Information Science Transition into an Information-oriented Society.

교수님의 성격   She is always funny and good-tempered in her class, but there are a couple of points she hates.

3rd Story

싫어하는 점   The professor does lose her temper when students tried to plagiarize another person's writing. Ms. Lee also doesn't like noisiness while teaching,

좋아하는 이유   but when she lectures, I love her passion for the subject.

Full Story

Well, I have to say that there is a professor I like best. Her name is Jisu Lee, and she is one of my minor professors. She mostly teaches students who minor in Library and Information Science Transition into an Information-oriented Society. She is always funny and good-tempered in her class, but there are a couple of points she hates. The professor does lose her temper when students tried to plagiarize another person's writing. Ms. Lee also doesn't like noisiness while teaching, but when she lectures, I love her passion for the subject.

네, 제가 가장 좋아하는 교수님이 계시다는 것부터 말씀느리겠습니다. 교수님 성함은 이지수이시고, 제 부전공 교수님입니다. 교수님은 대부분 문헌정보학의 정보화 사회로의 이행을 부전공으로 하는 학생들을 가르치십니다. 교수님은 수업시간에 항상 재미있으시고 성격도 좋으시지만, 몇 가지 싫어하시는 점들이 있습니다. 학생들이 다른 사람들의 글을 표절했을 때 교수님께서는 화를 참지 못하십니다. 그리고 수업시간에 떠드는 것도 싫어하십니다. 하지만 저는 교수님이 강의하실 때 과목에 대한 열정이 참 좋습니다.

Voca
good-tempered 성격 좋은   lose one's temper 화를 내다   plagiarize 표절하다   noisiness 소음

구체적인 오픽 질문 공략

Stage 1 OPIc 구체적/복합질문 길잡이

오픽 문제 유형 중에서 두 번째로 살펴볼 유형은 바로 구체적으로 설명을 하거나, 한 문제에서 주어지는 여러 가지 질문에 대해서 모두 답변해야 하는 문제입니다. 보통은 Unit 1에서 살펴본 소개하기, 묘사하기 문제에 이어서 바로 뒤에 출제됩니다.

Unit 1에서 동네를 묘사해보라는 실전문제를 살펴봤죠? 정기 시험에 동네 Three Combo 문제가 출제되었다고 가정하면 바로 뒤이어 '당신이 살고 있는 동네의 사람들은 주중과 주말에 어떤 활동들을 하나요? 젊은이들과 노인들은 동네에서 어떤 활동을 하죠? 비교해서 설명해 보세요.' 등을 묻는 문제가 등장할 수 있습니다. 비교 설명을 한다든지, 전체 과정을 자세하게 설명하라는 유형을 좀 더 구체적인 설명(details) 문제라 정의할 수 있습니다.

그럼, 복합질문은 어떤 건지 살펴볼까요? 설문조사에서 영화 관람하기 항목을 선택했다고 가정해 보겠습니다. 이 경우에 'How often(얼마나 자주 영화를 보고), When and where(언제, 어디에서 영화를 보며), With whom and what(누구와 영화를 보며, 영화관에는 무엇을 하는가)'처럼 다양한 의문사로 여러 가지를 묻는 문제가 출제된다는 것입니다. 적게는 세 개에서 많게는 다섯 개 이상의 질문이 한꺼번에 쏟아지므로 여러 가지 질문을 잘 기억해서 모두 답변을 하는 것이 무엇보다 중요하다고 할 수 있습니다.

위에서 살펴본 구체적인 설명 문제와 여러 가지 질문을 묻는 문제에서 끝나는 것이 아니라 바로 뒤에 새로운 유형의 문제가 보통 등장하게 됩니다. 다름 아닌 과거 경험과 관련된 문제인데요. '묘사/소개하기 문제 → 설명/복합 질문 → 경험 관련 문제' 등의 순서로 세 문제가 출제됩니다. 이렇게 세 문제가 연속으로 출제되는 것을 'Three Combo' 문제라 일컫습니다. Three Combo 문제의 패턴을 잘 익혀 두세요. 대부분 위 세 가지 패턴으로 문제가 흘러가고, 무엇보다 다음 문제를 어느 정도 예측할 수 있다는 점이 실제 정기시험에서는 아주 큰 도움이 될 것입니다.

Stage 2 OPIc 구체적/복합질문 빈출문제

IL~IM 1, 2 등급 공략

Q1 여행 복합질문

When do you usually go on a trip? Where do you go? With whom do you go there? Also, how do you get there?

당신은 주로 언제 여행을 가나요? 어디로 가나요? 그곳은 누구와 함께 가나요? 또, 어떻게 가죠?

Q2 공원에서의 활동 설명

What types of things do you do at the park? Do you like jogging or walking there? What else? Tell me about all the activities you do at the park in as much detail as possible.

공원에서 당신은 어떤 일들을 하나요? 그곳에서 조깅이나 산책하는 것을 좋아하나요? 그 밖에 어떤 것들을 하죠? 공원에서 하는 모든 활동들에 대해 최대한 자세히 말해 보세요.

Q3 조리법 설명

What kind of food do you like to cook? Just pick one of the foods and tell me about its recipe from beginning to end.

어떤 음식을 요리하는 것을 좋아하나요? 음식을 하나 골라서 그 음식의 조리법을 처음부터 끝까지 말해 보세요.

Q4 좋아하는 장소 복합질문

Where is your favorite place at school? Why do you like it? What do you usually do there? How often do you go there? Tell me all the details.

학교에서 가장 좋아하는 장소는 어디인가요? 왜 그 장소를 좋아하죠? 보통 거기에서 무엇을 하나요? 얼마나 자주 그곳에 가죠? 자세하게 얘기해 보세요.

Stage 3 ACTUAL TEST

Q1 여행 복합질문 Tr-0202

When do you usually go on a trip? Where do you go? With whom do you go there? Also, how do you get there?

당신은 주로 언제 여행을 가나요? 어디로 가나요? 그곳은 누구와 함께 가나요? 또, 어떻게 가죠?

KEY POINTS

키워드	When, go on a trip, Where, With whom, how do you get there
리스닝 포인트	trip이 나왔으니 여행과 관련된 질문이고, 언제, 어디로, 누구와, 어떻게 그곳에 가는지 네 가지 의문사와 현지시제로 묻고 있구나.
스피킹 포인트	여행 시간, 장소, 사람, 교통수단 등을 묻고 있으므로 가급적이면 질문 순서대로 대답하자.

STEP BY STEP

1st Step _ 서론

스토리텔링　여행을 떠나는 시기

브레인스토밍　첫 질문에 대한 답변으로 여행을 떠나는 시기를 언급하면서 답변을 시작한다.

2nd Step _ 본론

스토리텔링　여행 장소(국내 여행) / 구체적인 여행 장소(강원도)

브레인스토밍　좋아하는 여행 장소에 대한 내용(국내 여행)과 구체적인 여행 장소(강원도) 그리고 좋아하는 이유를 설명한다.

3rd Step _ 결론

스토리텔링　함께 가는 사람 / 여행 수단

브레인스토밍　함께 여행을 가는 사람들과 여행에 대한 세부적인 내용(여행 수단)들을 설명하면서 답변을 종결한다.

1st Story

여행을 떠나는 시기

I usually go on a trip such as on vacations or all of a sudden, when I have some free time to travel.

2nd Story

여행 장소(국내 여행)

I have always been more interested in domestic trips, so I travel around Korea whenever I'm free.

구체적인 여행 장소(강원도)

I often enjoy going on a trip to Gangwondo because it's not that far from Seoul, and it has a lot of landscapes.

3rd Story

함께 가는 사람

Once some conditions like time and money are taken care of, I plan a trip with several friends with whom I spent my childhood.

여행 수단

When everything is prepared, we mainly use a train as I prefer it to a bus or any other vehicle. But for short trips, we sometimes ride bicycles.

Full Story

I usually go on a trip such as on vacations or all of a sudden, when I have some free time to travel. I have always been more interested in domestic trips, so I travel around Korea whenever I'm free. I often enjoy going on a trip to Gangwondo because it's not that far from Seoul, and it has a lot of landscapes. Once some conditions like time and money are taken care of, I plan a trip with several friends with whom I spent my childhood. When everything is prepared, we mainly use a train as I prefer it to a bus or any other vehicle. But for short trips, we sometimes ride bicycles.

저는 보통 방학 때나 갑자기 여행을 할 수 있는 여가가 생길 때 여행을 갑니다. 국내 여행에 더 관심이 많아 시간이 될 때마다 우리나라 여기저기를 여행합니다. 서울에서 그렇게 멀지도 않고 여러 가지 풍경도 만끽할 수 있어서 강원도로 여행을 자주 갑니다. 일단 시간이나 금전적인 부분들이 해결되면, 어린 시절을 함께 보냈던 친구들과 함께 여행을 떠날 계획을 세웁니다. 모든 준비가 끝나면 버스나 다른 차량보다는 제가 선호하는 기차를 주로 이용합니다. 하지만 짧은 여행을 떠날 때는 가끔 자전거를 타기도 합니다.

Voca all of a sudden 갑자기 landscape 풍경 vehicle 차량, 탈것, 운송 수단

Q2 공원에서의 활동 설명 Tr-0202

What types of things do you do at the park? Do you like jogging or walking there?
What else? Tell me about all the activities you do at the park in as much detail as
possible.

꽁원에서 당신은 어떤 일들을 하나요? 그곳에서 조깅이나 산책하는 것을 좋아하나요? 그 밖에 어떤 것들을 하죠? 공원
에서 하는 모든 활동들에 대해 최대한 자세히 말해 보세요.

KEY POINTS

키워드　　What, things, do at the park, jogging or walking, all the activities

리스닝 포인트　공원에서 내가 하는 일, 이를 테면 조깅이나 걷기 이외에 어떤 활동을 하는지 자세하게 설명해보라는
　　　　　　　질문이구나.

스피킹 포인트　먼저 공원 위치 등 간단한 정보를 말하고 자신이 하는 활동과 공원에 있는 사람들의 활동을 말해보자.

STEP BY STEP

1st Step _ 서론

스토리텔링　공원 이름과 위치, 풍경 소개

브레인스토밍　다니는 공원을 떠올리며 이름이나 위치, 풍경 등 공원과 관련된 기본적인 내용을 먼저 얘기한다.

2nd Step _ 본론

스토리텔링　조깅 / 공원 사람들의 모습

브레인스토밍　공원에서 할 수 있는 운동인 조깅과 공원에서 조깅을 하는 사람들을 설명해준다.

3rd Step _ 결론

스토리텔링　공원에서 하는 운동 / 운동 후 활동

브레인스토밍　역기나 윗몸 일으키기 같은 운동과 운동 후에 휴식을 취하는 내용 등을 추가로 설명하면서 답변을 마무리
　　　　　　　짓는다.

HOW TO MAKE A STORY

1st Story

공원 이름과 위치, 풍경 소개 | I often go to Sky Park, which is located in Mapogu, Seoul city. With its towering green trees, flowering spaces and star-filled night skies, I think that Sky Park is truly a masterpiece of nature.

2nd Story

조깅 | So I enjoy jogging there early in the morning or late at night. I can breathe some fresh air, taking a turn in the park.

공원 사람들의 모습 | When I jog in the park, I meet a few people who give me bright smiles. Luckily, there is a chance to make friends with others who jog.

3rd Story

공원에서 하는 운동 | I also do exercises like weight-lifting and sit-ups.

운동 후 활동 | After exercising in the park, I sit and rest on the bench and drink cold water to cool my body.

Full Story

I often go to Sky Park, which is located in Mapogu, Seoul city. With its towering green trees, flowering spaces and star-filled night skies, I think that Sky Park is truly a masterpiece of nature. So I enjoy jogging there early in the morning or late at night. I can breathe some fresh air, taking a turn in the park. When I jog in the park, I meet a few people who give me bright smiles. Luckily, there is a chance to make friends with others who jog. I also do exercises like weight-lifting and sit-ups. After exercising in the park, I sit and rest on the bench and drink cold water to cool my body.

저는 서울시 마포구에 있는 하늘 공원에 자주 갑니다. 높이 자란 녹색의 나무들, 곳곳에 만개한 꽃들 그리고 별들로 가득한 밤하늘을 가진 하늘 공원이야 말로 자연의 걸작이라고 생각합니다. 그래서 저는 이른 아침이나 밤늦게 그곳에서 조깅하는 것을 좋아합니다. 공원을 산책하면서 신선한 공기를 마실 수 있습니다. 공원에서 조깅을 할 때면 저에게 밝은 미소를 지어주는 시민들도 만나게 됩니다. 운이 좋게도, 조깅하는 사람들과 친구가 될 수 있는 기회도 있어요. 저는 또한 역기나 윗몸 일으키기와 같은 운동도 합니다. 공원에서 운동을 하고 나면 벤치에 앉아 쉬면서 시원한 물을 마시며 몸을 식힙니다.

Voca towering 우뚝 솟은, 높이 자란 masterpiece 걸작 take a turn 산책하다(=take a walk)
sit-ups 윗몸 일으키기

경험을 묻는 오픽 질문 공략

Stage 1 OPIc 경험 질문 길잡이

오픽 문제 유형 중에서 세 번째로 살펴볼 유형은 바로 '최근 경험, 어렸을 적 경험, 지금까지 잊을 수 없는 경험, 처음 접했던 경험, 처음 관심을 가지게 된 계기' 등 과거 경험과 관련된 문제입니다. 앞의 Unit 1, 2에서 살펴본 문제 유형보다는 조금 더 난이도가 높은 문제라 할 수 있습니다. 따라서 Intermediate Mid 1, 2, 3등급, 특히 Intermediate Mid 3 등급을 공략하기 위해서는 경험과 관련된 문제에 대해서 많은 연습을 해야 합니다.

본서의 장점은 바로 경험과 관련된 문제와 뒤에서 살펴볼, 역시 난이도가 비교적 높은 Role-play 문제를 별도로 자세하게 다룸으로써 Intermediate Mid 3 등급을 보다 완벽하게 공략하고 대비할 수 있다는 것입니다.

그렇다면 왜 경험과 관련된 문제가 난이도가 높은 것일까요? 대부분의 과거 경험을 묻는 질문이 나오면 과거, 과거 진행, 과거완료 그리고 현재까지 다양한 시제를 활용하여 답변을 하게 됩니다. 즉 시제를 자유자재로 사용할 수 있어야 높은 점수를 받을 수 있는 문제라는 것입니다.

그리고 두 번째로 어렵게 느낄 수 있는 점은 바로 본인이 직접 경험하지 않은 내용을 물을 수 있다는 것입니다. 예컨대, 설문조사에서 수영을 선택해서 시험에 출제가 되었는데, 수영을 대학교 1학년 때부터 배우기 시작했다고 가정해 보겠습니다. 그런데 막상 시험에서는 '어렸을 적에 수영을 배우면서 기억에 남는 점이 있나요? 있다면 그 기억에 대해서 얘기해 보세요.'라는 질문이 등장합니다. 즉, 수험생에 대해서 모든 걸 알고 있지 않기 때문에 사실과 다른, 그리고 직접 경험하지 못한 문제가 출제되어서 어렵게 다가오는 것입니다.

난이도 높은 문제를 잘 공략해야 높은 등급을 받을 수 있다는 건 당연한 일이겠죠? 많은 연습과 철저한 대비가 바로 정답입니다.

Stage 2 OPIc 경험 질문 빈출문제

IM 3 등급 공략

Q1 교통수단 이용 경험

Let's talk about the last time you used a different form of transportation when you went to school. When was it? Why did you have to do that? Tell me about it with a lot of details.

학교에 갈 때 평소와 다른 교통수단을 이용했던 최근 경험에 관해서 얘기해 보겠습니다. 그때가 언제였나요? 왜 그 교통수단을 이용해야 했나요? 자세히 얘기해 보세요.

Q2 최근에 본 영화

I'd like to know about the movie you most recently watched. Please tell me in detail about all the activities you did before, during, and after the movie.

당신이 가장 최근에 봤던 영화에 관해서 알고 싶습니다. 영화를 관람하기 전, 관람하는 도중, 그리고 관람 후에 당신이 했던 모든 활동들을 자세히 말해 보세요.

Q3 어렸을 적 여행 경험

Let's talk about an experience you had while traveling in your childhood. When was it? Where did you go? With whom did you go there? Please tell me about it in as much detail as you can.

어렸을 적 여행 경험에 대해서 얘기해 보겠습니다. 그게 언제였나요? 어디에 갔었죠? 누구와 여행을 갔었나요? 어렸을 적 기억에 남는 여행에 대해서 가능한 한 자세하게 얘기해 보세요.

Q4 기억에 남는 책

Tell me about one of your memorable books. What was it about? Who wrote it? Why was it so memorable to you? Tell me all the details.

기억에 남는 책에 대해서 얘기해 보세요. 어떤 책이었나요? 누가 그 책을 썼죠? 왜 그 책이 그렇게 기억에 남나요? 자세하게 얘기해 보세요.

 Q1 교통수단 이용 경험 Tr-0203

Let's talk about the last time you used a different form of transportation when you went to school. When was it? Why did you have to do that? Tell me about it with a lot of details.

학교에 갈 때 평소와 다른 교통수단을 이용했던 최근 경험에 관해서 얘기해 보겠습니다. 그때가 언제였나요? 왜 그 교통 수단을 이용해야 했나요? 자세히 얘기해 보세요.

KEY POINTS

키워드 the last time, used a different form of transportation when you went to school, When, Why

리스닝 포인트 last time은 '가장 최근에'라는 의미이니까 최근에 학교에 갈 때 다른 교통편을 이용한 걸 묻고 있구나. 언제이고 왜 다른 교통편을 이용했는지가 핵심이구나.

스피킹 포인트 평소 학교에 갈 때 이용하는 교통편을 먼저 설명해주고, 최근에 이용한 다른 교통편이 무엇이고 왜 이용 했는지에 대하여 답변하자.

STEP BY STEP

○ 1st Step _ 서론

스토리텔링 도보 / 아버지 차 / 아버지 차를 빌리지 못함

브레인스토밍 도보나 아버지 차와 같은 평소 등교 시에 이용하는 교통수단을 위주로 얘기하고 평소에 이용하는 교통수단 (아버지 차)을 이용할 수 없는 이유를 설명한다.

○ 2nd Step _ 본론

스토리텔링 지각하지 않아야 하는 이유 / 택시 / 부탁

브레인스토밍 평소와 다른 교통수단인 택시를 타야 했던 이유를 설명하고 당시 상황을 자세히 설명한다.

○ 3rd Step _ 결론

스토리텔링 결과 / 다짐

브레인스토밍 상황의 결과를 설명해주고 개인적인 느낌이나 다짐 등을 첨언하면서 답변을 마무리한다.

1st Story

도보	I usually go to school on foot.
아버지 차	When I am late for school, I can use my father's car.
아버지 차를 빌리지 못함	But yesterday, I couldn't borrow his car because he went on a business trip.

2nd Story

지각하지 않아야 하는 이유	Since I had to give a presentation, I was afraid that I would be late.
택시	So I took a cab to get to school in time even though it is within easy walking distance.
부탁	I explained my problem and asked the taxi driver to go fast. He kindly understood my situation and drove the taxi very fast.

3rd Story

| 결과 | Thanks to his help, I was able to get to school on time and did my presentation successfully. |
| 다짐 | I took this opportunity to become more diligent and get up early. |

Full Story

I usually go to school on foot. When I am late for school, I can use my father's car. But yesterday, I couldn't borrow his car because he went on a business trip. Since I had to give a presentation, I was afraid that I would be late. So I took a cab to get to school in time even though it is within easy walking distance. I explained my problem and asked the taxi driver to go fast. He kindly understood my situation and drove the taxi very fast. Thanks to his help, I was able to get to school on time and did my presentation successfully. I took this opportunity to become more diligent and get up early.

보통 저는 걸어서 학교에 갑니다. 학교에 늦겠다 싶을 때는 아버지 차를 이용해요. 그런데 어제는 아버지께서 출장을 가져서 차를 빌릴 수가 없었습니다. 제가 발표를 해야 해서, 지각을 할까 봐 걱정이 앞섰습니다. 그래서 저는 걸어서 갈 수 있는 가까운 거리지만 학교에 제시간에 도착하기 위해서 택시를 탔습니다. 저는 택시 기사님께 제 사정을 설명해 드리고는 빨리 가달라고 부탁했죠. 기사님은 친절하게도 제 상황을 이해해주셨고, 택시를 빨리 운전해 주셨습니다. 기사님의 도움 덕에, 저는 학교에 제시간에 도착할 수 있었고 발표도 성공적으로 끝낼 수 있었습니다. 저는 금번 일을 좀 더 부지런해지고 일찍 일어나는 계기로 삼았습니다.

Voca

business trip 출장   take a cab 택시를 타다   walking distance 걸어서 갈 수 있는 거리
thanks to ~덕분에, 덕택에

Q2 최근에 본 영화 Tr-0203

I'd like to know about the movie you most recently watched. Please tell me in detail about all the activities you did before, during, and after the movie.

당신이 가장 최근에 봤던 영화에 관해서 알고 싶습니다. 영화를 관람하기 전, 관람하는 도중, 그리고 관람 후에 당신이 했던 모든 활동들을 자세히 말해 보세요.

KEY POINTS

키워드   the movie you most recently watched, all the activities you did before, during, and after the movie

리스닝 포인트   최근에 본 영화에 대한 문제이고 자세한 내용은 뒤에 나오고 있으니 주의해야겠다. 영화를 보기 전에, 보면서, 그리고 본 후에 했던 일을 모두 말해 보라는 질문이구나.

스피킹 포인트   최근에 본 영화가 무엇인지 간단하게 소개한 후, 그 날 영화를 보기 전부터 관람 후 어떤 일들을 했는지 자세하게 얘기하도록 하자.

STEP BY STEP

○ 1st Step _ 서론

스토리텔링   관람 영화 / 영화와 주연배우

브레인스토밍   최근에 관람한 영화와 영화 제목 그리고 주연배우를 소개하면서 답변을 시작한다.

○ 2nd Step _ 본론

스토리텔링   관람 전 활동 / 관람 중 활동

브레인스토밍   영화관에서의 영화를 관람하기 전의 활동(영화 예매, 간식 구입)과 관람하는 도중의 활동(영화에 심취, 관전 포인트)들을 시간 순서대로 설명해준다.

○ 3rd Step _ 결론

스토리텔링   관람 후 활동 / 말다툼

브레인스토밍   영화 관람 후의 활동(저녁 식사)과 함께 일어났던 일(사소한 말다툼)에 대해서 얘기하며 답변을 마무리한다.

HOW TO MAKE A STORY

1st Story

| 관람 영화 | Three months ago, my girlfriend and I saw a popular Korean movie titled "Ajossi." The English title is "The Man from Nowhere." |
| 영화와 주연배우 | The movie is a well-plotted action thriller starring Won Bin, who is a handsome and popular movie star in Korea. |

2nd Story

| 관람 전 활동 | Before going to the theater, I reserved the movie tickets through the Internet. It was a popular movie, so I thought that it would be advisable to book our tickets in advance. In the theater, we bought a box of popcorn, soda drinks, and some snacks. |
| 관람 중 활동 | While watching the movie, we were into it. I loved the exciting action scenes. In fact, the movie is for adults only because it contains a lot of violence. But my girlfriend loved the actor's awesome body. Anyway, both of us were satisfied with the film. |

3rd Story

| 관람 후 활동 | After coming out of the theater, we had dinner in a nearby restaurant. |
| 말다툼 | At the table, we had a petty argument because my girlfriend talked too much about Won Bin's nice body and compared with mine. |

Full Story

Three months ago, my girlfriend and I saw a popular Korean movie titled "Ajossi." The English title is "The Man from Nowhere." The movie is a well-plotted action thriller starring Won Bin, who is a handsome and popular movie star in Korea. Before going to the theater, I reserved the movie tickets through the Internet. It was a popular movie, so I thought that it would be advisable to book our tickets in advance. In the theater, we bought a box of popcorn, soda drinks, and some snacks. While watching the movie, we were into it. I loved the exciting action scenes. In fact, the movie is for adults only because it contains a lot of violence. But my girlfriend loved the actor's awesome body. Anyway, both of us were satisfied with the film. After coming out of the theater, we had dinner in a nearby restaurant. At the table, we had a petty argument because my girlfriend talked too much about Won Bin's nice body and compared with mine.

3개월 전에, 여자 친구와 함께 "아저씨", 영어 제목은 "The Man from Nowhere"라는 인기가 많은 한국 영화를 감상했습니다. 이 영화는 잘생기고 한국에서 인기가 아주 많은 배우인 원빈이 주연을 맡고 있는 잘 짜여진 액션 스릴러 영화입니다. 극장에 가기 전, 저는 인터넷을 통해 표를 예매했습니다. 워낙 인기 있는 영화라서 인터넷을 통해서 미리 티켓을 예매하는 것이 좋을 거라고 생각했죠. 극장에서는 팝콘, 음료수 그리고 간단한 간식거리를 샀습니다. 영화를 보는 동안, 우리는 영화에 심취했어요. 저는 짜릿한 액션 장면이 맘에 들었습니다. 사실, 이 영화는 폭력적인 장면들이 많아서 성인 등급이거든요. 하지만 여자 친구는 주연배우의 멋진 몸매를 맘에 들어 했습니다. 이유야 어쨌든 우리 모두 그 영화에 만족했습니다. 극장에서 나와서, 인근 식당에서 저녁을 먹었습니다. 식사를 하면서 여자 친구가 원빈의 멋진 몸에 대해 너무 많이 얘기를 하고, 제 몸매와 비교를 하는 바람에 사소한 말다툼이 있었습니다.

Voca

cozy 아늑한 **feature** 특징으로 삼다 **pushy** 강요하려 드는

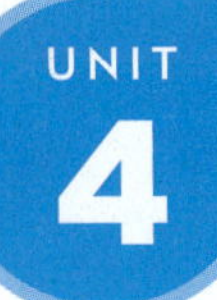

롤플레이(역할 연기) 질문 공략

Stage 1 OPIc Role-play 길잡이

마지막으로 살펴볼 오픽 문제 유형은 오픽 시험의 대표적인 유형 중 하나인 'Role-play(롤플레이, 역할 연기)' 입니다. 어떤 특정한 상황에서 특정인의 역할을 대신하여 연기(행동)를 하는 것입니다. 실제로 일어날 수 있는 상황의 주인공이 되어 문제를 해결하는 역할을 해야 합니다. 수험생의 순간 대처 능력이나 대응 방법을 평가하는 문제 유형으로 비교적 난이도가 높은 문제라 할 수 있습니다.

Role-play 상황 한 가지를 예로 들어 보겠습니다.

'친구와 함께 주말에 공원에 가고 싶어 한다고 가정해 보겠습니다. 친구에게 전화를 걸어 함께 공원에 갈 수 있도록 궁금한 점 서너 가지를 물어보면서 전화 녹음 메시지를 남겨보세요.'

정리를 해보자면 '내가 친구와 함께 공원에 가고 싶은 상황'이 주어졌죠? 그리고 친구에게 전화해서 몇 가지 질문해보라는 내용이 주어집니다. Role-play 문제는 여기서 끝이 아닙니다. 앞에서 살펴본 상황과 연결되는 또 다른 상황이 바로 뒤이어 주어집니다.

다음 내용을 잘 살펴보세요.

'친구와 함께 주말에 공원에 갈 계획이었는데 갑자기 집에 급한 일이 생겼습니다. 친구에게 전화해서 급한 일이 무엇인지 현재 상황을 설명하세요. 그리고 나서 함께 공원에 갈 수 없는 문제를 해결할 수 있도록 적절한 대안을 두 가지 제시해 보세요.'

핵심 포인트 하나! Role-play의 두 번째 상황은 반드시 첫 번째 상황과 관련하여 문제가 생기게 됩니다. 공원을 갈 계획이었는데 어떤 문제 때문에 갈 수 없거나, 티켓을 끊었는데 시간대가 잘못되었다거나, 공연을 볼 계획이었는데 좌석이 이미 꽉 찼다거나 등등 반드시 어떤 문제가 발생하고 이를 해결해보라는 식으로 문제가 출제된다는 점을 꼭 기억해 두세요.

앞에서 언급했듯이 경험 관련 문제와 Role-play 문제는 비교적 난이도가 높기 때문에 꾸준히 반복적으로 연습해야 합니다. 본서는 유형별로 그리고 난이도별로 많은 실전문제를 수록하였으니 교재에 나와 있는 실전문제로 완벽한 대비를 하시기 바랍니다.

Stage 2   OPIc Role-play 빈출문제

∷∷∷∷ IM 3 등급 공략 ∷∷∷∷

Q1   **친구와 함께 공원에 가기**

I'll give you a situation and ask you to act it out. Assume that your friend asks whether the two of you can go to the park next weekend. Call him or her and leave a recorded message, asking three or four questions about going there together.

상황을 드릴 테니 역할 연기를 해보세요. 친구가 다음 주말에 함께 공원에 가려 한다고 가정해보겠습니다. 친구에게 전화해서 함께 공원에 가는 것에 대해 서너 가지 질문을 하면서 메시지를 남겨보세요.

Q2-1   **공원 문이 닫힌 상황 해결**

I'm sorry, but there is a problem which you need to solve. You just noticed that the park will be closed until the beginning of next month. Call your friend and explain the situation. Then offer two alternatives about this matter.

유감스럽게도 당신이 해결해야 할 문제가 생겼습니다. 다음 달 초까지 그 공원이 문을 닫는다는 것을 방금 알게 되었습니다. 친구에게 전화해서 상황을 설명하세요. 그리고 나서 이 문제에 대한 대안을 두 가지 제시하세요.

Q2-2   **공원에 갈 수 없는 상황 해결**

I'm sorry, but there is a problem which you need to solve. You and your friend are scheduled to go to the park, but you have to complete an arrangement immediately, so you can't go there together. Call your friend and explain the situation. Then offer some solutions about this matter.

유감스럽게도 당신이 해결해야 할 문제가 생겼습니다. 친구와 함께 공원에 갈 예정이었는데 즉시 과제를 끝내야 해서 함께 공원에 갈 수 없습니다. 친구에게 전화해서 상황을 설명하세요. 그리고 나서 이 문제에 대한 해결책을 몇 가지 제시하세요.

Stage 3 ACTUAL TEST

친구와 함께 공원에 가기 Tr-0204

I'll give you a situation and ask you to act it out. Assume that your friend asks whether two of you can go to the park next weekend. Call him or her and leave a recorded message, asking three or four questions about going there together.

상황을 드릴 테니 역할 연기를 해보세요. 친구가 다음 주말에 함께 공원에 가려 한다고 가정해보겠습니다. 친구에게 전화해서 함께 공원에 가는 것에 대해 서너 가지 질문을 하면서 메시지를 남겨보세요.

KEY POINTS

키워드   give you a situation, your friend asks whether two of you can go to the park, Call, leave a recorded message, asking, questions

리스닝 포인트   아하! situation이 나왔으니 Role-play 문제구나. 친구가 나하고 공원에 가고 싶다고 하는 상황이군. 전화해서 함께 갈 수 있도록 여러 가지 질문을 녹음 메시지로 남겨보라는 질문이군.

스피킹 포인트   먼저 전화로 메시지를 남기는 것이므로 자신이 누군지 밝혀야 한다. 그리고 전화를 건 목적과 공원에 갈 수 있도록 이것저것 물어보자.

STEP BY STEP

1st Step _ 서론

스토리텔링   자기소개 / 전화를 건 이유

브레인스토밍   전화를 건 사람의 이름이나 신분을 먼저 밝히고 전화를 건 이유에 대해 언급해 준다.

2nd Step _ 본론

스토리텔링   공감대 형성 / 시간 / 장소

브레인스토밍   친구의 생각에 동조하며 공감대를 형성하고 함께 공원에 갈 수 있도록 시간이나 장소에 대해 묻는다.

3rd Step _ 결론

스토리텔링   약속 장소와 교통편

브레인스토밍   약속 장소를 정하기 위한 질문과 교통편 등을 언급하면서 답변을 마무리 짓는다.

1st Story

자기소개	Hello. This is Byunghun.
전화를 건 이유	Does your offer still stand? I want to go to the park with you next weekend.

2nd Story

공감대 형성	I think that sounds like a good idea.
시간	So, what time shall we meet?
장소	Where should I go to meet you?

3rd Story

약속 장소와 교통편	How about telling me the way to the subway station near the park? I think we can meet there.

Full Story

Hello. This is Byunghun. Does your offer still stand? I want to go to the park with you next weekend. I think that sounds like a good idea. So, what time shall we meet? Where should I go to meet you? How about telling me the way to the subway station near the park? I think we can meet there.

안녕, 나야 병헌이. 네 제안 아직 유효하니? 다음 주말에 함께 그 공원에 갔으면 해. 좋은 생각인 것 같아. 그럼 우리 몇 시에 만날까? 내가 어디로 가서 너를 만나면 되겠니? 그 공원 근처 지하철역에 가는 길을 나한테 좀 알려주지 않을래? 우리 거기에서 만나면 될 것 같아.

Voca   offer 제안   stand 유효하다   subway station 지하철역

Q2 공원 문이 닫힌 상황 해결 ◯ Tr-0204

I'm sorry, but there is a problem which you need to solve. You just noticed that the park will be closed until the beginning of next month. Call your friend and explain the situation. Then offer two alternatives about this matter.

유감스럽게도 당신이 해결해야 할 문제가 생겼습니다. 다음 달 초까지 그 공원이 문을 닫는다는 것을 방금 알게 되었습니다. 친구에게 전화해서 상황을 설명하세요. 그러고 나서 이 문제에 대한 대안을 두 가지 제시하세요.

KEY POINTS

키워드 there is a problem, the park will be closed until the beginning of next month, Call, explain the situation, offer two alternatives

리스닝 포인트 음, 뭔가 문제가 생긴 모양이군. 다음 달 초에나 공원 문이 개방이 된다는 거네. 전화해서 이 상황을 친구에게 설명하고 공원 문이 닫혔으니 대안을 제시하라는 질문이군.

스피킹 포인트 친구에게 전화해서 자신이 누구인지 말하고 공원에 어떤 문제가 있는지, 그리고 공원에 갈 수 없으니 무엇을 해야 할지 적절한 대안을 제시하도록 하자.

STEP BY STEP

○ 1st Step _ 서론

스토리텔링 이름 / 전화를 건 이유 / 현재 상황

브레인스토밍 전화를 건 사람의 이름이나 신분을 밝히고 전화를 건 이유나 상황에 대해 설명한다.

○ 2nd Step _ 본론

스토리텔링 공원의 상황 / 대안 1(등산) / 날씨

브레인스토밍 공원에 갈 수 없는 이유를 설명해 주고 등산과 같은 대안을 제시한다.

○ 3rd Step _ 결론

스토리텔링 대안 2(영화) / 최종 결정

브레인스토밍 또 다른 대안인 영화에 대해 제안하고 친구에게 결정권을 위임하는 식으로 답변을 종결한다.

HOW TO MAKE A STORY

1st Story

이름	Hi. It's me again, Byunghun.
전화를 건 이유	I've got something to tell you.
현재 상황	I'm afraid that we can't make it to the park.

2nd Story

공원의 상황	I've just heard that the park won't be opened until the beginning of next month. What are we going to do?
대안 1(등산)	Well, why don't we go on a hike?
날씨	The weather forecast says that next weekend will be sunny.

3rd Story

| 대안 2(영화) | If you don't like to sweat, I'm okay with going to the movies. |
| 최종 결정 | It is totally up to you. What is your decision? |

Full Story

Hi. It's me again, Byunghun. I've got something to tell you. I'm afraid that we can't make it to the park. I've just heard that the park won't be opened until the beginning of next month. What are we going to do? Well, why don't we go on a hike? The weather forecast says that next weekend will be sunny. If you don't like to sweat, I'm okay with going to the movies. It is totally up to you. What is your decision?

안녕, 또 나야. 병헌이. 네게 얘기해야 할 게 있어서 전화했어. 우리 공원에 못 갈 거 같아. 방금 들었는데 다음 달 초까지 공원이 문을 열지 않는데. 우리 어떻게 하는 게 좋을까? 음, 등산이나 갈까? 일기 예보에서 다음 주 주말에 날씨가 좋다고 하던데. 땀 흘리는 것이 싫다면 영화 보러 가는 것도 괜찮을 것 같아. 이건 전적으로 너한테 달렸어. 어떤 게 좋겠니?

Voca

go on a hike 등산 가다   weather forecast 일기 예보   sweat 땀, 땀을 흘리다   be up to ~에 달려 있다

How to **NEW**

OPIc

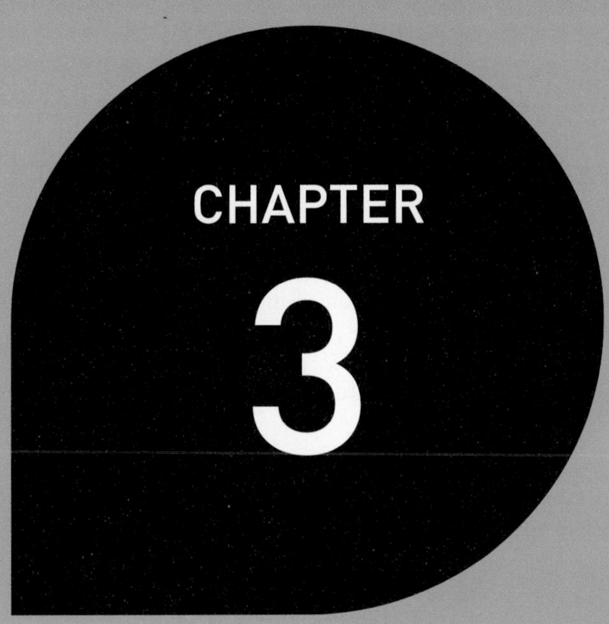

CHAPTER
3

거주지

Stage 1 거주지 길잡이

시험을 치르기 전에 거치는 설문조사(Background Survey) 3번에서 현재 살고 있는 거주지를 선택하게 됩니다. 뉴오픽이 도입되면서 거주지 관련 항목이 간소화되었는데요. 주택, 아파트, 원룸, 자취 및 하숙, 학교 기숙사, 군대 막사 등 다섯 가지가 거주지 항목에 해당됩니다.

설문조사에서는 총 다섯 개의 거주지 항목 중에서 한 가지를 선택하면 됩니다. 현재 본인이 살고 있는 거주지 형태를 선택하면 크게 세 가지 주제로 오픽 문제가 출제됩니다. 자주 출제되고 있는 문제는 살고 있는 집, 이웃사람, 그리고 살고 있는 동네에 대해서입니다. 이 세 가지 주제가 혼합되어 출제될 수도 있고 한 가지 주제에서 세 문제가 연속으로 출제될 수도 있으니 두 가지 출제 유형 모두 대비해둬야 합니다.

Unit 2에서 살펴보게 될 신분과 마찬가지로 거주지와 관련된 문제는 아주 빈번하게 출제되고 있고, 매 시험마다 출제될 가능성 역시 높으므로 반드시 사전에 만반의 준비를 해둬야 할 주제입니다.

살고 있는 집과 관련해서는 집 인테리어를 묘사하라는 질문, 자기 방을 소개해 보라는 질문, 집에서 가장 좋아하는 방 또는 장소가 어디인지 묻는 질문, 집안의 가구 및 가전제품 등을 나열해보라는 질문, 이사를 했던 경험을 묻는 질문 등이 주로 등장합니다.

이웃사람과 관련해서는 현재 잘 알고 있는 이웃사람을 소개해 보라는 질문, 어떻게 그 이웃과 친해지게 되었는지를 묻는 질문, 최근에 이웃사람과 만나서 어떤 얘기를 나눴고 무엇을 했는지를 묻는 질문 등을 떠올려 볼 수 있습니다.

마지막으로 동네와 관련해서는 동네 묘사, 동네 사람들이 주중과 주말에 하는 활동, 동네에서 일어나는 이벤트 및 행사, 동네에서 자주 가는 장소 또는 건물, 동네에서 일어났던 기억에 남는 이벤트 등에 대해서 묻는 문제가 출제되고 있습니다.

Stage 2 거주지 빈출문제

:::::::: IL~IM 1, 2 등급 공략 ::::::::

Q1 좋아하는 방 묘사

Which room in your house do you like best? Please describe for me the room you like to spend the most time in.

집에서 어떤 방을 가장 좋아하나요? 가장 많은 시간을 보내는 방을 묘사해 보세요.

Q2 집 밖 정경 묘사

What can you see outside your house? Buildings, cars, or people? What else is there?

집 밖으로는 어떤 것들이 보이나요? 건물, 자동차, 또는 사람들이 보이나요? 그 밖에 또 어떤 것들이 있나요?

Q3 좋아하는 이웃사람 소개

Tell me about your favorite neighbor in your neighborhood. Why do you like him or her? Please introduce him or her to me.

당신 동네에서 좋아하는 이웃사람에 대해서 얘기해 보세요. 왜 그 이웃을 좋아하나요? 그 이웃을 저에게 소개해 보세요.

Q4 살고 있는 집 묘사

Where do you live? Do you live in a house or an apartment? How many rooms does it have? Please describe your house in detail.

당신은 어디에 살고 있나요? 주택에 살고 있나요, 아니면 아파트에 살고 있나요? 집에는 방이 몇 개 있죠? 당신 집에 대해서 자세하게 묘사해 보세요.

Stage 3 ACTUAL TEST

 **좋아하는 방 묘사** Tr-0301

Which room in your house do you like best? Please describe for me the room you like to spend the most time in.

집에서 어떤 방을 가장 좋아하나요? 가장 많은 시간을 보내는 방을 묘사해 보세요.

KEY POINTS

키워드	Which room, do you like best, describe, the room, spend the most time in
리스닝 포인트	내가 가장 좋아하는 방, 그리고 가장 시간을 많이 보내는 방을 묘사해 보라는 질문이구나.
스피킹 포인트	집에서 가장 좋아하는 장소를 말하려면 좋아하는 이유와, 그곳에서 어떤 일을 하는지 간단하게 설명해야 한다.

STEP BY STEP

1st Step _ 서론

스토리텔링 좋아하는 방 / 집 소개(원룸)

브레인스토밍 방을 소개하기 위해 우선 살고 있는 집의 형태에 대해서 간략하게 언급한다.

2nd Step _ 본론

스토리텔링 방의 모습 / 구조 / 욕실

브레인스토밍 방의 모습, 구조나 용도 등을 묘사한 다음 그 중 한두 곳(욕실)에 대한 세부설명이나 느낌들을 얘기한다.

3rd Step _ 결론

스토리텔링 좋아하는 것

브레인스토밍 방에서 좋아하는 것을 설명하면서 답변을 종결한다.

1st Story

좋아하는 방

I can't actually choose which room I like best.

집 소개(원룸)

That's because I just live in a studio with only one room. So I must say that I like that room best.

2nd Story

방의 모습

The room is close to a tetragonal shape.

구조

So to speak, it is both a bedroom with built-in wardrobes and a living room with a sink unit. It serves as a bedroom as well as a living room.

욕실

Of course, there is also a bathroom in it. To be honest, I dislike its small size as that often makes me feel stuffy, even though I live there alone.

3rd Story

좋아하는 것

Strange as it may sound, I like to spend my free time reading comics or playing computer games near the bed.

Full Story

I can't actually choose which room I like best. That's because I just live in a studio with only one room. So I must say that I like that room best. The room is close to a tetragonal shape. So to speak, it is both a bedroom with built-in wardrobes and a living room with a sink unit. It serves as a bedroom as well as a living room. Of course, there is also a bathroom in it. To be honest, I dislike its small size as that often makes me feel stuffy, even though I live there alone. Strange as it may sound, I like to spend my free time reading comics or playing computer games near the bed.

사실 어떤 방을 가장 좋아하는지 고를 수가 없습니다. 저는 방이 하나 밖에 없는 원룸에 살고 있기 때문입니다. 그래서 당연히 하나 뿐인 방이 가장 좋다고 말씀드릴 수밖에 없습니다. 방은 사각형에 가깝습니다. 말하자면 붙박이 옷장이 있는 침실이면서 싱크대가 있는 거실입니다. 침실과 거실로 모두 사용되죠. 물론 원룸에는 욕실도 있습니다. 솔직히 말씀드리면 제가 혼자 살고 있기는 하지만 작은 욕실이 저를 답답하게 만들어서 욕실을 싫어합니다. 이상하게 들릴지 모르겠지만 저는 자유 시간에 만화책을 읽거나 침대 가까이에서 컴퓨터 게임을 하면서 시간을 보내는 것을 좋아합니다.

Voca　　studio 원룸　　tetragonal 4각형의　　so to speak 말하자면　　wardrobe 옷장(=closet)

Q2 집 밖 정경 묘사 Tr-0301

What can you see outside your house? Buildings, cars, or people? What else is there?

집 밖으로는 어떤 것들이 보이나요? 건물, 자동차, 또는 사람들이 보이나요? 그 밖에 또 어떤 것들이 있나요?

KEY POINTS

키워드 What, you see outside your house, Buildings, cars, or people, What else

리스닝 포인트 outside your house가 나왔으므로 집 밖으로 보이는 것들을 설명해 보라는 질문이군.

스피킹 포인트 집 창문을 통해서 보이는 건물, 사람, 사물 등 여러 가지를 얘기해 보자.

STEP BY STEP

1st Step _ 서론

스토리텔링 대학교 거주지 / 원룸 이사

브레인스토밍 집 밖의 정경을 묘사하기 위해 우선 현재 살고 있는 원룸에 이사 온 이야기를 간단하게 언급한다.

2nd Step _ 본론

스토리텔링 동네 정보 / 정경 / 원룸 위치

브레인스토밍 동네에 대한 간략한 정보와 함께 정경을 언급해 주고 창 밖 정경 설명을 위해 원룸의 위치를 설명한다.

3rd Step _ 결론

스토리텔링 창 밖 정경 / 개인적인 생활

브레인스토밍 창 밖으로 보이는 모습을 설명한 다음 개인적인 생활을 간단하게 언급하며 마무리한다.

HOW TO MAKE A STORY

1st Story

대학교 거주지	Well, I didn't live alone until I was a college student.
원룸 이사	As soon as I graduated from high school, I moved into my current house which is just like a small apartment.

2nd Story

동네 정보	It is located in the center of Seoul city, and this area has well-connected transportation.
정경	It goes without saying that there are a lot of cars around my house.
원룸 위치	And my place is on the 15th floor of the apartment.

3rd Story

창 밖 정경	If you look down the street from the window in the living room, you can see a subway station with many people gathered around.
개인적인 생활	Sometimes when I am gloomy, I just look at them.

Full Story

Well, I didn't live alone until I was a college student. As soon as I graduated from high school, I moved into my current house which is just like a small apartment. It is located in the center of Seoul city, and this area has well-connected transportation. It goes without saying that there are a lot of cars around my house. And my place is on the 15th floor of the apartment. If you look down the street from the window in the living room, you can see a subway station with many people gathered around. Sometimes when I am gloomy, I just look at them.

네, 저는 대학생이 되고 나서야 혼자 살기 시작했습니다. 고등학교를 졸업하자마자 그냥 작은 아파트 같이 생긴 현재의 집으로 옮겼습니다. 집은 서울 중심가에 있고 교통이 편리한 지역에 있습니다. 집 주변에 차들이 많은 것은 당연하고요. 그리고 제 집은 아파트 15층에 있습니다. 거실 창문을 통해서 거리를 내려다보면 많은 사람들이 모이는 지하철역이 보입니다. 가끔씩 우울할 때는 사람들을 그냥 바라봅니다.

Voca   it goes without saying that ~은 말할 것도 없다   gloomy 우울한

학생과 직장인

Stage 1 학생과 직장인 길잡이

Unit 2에서는 신분과 관련된 오픽 문제를 학습하게 됩니다. 설문조사에서 가장 먼저 선택하는 부분이 바로 학생 또는 직장인과 관련된 항목입니다. 뉴오픽이 시행되면서 신분 관련 설문조사에서 약간의 logic의 변화가 있었는데요, 불필요한 부분이 빠지고 필요한 부분이 추가되었다고 볼 수 있습니다.

직장인의 경우는 종사 분야를 선택하면 근무 기간 등을 추가로 선택하게 되며, 학생의 경우 역시 간단하게 학업의 목적을 추가로 선택하게 됩니다.

실제 회사 면접을 볼 때도 학생이라면 가장 먼저 학과 및 학교생활에 대한 질문을 받게 됩니다. 직장인 역시 어떤 업무를 했고 어떤 경력을 쌓았는지가 회사에서 궁금해 할 내용입니다. 오픽 시험도 마찬가지입니다. 학생이나 직장인과 관련된 오픽 문제 역시 보통 시험 초반부에 등장하게 됩니다. 수험생에 대해서 아는 바가 전혀 없는 상태에서 기본적으로 먼저 물어볼 수 있는 질문이 신분과 관련된 내용이니까요. 자, 학생이나 직장인 관련 문제는 시험 초반부에 자주 등장한다는 사실을 꼭 기억해 두세요!

마지막으로 취업을 준비하고 있는 취업 준비생과 회사를 그만 두고 이직을 준비하고 있는 사람들은 〔예 / 아니오〕 중 어떤 것을 선택해야 할지를 알려 드리겠습니다. 사실 그대로 학생도 아니고 직장인도 아니라서 〔아니오〕를 선택하게 되면 학생 또는 직장인과 관련된 문제를 동시에 받게 될 수 있습니다. 또한 신분 문제가 출제되지 않는 대신 어려운 돌발문제가 출제될 가능성도 높습니다.

그럼, 어떤 기준으로 선택을 해야 할까요? 직장 경력이 6개월 미만일 경우에는 학생을, 6개월 이상이면 직장인을 선택하세요. 신분과 관련된 문제는 적게는 두 문제에서 많게는 다섯 문제 이상까지도 출제될 수 있기 때문에 신중하게 선택해야 합니다.

Stage 2 학생과 직장인 빈출문제

IL~IM 1, 2 등급 공략

Q1 전공 소개

What is your academic major? Tell me about it in detail.

전공은 무엇인가요? 전공에 대해 자세히 말해 보세요.

Q2 회사의 제품 또는 서비스 소개

Tell me about one particular product or service that your company is offering.

당신의 회사에서 제공하는 특별한 제품이나 서비스 한 가지를 설명해 보세요.

Q3 좋아하는 교수님 소개

Let's talk about your favorite professor in school. What does he or she look like? Why do you like him or her? Tell me about him or her in detail.

학교에서 당신이 좋아하는 교수님에 대해서 얘기해 보겠습니다. 교수님은 어떻게 생기셨나요? 왜 그 교수님을 좋아하죠? 교수님에 대해 자세히 말해 보세요.

Q4 사무 장비 설명

What kind of office equipment is there in your office? What equipment do you usually use? How does it help you work? Tell me all the details.

사무실에는 어떤 사무 장비가 있나요? 당신은 어떤 사무 장비를 주로 사용하나요? 업무에는 어떻게 도움이 되죠? 자세하게 얘기해 보세요.

Stage 3 ACTUAL TEST

 Q1 전공 소개 ⬤ Tr-0302

What is your academic major? Tell me about it in detail.
전공은 무엇인가요? 전공에 대해 자세히 말해 보세요.

KEY POINTS

키워드	What, your academic major
리스닝 포인트	academic major는 '전공'이므로 내 전공을 소개해 보라는 질문이구나.
스피킹 포인트	전공과 전공 과목, 그리고 전공을 통해서 배우는 내용을 간단하게 소개하도록 하자.

STEP BY STEP

○ 1st Step _ 서론

스토리텔링 전공 소개 / 전공 과목

브레인스토밍 전공인 국제 비즈니스에 대한 소개와 전공 과목 내용에 대해 간략히 언급해 준다.

○ 2nd Step _ 본론

스토리텔링 학습 1(숫자, 국제 자본 흐름) / 학습 2(경영전략) / 학습 3(재무제표 분석)

브레인스토밍 숫자나 국제 자본 흐름의 이해, 경영전략, 재무제표 분석 등 전공에 대해서 구체적으로 설명한다.

○ 3rd Step _ 결론

스토리텔링 전공에 대한 생각

브레인스토밍 전공에 대한 개인적인 생각을 추가로 언급하면서 답변을 마무리 짓는다.

1st Story

전공 소개	I major in International Business at school.
전공 과목	It involves lots of group assignments and presentations, including statistics and math which I am not good at.

2nd Story

학습 1(숫자, 국제 자본 흐름)	Basically, you should be interested in numbers and the global flow of capital to study this major.
학습 2(경영전략)	And you have to be able to reach a consensus of many opinions when you discuss business strategy.
학습 3(재무제표 분석)	Plus, you are often in charge of a project to analyze the balance sheet of some Fortune 500 companies and present whether their financial health is strong or weak.

3rd Story

전공에 대한 생각	You might think that you would never have access to this major, but instead of being too difficult, it's interesting.

Full Story

I major in International Business at school. It involves lots of group assignments and presentations, including statistics and math which I am not good at. Basically, you should be interested in numbers and the global flow of capital to study this major. And you have to be able to reach a consensus of many opinions when you discuss business strategy. Plus, you are often in charge of a project to analyze the balance sheet of some Fortune 500 companies and present whether their financial health is strong or weak. You might think that you would never have access to this major, but instead of being too difficult, it's interesting.

저는 학교에서 국제 비즈니스를 전공하고 있습니다. 국제 비즈니스는 제가 약한 통계학과 수학을 포함해서 많은 조별 과제들과 발표들을 포함하고 있습니다. 전공 공부를 위해서는 기본적으로 수치와 자본의 국제적 흐름에 관심을 가져야 합니다. 그리고 사업 전략에 대해서 토론할 때 많은 의견을 합의로 이끌 수 있어야 합니다. 게다가 포춘의 500대 기업들 중 일부 기업들의 재무제표에 대한 분석과 그 회사들의 재무상태가 양호한지를 발표해야 하는 프로젝트를 자주 맡게 됩니다. 제 전공에 문외한이시겠지만 그렇게 어렵지 않고 재미있는 학문입니다.

Voca statistics 통계(학) flow 흐름, 이동 consensus 합의 balance sheet 재무제표

Q2 회사의 제품 또는 서비스 소개 ◯ Tr-0302

Tell me about one particular product or service that your company is offering.

당신의 회사에서 제공하는 특별한 제품이나 서비스 한 가지를 설명해 보세요.

KEY POINTS

키워드   Tell, product or service, company is offering

리스닝 포인트   아하! 우리 회사가 제공하고 있는 핵심 제품이나 서비스에 대해서 묻고 있구나.

스피킹 포인트   우리 회사의 핵심 서비스 및 제품에는 무엇이 있는지 소개하고 최근 핵심 사업과 관련된 서비스 및 제품을 추가로 설명하도록 하자.

STEP BY STEP

1st Step _ 서론

스토리텔링   신제품 소개 / 제품 설명

브레인스토밍   회사에서 제공하는 핵심 서비스나 제품들 중에서 한 가지를 소개하고 해당 서비스나 제품에 대해서 기본적인 내용을 얘기한다.

2nd Step _ 본론

스토리텔링   회사의 핵심 서비스 / 신제품 출시 배경 / 신제품의 특징

브레인스토밍   회사에 대한 간단한 소개와 함께 해당 제품에 대한 세부적인 내용(출시 배경, 제품의 특징, 기능 등) 위주로 얘기한다.

3rd Step _ 결론

스토리텔링   개인적인 생각이나 의견

브레인스토밍   지금까지 소개한 제품에 대한 요약과 함께 개인적인 의견을 첨언하며 답변을 마무리한다.

HOW TO MAKE A STORY

1st Story

신제품 소개   I would like to talk about a brand-new product that my company is now providing.

제품 설명   It is called Galaxy-S, a kind of cell phone, which is a rival to the iPhone.

2nd Story

회사의 핵심 서비스   My company is well-known for lots of electronic products all over the world.

신제품 출시 배경   And this is the time to compete with Apple. It has made a smart phone as well as offered many services related to the phone.

신제품의 특징   The phone has a number of functions with useful and interesting applications.

3rd Story

개인적인 생각이나 의견 I think it's true that the iPhone caught everyone's attention at first, but now Galaxy-S is taking the lead in the field of cell phones called "smart phones."

Full Story

I would like to talk about a brand-new product that my company is now providing. It is called Galaxy-S, a kind of cell phone, which is a rival to the iPhone. My company is well-known for lots of electronic products all over the world. And this is the time to compete with Apple. It has made a smart phone as well as offered many services related to the phone. The phone has a number of functions with useful and interesting applications. I think it's true that the iPhone caught everyone's attention at first, but now Galaxy-S is taking the lead in the field of cell phones called "smart phones."

저희 회사가 제공하고 있는 신제품에 대해 설명 드리겠습니다. 갤럭시 S라 불리는 핸드폰이고 아이폰의 경쟁 상품입니다. 당사의 많은 전자 제품들은 전 세계적으로 정평이 나있습니다. 그리고 이제는 애플 사와 경쟁을 할 시기입니다. 핸드폰과 관련된 여러 가지 서비스를 제공함과 동시에 스마트 폰을 출시하게 되었습니다. 이 핸드폰은 여러 가지 유용하고 재미있는 애플리케이션 기능을 가지고 있습니다. 아이폰이 처음에 모든 이들의 주목을 받은 건 사실이지만 지금은 갤럭시 S가 스마트폰이라고 불리는 핸드폰 시장에서 선두를 지키고 있습니다.

Voca

electronic product 전자 제품 catch one's attention 주목을 받다, 관심을 끌다

제 1 탄 OPIc Experience Questions

앞에서 언급한 적이 있지만 Intermediate Mid 등급을 받기 위해서는 다른 문제보다 답변하기가 어려운 과거 경험을 묻는 문제를 잘 해결해야 한다는 점을 꼭 숙지해 두세요. 먼저 거주지와 관련해서는 동네에서 일어났던 재미있었던 사건, 이웃사람과 기억에 남는 에피소드, 현재 살고 있는 집으로 이사했던 일 등의 과거 경험 질문을 대비해두기 바랍니다.

Stage 1 IM3 등급 공략 OPIc QUESTIONS

거주지

Q1 Let's talk about a surprising, interesting, or memorable event that happened in the area where you live. What was the event about? Tell me all about it from beginning to end.

당신이 사는 동네에서 일어난 놀랍거나, 재미있거나 또는 기억에 남는 일에 대해서 얘기해 보겠습니다. 어떤 일이었나요? 그 일에 대해 처음부터 끝까지 자세히 얘기해 보세요.

Q2 Have you had a memorable episode with your neighbors? What was it? What happened? Why was it so memorable to you? Tell me about it in as much detail as you can.

이웃사람들과 기억에 남는 에피소드가 있나요? 그게 무엇인가요? 어떤 일이 있었죠? 왜 그 에피소드가 기억에 남나요? 가능한 한 자세하게 얘기해 보세요.

학생과 직장인

Q3 Let's talk about the last project you completed. What was the project about? Was it a group project? What was its result? Tell me with a lot of details.

마지막으로 끝낸 프로젝트에 대해서 얘기해 보겠습니다. 어떤 프로젝트였나요? 그룹 프로젝트였나요? 결과는 어땠죠? 자세하게 얘기해 보세요.

Q4 What kinds of things have changed in your school over the last ten years? And why have the changes been made? Tell me in detail.

지난 10년간 학교에서는 어떤 것들이 변했나요? 그리고 왜 변화가 생겼나요? 자세하게 얘기해 보세요.

학생과 직장인에게 공통적으로 자주 출제되는 문제가 있는데요. 바로 'project, technology' 프로젝트와 테크놀로지입니다. 최근에 끝낸 프로젝트, 기억에 남는 프로젝트, 그리고 최근에 자주 사용하는 테크놀로지 등을 묻는 질문이 자주 등장하고 있으므로 학생, 직장인 모두 꼭 대비해야 할 주제들입니다.

Q1 동네에서 일어난 기억에 남는 일 Tr-0303

Let's talk about a surprising, interesting, or memorable event that happened in the area where you live. What was the event about? Tell me all about it from beginning to end.

당신이 사는 동네에서 일어난 놀랍거나, 재미있거나 또는 기억에 남는 일에 대해서 얘기해 보겠습니다. 어떤 일이었나요? 그 일에 대해 처음부터 끝까지 자세히 얘기해 보세요.

KEY POINTS

키워드 surprising, interesting, or memorable event, happened, where you live, What, the event about

리스닝 포인트 살고 있는 곳에서 일어났던 놀랍거나, 재미있거나, 기억에 남는 일이 무엇인지 자세하게 얘기해 보라는 질문이구나.

스피킹 포인트 언제, 어떤 일이 있었고, 특별히 기억에 남는 점과 왜 기억에 남는지 등을 이야기해 보자.

HOW TO MAKE A STORY

○ 1st Story

[거주지] I'm currently living in Sinchon which is famous for its youthful street culture. [거리 축제] I remember that there was a street festival in Sinchon. [축제 기간] The festival was held from May 21st to 23rd, 2009.

저는 현재 젊음의 거리 문화로 유명한 신촌에 살고 있습니다. 신촌에서 있었던 거리 축제가 기억납니다. 그 축제는 2009년 5월 21일부터 23일까지 열렸습니다.

○ 2nd Story

[록 밴드] What made me feel excited was a rock band that inaugurated the festivities with a loud song. [볼거리] An abundant variety of colorful attractions had been prepared for the festival, which everyone enjoyed. [축제의 목적] The aim of the festival was to share all the joys and sorrows for young people.

저를 흥미롭게 만든 건 큰 노래 소리로 축제의 개시를 알리는 록 밴드였습니다. 모든 사람들이 즐길 수 있도록 풍성하고 다채로운 볼거리들이 준비되어 있었습니다. 축제의 목적은 젊은 사람들의 기쁨과 슬픔들을 공유하는 것이었습니다.

○ 3rd Story

[당시 분위기] I saw lots of people come and go around Sinchon, and they also made me full of delight. [기억에 남는 일] I must say that this festival was a memorable event that happened around where I live.

저는 많은 사람들이 신촌 주변으로 왔다 갔다 하는 것을 보았고 그 사람들 역시 저를 기쁘게 해주었습니다. 저는 이 축제가 제가 살고 있는 동네에서 열린 기억에 남은 행사라고 말하고 싶습니다.

○ Voca inaugurate 개시하다, 발주시키다, 취임시키다 abundant 풍부한 aim 목적, 목표

제 2 탄 OPIc Role-play Questions

과거 경험 문제와 더불어 난이도가 높은 문제로 Role-play 문제를 꼽을 수 있습니다. 직접 경험해 보지 않은 상황에서 적절하게 대처하고 특정 문제를 해결해야 하기 때문에 결코 쉬운 문제 유형은 아닙니다. 아울러 Role-play 문제는 한 문제로 그치지 않고 비슷한 내용이 이어져서 세 문제, 즉 Three Combo 문제로 출제된다는 점도 꼭 기억해 두세요. 실전 문제에서는 학생 관련 Role-play 질문을 살펴보겠습니다.

Stage 1 IM3 등급 공략 OPIc QUESTIONS

학생 관련 Role-play

Q1 I'll give you a situation and ask you to act it out. Imagine that you are planning to enroll in a course this semester. Call the professor and ask him or her three or four questions about this course.

상황을 드릴 테니 역할 연기를 해보세요. 이번 학기에 어떤 과목의 수강 신청을 한다고 해보겠습니다. 해당 과목 교수님께 전화해서 그 과목에 대해 서너 가지 질문해 보세요.

Q2 I'm sorry, but you have a problem that you have to resolve. You enrolled in the course, but you notice that you will have to miss some classes during the semester. Call the professor and explain your situation. Then offer some assignments or projects you will be able to do in order to remain in the class.

유감스럽게도 해결해야 할 문제가 생겼습니다. 수강 신청을 했는데 나중에 알고 보니 학기 중에 수업을 몇 시간 결석해야 합니다. 교수님께 전화 드려서 상황을 설명하세요. 그러고 나서 그 수업을 계속 들을 수 있도록 당신이 할 수 있는 과제나 프로젝트를 제안해 보세요.

Q3 Have you ever done an assignment or a project since you missed a test or a class? When was it? What was the problem about? Please tell me about the experience in as much detail as possible.

시험을 치르지 못하거나 수업에 빠져서 과제나 프로젝트로 대체한 경험이 있나요? 언제였나요? 어떤 문제가 있었죠? 그 경험을 최대한 자세하게 얘기해 보세요.

학생과 관련해서 여러 번 출제되었던 문제가 바로 '수강 신청'과 관련된 질문들입니다. 수강 과목에 대해서 먼저 질문하고, 수강 신청을 했는데 어쩔 수 없이 수업을 몇 번 빠져야 하는 상황을 해결하라는 질문이 연이어서 등장합니다. 마지막 세 번째에서는 Role-play에서 주어진 비슷한 상황을 직접 경험을 한 적이 있는지를 묻는 질문이 주로 출제되고 있습니다.

수강 신청하기 Tr-0303

I'll give you a situation and ask you to act it out. Imagine that you are planning to enroll in a course this semester. Call the professor and ask him or her three or four questions about this course.

상황을 드릴 테니 역할 연기를 해보세요. 이번 학기에 어떤 과목의 수강 신청을 한다고 해보겠습니다. 해당 과목 교수님께 전화해서 그 과목에 대해 서너 가지 질문해 보세요.

KEY POINTS

키워드 planning to enroll in a course, Call the professor, ask, questions about this course

리스닝 포인트 과목을 수강하려는 상황이 주어졌고 해당 과목 교수님께 전화해서 이 과목에 대해서 궁금한 점을 서너 가지 정도 물어보라는 질문으로 이해하면 되겠다.

스피킹 포인트 전화를 하는 상황이니 자기소개를 먼저 하고 전화를 건 목적과 수강할 과목에 대해서 궁금한 점을 네 가지 정도 물어보자.

HOW TO MAKE A STORY

○ 1st Story

[자기소개] Hello. This is Michael Park, majoring in Economics. I'm currently a senior who will graduate next year. [전화를 건 이유] I have some questions that I need to ask you.

안녕하세요. 저는 경제학을 전공하고 있는 Michael Park입니다. 저는 내년에 졸업하는 4학년 학생인데요. 교수님께 여쭤보고 싶은 게 좀 있어서요.

○ 2nd Story

[필수 과목] I've just heard that Macroeconomics is a mandatory course. Is that right? [과제] If so, I think I have to enroll in the course this semester. How many assignments do you give students who take the course? [발표 여부] And is it necessary that I give a presentation for the course?

거시경제학이 필수 과목이라고 들었는데요. 맞는지요? 그렇다면, 이번 학기에 그 과목을 들어야 할 것 같습니다. 교수님께서는 학생들에게 과제를 얼마나 많이 내주시는지요? 그리고 수업 시간에 발표를 꼭 해야 하나요?

○ 3rd Story

[자기 상황] Well, currently I've got lots of projects to do. [부탁] Is there any advantage for seniors like me?

실은 현재 제가 해야 할 프로젝트가 많이 있습니다. 저 같은 4학년 학생들에게 약간의 편의를 감안해 주시는지요?

○ Voca senior 대학교 4학년 Macroeconomics 거시경제학 mandatory 의무적인

Q2 수업을 결석해야 하는 상황 해결하기 Tr-0303

I'm sorry, but you have a problem that you have to resolve. You enrolled in the course, but you notice that you will have to miss some classes during the semester. Call the professor and explain your situation. Then offer some assignments or projects you will be able to do in order to remain in the class.

유감스럽게도 해결해야 할 문제가 생겼습니다. 수강 신청을 했는데 나중에 알고 보니 수업을 몇 시간 결석해야 합니다. 교수님께 전화 드려서 상황을 설명하세요. 그러고 나서 그 수업을 계속 들을 수 있도록 당신이 할 수 있는 과제나 프로젝트를 제안해 보세요.

KEY POINTS

키워드 you have a problem, you will have to miss some classes, Call the professor and explain, offer some assignments or projects, to remain in the class

리스닝 포인트 문제가 생겼는데 수업에 몇 번 결석할 거라는 거군. 교수님께 전화해서 자초지종을 설명하고 수업을 계속 들을 수 있도록 결석을 대체할 수 있는 과제나 프로젝트를 제안해 보라는 질문으로 이해하면 되는구나.

스피킹 포인트 수업에 결석해야 하는 이유를 적절하게 설명하는 것이 중요하며, 결석을 보충할 수 있는 과제나 프로젝트를 제시하는 것이 답변의 핵심이 됨을 기억하자.

HOW TO MAKE A STORY

1st Story

[인사] Hello. This is Michael Park who called you the other day. [전화를 건 이유] Well, I've got something to tell you. I'm afraid I won't be able to attend your class three times during this semester.

안녕하세요. 전에 연락드렸던 Michael Park입니다. 음, 말씀드릴 게 있습니다. 죄송합니다만, 이번 학기에 교수님 수업에 세 번 정도 출석하지 못할 것 같습니다.

2nd Story

[할머니 생신] My grandmother's birthday is the 30th of May, but she is living in New York right now. [결석일] I guess I will be there from May 29th to the 31st. I know you hate students to be absent from your class.

할머님 생신이 5월 30일인데 지금 뉴욕에 살고 계시거든요. 그래서 5월 29일부터 31일까지 뉴욕에 다녀와야 할 것 같습니다. 교수님께서 결석하는 학생들을 정말 싫어하신다고 알고 있어요.

3rd Story

[대안 제시] So how about this? [발표] I'll give the class a presentation about the New York stock market in addition to designated assignments and projects. [당부] Please understand the situation I'm in.

그래서 이건 어떠신가요? 지정된 과제와 프로젝트들 외에 제가 뉴욕 주식시장에 대해서 전 수강생들 앞에서 발표를 하겠습니다. 제가 처한 상황을 이해해주시면 감사하겠습니다.

Voca designated 지정된

Q3 시험이나 수업을 과제나 프로젝트로 대체한 경험 Tr-0303

Have you ever done an assignment or a project since you missed a test or a class? When was it? What was the problem about? Please tell me about the experience in as much detail as possible.

시험을 치르지 못하거나 수업에 빠져서 과제나 프로젝트로 대체한 경험이 있나요? 언제였나요? 어떤 문제가 있었죠? 그 경험을 최대한 자세하게 얘기해 보세요.

KEY POINTS

키워드 ever done an assignment or a project since you missed a test or a class, When, What, problem

리스닝 포인트 현재완료 질문으로 수업을 빠져서 과제나 프로젝트로 대체한 경험을 묻고 있구나. 과거에 어떤 일이 있었는지를 자세하게 얘기해 보라는 거구나.

스피킹 포인트 실제로 비슷한 경험이 있는지의 여부와, 있다면 그 결과를 먼저 밝힌 후 어떤 문제가 있었고 어떤 과제나 프로젝트를 했으며 결과가 어땠는지를 말해보자.

HOW TO MAKE A STORY

1st Story

[경험 여부] Yes, I have. [결과] To be precise, I got an unbelievable A$^+$ in a required subject for my major. [사소한 문제] The incident began with something very trivial.

예, 있습니다. 자세히 말씀드리면 제 전공 필수 과목에서 믿기지 않는 A$^+$를 받았습니다. 그 사건은 극히 사소한 일로 시작되었습니다.

2nd Story

[결석한 수업] I missed a class called Chinese Phonology because I had to go to the doctor. [시험] But the professor made up several questions for "The Study of Speech Sounds" in Chinese on that very day. [부탁] The test really mattered to get an A$^+$. So I begged him to let me take the test on another day. [구술 시험] I barely managed to take the test, which was an oral test.

병원에 가야 해서 중국어 음운론 수업을 결석한 적이 있는데요. 하지만 제가 결석한 그날에 교수님은 중국어 "음성 연구"에 대한 문제를 몇 가지 내주셨습니다. 그 시험은 A$^+$를 받기 위해서 매우 중요했습니다. 그래서 저는 교수님께 그 시험을 다른 날에 볼 수 있게 해달라고 부탁드렸습니다. 저는 간신히 그 시험을 치를 수 있었는데 그것은 구술 시험이었습니다.

3rd Story

[대체시험 내용] He wanted me to pronounce each character myself. [결과] I struggled to pronounce them well. Luckily, I had a satisfactory result.

교수님은 제게 각 글자를 발음하도록 했습니다. 저는 그것을 잘 발음하도록 노력했습니다. 운이 좋게도 만족할 만한 결과를 얻었습니다.

Voca
trivial 사소한, 하찮은 Phonology 음운론 matter 중요하다 barely 간신히, 겨우 struggle 노력하다

How to **NEW**
OPIc

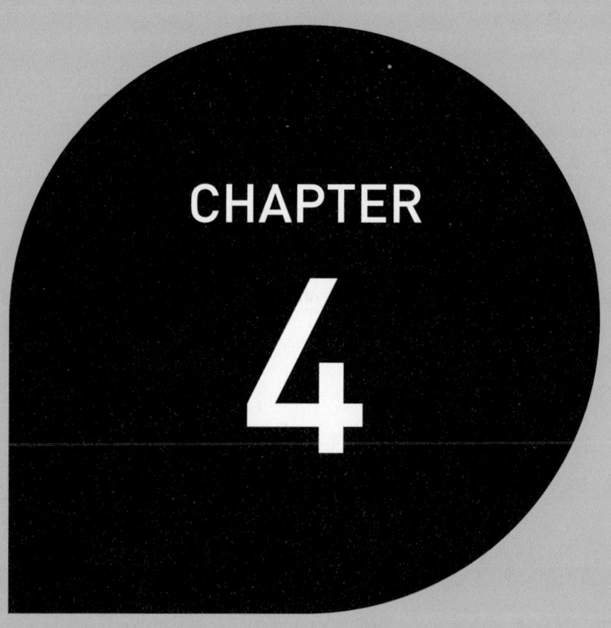
CHAPTER
4

Stage 1 공원 길잡이

Chapter 4에서는 설문조사에서 가장 먼저 선택하게 되는 관심 분야 중 여가 생활에 대한 네 가지 항목을 학습할 예정입니다. 첫 번째는 '공원 가기' 항목입니다. 구오픽에서는 어른끼리 공원에 가기와 아이들과 함께 공원에 가기, 두 가지 항목으로 나뉘었지만 뉴오픽이 도입되면서 함께 가는 사람을 구분하지 않고 '공원 가기' 하나의 항목으로 축소되었습니다. 그리고 기존에는 여가 활동에서 최소 여섯 개 이상 항목을 선택할 수 있는 반면에, 뉴오픽에서는 최소 두 개 이상의 항목을 선택할 수 있습니다.

공원은 누구나 자유롭게 이용할 수 있어서 수험생들이 좋아하는 항목 중의 하나입니다. 공원에서는 운동도 할 수 있고, 독서도 즐길 수 있으며, 친구 또는 연인과 나들이와 데이트 역시 즐길 수 있습니다. 이처럼 단순히 공원 하나가 아닌 스포츠 또는 독서와 동시에 두 개 이상의 항목을 공략하는 것도 좋은 학습 방법이 될 수 있습니다.

공원 관련 문제 출제 범위는 다른 항목에 비해 좁고 문제 역시 아주 어렵게 출제되지 않아서 공략하기가 좀 더 수월하다고 할 수 있습니다. 자주 가는 공원을 묘사해 보라는 문제, 공원을 찾은 어른들과 어린이들이 하는 활동을 설명해 보라는 문제, 최근에 공원에서 했던 일들을 얘기해 보라는 문제, 그리고 공원에서 있었던 기억에 남는 사건을 얘기해 보라는 문제 등이 공원 단골 문제들입니다.

문제 범위가 좁은 항목일수록 출제되는 문항 수도 적으며 상대적으로 준비하기도 쉽기 때문에 공원과 같은 항목은 단기간에 준비하기에 좋습니다. 자주 출제되는 문제는 언제든 정기시험에 등장할 수 있으므로 꼭 대비해두기 바랍니다.

Stage 2 공원 빈출문제

:::::::: IL~IM 1, 2 등급 공략 ::::::::

Q1 공원 묘사

Let's talk about one of the parks you prefer. What does it look like? Where is it located? Please describe it for me in detail.

당신이 좋아하는 공원 중 한 곳에 대해 얘기해 보겠습니다. 그 공원은 어떤 모습인가요? 어디에 있나요? 그 공원을 자세히 묘사해 보세요.

Q2 공원에 가는 요일 설명

What days do you normally go to the park? Monday? Saturday? Any other days?

공원에는 주로 무슨 요일에 가나요? 월요일? 토요일에 가나요? 아니면 다른 요일에 가나요?

Q3 공원에서 하는 활동 설명

What kind of activities do you usually do in the park? Tell me in detail about all the activities you do there from beginning to end.

공원에서 주로 어떤 활동을 하나요? 공원에서 하는 모든 활동을 처음부터 끝까지 자세하게 얘기해 보세요.

Q4 공원 복합질문

How often do you go to the park? When and with whom do you usually go there? Tell me all the details.

얼마나 자주 공원에 가나요? 보통 언제, 누구와 함께 공원에 가죠? 자세하게 얘기해 보세요.

Stage 3 ACTUAL TEST

Q1 공원 묘사 Tr-0401

Let's talk about one of the parks you prefer. What does it look like? Where is it located? Please describe it for me in detail.

당신이 좋아하는 공원 중 한 곳에 대해 얘기해 보겠습니다. 그 공원은 어떤 모습인가요? 어디에 있나요? 그 공원을 자세히 묘사해 보세요.

KEY POINTS

키워드   talk about one of the parks, What, look like, Where, describe it

리스닝 포인트   좋아하는 공원이 어떻게 생겼고 어디에 있는지 자세하게 묘사해보라는 질문이구나.

스피킹 포인트   공원 이름과 위치 등 간단한 기본 정보를 먼저 말하고 교통, 주변 환경, 내부 시설 등을 설명해보자.

STEP BY STEP

○ 1st Step _ 서론

스토리텔링   공원 이름과 위치 / 공원에 가는 시간

브레인스토밍   좋아하는 공원의 이름이나 위치와 같은 기본적인 정보와 공원을 찾는 시기를 언급한다.

○ 2nd Step _ 본론

스토리텔링   교통편 / 정경 / 느낌

브레인스토밍   좋아하는 공원의 교통, 정경 그리고 개인적인 느낌 등의 세부적인 설명 위주로 얘기한다.

○ 3rd Step _ 결론

스토리텔링   예술 작품 / 음악 감상

브레인스토밍   공원에서 볼 수 있는 예술 작품과 공원에서 흘러나오는 음악 등을 추가로 설명하면서 답변을 마무리 짓는다.

1st Story

공원 이름과 위치	I often go to Sky Park located in Sangamdong, Mapogu in Seoul.
공원에 가는 시간	This is the park I like to drop by in my free time.

2nd Story

교통편	Sangam Subway Station is across from the park, and the park is easy to access.
정경	You can simply imagine a circle drawn with the World Cup Stadium at its center. The circular shape is like Sky Park.
느낌	It's truly a masterpiece of nature with its towering green trees.

3rd Story

예술 작품	And there are a variety of beautiful statues in the park.
음악 감상	Besides, you can enjoy the music echoing from the park whenever you go there.

Full Story

I often go to Sky Park located in Sangamdong, Mapogu in Seoul. This is the park I like to drop by in my free time. Sangam Subway Station is across from the park, and the park is easy to access. You can simply imagine a circle drawn with the World Cup Stadium at its center. The circular shape is like Sky Park. It's truly a masterpiece of nature with its towering green trees. And there are a variety of beautiful statues in the park. Besides, you can enjoy the music echoing from the park whenever you go there.

저는 서울 마포구 상암동에 있는 하늘 공원에 자주 갑니다. 이 공원은 제가 한가할 때 가는 공원이에요. 공원 건너편에는 상암 지하 철역이 있어서 공원에 쉽게 갈 수 있습니다. 공원 한가운데에는 월드컵 경기장이 그려진 원의 이미지를 떠올려 볼 수 있습니다. 그 둥근 모양이 하늘 공원과 흡사합니다. 이 공원이야 말로 높이 솟은 푸른 나무들로 가득한 자연의 걸작이라고 할 수 있습니다. 그리고 공원에는 다양한 아름다운 조각상들이 있습니다. 게다가 공원에 갈 때마다 언제나 울려 퍼지는 음악도 감상할 수 있습니다.

Voca

access (장소로의) 입장, 접근   circular 원형의, 둥근   masterpiece 걸작   towering 우뚝 솟은, 매우 높은   statue 조각상

Q2 공원에 가는 요일 설명 Tr-0401

What days do you normally go to the park? Monday? Saturday? Any other days?

공원에는 주로 무슨 요일에 가나요? 월요일? 토요일에 가나요? 아니면 다른 요일에 가나요?

KEY POINTS

키워드   What days, go to the park

리스닝 포인트   공원에 가는 요일을 묻고 있구나. 뒤에 나오는 월요일, 토요일 등은 앞선 질문에 포함이 되니 질문의 핵심은 공원에 가는 요일임을 기억해두자.

스피킹 포인트   자주 가는 요일과 그날 가는 이유를 현재시제로 답변해보자.

STEP BY STEP

1st Step _ 서론

스토리텔링   공원에 가는 이유

브레인스토밍   공원을 찾는 이유를 가볍게 언급하면서 답변을 시작하도록 한다.

2nd Step _ 본론

스토리텔링   공원에 가는 요일 / 농구장

브레인스토밍   질문에서 묻고 있는 공원에 가는 시간을 직접적으로 언급하면서 공원에서 하는 활동들을 자세하게 설명해준다.

3rd Step _ 결론

스토리텔링   개인적인 느낌이나 의견

브레인스토밍   공원에 대한 느낌이나 공원을 찾는 이유 등 개인적인 의견을 제시하면서 답변을 마무리한다.

HOW TO MAKE A STORY

1st Story

공원에 가는 이유

My mother is always anxious about my poor health. I also think I need to care for my health lately. So I go to the park to try to improve my health.

2nd Story

공원에 가는 요일

That's why I usually try to go there every day, not just once or twice a week. You are sure to see me every Friday.

농구장

As there is also one basketball court in the park, I always stop by there in order to get rid of stresses.

3rd Story

개인적인 느낌이나 의견

And every time I feel stifled, I go to the park to escape from something like the heat or noise of the city, regardless of the day.

Full Story

My mother is always anxious about my poor health. I also think I need to care for my health lately. So I go to the park to try to improve my health. That's why I usually try to go there every day, not just once or twice a week. You are sure to see me every Friday. As there is also one basketball court in the park, I always stop by there in order to get rid of stresses. And every time I feel stifled, I go to the park to escape from something like the heat or noise of the city, regardless of the day.

어머니는 제 몸이 약해 항상 걱정하십니다. 저 역시 최근 건강에 대해 신경을 많이 쓰고 있습니다. 그래서 저는 건강을 증진시키기 위해 공원을 찾아갑니다. 이게 바로 일주일에 한두 번이 아니라 매일 공원을 가려고 노력하는 이유입니다. 매주 금요일에 공원에 가면 지를 꼭 만닐 수 있을 것입니다. 공원에는 농구장도 하나 있어서 항상 그곳에 들러서 스트레스를 풉니다. 그리고 답답할 때마다 요일에 관계없이 도시의 열기와 소음과 같은 것에서 벗어나기 위해서 공원을 찾습니다.

Voca

anxious 염려하는   **stifled** 숨 막힐 듯한, 답답한   **regardless of** ~에 관계없이

영화

Stage 1 영화 길잡이

두 번째로 살펴볼 항목은 바로 '영화'입니다. 구오픽에서는 영화 역시 공원처럼 어른끼리 영화 관람, 아이들과 함께 영화 관람 두 가지 항목으로 나뉘어져 있었지만 뉴오픽에서는 '영화 보기' 하나의 항목으로 통합되었습니다.

기존 여가 활동에서는 영화, 쇼핑, 외식, 미용실 가기 등의 항목을 수험생들이 즐겨 선택했지만, 뉴오픽에서 쇼핑, 외식, 미용실 가기가 삭제되면서 요즘 가장 인기 있는 여가 활동을 꼽으라고 하면 바로 영화 보기라 할 수 있습니다. 영화는 시간이나 장소에 구애받지 않고 누구나 쉽게 즐길 수 있는 여가 활동이고 어려운 질문도 출제되지 않고 있어서 공략하기 쉬운 오픽 항목입니다.

영화와 관련된 오픽 문제는 기본적으로 자주 가는 영화관을 묘사해 보라는 질문, 좋아하는 영화 장르와 그 이유를 설명해보라는 질문, 좋아하는 영화배우를 소개해 보라는 질문 등을 떠올릴 수 있습니다.

그리고 영화를 보기 전에 하는 활동들, 예를 들면 상영 중인 영화를 홈페이지에서 먼저 살펴보는 활동들을 묻는 질문, 영화관에 도착해서 영화를 보기 전에는 무엇을 하고 영화가 끝나면 무엇을 하는지 설명해 보라는 질문 등 좀 더 구체적인 문제들이 등장하게 됩니다.

조금 난이도가 높은 경험과 관련된 문제를 꼽자면 최근에 봤던 영화에 출연한 배우나 영화 줄거리 등을 얘기해 보라는 질문, 어렸을 적 영화와 관련된 기억에 남는 일을 묻는 질문, 기억에 남는 영화, 좋아하는 배우의 최근 근황을 묻는 질문 등으로 정리해볼 수 있습니다.

뉴오픽에서도 여전히 자주 출제되고 있고 비교적 쉬운 질문이 등장하고 있는 만큼 영화 보기 항목을 적극적으로 공략해보기 바랍니다.

Stage 2 영화 빈출문제

IL~IM 1, 2 등급 공략

Q1 영화 장르 소개

You indicated that you like to see movies. What kind of movies do you enjoy watching?

당신은 영화 감상을 즐긴다고 했습니다. 어떤 장르의 영화를 즐겨 보나요?

Q2 영화 복합질문

When do you usually go to the theater? With whom do you usually go there? What kind of things do you do at the theater? Tell me all the details.

주로 언제 영화를 보러 가나요? 주로 누구와 함께 가나요? 극장에서는 무엇을 하나요? 자세히 얘기해 보세요.

Q3 극장 묘사

You indicated that you like to see movies. Please describe the movie theater you frequently go to.

당신은 영화를 즐겨 관람한다고 했습니다. 자주 가는 극장을 묘사해 보세요.

Q4 좋아하는 영화배우 소개

Let's talk about a movie actor or actress. Who is your favorite actor or actress? Why do you like him or her?

영화배우에 대해서 얘기해 보겠습니다. 당신이 좋아하는 영화배우는 누구인가요? 왜 그 배우를 좋아하죠?

Stage 3 ACTUAL TEST

Q1 영화 장르 소개 Tr-0402

You indicated that you like to see movies. What kind of movies do you enjoy watching?

당신은 영화 감상을 즐긴다고 했습니다. 어떤 장르의 영화를 즐겨 보나요?

KEY POINTS

키워드　　　　What kind of movies, enjoy watching

리스닝 포인트　즐겨 보는 영화 장르를 묻는 문제이구나.

스피킹 포인트　좋아하는 영화 장르와 좋아하는 이유, 그리고 그 장르에 해당되는 영화를 설명하자.

STEP BY STEP

○ 1st Step _ 서론

스토리텔링　　최신 영화 / 로맨틱 코미디 / 스릴러 영화

브레인스토밍　좋아하는 영화 장르 위주로 얘기한다.

○ 2nd Step _ 본론

스토리텔링　　코미디 영화 / 최근 관람 영화 / 영화 내용

브레인스토밍　또 다른 좋아하는 영화를 설명하기 위해 최근에 관람한 영화에 대해서 얘기한다.

○ 3rd Step _ 결론

스토리텔링　　영화가 좋았던 이유와 의견

브레인스토밍　최근에 관람한 영화가 좋았던 이유와 개인적인 의견을 보충 설명하면서 답변을 마무리한다.

1st Story

최신 영화	I enjoy watching the latest movies in the theater.
로맨틱 코미디	My favorite kind of movie is romantic comedy.
스릴러 영화	Sometimes, I go to the movies to watch a thriller movie to get rid of some stress.

2nd Story

코미디 영화	But I like watching a movie that makes me laugh.
최근 관람 영화	So I recently saw a Hollywood movie titled "The Proposal" starring Sandra Bullock and Ryan Reynolds.
영화 내용	This movie featured an unpredictable marriage between a pushy female boss and her male assistant.

3rd Story

영화가 좋았던 이유와 의견	I really liked it because the female character was pictured as being intelligent and determined rather than dependent.

Full Story

I enjoy watching the latest movies in the theater. My favorite kind of movie is romantic comedy. Sometimes, I go to the movies to watch a thriller movie to get rid of some stress. But I like watching a movie that makes me laugh. So I recently saw a Hollywood movie titled "The Proposal" starring Sandra Bullock and Ryan Reynolds. This movie featured an unpredictable marriage between a pushy female boss and her male assistant. I really liked it because the female character was pictured as being intelligent and determined rather than dependent.

저는 극장에서 최신 영화 감상하는 것을 좋아합니다. 제가 좋아하는 영화 장르는 로맨틱 코미디입니다. 가끔씩 스트레스를 풀기 위해서 극장에서 스릴러 영화를 보기도 해요. 하지만 저는 웃음을 자아내는 영화를 보는 게 정말 좋습니다. 그래서 최근에는 Sandra Bullock과 Ryan Reynolds 주연의 "The Proposal"이라는 제목의 할리우드 영화를 봤습니다. 그 영화는 강압적인 여자 상사와 남자 부하 직원간의 예기치 못한 결혼을 다뤘습니다. 여주인공의 캐릭터가 의존적이라기보다는 지적이고 결단력 있게 그려져서 그 영화가 정말 좋았습니다.

Voca latest 최신의 star (영화·연극 등에서) 주연을 맡다 feature ~을 특징으로 하다 unpredictable 예측할 수 없는

Q2 영화 복합질문 Tr-0402

When do you usually go to the theater? With whom do you usually go there? What kind of things do you do at the theater? Tell me all the details.

주로 언제 영화를 보러 가나요? 주로 누구와 함께 가나요? 극장에서는 무엇을 하나요? 자세히 얘기해 보세요.

KEY POINTS

키워드　　　　When, go to the theater, With whom, What, do at the theater

리스닝 포인트　극장에 가는 때(when)와 극장에 누구와 함께 가는지(with whom), 그리고 극장에서 무엇을 하는지 (what ～ do you do) 동시에 세 개의 질문을 하고 있구나.

스피킹 포인트　극장에 언제, 누구와 함께 가고, 극장에 도착하면 보통 어떤 일들을 하는지 질문 순서대로 대답하도록 하자.

STEP BY STEP

1st Step _ 서론

스토리텔링　　극장에 가는 때 / 극장 이름

브레인스토밍　영화를 보러 가는 때와 자주 가는 극장에 대해 간단하게 얘기한다.

2nd Step _ 본론

스토리텔링　　극장에 함께 가는 사람 / 극장 규모

브레인스토밍　질문과 관련된 세부 내용(동반인, 극장에서의 활동 등) 위주로 얘기한다.

3rd Step _ 결론

스토리텔링　　나의 활동 / 개인적인 느낌

브레인스토밍　극장에서 하는 활동에 대해서 설명하고 개인적인 느낌을 간략하게 언급하면서 답변을 마무리한다.

HOW TO MAKE A STORY

1st Story

극장에 가는 때	I enjoy going to the movies when I have some free time.
극장 이름	And when I decide to go to the movies, I always go to CGV because it's not far from my house.

2nd Story

극장에 함께 가는 사람	I sometimes watch a thriller movie alone, but usually go to the theater with my friends.
극장 규모	CGV has a number of theaters in many areas across the country and each theater has many facilities like restaurants, video arcades, clothing stores and so on.

3rd Story

나의 활동	When I'm in the theater, I enjoy seeing people hanging out with their friends or family.
개인적인 느낌	It's quite fun.

Full Story

I enjoy going to the movies when I have some free time. And when I decide to go to the movies, I always go to CGV because it's not far from my house. I sometimes watch a thriller movie alone, but usually go to the theater with my friends. CGV has a number of theaters in many areas across the country and each theater has many facilities like restaurants, video arcades, clothing stores and so on. When I'm in the theater, I enjoy seeing people hanging out with their friends or family. It's quite fun.

저는 시간이 나면 극장에 가는 것을 좋아합니다. 그리고 극장에 가기로 마음먹으면 집에서 멀지 않은 곳에 있어서 항상 CGV에 갑니다. 이따금 혼자서 스릴러 영화를 보기도 하지만 보통은 친구들과 함께 영화를 보러 갑니다. CGV는 전국 각지에 많은 상영관을 가지고 있고 또 각 극장마다 식당이나 비디오 게임방, 옷 가게 등과 같은 많은 편의시설들이 있습니다. 극장에 있을 때 저는 다른 사람들이 친구 또는 가족과 어울려 노는 모습을 바라보는 걸 좋아합니다. 사람들이 하는 행동을 바라보면 아주 재미있습니다.

Voca   video arcade 비디오 게임방

제 1 탄   OPIc Experience Questions

Intermediate Mid 2, 3와 같은 높은 등급을 받기 위해서는 난이도가 높은 과거 질문을 잘 해결해야 한다고 여러 번 언급했습니다. 공원 항목을 선택하게 되면 아래 질문에서 볼 수 있듯이 최근 공원에 간 경험과 공원에서 직접 겪은 기억에 남는 일 등을 묻는 문제들을 꼭 대비해둬야 합니다.

Stage 1   IM3 등급 공략 OPIc QUESTIONS

공원

Q1 When was the last time you went to the park? What did you do there? With whom do you go there? Tell me all the details.

가장 최근에 언제 공원에 갔나요? 공원에서 무엇을 했죠? 누구와 공원에 갔나요? 자세하게 얘기해 보세요.

Q2 Let's talk about the most memorable experience you have ever had in the park. When was it? What exactly happened? Why was it so memorable to you? Tell me with a lot of details.

공원에서 겪었던 가장 기억에 남는 경험에 대해서 얘기해 보겠습니다. 그게 언제였나요? 정확히 어떤 일이 있었죠? 왜 그 경험이 그렇게 기억에 남나요? 자세하게 얘기해 보세요.

영화

Q3 Let's talk about the most memorable movie you have ever seen. What was its story? How did it affect you? What was the most remarkable scene? Please tell me about it in as much detail as you can.

지금까지 관람한 영화 중에서 가장 기억에 남는 영화에 대해 얘기해 보겠습니다. 어떤 이야기였나요? 당신에게 어떤 영향을 끼쳤나요? 어떤 장면이 가장 놀라웠나요? 최대한 자세히 얘기해 보세요.

Q4 Let's talk about the movie you saw most recently. What kind of movie was it? What was its full story? Please tell me about it in as much detail as possible.

가장 최근에 관람한 영화에 대해서 얘기해 보겠습니다. 어떤 영화였나요? 전체 내용은 무엇이었나요? 최근에 본 영화에 대해서 가능한 한 자세하게 얘기해 보세요.

영화와 관련된 과거 문제들을 살펴보면 가장 기억에 남는 영화와 최근에 관람한 영화에 대한 질문 두 가지가 나와 있습니다. 어렸을 적 영화와 관련된 기억을 묻는 질문과 처음 영화를 봤을 때의 느낌 또는 감흥을 묻는 질문도 함께 대비해 두세요.

Stage 2 ACTUAL TEST

 Q1 기억에 남는 영화 Tr-0403

Let's talk about the most memorable movie you have ever seen. What was its story? How did it affect you? What was the most remarkable scene? Please tell me about it in as much detail as you can.

지금까지 관람한 영화 중에서 가장 기억에 남는 영화에 대해 얘기해 보겠습니다. 어떤 이야기였나요? 당신에게 어떤 영향을 끼쳤나요? 어떤 장면이 가장 놀라웠나요? 최대한 자세히 얘기해 보세요.

KEY POINTS

키워드 the most memorable movie, What, story, How, affect you, the most remarkable scene

리스닝 포인트 기억에 남는 영화를 묻는 문제이구나. 영화 줄거리와 그 영화가 나에게 끼친 영향, 그리고 기억에 남는 장면 등을 차례로 묻고 있구나.

스피킹 포인트 영화 제목, 장르, 주연 배우, 줄거리, 기억나는 장면 등을 아주 자세하게 얘기하도록 하자.

HOW TO MAKE A STORY

1st Story

[액션 영화] You don't know how much I like action movies. I have never missed the latest action blockbusters. [좋아하는 이유] Action movies added with thriller factors are the best because they help me escape from reality.

제가 액션 영화를 얼마나 좋아하는지 모르실 겁니다. 저는 최신 액션 대작을 놓친 적이 한 번도 없습니다. 스릴러 요소가 가미된 액션 영화는 현실에서 탈출하는 것 같은 느낌을 받을 수 있어서 제가 가장 좋아합니다.

2nd Story

[좋아하는 영화 이름] The most memorable movie I've ever seen is "The Bourne Series" including "The Bourne Identity," "The Bourne Supremacy," and "The Bourne Ultimatum." [영화 스토리] The story was about a spy who lost his memory, but tried to bring it back.

제가 본 영화 중에서 가장 기억에 남는 영화는 "The Bourne Identity", "The Bourne Supremacy", "The Bourne Ultimatum"과 같은 "The Bourne Series" 영화입니다. 영화 이야기는 기억을 잃어버린 한 스파이가 기억을 되찾으려고 노력하는 내용이에요.

3rd Story

[기억에 남는 장면] I couldn't take my eyes off the scene in which the spy saw his girlfriend dead.
[개인적인 의견] His performance was very good in that scene.

그 스파이가 자신의 여자 친구가 죽은 것을 보고 있는 장면에서 저는 눈을 뗄 수가 없었습니다. 그 장면에서 그의 연기는 정말 훌륭했습니다.

Voca reality 현실 take one's eyes off ~에서 눈을 떼다

제 2 탄 OPIc Role-play Questions

이번 Role-play 실전문제 주제는 영화입니다. IM 2, 3 등급을 목표로 하고 있는 수험생이라면 과거의 경험을 묻는 문제와 Role-play 문제를 많이 접해보는 것이 중요합니다. 영화 Role-play 문제는 티켓과 관련해서 자주 출제되고 있습니다. 어떤 내용들이 출제되고 있는지 한 번 확인해 볼까요?

Stage 1 IM3 등급 공략 OPIc QUESTIONS

영화 관련 Role-play

Q1 I'll give you a situation and ask you to act it out. Assume that you want to see a movie with your friend this Sunday. Call your friend and leave a message, asking three or four questions about watching the movie together.

상황을 드릴 테니 역할 연기를 해보세요. 이번 주 일요일에 친구와 영화를 보러 간다고 해보겠습니다. 친구에게 전화해서 함께 영화를 보는 것에 대해 서너 가지 질문을 메시지로 남겨 보세요.

Q2 I'm afraid you have a problem which you need to solve. You bought tickets, but you can't see the movie due to an important problem. Call your friend to explain the situation. And then offer some options about this issue.

유감스럽게도 당신이 해결해야 할 문제가 생겼습니다. 영화표를 샀는데 중요한 문제 때문에 영화를 볼 수 없게 되었습니다. 친구에게 전화해서 상황을 설명하세요. 그러고 나서 이 문제에 관해서 몇 가지 대안을 제시하세요.

Q3 Have you ever experienced that you had an appointment with your friend, but you broke it due to a problem? What was the problem about? How did you handle that? Tell me about it with a lot of details.

친구와 약속을 했는데 어떤 문제 때문에 약속을 깬 경험이 있나요? 어떤 문제가 있었나요? 그 문제를 어떻게 해결했죠? 그 경험에 대해서 최대한 자세히 얘기해 보세요.

먼저 친구와 영화를 보러 가고 싶으니 전화해서 몇 가지 질문해보라는 상황이 주어졌군요. 그 다음에는 티켓을 샀는데 영화를 볼 수 없는 상황을 해결해보라는 문제가 등장하고 있죠? 영화와 티켓으로 이어지는 역할 연기 문제입니다. 그 다음에는 영화를 보기로 했는데 어쩔 수 없이 볼 수 없는 상황, 즉 약속을 어긴 일이 실제로 있었는지를 묻는 질문이 주어지고 있습니다. 세 문제 모두 내용상 연관되어 있다는 점을 기억하세요.

친구와 함께 영화 보기 Tr-0403

I'll give you a situation and ask you to act it out. Assume that you want to see a movie with your friend this Sunday. Call your friend and leave a message, asking three or four questions about watching the movie together.

상황을 드릴 테니 역할 연기를 해보세요. 이번 주 일요일에 친구와 영화를 보러 간다고 해보겠습니다. 친구에게 전화해서 함께 영화를 보는 것에 대해 서너 가지 질문을 메시지로 남겨 보세요.

KEY POINTS

키워드 you want to see a movie with your friend, Call, leave a message, asking, questions about watching the movie together

리스닝 포인트 친구와 함께 영화를 보고 싶은 상황이 주어졌네. 전화해서 영화를 볼 수 있도록 몇 가지 질문을 녹음 메시지로 남겨보라는 거군!

스피킹 포인트 먼저 전화를 해서 자신이 누구이며 전화를 건 목적이 무엇인지 설명한 후, 영화를 함께 볼 수 있도록 서너 가지 질문을 해보자.

HOW TO MAKE A STORY

1st Story

[자기소개] Hello. This is David. [전화를 건 이유] Well, do you have any plans this weekend?

여보세요. 나야 David. 이번 주말에 계획 있니?

2nd Story

[영화] An awesome movie was released last week. Have you heard of a movie titled "Inception?" [관람 시간] If you are free this weekend, will you join me for the movie? [요일] How about this Sunday? [시간] I'm free from 2 p.m. to 7 p.m.

지난주에 정말 괜찮은 영화가 개봉했거든. "Inception"이란 영화 혹시 들어봤니? 이번 주말에 시간이 있으면 나랑 그 영화 보러 갈래? 이번 주 일요일 어때? 난 오후 2시부터 7시까지 괜찮아.

3rd Story

[장소] Shall we meet in front of the theater located in Gangnam? Or I can go to your place.

강남에 있는 극장 앞에서 만날까? 아니면 내가 너희 집으로 가도 되고.

Voca awesome 굉장한, 아주 인상적인, 멋있는 release (영화, 음반 등을) 개봉하다

Q2 영화를 볼 수 없는 상황 해결하기 Tr-0403

I'm afraid you have a problem which you need to solve. You bought tickets, but you can't see the movie due to an important problem. Call your friend to explain the situation. And then offer some options about this issue.

유감스럽게도 당신이 해결해야 할 문제가 생겼습니다. 영화표를 샀는데 중요한 문제 때문에 영화를 볼 수 없게 되었습니다. 친구에게 전화해서 상황을 설명하세요. 그러고 나서 이 문제에 관해서 몇 가지 대안을 제시하세요.

KEY POINTS

키워드 you have a problem, You bought tickets, but you can't see the movie, Call, explain the situation, offer some options

리스닝 포인트 어떤 문제가 생겼군. 티켓을 샀는데 영화를 볼 수 없는 게 문제네. 전화해서 상황을 설명하고 몇 가지 대안을 제시해 보라는 질문이구나.

스피킹 포인트 전화로 상황을 자세하게 설명한 후에 여러 가지 대안을 제시해보자.

HOW TO MAKE A STORY

1st Story

[인사] Hello. This is David again. [상황 설명] I'm in trouble now. I mean I can't make it to the movie with you because my grandfather has been in critical condition since yesterday.

안녕, 나 또 David야. 나 지금 문제가 생겼어. 어제부터 할아버지께서 위중하셔서 너하고 영화를 볼 수 없어.

2nd Story

[사과] I should go to see him right now. I'm so sorry. [대안 1(다른 친구와 보기)] But I've bought two tickets for the movie, and I want to give you mine. You can still watch the movie with someone else.

지금 당장 할아버지께 가봐야 해. 정말 미안해. 그런데 영화표 두 장을 샀으니 내 영화표를 너에게 줄게. 다른 사람하고 영화를 보면 될 거야.

3rd Story

[대안 2(다음에 다른 영화 보기)] And after I'm back in Seoul, let's go to see another movie. [의견 묻기] What do you think?

그리고 나중에 내가 서울로 돌아오면 그때 함께 다른 영화를 보러 가자. 어떻게 생각해?

Voca   critical 위태로운

Q3 약속을 깬 경험 Tr-0403

Have you ever experienced that you had an appointment with your friend, but you broke it due to a problem? What was the problem about? How did you handle that? Tell me about it with a lot of details.

친구와 약속을 했는데 어떤 문제 때문에 약속을 깬 경험이 있나요? 어떤 문제가 있었나요? 그 문제를 어떻게 해결했죠? 그 경험에 대해서 최대한 자세히 얘기해 보세요.

KEY POINTS

키워드 experienced that you had an appointment, but you broke it, What, problem, How, handle

리스닝 포인트 약속을 했는데 어떤 문제 때문에 약속을 깬 경험이 있는지를 묻는 문제이구나. 어떤 문제 때문에 약속을 깼고 어떻게 해결했는지를 묻고 있구나.

스피킹 포인트 과거 경험을 묻고 있으니 과거시제 위주로 답변을 해야겠네. 어떤 약속이 있었고, 어떤 문제가 발생했으며, 그 문제를 어떻게 해결했는지 자세하게 얘기하도록 하자.

HOW TO MAKE A STORY

○ 1st Story

[과거 시간] I remember it was when I graduated from college. [약속 내용] I made an appointment with my best friend to visit him at his country house.

제가 대학 졸업 때였던 걸로 기억합니다. 가장 친한 친구의 시골집을 방문하겠다고 친구와 약속을 했었습니다.

○ 2nd Story

[결론] To conclude, I went to see him a year after it happened. But I couldn't visit him at that time. [문제 상황 설명] The problem was not that big, which means that I missed the train. [실수] I thought I was just in time for the train, but I saw "8:00 p.m." and mistook it for "3:00 p.m." [사과] I was forced to call him and say "I'm sorry."

결론부터 말씀드리자면 그 약속을 한 지 1년이 지나서야 그 친구를 보러 갔습니다. 하지만 그 당시에는 친구를 보러 갈 수가 없었어요. 그리 큰 문제는 아니었는데 제가 기차를 놓쳐버린 것이었습니다. 저는 제시간에 기차역에 갔다고 생각했는데 실수로 그만 오후 3시 기차를 오후 8시로 착각한 것이었습니다. 저는 친구에게 전화해서 미안하다고 했습니다.

○ 3rd Story

[다음날] I tried to go to his house early in the morning the day after, but he told me "It's OK." [1년 후의 만남] So I finally met him about one year later.

저는 다음날 아침 일찍 친구네 집으로 가려고 했는데 친구는 괜찮다고 했습니다. 그래서 결국 1년 후에야 그 친구를 만날 수 있었습니다.

○ Voca to conclude 결론부터 말하자면 in time 시간 맞춰, 늦지 않게 (cf. on time 정각에)
mistake 잘못 알다, 혼동하다

콘서트와 공연

Stage 1 콘서트와 공연 길잡이

여가 활동에서 세 번째로 살펴볼 항목은 '콘서트와 공연/연극'입니다. 설문조사에는 콘서트 보기, 공연 보기로 항목이 나뉘어져 있지만 문제 출제 범위와 유형, 내용이 비슷해서 함께 학습할 수 있도록 구성하였습니다.

콘서트는 영화처럼 자주 볼 수 있는 것은 아니지만 누구나 한 번쯤은 좋아하는 가수의 콘서트를 보러 간 경험이 있을 것입니다. 오픽은 주로 사물/장소를 묘사하거나 사람을 소개/묘사하는 질문 그리고 과거에 대한 질문을 묻는 문제가 출제되기 때문에 콘서트홀, 좋아하는 가수, 콘서트를 관람한 경험 등 비교적 간단한 내용들을 토대로 콘서트 관련 문제를 준비할 수 있습니다. 자주 콘서트를 볼 수 없다 하더라도 관련 질문들을 충분히 예상할 수 있으니 얼마든지 선택해도 좋습니다.

공연이나 연극도 마찬가지입니다. 연극이나 뮤지컬, 오페라, 춤, 노래 등 특정 무대에서 할 수 있는 모든 활동들이 모두 공연의 범주에 포함이 됩니다. 먼저 공연 무대를 묻는 질문이 기본적으로 등장합니다. 그리고 좋아하는 연극배우 등 사람을 소개해 보라는 질문 역시 예상할 수 있구요.

공연을 좋아하게 된 계기, 처음 공연을 봤을 때의 느낌이나 감흥, 그리고 기억에 남는 공연과 그 이유를 묻는 질문 등 과거와 관련된 문제 역시 자주 출제되는 유형으로 정리해 두세요.

유명한 콘서트홀이나 공연장은 미리 인터넷 검색을 통해서 기본적인 정보를 알아두는 것이 좋습니다. 콘서트홀은 어떤 모습이고 어떤 시설이 있으며 특징적인 것들은 뭐가 있는지 실제 시험에서 답변으로 충분히 활용할 수 있기 때문에 관련 정보를 미리 수집해둘 것을 권해 드립니다.

Stage 2 콘서트와 공연 빈출문제

:::::::: IL~IM 1, 2 등급 공략 ::::::::

Q1 콘서트홀 묘사

When do you usually go to a concert hall? Where is it located? Please describe it in detail for me.

보통 언제 콘서트홀에 가나요? 콘서트홀은 어디에 있나요? 콘서트홀을 자세히 묘사해 보세요.

Q2 콘서트홀에서의 활동 설명

What types of activities do you usually do at a concert hall? Tell me about your activities before, during, and after the concert from beginning to end.

콘서트홀에서는 어떤 활동을 하나요? 콘서트가 시작되기 전, 도중, 그리고 끝난 후에 당신이 하는 활동들에 대해서 처음부터 끝까지 말해 보세요.

Q3 콘서트를 좋아하는 이유 설명

Why do you like to watch a concert? Is there any special reason? Tell me all the details.

왜 콘서트 관람하는 것을 좋아하나요? 어떤 특별한 이유라도 있는 건가요? 자세하게 얘기해 보세요.

Q4 콘서트 복합질문

How often do you go to a concert hall? When and where do you usually go? Who do you normally go with?

얼마나 자주 콘서트홀에 가나요? 주로 언제 어디로 가죠? 주로 누구와 함께 가나요?

Stage 3 ACTUAL TEST

Q1 콘서트홀 묘사   Tr-0404

When do you usually go to a concert hall? Where is it located? Please describe it in detail for me.

보통 언제 콘서트홀에 가나요? 콘서트홀은 어디에 있나요? 콘서트홀을 자세히 묘사해 보세요.

KEY POINTS

키워드　When, go to a concert hall, Where, describe it

리스닝 포인트　콘서트홀에 언제 가고, 그 콘서트홀은 어디에 있는지, 콘서트홀을 묘사해 보라는 기본적인 질문이구나.

스피킹 포인트　콘서트홀 위치와 콘서트홀 내부 모습, 외부 모습, 주변 환경 등에 대하여 답변해보자.

STEP BY STEP

1st Step _ 서론

스토리텔링　콘서트 가는 시간과 동행인 / 콘서트홀 위치 / 이름

브레인스토밍　콘서트에 주로 언제 가고 누구와 함께 가는지, 그리고 좋아하는 콘서트홀의 위치, 이름과 같은 기본적인 내용을 얘기한다.

2nd Step _ 본론

스토리텔링　좋아하는 이유 / 활동과 분위기

브레인스토밍　콘서트홀을 좋아하는 이유, 콘서트홀에서의 활동이나 분위기 등을 위주로 설명한다.

3rd Step _ 결론

스토리텔링　추천 / 개인적인 의견

브레인스토밍　콘서트홀을 가보라는 추천의 말과 함께 좋아하는 콘서트홀에 대한 개인적인 견해를 덧붙이면서 답변을 종결한다.

1st Story

콘서트에 가는 시간과 동행인   I go to a concert every weekend with anyone who wants to join me.

콘서트홀 위치   The concert hall I enjoy going to is located in the center of Seoul.

이름   The building is called the Sejong Center for the Performing Arts.

2nd Story

좋아하는 이유   For all my great interest in performing arts, such as opera, musicals, drama and dancing, I would say a concert filled with lots of songs is what thrills me the most.

활동과 분위기   Once you have a chance to go to a concert, you will clap and even shout for joy the whole time.

3rd Story

추천   I strongly recommend that you go there if you haven't tried it yet.

개인적인 의견   And I think the Sejong Center for the Performing Arts is the greatest of all performance halls.

Full Story

I go to a concert every weekend with anyone who wants to join me. The concert hall I enjoy going to is located in the center of Seoul. The building is called the Sejong Center for the Performing Arts. For all my great interest in performing arts, such as opera, musicals, drama and dancing, I would say a concert filled with lots of songs is what thrills me the most. Once you have a chance to go to a concert, you will clap and even shout for joy the whole time. I strongly recommend that you go there if you haven't tried it yet. And I think the Sejong Center for the Performing Arts is the greatest of all performance halls.

저는 매주 주말 저와 함께 가고 싶어 하는 사람과 콘서트를 보러 갑니다. 제가 즐겨 가는 콘서트홀은 서울 중심부에 있습니다. 그 건물 이름은 세종문화회관입니다. 제가 오페라, 뮤지컬, 드라마, 그리고 춤과 같은 공연 예술에 관심이 정말 많아서 음악으로 가득한 콘서트는 저를 가장 짜릿하게 만들어 준다고 말씀드리고 싶습니다. 콘서트홀에 가볼 기회가 생긴다면 당신은 콘서트 중에 박수를 치거나 심지어 콘서트 내내 기쁨에 넘친 소리를 지르기도 할 것입니다. 아직 콘서트에 가보신 적이 없다면 꼭 가볼 것을 적극 권해 드립니다. 그리고 세종문화회관은 모든 공연장 중에서 가장 멋진 곳이라고 생각합니다.

Voca

clap 박수를 치다   recommend 권고하다, 추천하다   performance 공연

Q2 콘서트홀에서의 활동 설명 Tr-0404

What types of activities do you usually do at a concert hall? Tell me about your activities before, during, and after the concert from beginning to end.

콘서트홀에서는 어떤 활동을 하나요? 콘서트가 시작되기 전, 도중, 그리고 끝난 후에 당신이 하는 활동들에 대해서 처음부터 끝까지 말해 보세요.

KEY POINTS

키워드 What, activities do you usually do, Tell, your activities before, during, and after the concert from beginning to end

리스닝 포인트 내가 콘서트홀에서 하는 활동들을 묻는 질문이군. 콘서트가 시작하기 전에, 콘서트 중에, 그리고 콘서트가 끝나고 나서 하는 일들을 모두 얘기하라는 거구나.

스피킹 포인트 콘서트홀에 도착해서 콘서트가 끝나고 집에 가기 전까지의 모든 활동들을 시간의 순서대로 답변하는 것이 중요하므로 기억해두자.

STEP BY STEP

○ 1st Step _ 서론
스토리텔링 콘서트 관람 횟수 / 콘서트 관람 이유 / 기분 전환

브레인스토밍 콘서트 장에서의 활동을 설명하기 위해 개인적인 관심사(콘서트 관람 횟수, 이유 등)에 대해 얘기한다.

○ 2nd Step _ 본론
스토리텔링 관람 전 활동 / 관람 중 활동

브레인스토밍 콘서트를 관람하기 전의 활동(온라인 예매, 야광봉 구입 등)과 관람 도중의 활동을 콘서트 종류에 따라 설명한다.

○ 3rd Step _ 결론
스토리텔링 관람 후 활동 / 블로그 관리

브레인스토밍 콘서트를 관람한 후의 활동에 대해서 간략하게 설명하고 잠들기 전에 블로그에 콘서트 사진과 콘서트에 대한 느낌 등을 올린다는 내용을 언급하며 답변을 마무리한다.

HOW TO MAKE A STORY

○ 1st Story

콘서트 관람 횟수	I usually go to a concert once a month with my girlfriend.
콘서트 관람 이유	Actually, I am not a concert maniac, but she loves to go to concerts.
기분 전환	When she is blue, I take her to a concert and make her refreshed.

○ 2nd Story

관람 전 활동	In most cases, I reserve the tickets in advance online because it eliminates the need to stand in line at the ticket office. Before the concert, I sometimes purchase a glowstick to help us enjoy the concert.
관람 중 활동	The activities during the concert depend on the type of the music being played. I always jockey around when I'm at a standing concert. At a classical music concert, however, I have a silent appreciation of the beautiful classic music.

○ 3rd Story

관람 후 활동	When we come out of the hall, I usually ask my girlfriend about her impression of the concert we just enjoyed.
블로그 관리	And I post the pictures that I took at the show and write some comments on my blog before going to bed.

○ Full Story

I usually go to a concert once a month with my girlfriend. Actually, I am not a concert maniac, but she loves to go to concerts. When she is blue, I take her to a concert and make her refreshed. In most cases, I reserve the tickets in advance online because it eliminates the need to stand in line at the ticket office. Before the concert, I sometimes purchase a glowstick to help us enjoy the concert. The activities during the concert depend on the type of the music being played. I always jockey around when I'm at a standing concert. At a classical music concert, however, I have a silent appreciation of the beautiful classic music. When we come out of the hall, I usually ask my girlfriend about her impression of the concert we just enjoyed. And I post the pictures that I took at the show and write some comments on my blog before going to bed.

저는 보통 한 달에 한 번 꼴로 여자 친구와 함께 콘서트에 갑니다. 사실 저는 콘서트 마니아는 아니지만 여자 친구가 콘서트를 정말 좋아합니다. 그녀가 기분이 우울할 때 저는 여자 친구를 콘서트에 데리고 가서 기분 전환을 시켜줍니다. 대부분의 경우 저는 온라인으로 미리 표를 예매하는데 이렇게 하면 매표소에서 줄을 설 필요가 없기 때문이죠. 콘서트 시작 전에 이따금씩 콘서트를 즐기기 위해서 야광봉을 구입하기도 합니다. 콘서트가 열리는 동안에 하는 활동은 연주되는 음악의 장르에 따라 달라집니다. 스탠팅 콘서트에서는 몸을 항상 이리저리 움직입니다. 하지만 클래식 연주회에서는 아름다운 클래식 음악을 조용히 감상해요. 콘서트홀을 나올 때에는 보통 우리가 즐겼던 콘서트가 어땠는지 여자 친구에게 느낌을 물어봅니다. 그리고 잠자리에 들기 전에 관람했던 콘서트의 사진과 간단한 글을 제 블로그에 올린답니다.

○ Voca

maniac 마니아, 열광자 **eliminate** 제거하다, 없애다 **glowstick** (콘서트홀에서 사용하는) 야광봉
jockey around 몸을 이리저리 움직이다

게임

Stage 1 게임 길잡이

이번 Unit 4에서 학습하게 될 항목은 바로 '게임'입니다. 게임에는 카드, 비디오, 당구, 보드 게임 등이 있으며 설문조사에는 게임과 관련된 항목이 세 가지 있습니다. '혼자 게임하기, 어른들끼리 게임하기, 아이들과 게임하기' 가 게임과 관련된 항목들입니다.

게임을 좋아한다면 이 세 가지 항목을 동시에 공략해 보는 것도 좋은 전략입니다. 세 가지 항목을 모두 선택하더라도 세 가지가 모두 출제될 가능성은 아주 낮습니다. 하지만 게임이라는 공통적인 주제 하에 여러 개의 항목을 한꺼번에 대비할 수 있기 때문에 중복되는 문제를 제외하고 추가적으로 조금만 더 준비한다면 어렵지 않게 공략할 수 있을 것입니다.

한국은 인터넷 강국답게 남녀노소 모두 즐길 수 있는 다양한 온라인 게임이 있습니다. 닌텐도와 보드 게임은 여성들이 아주 좋아하는 게임이죠. 언제 어디서든 누구나 쉽게 즐길 수 있다는 점과 얘기할 내용이 아주 풍부하다는 점이 게임 항목의 장점이라 할 수 있습니다. 따라서 좀 더 쉽게 대비가 가능한 게임 항목을 선택하는 게 좋습니다.

게임과 관련된 오픽 문제는 기본적으로 좋아하는 게임을 소개해 보라는 질문, 게임을 하는 장소를 묘사해 보라는 질문을 예상할 수 있습니다. 그리고 게임 규칙을 설명해 보라는 질문, 게임을 얼마나 자주 하고 언제, 누구와 하는지를 묻는 질문, 게임의 장점 및 단점을 설명해 보라는 질문 등 구체적인 질문들도 단골 문제들입니다.

게임을 시작하게 된 계기와 게임을 배운 방법을 묻는 질문, 최근에 했던 게임을 얘기해 보라는 질문, 게임을 하면서 겪었던 잊을 수 없는 일을 얘기해 보라는 과거 질문까지 모두 대비해둬야 합니다. 만약 급하게 오픽 시험을 준비해야 하는 상황이라면 게임 관련 세 가지 항목을 동시에 공략하는 것도 좋은 방법입니다.

Stage 2 게임 빈출문제

IL~IM 1, 2 등급 공략

Q1 좋아하는 게임 소개

You indicated that you play games. What kind of games do you like to play? Why do you like those games?

당신은 게임을 즐겨한다고 했습니다. 어떤 종류의 게임을 좋아하나요? 왜 그 게임을 좋아하나요?

Q2 게임 규칙 설명

What is your favorite game? How do you play it? Are there some important rules to that game? Give me a detailed description of it.

어떤 게임을 가장 좋아하나요? 그 게임은 어떻게 하나요? 중요한 게임 규칙이 있나요? 가장 좋아하는 게임에 대해 자세히 설명해 보세요.

Q3 게임 복합질문

How often do you play games? When and where do you play them? Who do you normally play them with? Tell me in detail.

얼마나 자주 게임을 하나요? 언제 그리고 어디에서 게임을 하죠? 주로 누구와 함께 게임을 하나요? 자세하게 말해 보세요.

Stage 3 ACTUAL TEST

Q1 좋아하는 게임 소개  Tr-0405

You indicated that you play games. What kind of games do you like to play? Why do you like those games?

당신은 게임을 즐겨한다고 했습니다. 어떤 종류의 게임을 좋아하나요? 왜 그 게임을 좋아하나요?

KEY POINTS

키워드	What kind of games, like to play, Why, like those games
리스닝 포인트	좋아하는 게임 종류가 무엇이고 왜 좋아하는지 묻는 질문이구나.
스피킹 포인트	좋아하는 게임을 먼저 얘기하고 왜 좋아하는지, 그리고 게임에 대해서 간단하게 부가설명을 해보자.

STEP BY STEP

1st Step _ 서론

스토리텔링 좋아하는 게임

브레인스토밍 좋아하는 게임의 종류인 컴퓨터 게임에 대해서 간단하게 언급해 준다.

2nd Step _ 본론

스토리텔링 스타크래프트 / 인기 / 좋아하는 이유

브레인스토밍 즐겨하는 게임인 스타크래프트에 대한 설명과 함께 좋아하는 이유를 설명한다.

3rd Step _ 결론

스토리텔링 온라인 게임 서비스 제공

브레인스토밍 게임 제작사에서 제공하는 온라인 서비스와 내가 즐겨하는 게임 방식을 언급하면서 답변을 마무리한다.

1st Story

좋아하는 게임

There are a lot of game genres in the world, but I like mainly playing computer games.

2nd Story

스타크래프트

My favorite computer game is StarCraft, which is a military science fiction real-time strategy simulation game developed by Blizzard Entertainment.

인기

Since this computer game was developed, it has kept getting a huge mountain of popularity.

좋아하는 이유

I like the game because I can play StarCraft with anyone who I want on the Battle-net at any time.

3rd Story

온라인 게임 서비스 제공

The Blizzard Entertainment company offers an online gaming service called the Battle-net. I enjoy playing this computer game with my close friends or even by myself.

Full Story

There are a lot of game genres in the world, but I like mainly playing computer games. My favorite computer game is StarCraft, which is a military science fiction real-time strategy simulation game developed by Blizzard Entertainment. Since this computer game was developed, it has kept getting a huge mountain of popularity. I like the game because I can play StarCraft with anyone who I want on the Battle-net at any time. The Blizzard Entertainment company offers an online gaming service called the Battle-net. I enjoy playing this computer game with my close friends or even by myself.

세상에는 많은 종류의 게임들이 있지만 저는 주로 컴퓨터 게임을 좋아합니다. 제가 가장 좋아하는 컴퓨터 게임은 스타크래프트라는 게임이고 Blizzard Entertainment 사에서 개발한 실시간 전쟁 SF 전략 시뮬레이션 게임입니다. 이 컴퓨터 게임이 개발된 이래로 스타크래프트 게임은 엄청난 인기를 얻고 있습니다. 저는 Battle-net에서 언제든지 원하는 사람과 스타크래프트를 즐길 수 있기 때문에 이 게임을 좋아합니다. Blizzard Entertainment 사에서는 Battle-net이라고 하는 온라인 게임 서비스를 제공해주고 있습니다. 저는 친한 친구들과 또는 심지어 혼자서도 이 컴퓨터 게임을 즐겨합니다.

Voca   real-time 실시간   huge mountain of popularity 엄청난 인기   by oneself 홀로

Q2 게임 규칙 설명 　Tr-0405

What is your favorite game? How do you play it? Are there some important rules to that game? Give me a detailed description of it.

어떤 게임을 가장 좋아하나요? 그 게임은 어떻게 하나요? 중요한 게임 규칙이 있나요? 가장 좋아하는 게임에 대해 자세히 설명해 보세요.

KEY POINTS

키워드　　　favorite game, How, play it, important rules

리스닝 포인트　내가 가장 좋아하는 게임이 무엇이고, 게임을 어떻게 하는지, 중요한 게임 규칙을 설명해 달라고 하고 있구나.

스피킹 포인트　게임 방법과 규칙을 간단하게 설명하도록 하자.

STEP BY STEP

1st Step _ 서론

스토리텔링　좋아하는 게임(스타크래프트) / 게임 시스템

브레인스토밍　좋아하는 게임인 스타크래프트에 대해서 간단하게 설명하면서 답변을 시작한다.

2nd Step _ 본론

스토리텔링　설치 / 게임 종족 / 방법

브레인스토밍　해당 게임의 설치, 메뉴, 게임 방법 등 세부적인 내용들을 위주로 얘기한다.

3rd Step _ 결론

스토리텔링　인터넷 연결 / 배틀넷

브레인스토밍　배틀넷이라는 인터넷 공간에서 컴퓨터가 아닌 상대방과 게임을 할 수 있는 방법을 설명해 주면서 답변을 마무리한다.

HOW TO MAKE A STORY

1st Story

좋아하는 게임(스타크래프트)　　As I mentioned before, I love playing a computer game called StarCraft.

게임 시스템　　The game is based on a real-time strategy simulation system, which means it's like controlling an imaginary battle.

2nd Story

설치　　If you want to play it, you have to install the game software.

게임 종족　　There are basically three kinds of species called Terran, Protoss and Zerg.

방법　　You can select one of these species and are supposed to do battle with another one.

3rd Story

인터넷 연결　　Unless you want to play it against the computer, you need to set up a computer connected to the Internet.

배틀넷　　Then you will be able to play the game with anyone at a site called Battle-net.

Full Story

As I mentioned before, I love playing a computer game called StarCraft. The game is based on a real-time strategy simulation system, which means it's like controlling an imaginary battle. If you want to play it, you have to install the game software. There are basically three kinds of species called Terran, Protoss and Zerg. You can select one of these species and are supposed to do battle with another one. Unless you want to play it against the computer, you need to set up a computer connected to the Internet. Then you will be able to play the game with anyone at a site called Battle-net.

앞에서 말씀드린 것처럼 저는 스타크래프트라는 컴퓨터 게임을 좋아합니다. 그 게임은 가상의 전투를 조정하는 것과 같은 실시간 전략 시뮬레이션 시스템을 기초로 하고 있습니다. 게임을 하려면 먼저 게임 소프트웨어를 설치해야 합니다. 기본적으로 Terran, Protoss 그리고 Zerg라는 세 종류의 종족들이 있습니다. 이 중에서 하나를 선택하고 다른 종족과 전쟁을 해야 합니다. 컴퓨터를 상대로 게임을 하고 싶지 않으면 컴퓨터를 인터넷에 연결하도록 설정해야 합니다. 그러면 Battle-net이라는 사이트에서 누구와도 게임을 즐길 수 있습니다.

Voca　　imaginary 가상의　install 설치하다　species 종족

제 1 탄　OPIc Experience Questions

Intermediate Mid 3 등급 공략을 위한 첫 번째 코너로 바로 난이도가 높은 과거 경험을 묻는 질문을 살펴보겠습니다. 콘서트와 관련해서는 가장 최근에 간 콘서트에 대해서 묻는 질문과 가장 재미있거나 잊을 수 없는 콘서트에 대해서 묻는 질문 두 가지 과거 문제를 정리할 수 있습니다.

Stage 1　IM3 등급 공략 OPIc QUESTIONS

콘서트와 공연

Q1 When was the last time you went to a concert hall? What did you do there? Tell me in detail about the recent concert you went to from beginning to end.

언제 마지막으로 콘서트홀에 갔나요? 콘서트홀에서 무엇을 했죠? 최근에 관람한 콘서트에 대해서 처음부터 끝까지 자세하게 말해 보세요.

Q2 Let's talk about an interesting or unforgettable concert you've ever seen. When was it? What happened? Why was it so memorable to you? Tell me about it in as much detail as possible.

지금까지 봤던 콘서트 중에서 재미있거나 잊을 수 없는 콘서트에 대해서 얘기해 보겠습니다. 그게 언제였나요? 어떤 일이 있었죠? 왜 그 콘서트가 기억에 남나요? 가능한 한 자세하게 얘기해 보세요.

게임

Q3 When did you first become interested in playing games? How did you learn how to play games?

언제 처음으로 게임에 관심을 가지게 되었나요? 게임하는 방법은 어떻게 배웠나요?

Q4 Have you ever had a memorable or interesting episode while playing games? What was it about? What happened? Why was it so memorable to you? Tell me with a lot of details.

게임을 하면서 기억에 남거나 재미있었던 에피소드가 있나요? 어떤 일이었나요? 무슨 일이 있었죠? 왜 그 일이 그렇게 기억에 남는 건가요? 자세하게 얘기해 보세요.

게임과 관련해서는 게임에 관심을 가지게 된 때와 계기, 게임을 배운 방법, 그리고 게임을 하면서 기억에 남는 일을 묻는 질문이 자주 출제되고 있으므로 이러한 경험 문제를 꼭 사전에 대비해두기 바랍니다.

Stage 2 ACTUAL TEST

게임에 관심을 갖게 된 동기 Tr-0406

When did you first become interested in playing games? How did you learn to play games?

언제 처음으로 게임에 관심을 가지게 되었나요? 게임하는 방법은 어떻게 배웠나요?

KEY POINTS

키워드　　　When, first become interested in playing games, How did you learn

리스닝 포인트　게임에 처음 관심을 가지게 된 때(when)와 게임을 배우게 된 방법(how) 두 가지를 묻는 질문이구나.

스피킹 포인트　과거시제 위주로 답변하되 게임을 배우게 된 계기와 방법을 중점적으로 얘기해보자.

HOW TO MAKE A STORY

1st Story

[시기] I remember the time when I was 20 years old, and I had a lot of free time since I had graduated from high school. [스타크래프트] At that time, a computer game called StarCraft was starting to become popular in Korea.

제가 고등학교를 졸업해서 시간이 남아돌던 스무 살 때였던 것으로 기억합니다. 그때 스타크래프트라는 컴퓨터 게임이 한국에서 인기를 얻기 시작했습니다.

2nd Story

[게임 소문] A couple of my friends and I heard about the game and then soon began to play it. [게임하는 법] Actually, nobody taught us how to play StarCraft. [시행착오] We just learned to play the computer gamo by trial and error. [게임의 장점] It was so exciting and innovative.

친구들과 저는 그 게임에 대한 소문을 듣고 곧 그 게임을 하기 시작했습니다. 사실 어떻게 스타크래프트를 하는지는 아무도 가르쳐 주지 않았습니다. 우리는 시행착오를 거치면서 그 컴퓨터 게임을 배웠습니다. 게임은 정말 재미있었고 혁신적이었습니다.

3rd Story

[중독] The more I played it, the more I fell into it. [게임 전략] You can apply some battle strategies to the practical game when you become proficient in playing StarCraft.

게임을 하면 할수록 저는 그 게임에 빠져들었습니다. 그 게임에 숙달되면 일부 전쟁 전략들을 실제 게임에 적용시킬 수도 있습니다.

Voca　　trial and error 시행착오　innovative 혁신적인　proficient 능숙한, 능한

제 2 탄　OPIc Role-play Questions

Intermediate Mid 3 등급 공략 포인트 두 번째는 콘서트와 관련된 **Role-play** 실전문제입니다. 친구와 함께 콘서트를 가고 싶으니 친구에게 전화해서 몇 가지 물어보라는 상황, 그리고 몸이 아파서 친구와 콘서트를 보러 갈 수 없는 상황을 해결해 보라는 내용이군요. 마지막 세 번째 문제는 콘서트 티켓을 이미 예매했는데 가지 못했던 실제 경험을 묻는 질문이 등장하고 있습니다.

Stage 1　IM3 등급 공략 OPIc QUESTIONS

콘서트 관련 Role-play

Q1 I'll give you a situation and ask you to act it out. Assume that your friend wants to go to a concert with you. Call him or her and ask three or four questions about the concert.

상황을 드릴 테니 역할 연기를 해보세요. 친구가 당신과 함께 콘서트에 가고 싶어 한다고 가정해 보겠습니다. 친구에게 전화해서 그 콘서트에 대한 질문을 서너 가지 해보세요.

Q2 I'm afraid you have a problem which you need to solve. You are so sick on the day of the concert that you can't go there with your friend. Call your friend and explain the situation. Then offer some solutions about this matter.

유감스럽게도 당신이 해결해야 할 문제가 생겼습니다. 콘서트 당일 너무 아파서 친구와 함께 콘서트를 보러 갈 수가 없게 되었습니다. 친구에게 전화해서 상황을 설명하세요. 그러고 나서 이 문제에 대한 몇 가지 해결책을 제시하세요.

Q3 Have you ever experienced that you had tickets for a concert or some other event, but you couldn't go? What happened? What was the problem? Tell me about it with a lot of details.

콘서트나 행사 표를 가지고 있었는데 가지 못했던 경험이 있나요? 어떤 일이 있었나요? 무엇이 문제였나요? 자세히 얘기해 보세요.

한 가지 더 자주 등장하는 상황을 알려 드리겠습니다. 영화, 콘서트, 여행은 티켓 예매와 밀접한 관계가 있습니다. 따라서 위 세 가지 항목을 선택했다면 티켓과 관련된 **Role-play** 상황을 꼭 대비해둬야 합니다. 티켓을 끊었는데 갈 수 없는 상황, 시간이나 요일 등이 잘못된 티켓을 끊은 상황 등이 자주 등장하고 있습니다.

Stage 2 ACTUAL TEST

Q1 콘서트 관람 Tr-0406

I'll give you a situation and ask you to act it out. Assume that your friend wants to go to a concert with you. Call him or her and ask three or four questions about the concert.

상황을 드릴 테니 역할 연기를 해보세요. 친구가 당신과 함께 콘서트에 가고 싶어 한다고 가정해 보겠습니다. 친구에게 전화해서 그 콘서트에 대한 질문을 서너 가지 해보세요.

KEY POINTS

키워드   your friend wants to go to a concert with you, Call, ask, questions about the concert

리스닝 포인트   내 친구가 나와 함께 콘서트를 보러 가고 싶은 상황이 주어졌군. 전화해서 콘서트와 관련된 궁금한 것들을 물어보라는 질문이구나.

스피킹 포인트   전화 건 이유를 먼저 간단하게 소개하고, 콘서트를 하는 가수, 장소, 시간, 요일, 교통편 등 궁금한 점들을 네 가지 정도 물어보도록 하자.

HOW TO MAKE A STORY

1st Story

[소개] Hello. This is Hyejin. [인사말] I am afraid that I called at a bad time. [전화 건 이유] I'm just wondering whether you still want to go to the concert with me.

여보세요, 나야 혜진이. 곤란할 때 전화했다면 미안해. 혹시 아직도 나와 함께 콘서트에 가고 싶은지 알고 싶어서.

2nd Story

[질문 시작] If so, there are several questions to ask you about the concert. [콘서트 가수] Are you sure the concert host is Jo Sungmo? [신곡] Is it true that he will sing his brand-new song? [시간] When exactly will it be held? What time do you want to go there this Saturday? 4 p.m. or 8 p.m.?

그렇다면 그 콘서트에 관해서 몇 가지만 물어볼게. 그 콘서트 가수가 조성모인거 확실하니? 신곡을 부를 거란 것도 확실하지? 콘서트가 정확히 언제 열리니? 이번 주 토요일 몇 시에 거기에 갈 거니? 오후 4시, 아니면 8시?

3rd Story

[기간] And how long will it be? [픽업 여부] Can you give me a ride after the concert?

그리고 그 공연은 몇 시간이나 하지? 콘서트 끝나고 나 좀 태워줄 수 있니?

Voca   at a bad time 곤란한 시간에 give ~ a ride ~를 차로 태워주다

Q2 콘서트에 갈 수 없는 상황 Tr-0406

I'm afraid you have a problem which you need to solve. You are so sick on the day of the concert that you can't go there with your friend. Call your friend and explain the situation. Then offer some solutions about this matter.

유감스럽게도 당신이 해결해야 할 문제가 생겼습니다. 콘서트 당일 너무 아파서 친구와 함께 콘서트를 보러 갈 수가 없게 되었습니다. 친구에게 전화해서 상황을 설명하세요. 그러고 나서 이 문제에 대한 몇 가지 해결책을 제시하세요.

KEY POINTS

키워드 you have a problem, You, so sick, you can't go, Call, explain the situation, offer some solutions

리스닝 포인트 문제가 생겼는데 몸이 너무 아파서 콘서트를 갈 수 없다는 거네. 친구에게 전화해서 이런 상황을 설명하고 해결책을 제시해보라는 질문이구나.

스피킹 포인트 몸이 아픈 상황이니 구체적으로 어디가 어떻게 아픈지 자세하게 설명을 한 후에 콘서트를 갈 수 없는 상황에 대한 해결책을 두 가지 정도 얘기하도록 하자.

HOW TO MAKE A STORY

1st Story

[소개] Hello. This is Hyejin. [전화건 이유] I've got something to tell you. [상황 설명(독감)] I'm afraid I can't make it because I think I'm coming down with the flu.

안녕, 나야 혜진이. 할 말이 좀 있어서. 미안하지만 나 독감에 걸려서 콘서트에 못 갈 것 같아.

2nd Story

[사과] I'm so sorry, Jungha. [병원과 휴식] I should go see a doctor right now, and I think I need to take a rest for a while. [표 돌려주기] But I have the ticket you bought, so I will give it back to you if you drop by my place. [다른 친구랑 보러 가는 해결책] And you had better go there with another friend.

정말 미안해, 정하야. 지금 당장 병원에 가본 다음에 좀 쉬어야 할 것 같아. 그런데 네가 산 표가 나한테 있으니 네가 우리 집에 잠깐 들르면 콘서트 티켓을 돌려줄게. 그렇게 해서 다른 친구랑 가면 좋을 것 같아.

3rd Story

[회복] After I get better, let's go to another concert. [친구 혼자 보러 가는 해결책] Or just go by yourself this time. [약속] Next time, I will make it up to you.

몸이 회복되고 나면 그때 다른 콘서트를 보러 가자. 아니면 이번엔 너 혼자 가렴. 다음번에는 내가 꼭 함께 갈게.

Voca come down with (별로 심각하지 않은 병이) 들다, 걸리다 by oneself 혼자서, 스스로

Q3 티켓을 사용하지 못한 경험 Tr-0406

Have you ever experienced that you had tickets for a concert or some other event, but you couldn't go? What happened? What was the problem? Tell me about it with a lot of details.

콘서트나 행사 표를 가지고 있었는데 가지 못했던 경험이 있나요? 어떤 일이 있었나요? 무엇이 문제였나요? 자세히 얘기해 보세요.

KEY POINTS

키워드   experienced that you had tickets for a concert, but you couldn't go, What happened, What, the problem

리스닝 포인트   콘서트나 행사 티켓을 가지고 있었는데 가지 못했던 실제 경험을 묻고 있군. 어떤 일이 있었고 어떤 문제였는지 자세하게 얘기해 보라는 거구나.

스피킹 포인트   어떤 공연이었고, 그날 무슨 일이 있었는지, 어떤 문제였는지 등 그날 상황을 자세하게 얘기하고 결과가 어땠는지도 간단하게 소개하자.

HOW TO MAKE A STORY

○ 1st Story

[과거 시간] I recall that I was a high school student. [경험] My experience was that I almost went to a concert on Christmas day. [결과] But I couldn't make it after all.

제가 고등학생이었던 때로 기억합니다. 크리스마스 때 콘서트에 거의 갈 뻔했던 경험인데요. 하지만 결국엔 가지 못했답니다.

○ 2nd Story

[이유 1(가족)] I just wanted to spend year-end singing and dancing with many people including my friends, but my parents wanted me to be together with my family. [이유 2(교회)] And the other reason that I couldn't go there was because I was forced to go to church on Christmas day.

저는 친구들을 포함해서 많은 사람들과 노래도 부르고 춤도 추면서 연말을 보내고 싶었는데 부모님은 제가 가족과 함께 하기를 원했습니다. 그리고 제가 콘서트에 가지 못한 다른 이유는 크리스마스에 교회에 가야 했기 때문입니다.

○ 3rd Story

[당시 상황 설명] As a matter of fact, all my family members were Christians, but not me at that time. I turned on them with an angry look, but finally got the cane talking back to my father. [결론] So I had to stay with my family. [회상] When I look back on that time, however, I feel that I behaved foolishly.

사실 가족 모두가 기독교인이었는데 저는 그 당시 기독교인이 아니었습니다. 저는 화를 내며 가족들에게 대들었지만 결국 말대답하다가 아버지한테 매만 맞았습니다. 그래서 저는 가족과 함께 집에 머물러야 했습니다. 하지만 그때를 떠올려 보면 제가 어리석었던 것 같습니다.

○ Voca   after all 결국에는   turn on 대들다   cane 회초리   talk back 말대답하다   foolishly 어리석게

How to **NEW**

OPIc

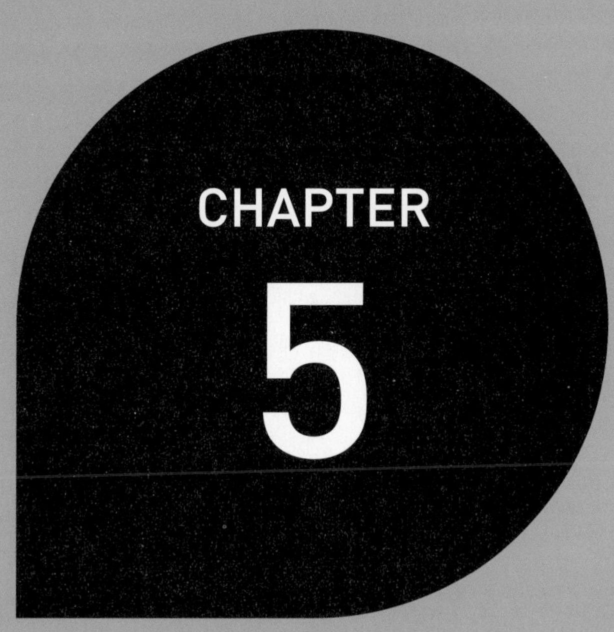

CHAPTER

5

캠핑

Stage 1 캠핑 길잡이

Chapter 5에서는 Chapter 4에 이어서 여가 활동 항목을 추가로 학습하게 됩니다. 수험생들이 자주 선택하는 캠핑부터 뉴오픽이 도입되면서 새롭게 생긴 항목인 '해변 가기', 그리고 뉴오픽에서 삭제되었지만 여전히 계속해서 빈번하게 출제되고 있는 '쇼핑, 외식' 등 총 네 개의 항목을 구성하였습니다.

첫 번째로 학습할 항목은 바로 '캠핑'입니다. 캠핑의 정의는 산이나 들 또는 바닷가 등에서 텐트를 치고 야영을 하는 것을 말합니다. 가족끼리 또는 친구, 연인끼리 특히 무더운 여름철에 캠핑을 많이 가게 되죠. 요즘에는 바닷가, 해수욕장, 공원 등에서 야영지를 대여해주는 곳도 많아서 보다 쉽게 캠핑을 즐길 수 있습니다.

캠핑과 관련해서 자주 출제되고 있는 오픽 문제를 몇 개 살펴보자면, 가장 기본적으로 캠핑 장소 또는 야영지를 묘사해 보라는 질문이 등장합니다. 그리고 캠핑을 떠날 때 챙겨가는 물건, 필수품을 모두 나열해 보라는 질문도 예상해볼 수 있구요. 캠핑, 여행, 출장을 떠나면 집이 아닌 다른 숙박시설에서 지내야 하기 때문에 공통적으로 꼭 챙겨가는 물건과 필수품들을 설명해 보라는 질문이 주어진다는 것도 함께 알아 두세요.

가장 최근에 갔던 캠핑지가 어디이고 누구랑 갔으며 그곳에서 어떤 것들을 했는지 자세하게 얘기해 보라는 과거 질문과 캠핑을 다니면서 가장 기억에 남는 경험을 얘기해 보라는 과거 질문도 함께 대비해 두세요.

캠핑과 관련해서 아주 어렵고 난이도가 높은 문제는 출제되지 않고 있으니 캠핑을 선택해서 준비해보기 바랍니다. 자 그럼, 빈출문제를 먼저 살펴보고 실전문제에서 자세하게 학습해 볼까요?

Stage 2 캠핑 빈출문제

IL~IM 1, 2 등급 공략

Q1 캠핑장 묘사

You indicated in the survey that you go camping. Where do you like to go camping? Please describe your favorite camping place in detail for me.

설문에서 당신은 캠핑을 간다고 했습니다. 어디로 캠핑을 즐겨 떠나나요? 가장 좋아하는 캠핑 장소를 자세히 묘사해 보세요.

Q2 캠핑 복합질문

How often do you go camping? When and with whom do you normally go camping? Tell me why you like to go camping.

얼마나 자주 캠핑을 가나요? 캠핑은 보통 언제 그리고 누구와 함께 가나요? 캠핑을 왜 좋아하는지 말해 보세요.

Q3 캠핑장에서 하는 활동 설명

What kind of activities do you normally do at the camping site? Tell me about them with a lot of details.

캠핑장에서는 주로 어떤 활동을 하나요? 그 활동에 대해서 자세하게 얘기해 보세요.

Q4 캠핑을 떠나기 전에 하는 일과 챙겨가는 물건 설명

What types of things do you have to do before leaving for a camping trip? Do you search for camping sites on the Internet? What kind of items do you pack in your bag or suitcase? Tell me in detail.

캠핑을 떠나기 전에 어떤 것들을 해야 하나요? 인터넷에서 캠핑장을 검색하나요? 가방이나 여행 가방에는 어떤 물건들을 챙겨가나요? 자세하게 얘기해 보세요.

Stage 3 ACTUAL TEST

캠핑장 묘사 Tr-0501

You indicated in the survey that you go camping. Where do you like to go camping? Please describe your favorite camping place in detail for me.

설문에서 당신은 캠핑을 간다고 했습니다. 어디로 캠핑을 즐겨 떠나나요? 가장 좋아하는 캠핑 장소를 자세히 묘사해 보세요.

KEY POINTS

키워드	Where, like to go camping, describe your favorite camping place
리스닝 포인트	아하! 좋아하는 캠핑 장소를 묘사해 보라는 질문이구나.
스피킹 포인트	캠핑 장소의 위치와 분위기, 주변 환경 등 캠핑 장소에 대해 다양하게 설명해보자.

STEP BY STEP

1st Step _ 서론

스토리텔링 함께 가는 사람 / 캠핑 장소

브레인스토밍 즐겨 가는 캠핑 장소에 대한 본격적인 설명에 앞서, 캠핑을 좋아하는 정도나 함께 가는 사람들과 같은 캠핑과 관련된 기본적인 내용을 얘기한다.

2nd Step _ 본론

스토리텔링 위치와 거리 / 이전 모습 / 경관

브레인스토밍 좋아하는 캠핑 장소의 위치, 거리, 모습, 경관 등을 중점적으로 설명하도록 한다.

3rd Step _ 결론

스토리텔링 주변 환경 / 편의시설

브레인스토밍 캠핑 장소의 신선한 공기, 근접한 편의시설 등 주변 환경을 부연설명하면서 답변을 마무리한다.

1st Story

| 함께 가는 사람 | I love hanging out with my friends, and going camping when I have some free time. |
| 캠핑 장소 | There is a great place where my close friends and I often go camping. |

2nd Story

위치와 거리	It is located in Yeouido Park and isn't far from where I live.
이전 모습	It was a landfill a few years ago, but now it has been newly created to offer citizens a good park in which to relax.
경관	It has a nice view, so you can see the Han River from there.

3rd Story

| 주변 환경 | The air in the park is fresh. |
| 편의시설 | Plus, once you go there, you will be satisfied with the campsite which is close to all the local amenities. |

Full Story

I love hanging out with my friends, and going camping when I have some free time. There is a great place where my close friends and I often go camping. It is located in Yeouido Park and isn't far from where I live. It was a landfill a few years ago, but now it has been newly created to offer citizens a good park in which to relax. It has a nice view, so you can see the Han River from there. The air in the park is fresh. Plus, once you go there, you will be satisfied with the campsite which is close to all the local amenities.

저는 시간이 날 때 친구들과 어울려서 캠핑을 가는 것을 좋아합니다. 저와 친한 친구들이 자주 캠핑을 가는 정말 멋진 장소가 있는데요. 그곳은 여의도 공원에 있고 제가 사는 곳에서 멀지 않습니다. 그곳은 몇 년 전에는 쓰레기 매립지였지만 지금은 새롭게 만들어져서 시민들이 휴식을 취할 수 있는 좋은 공원을 제공하고 있습니다. 경관도 뛰어나서 공원에서는 한강을 볼 수 있습니다. 그리고 공기도 신선합니다. 게다가 각종 편의시설이 야영지 근처에 있어서 그곳에 가보면 분명 만족하실 겁니다.

Voca   landfill 쓰레기 매립지   amenity (주로 복수로) 생활 편의시설

Q2 캠핑 복합질문 Tr-0501

How often do you go camping? When and with whom do you normally go camping? Tell me why you like to go camping.

얼마나 자주 캠핑을 가나요? 캠핑은 보통 언제 그리고 누구와 함께 가나요? 캠핑을 왜 좋아하는지 말해 보세요.

KEY POINTS

키워드	How often, go camping, When and with whom, why you like to go camping
리스닝 포인트	얼마나 자주 캠핑을 가고, 언제, 누구와 가는지, 그리고 왜 캠핑을 좋아하는지 총 네 개의 의문사로 질문을 하고 있구나.
스피킹 포인트	질문에 대한 답변을 빠뜨리지 말고 가급적 질문 순서대로 대답하도록 하자.

STEP BY STEP

○ 1st Step _ 서론

스토리텔링	캠핑을 가는 시간과 동행인 / 빈도
브레인스토밍	캠핑을 가는 시간, 함께 가는 사람, 횟수 등 질문 서두에서 묻고 있는 캠핑에 관한 정보를 먼저 얘기한다.

○ 2nd Step _ 본론

스토리텔링	캠핑의 장점
브레인스토밍	친구들과 함께 캠핑을 즐겨가므로 친구들과의 우정에 대한 이야기를 캠핑의 장점으로 전개해 나간다.

○ 3rd Step _ 결론

스토리텔링	캠핑을 좋아하는 이유
브레인스토밍	캠핑을 좋아하는 이유 및 즐겨가는 이유를 적절히 설명하면서 답변을 종결하도록 한다.

HOW TO MAKE A STORY

1st Story

캠핑을 가는 시간과 동행인   When I'm not working, I spend most of my free time hanging out with my friends at a campsite.

빈도   We usually go camping once a month.

2nd Story

캠핑의 장점   They're my best friends and like brothers to me. Whenever I'm with them, I must say that I'm happy. People often say that happiness is doing something I like with good companies.

3rd Story

캠핑을 좋아하는 이유   I like my friends and often go camping with them, and the campsite is a nice place to go. That's because I like to go camping with them when I'm free.

Full Story

When I'm not working, I spend most of my free time hanging out with my friends at a campsite. We usually go camping once a month. They're my best friends and like brothers to me. Whenever I'm with them, I must say that I'm happy. People often say that happiness is doing something I like with good companies. I like my friends and often go camping with them, and the campsite is a nice place to go. That's because I like to go camping with them when I'm free.

일을 하지 않는 날에는 여가의 대부분을 친구들과 함께 야영지에서 보냅니다. 보통 한 달에 한 번 꼴로 캠핑을 갑니다. 그들은 제 가장 친한 친구들이어서 제게는 형제나 다름없습니다. 친구들과 함께 있을 때면 언제나 기분이 좋습니다. 행복은 좋은 사람들과 좋아하는 것을 하는 것이라고 사람들은 종종 얘기하죠. 저는 친구들을 좋아하고 그들과 종종 캠핑을 갑니다. 그리고 야영지는 가볼 만한 곳입니다. 그래서 저는 시간이 날 때 친구들과 캠핑을 즐겨갑니다.

Voca

go camping 캠핑을 떠나다   company 동료, 친구

해변

Stage 1 해변 길잡이

두 번째로 살펴볼 항목은 '해변 가기'입니다. 뉴오픽이 시행되면서 새롭게 추가된 항목이 두 가지가 있는데요. 바로 '해변 가기' 그리고 스포츠 중에서 '격투기' 항목입니다. 날씨가 무더운 여름철에는 많은 사람들이 주말이나 휴가 기간에 해변, 해수욕장에서 피서를 즐깁니다. 해변 가기 항목이 새롭게 추가된 이후로 수험생들이 자주 선택하고 있는 만큼 이 항목을 공략해보는 것도 좋은 방법입니다.

오픽 문제 유형은 어느 정도 정해진 부분이 있기 때문에 출제될 가능성이 높은 문제는 어느 정도 대비가 가능합니다. 수험생들의 여러 후기와 오픽 문제 유형 그리고 본책의 노하우와 비법으로 해변과 관련된 오픽 문제를 야심차게 구성하였으니 열심히 준비해 보세요.

그럼 먼저, 해변과 관련해서 어떤 문제가 출제되는지를 자세하게 살펴봐야겠죠? 사람, 사물, 장소 소개는 가장 기본적인 오픽 질문 유형입니다. 따라서 자주 가거나 좋아하는 해변을 묘사해 보라는 질문을 쉽게 예상해볼 수 있겠군요!

그리고 보통 해변에 가면 어떤 것들을 하는지 해변에서의 활동을 설명해 보라는 질문도 떠올릴 수 있고, 해변에 가기 전에 준비하거나 챙겨가야 하는 물건, 필수품 등을 설명해 보라는 질문도 예상할 수 있습니다. 과거 시제 질문으로는 최근에 해변에 언제 누구와 어디로 갔고 무엇을 했는지를 묻는 질문과 해변에서 직접 경험했던 기억에 남는 일을 얘기해 보라는 질문 등으로 정리해볼 수 있습니다.

해변은 대학생, 직장인 구분 없이 모두 좋아하는 활동이기 때문에 앞으로 인기 있는 항목이 될 것으로 여겨집니다. 인기 있는 항목은 그만큼 출제될 가능성과 적중률이 모두 높기 때문에 꼭 미리 대비해두는 것이 좋습니다.

Stage 2 해변 빈출문제

IL~IM 1, 2 등급 공략

Q1 좋아하는 해변 묘사

You indicated in the survey that you go to the beach. Where is your favorite beach? Describe it for me in detail.

설문에서 당신은 해변에 가는 것을 좋아한다고 했습니다. 당신이 좋아하는 해변은 어디에 있나요? 좋아하는 해변을 자세히 묘사해 보세요.

Q2 해변에 가기 전에 하는 일들 설명

What kind of things do you need to do before going to the beach? Also, what items do you pack in your bag? Tell me about them with a lot of details.

해변에 가기 전에 어떤 일들을 해야 하나요? 그리고 가방에는 어떤 물건들을 챙기나요? 자세히 말해 보세요.

Q3 해변에 가기 전에 가져가는 물건 소개

What kind of things or items do you usually bring when you go to the beach? Tell me about all of them in as much detail as you can.

해변에 갈 때 보통 어떤 물건들을 가져가나요? 가져가는 물건들을 가능한 한 자세하게 얘기해 보세요.

Q4 해변에서 하는 활동 설명

What types of activities do you like to do at the beach? Do you like to swim or sunbathe on the beach? What else? Please tell me about them with a lot of details.

당신은 해변에서 어떤 활동을 하는 것을 좋아하나요? 해변에서 수영을 좋아하나요, 아니면 일광욕을 좋아하나요? 다른 어떤 활동을 좋아하죠? 좋아하는 활동들에 대해서 자세하게 얘기해 보세요.

Stage 3 ACTUAL TEST

Q1 좋아하는 해변 묘사 Tr-0502

You indicated in the survey that you go to the beach. Where is your favorite beach? Describe it for me in detail.

설문에서 당신은 해변에 가는 것을 좋아한다고 했습니다. 당신이 좋아하는 해변은 어디에 있나요? 좋아하는 해변을 자세히 묘사해 보세요.

KEY POINTS

키워드	Where is your favorite beach, Describe it
리스닝 포인트	좋아하는 해변의 위치와 해변을 묘사해 보라고 하고 있구나.
스피킹 포인트	해변 위치, 이름, 거리와 주변 시설들을 간단하게 소개해보자.

STEP BY STEP

○ 1st Step _ 서론

스토리텔링 수영하기 좋은 계절 / 경포대

브레인스토밍 좋아하는 해변 묘사를 위해 여름이라는 계절과 함께 좋아하는 해변인 경포대에 대해서 얘기한다.

○ 2nd Step _ 본론

스토리텔링 위치 / 거리 / 환경

브레인스토밍 경포대의 위치나 거리, 주변 환경과 같은 정보를 설명해 준다.

○ 3rd Step _ 결론

스토리텔링 규모 / 영화 상영 / 추천

브레인스토밍 경포대의 규모나 특이한 점(무료 영화 상영)에 대해서 추가로 설명하고 경포대에 가볼 것을 추천하며 답변을 마무리 짓는다.

1st Story

수영하기 좋은 계절	My favorite season is summer because I enjoy going to the beach.
경포대	And I like to go to Gyungpo Beach best among the many beaches in Korea.

2nd Story

위치	The beach is located in Gangwondo where there are different small beaches and the big tourist attractions.
거리	You can get from Seoul to the beach in three hours by car.
환경	Gyungpo Beach is extremely crowded with vacationers every summer.

3rd Story

규모	Also, it is the second largest beach in Korea.
영화 상영	You can watch free movies on a huge outdoor screen in August.
추천	So I strongly recommend that you visit this beach.

Full Story

My favorite season is summer because I enjoy going to the beach. And I like to go to Gyungpo Beach best among the many beaches in Korea. The beach is located in Gangwondo where there are different small beaches and the big tourist attractions. You can get from Seoul to the beach in three hours by car. Gyungpo Beach is extremely crowded with vacationers every summer. Also, it is the second largest beach in Korea. You can watch free movies on a huge outdoor screen in August. So I strongly recommend that you visit this beach.

저는 해변에 가는 것을 즐기기 때문에 여름을 가장 좋아합니다. 그리고 한국에 있는 여러 해변들 중에서 경포대에 가는 것을 제일 좋아해요. 경포대는 강원도에 있고 그곳에는 조그마한 해변들과 유명한 관광지들이 있습니다. 서울에서 차로 세 시간이면 경포대에 갈 수 있습니다. 경포대 해수욕장은 여름마다 휴가를 온 사람들로 인산인해를 이룹니다. 또한 그 곳은 한국에서 두 번째로 큰 해변이기도 합니다. 그곳에서는 8월에 야외에 설치된 대형 스크린으로 공짜 영화를 상영해 줍니다. 그래서 저는 그 해변에 꼭 가볼 것을 강력히 추천합니다.

Voca

tourist attraction 관광명소 extremely 매우, 극히 vacationer 휴가를 온 사람, 휴가객

Q2 해변에 가기 전에 하는 일들 설명 ◯ Tr-0502

What kind of things do you need to do before going to the beach? Also, what items do you pack in your bag? Tell me about them with a lot of details.

해변에 가기 전에 어떤 일들을 해야 하나요? 그리고 가방에는 어떤 물건들을 챙기나요? 자세히 말해 보세요.

KEY POINTS

키워드   What kind of things, do before going to the beach, what items, pack in your bag

리스닝 포인트   음, 먼저 해변에 가기 전에 해야 할 일들을 묻고 있고, 가방에 챙겨가는 물건들이 무엇인지 말해 보라는 질문이구나.

스피킹 포인트   질문의 순서대로 답변을 하고, 각 질문마다 두세 개의 예를 적절하게 들어서 설명하면 되겠다. 챙겨가는 물건은 왜 챙겨가는지 이유와 목적을 함께 설명하도록 하자.

STEP BY STEP

1st Step _ 서론

스토리텔링   해변에 가는 때 / 옷차림

브레인스토밍   여름휴가로 해수욕장에 가는 때와, 해수욕장에 갈 때 입는 옷차림에 대한 얘기로 답변을 시작한다.

2nd Step _ 본론

스토리텔링   운동 / 짐 챙기기

브레인스토밍   해수욕장에 가기 전에 멋진 몸을 만들기 위해서 운동을 해야 하는 내용과 가방에 짐을 챙기는 일에 대해서 얘기한다.

3rd Step _ 결론

스토리텔링   필수품 / 중요한 물건

브레인스토밍   가방에 챙겨가는 필수품(옷가지, 세면도구 등)에 대한 구체적인 언급과 함께 해당 물건들의 중요성에 대해 설명하며 답변을 마무리한다.

HOW TO MAKE A STORY

1st Story

해변에 가는 때	I go to Gyungpo Beach when I take a few days off, which means that I go vacationing in the middle of summer.
옷차림	During summer and specially on the beach, people don't like to wear much clothes and definitely have a swimsuit on.

2nd Story

운동	So I should work out in the gym before hitting the beach. If you are also planning to hit the beach this summer, you need to create your dream body that you've always wanted.
짐 챙기기	Not only building up my body, but packing my bag is important before going to the beach.

3rd Story

필수품	I usually carry necessities like food, clothes, toiletries, and so on.
중요한 물건	Even though I don't stay there for a long time, I think those items are as necessary as money.

Full Story

I go to Gyungpo Beach when I take a few days off, which means that I go vacationing in the middle of summer. During summer and specially on the beach, people don't like to wear much clothes and definitely have a swimsuit on. So I should work out in the gym before hitting the beach. If you are also planning to hit the beach this summer, you need to create your dream body that you've always wanted. Not only building up my body, but packing my bag is important before going to the beach. I usually carry necessities like food, clothes, toiletries, and so on. Even though I don't stay there for a long time, I think those items are as necessary as money.

한 여름에 휴가를 가는 것을 의미하는 며칠간의 휴식 기간에 저는 경포대를 찾습니다. 사람들은 여름에, 특히 해변에서는 옷을 많이 입지 않고 수영복을 입습니다. 그래서 저는 해변에 가기 전에 헬스장에 가서 운동을 합니다. 올 여름에 해변에 갈 계획이라면 항상 원해왔던 꿈의 몸매를 만들어야 합니다. 몸을 만드는 일뿐만 아니라, 짐을 싸는 일도 해변에 가기 전에 해야 하는 중요한 일이라고 할 수 있습니다. 저는 주로 음식이나 옷 그리고 세면도구들과 같은 필수품들을 챙겨갑니다. 오래 머물지 않더라도 그 물건들은 돈 만큼이나 중요한 것들이라고 생각합니다.

Voca hit (어떤 장소에) 이르다   necessities (복수 형태로) 필수품   toiletries 세면도구

제 1 탄 OPIc Experience Questions

Intermediate Mid 3 등급 공략 첫 번째로 캠핑 관련 과거 질문 문제를 먼저 살펴보겠습니다. 가장 최근에 떠났던 캠핑 경험을 묻는 질문과 캠핑을 하면서 경험했던 기억에 남는 일을 얘기해 보라는 질문, 이 두 가지가 정기 시험에서도 자주 선보이고 있습니다.

Stage 1 IM3 등급 공략 OPIc QUESTIONS

캠핑

Q1 When was the last time you went camping? Where did you go? With whom did you go there? What kind of activities did you do? Tell me all the details.

가장 최근에 언제 캠핑을 떠났나요? 어디로 갔죠? 누구와 함께 갔나요? 어떤 활동을 했나요? 자세하게 얘기해 보세요.

Q2 Let's talk about a memorable thing you have experienced while camping. Where and with whom did you go camping? What was the thing about? Why was it so memorable to you? Please tell me about it in as much detail as possible.

캠핑 중에 경험했던 기억에 남는 일에 대해서 얘기해 보겠습니다. 어디로 누구와 함께 캠핑을 갔죠? 기억에 남는 일은 어떤 건가요? 왜 그 일이 그렇게 기억에 남는 거죠? 가능한 한 자세하게 얘기해 보세요.

해변

Q3 Let's talk about an interesting or memorable event you had at a beach when you were a child. What did you do at that time? Why was it so memorable to you? Please tell me about it in as much detail as you can.

어린 시절 해변에서의 재미있거나 기억에 남는 사건에 대해 얘기해 보겠습니다. 그때 무엇을 했나요? 왜 그 일이 그렇게 기억에 남나요? 최대한 자세하게 얘기해 보세요.

Q4 When was the last time you went to the beach? Where did you go? What did you do there? Tell me about it in detail.

언제 마지막으로 해변에 갔나요? 어디로 갔죠? 그곳에서 무엇을 했나요? 자세하게 얘기해 보세요.

해변과 관련된 과거 질문의 경우는 해변에서 직접 경험했던 재미있거나 기억에 남는 일을 묻는 질문과 최근에 해변에 갔던 경험에 대해서 얘기해 보라는 질문, 이 두 가지를 잘 대비해두기 바랍니다.

Q1 어린 시절 해변에서의 경험 Tr-0503

Let's talk about an interesting or memorable event you had at a beach when you were a child. What did you do at that time? Why was it so memorable to you? Please tell me about it in as much detail as you can.

어린 시절 해변에서의 재미있거나 기억에 남는 사건에 대해 얘기해 보겠습니다. 그때 무엇을 했나요? 왜 그 일이 그렇게 기억에 남나요? 최대한 자세하게 얘기해 보세요.

KEY POINTS

키워드 an interesting or memorable event, at a beach, were a child, What did you do, Why

리스닝 포인트 어렸을 때 해변에서 겪었던 재미있거나 기억에 남는 일에 대한 질문이구나. 그때 나는 무엇을 했고, 왜 그 때 그 일이 기억에 남는지 이유를 묻고 있구나.

스피킹 포인트 언제, 어디에서, 무엇을 했고 어떤 일이 재미있거나 기억에 남는지 그리고 그 이유를 적절하게 설명해보자.

HOW TO MAKE A STORY

1st Story

[어릴 때 살던 곳] I lived near a beach until I was 20 years old. [고향] The beach was like my hometown when I was young. [어린 시절의 습관] I used to go there to see the sea and to swim in it almost every day.

전 스무 살 때까지 해변 근처에서 살았습니다. 어렸을 때 해변은 제게 고향과도 같았죠. 저는 거의 매일 해변에 가서 바다를 보거나 수영 을 하곤 했습니다.

2nd Story

[익사할 뻔한 경험] One day I went to the beach and swam with friends as usual. I went deep in the sea water although my friends told me not to swim too far, and I almost drowned. [결과(남자의 도움)] But one brave man saved my life.

어느 날 저는 평소처럼 친구들과 해변에 가서 수영을 했습니다. 친구들이 멀리 가지 말라며 말렸지만 저는 깊은 바다로 수영을 해서 들 어갔고 거의 익사할 뻔했습니다. 하지만 어떤 용감한 남자분이 저를 구해주셨습니다.

3rd Story

[충격] I was shocked at the incident for a few days, and at the same time, I really appreciated his help. [기억] I can never forget the day when I think I was born again.

저는 며칠간 그 사건으로 인하여 충격에서 헤어나지 못했고 동시에 그 분의 도움이 정말 고마웠습니다. 저는 제가 다시 태어난 날이라고 생각하는 그날을 절대 잊을 수 없습니다.

Voca drown 익사하다 at the same time 동시에, 함께 appreciate 감사하다

제2탄 OPIc Role-play Questions

Intermediate Mid 3 등급 공략 두 번째는 캠핑과 관련된 Role-play Three Combo 문제입니다. Three Combo 문제는 항상 서로 연관이 되어 있다는 점을 꼭 기억해 두세요. 캠핑 Role-play 문제는 어떻게 질문이 연이어서 출제되는지 바로 확인해 보겠습니다.

Stage 1 IM3 등급 공략 OPIc QUESTIONS

캠핑 관련 Role-play

Q1 I'll give you a situation and ask you to act it out. Assume that you want to go camping with your friend next Saturday. Call your friend and leave a recorded message, asking three or four questions about camping.

상황을 드릴 테니 역할 연기를 해보세요. 다음 주 토요일에 친구와 함께 캠핑을 가려고 한다고 해보겠습니다. 친구에게 전화해서 캠핑과 관련된 서너 가지 질문을 메시지로 남기세요.

Q2 I'm sorry, but you have a problem which you need to solve. You and your friend are scheduled to go camping, but you have to complete an important assignment by next Sunday. Call your friend to explain the situation. Then, offer some alternatives about this problem.

유감스럽게도 해결해야 할 문제가 생겼습니다. 친구와 캠핑을 가기로 했는데 다음 주 일요일까지 중요한 과제를 끝내야만 합니다. 친구에게 전화해서 상황을 설명하세요. 그러고 나서 그 문제에 대한 몇 가지 대안을 제시하세요.

Q3 Have you ever experienced that you couldn't go camping or go on a trip due to an important work? What was the problem about? How did you resolve it? Tell me about the experience in as much detail as possible.

중요한 일 때문에 캠핑이나 여행을 갈 수 없었던 적이 있었나요? 어떤 문제였나요? 어떻게 해결했죠? 그 경험을 최대한 자세하게 얘기해 보세요.

첫 번째 상황은 친구와 함께 캠핑을 가기 위해 전화로 몇 가지를 물어보라는 내용이 나왔습니다. 두 번째 연이은 상황은 캠핑을 가기로 했는데 중요한 과제 때문에 캠핑을 갈 수 없으니 이 문제를 해결해 보라는 내용이 주어졌고요. 마지막 세 번째 문제는 중요한 일 때문에 캠핑이나 여행 등을 가지 못했던 직접적인 경험을 묻는 질문이 주어졌습니다. 두 개의 특정 상황과 이어지는 직접적인 과거 경험 질문이 Role-play의 전형적인 패턴이라는 점을 항상 유념해두기 바랍니다.

Stage 2 ACTUAL TEST

Q1 친구와 함께 캠핑 떠나기  Tr-0503

I'll give you a situation and ask you to act it out. Assume that you want to go camping with your friend next Saturday. Call your friend and leave a recorded message, asking three or four questions about camping.

상황을 드릴 테니 역할 연기를 해보세요. 다음 주 토요일에 친구와 함께 캠핑을 가려고 한다고 해보겠습니다. 친구에게 전화해서 캠핑과 관련된 서너 가지 질문을 메시지로 남기세요.

KEY POINTS

키워드 you want to go camping with your friend, Call, leave a recorded message, asking, questions

리스닝 포인트 먼저 친구와 함께 캠핑을 가고 싶은 상황! 친구에게 전화해서 캠핑에 대해서 몇 가지 물어보면서 녹음 메시지를 남겨야 한다는 질문이구나.

스피킹 포인트 전화해서 누군지를 밝히고 전화를 건 목적을 설명한 후에 본격적으로 캠핑에 대해서 궁금한 것들을 물어보도록 하자.

HOW TO MAKE A STORY

○ 1st Story

[인사] Hello. This is Bumseok. [전화 건 이유] I'm calling to suggest something interesting that you might want to do.

안녕, 나 범석이야. 네가 하고 싶어할만한 재미있는 걸 제안하려고 전화했어.

○ 2nd Story

[요일] Do you have any plans for next Saturday? [권유] If not, why don't you go camping with me on that very day? [장소] I think Yeouido Park has a good campsite, but where do you want to go? Which one do you like better, the one near the sea, the mountain or the valley? [거리] Is it okay with you that it's far from where we live?

다음 주 토요일에 무슨 계획 있니? 없으면, 그날 나랑 캠핑가지 않을래? 여의도 공원에 괜찮은 캠핑장이 있는 것 같던데, 넌 어디가 괜찮니? 바다에서 가까운 곳이나 산 아니면 계곡 중에서 어떤 곳이 더 좋니? 집에서 좀 멀리 떨어져 있어도 괜찮니?

○ 3rd Story

[궁금한 것] Is there anything else you want to ask about camping? [당부] Feel free to call me back anytime.

캠핑에 관해서 묻고 싶은 게 있니? 언제든지 편할 때 전화 주렴.

○ Voca campsite 야영지, 캠프장 feel free to do 마음대로 ~하다

Q2 캠핑을 갈 수 없는 상황 해결하기 Tr-0503

I'm sorry, but you have a problem which you need to solve. You and your friend are scheduled to go camping, but you have to complete an important assignment by next Sunday. Call your friend to explain the situation. Then, offer some alternatives about this problem.

유감스럽게도 해결해야 할 문제가 생겼습니다. 친구와 캠핑을 가기로 했는데 다음 주 일요일까지 중요한 과제를 끝내야만 합니다. 친구에게 전화해서 상황을 설명하세요. 그리고 나서 그 문제에 대한 몇 가지 대안을 제시하세요.

KEY POINTS

키워드　you have a problem, go camping, complete an important assignment, Call, explain the situation, offer some alternatives

리스닝 포인트　음, 어떤 문제가 생긴 모양이군. 캠핑을 가기로 했는데 중요한 과제를 끝내야 하는 문제 상황이 발생. 친구에게 전화해서 상황을 설명하고 대안을 제시하라는 질문이구나.

스피킹 포인트　캠핑을 갈 수 없는 상황인 중요한 과제에 대해서 좀 더 구체적으로 설명한 후 캠핑을 못 가는 대신에 할 수 있는 대안을 제시해보자.

HOW TO MAKE A STORY

○ 1st Story

[자기소개] Hello. This is Bumseok. [전화를 건 이유] Well, there is something I need to tell you about our planned camping trip. I'm afraid I can't go camping with you this Saturday.

여보세요, 나야 범석이. 실은, 우리 캠핑가기로 한 것에 대해서 좀 얘기할 게 있어서. 미안하지만 이번 주 토요일에 너와 함께 캠핑을 못 갈 것 같아.

○ 2nd Story

[상황 설명] Yesterday, one of my professors gave us an important assignment to submit by next Monday. I must do the assignment during the weekend. [사과] I'm really sorry. So I've been thinking about this problem. [다른 친구와 가는 대안] What about just doing as planned with another friend like Bill or Minsu if you do not mind?

어제 교수님 한 분이 다음 주 월요일까지 기한인 과제를 내 주셨거든. 주말 동안 과제를 해야 해. 정말 미안해. 그래서 지금 이 문제에 대해 고심 중인데. 너만 괜찮으면, 예정대로 Bill이나 민수랑 캠핑을 가는 건 어때?

○ 3rd Story

[연기하는 대안] If you do, can I take a rain check? How about next weekend? Fortunately, that's when our summer vacation begins.

내키지 않으면 다음에 갈까? 다음 주 주말은 어때? 다행히도 우리 여름 방학이 시작되잖아.

○ Voca　assignment 과제　submit 제출하다　take a rain check 다음을 기약하다

Q3 캠핑이나 여행을 갈 수 없었던 경험   Tr-0503

Have you ever experienced that you couldn't go camping or go on a trip due to an important work? What was the problem about? How did you resolve it? Tell me about the experience in as much detail as possible.

중요한 일 때문에 캠핑이나 여행을 갈 수 없었던 적이 있었나요? 어떤 문제였나요? 어떻게 해결했죠? 그 경험을 최대한 자세하게 얘기해 보세요.

KEY POINTS

키워드   experienced, couldn't go camping or go on a trip due to an important work, What, the problem, How, resolve

리스닝 포인트   앞에서 캠핑을 못 간 Role-play 상황이 나왔고 이번에는 캠핑이나 여행을 못 간 경험을 묻고 있구나. 문제가 무엇이었고 어떻게 해결했는지를 추가적으로 묻고 있구나.

스피킹 포인트   먼저 관련 경험이 있는지 없는지를 간단하게 답변하고 당시 상황을 자세하게 설명하자. 그리고 추후 결과와 개인적인 느낌이나 생각으로 마무리하자.

HOW TO MAKE A STORY

○ 1st Story

[경험 유무] Yes, I have. [과거 시간] It was right after my first university vacation began. [유럽 여행] I planned to go to Europe with my close friends in those days. I was so excited about the trip because I had never been there before.

예, 있습니다. 대학교 첫 방학이 막 시작하던 때였어요. 그때 저는 친한 친구들과 함께 유럽에 갈 계획을 세웠습니다. 유럽에 가본 적이 없어서 기분이 너무 좋았습니다.

○ 2nd Story

[문제점 설명] But all of a sudden, I got a call from my English Literature professor. He told me that I didn't hand in one important paper about Shakespeare and I would fail the course unless I submitted it in two days. [어쩔 수 없는 선택] There was no choice but to finish the paper, which meant I couldn't fly to Europe with my friends.

그런데 갑자기 제 영문학 교수님으로부터 전화가 왔습니다. 교수님은 제가 셰익스피어에 관한 중요한 리포트를 하나 제출하지 않았다고 말씀하셨고 이틀 안에 리포트를 제출하지 않으면 해당 과목에서 낙제점을 맞을 거라고 하셨습니다. 저로서는 리포트를 끝내는 것 말고는 선택의 여지가 없었습니다. 다시 말해 친구들과 유럽에 갈 수 없게 되었던 거예요.

○ 3rd Story

[결과] I just told them to go there without me. [이후의 상황] However, we were together in Europe exactly one year later.

저는 그냥 친구들한테 저 빼고 다녀오라고 얘기했습니다. 하지만 우리는 정확히 1년 후에 함께 유럽에 갔습니다.

○ Voca   all of a sudden 갑자기   English Literature 영어영문학   hand in 제출하다

[뉴오픽] 쇼핑

Stage 1 [뉴오픽] 쇼핑 길잡이

Chapter 5의 Unit 3, 4에서는 뉴오픽에서 꼭 준비해야 할 주제 두 가지를 모아봤습니다. 구오픽에서 여가 생활과 관련하여 가장 많이 출제된 항목들이 바로 쇼핑과 외식일 텐데요. 뉴오픽이 시행되면서 이 두 개의 항목이 삭제된 바가 있습니다. 하지만 쇼핑과 외식이 삭제되었다 하더라도 계속해서 빈번하게 출제되고 있기 때문에 뉴오픽의 새로운 '돌발 문제'로 분류하여 대비할 필요가 있습니다.

이번 Unit 3에서 살펴볼 쇼핑은 설문조사 관련 문제뿐만 아니라 Role-play에서도 자주 선보였던 단골 문제였습니다. 비록 항목에서는 제외되었지만 여전히 정기시험에서 등장하고 있는 만큼 설문조사 이외의 돌발문제로 꼭 대비해둬야 합니다.

쇼핑과 관련하여 자주 등장하고 있는 문제를 살펴보면 먼저 쇼핑을 하러 자주 가는 장소(쇼핑몰, 백화점, 시장 등)를 묘사하는 질문을 기본적으로 꼽을 수 있습니다. 쇼핑 주제는 일반적으로 즐기는 쇼핑과 식료품 쇼핑(grocery shopping) 두 가지로 분류가 되어서 출제되기 때문에 별도로 대비해둬야 한다는 점을 꼭 기억해 두세요.

그밖에 자주 출제되는 문제는 쇼핑을 하러 가면 주로 하는 일들, 쇼핑 장소에 도착해서 쇼핑이 끝나기까지 하는 일상적인 활동들을 설명해 보라는 질문입니다. 또한 여러 가지 질문을 쏟아내는 복합질문도 있는데요. 쇼핑을 얼마나 자주, 어디로 가고, 언제, 누구와 함께 가는지 한꺼번에 여러 가지를 묻는 질문도 자세하게 대비해둬야 합니다.

구오픽에서는 경찰, 농부, 시골 등의 돌발문제가 자주 출제되었죠. 뉴오픽에는 구오픽 돌발문제 이외에도 뉴오픽에서 삭제된 항목이 추가로 출제되기 때문에 이 두 가지 돌발문제 유형을 잘 대비해야 보다 높은 등급을 받을 수 있을 것입니다. 여가 생활에서 삭제된 항목 중에서 쇼핑과 외식이 가장 많이 출제되고 있으므로 Unit 3와 Unit 4를 집중해서 학습해두기 바랍니다.

Stage 2 [뉴오픽] 쇼핑 빈출문제

IL~IM 1, 2 등급 공략

Q1 쇼핑 장소 묘사

Where is your favorite shopping place? Describe it in detail.

가장 좋아하는 쇼핑 장소가 어디인가요? 그 장소를 자세히 묘사해 보세요.

Q2 쇼핑 복합질문

How often do you go shopping? What items do you usually shop for? Why do you buy them? Tell me all the details.

쇼핑은 얼마나 자주 하나요? 보통 어떤 물품을 구매하죠? 왜 그 물건들을 구입하나요? 자세히 말해 보세요.

Q3 식료품점에서 사는 물건 설명

Let's talk about grocery shopping. What kind of food or things do you usually purchase when you go to a grocery store?

식료품 쇼핑에 대해서 얘기해 보겠습니다. 식료품점에 가면 주로 어떤 음식이나 물건을 구매하나요?

Q4 식료품점 묘사

Please describe a grocery store you often visit. What kind of things can you see there? What do you usually buy when you go there?

당신이 자주 방문하는 식료품점을 묘사해 보세요. 식료품점에는 어떤 것들이 있나요? 식료품점에 가면 주로 어떤 것들을 사죠?

Q1 쇼핑 장소 묘사 Tr-0504

Where is your favorite shopping place? Describe it in detail.

가장 좋아하는 쇼핑 장소가 어디인가요? 그 장소를 자세히 묘사해 보세요.

KEY POINTS

키워드	Where, favorite shopping place, Describe it
리스닝 포인트	좋아하는 쇼핑 장소가 어디이고 쇼핑 장소를 묘사해 보라는 질문이구나.
스피킹 포인트	좋아하는 쇼핑 장소의 위치와 좋아하는 이유, 그리고 쇼핑 장소에 대해서 좀 더 구체적으로 어떤 것들이 있고 주변 환경은 어떤지 설명해보자.

STEP BY STEP

1st Step _ 서론

스토리텔링 쇼핑을 좋아하는 이유

브레인스토밍 쇼핑, 특히 장보기와 관련된 개인적인 취향과 함께 좋아하는 이유를 설명한다.

2nd Step _ 본론

스토리텔링 거리 / 쇼핑 목적 / 위치 / 규모

브레인스토밍 쇼핑 장소를 묘사하기 위해 거리, 위치, 규모 등을 위주로 얘기한다.

3rd Step _ 결론

스토리텔링 제품 교환 및 환불

브레인스토밍 구입한 제품에 문제가 있을 경우 대처 방법과 해당 식료품점이 인근에 살고 있는 사람들이 많이 찾을 정도로 인기가 많음을 언급하며 답변을 마무리한다.

1st Story

쇼핑을 좋아하는 이유

It may sound a little weird, but I enjoy grocery shopping. Even though I am a boy, I seem to like going grocery shopping because I have lived alone for a pretty long time and cooked by myself.

2nd Story

거리

There is a big grocery store called ABCD Mart not far from where I live.

쇼핑 목적

I often stop by the store to buy some food I need.

위치

It's next to Seoul Station, which is relatively convenient for transportation.

규모

You can get any food you want in the store since it is as big as a public stadium.

3rd Story

제품 교환 및 환불

And you can get a refund or exchange the food for something else if it has any defects. So everyone who lives around Seoul Station goes there.

Full Story

It may sound a little weird, but I enjoy grocery shopping. Even though I am a boy, I seem to like going grocery shopping because I have lived alone for a pretty long time and cooked by myself. There is a big grocery store called ABCD Mart not far from where I live. I often stop by the store to buy some food I need. It's next to Seoul Station, which is relatively convenient for transportation. You can get any food you want in the store since it is as big as a public stadium. And you can get a refund or exchange the food for something else if it has any defects. So everyone who lives around Seoul Station goes there.

조금 이상하게 들리시겠지만, 저는 장보는 것을 좋아합니다. 오랜 기간 자취 생활을 하면서 혼자 요리를 해오던 터라 제가 남자임에도 불구하고 장보는 것을 좋아하는 것 같습니다. 제가 사는 곳에서 멀지 않은 곳에 ABCD 마트라는 대형 식료품점이 있는데요. 저는 종종 그 마트에 들러서 필요한 식료품들을 사곤 합니다. 마트는 상대적으로 교통이 편리한 서울역 옆에 위치해 있습니다. 마트가 공설 운동장만큼 커서 원하는 식품은 모두 살 수 있습니다. 만약 구매품에 결함이 있으면 환불을 받거나 다른 물건으로 교환할 수 있습니다. 그래서 서울역 근처에 사는 모든 사람들이 이 마트를 이용합니다.

Voca

weird 기이한 grocery store 식료품점 refund 환불 defect 결함, 결점

Q2 쇼핑 복합질문 Tr-0504

How often do you go shopping? What items do you usually shop for? Why do you buy them? Tell me all the details.

쇼핑은 얼마나 자주 하나요? 보통 어떤 물품을 구매하죠? 왜 그 물건들을 구입하나요? 자세히 말해 보세요.

KEY POINTS

키워드	How often, go shopping, What items, shop, Why, buy
리스닝 포인트	얼마나 자주 쇼핑을 하는지, 어떤 물건을 사고 왜 그 물건을 사는지 세 가지를 묻는 질문이구나.
스피킹 포인트	다양한 의문사로 묻는 쇼핑 복합질문이므로 질문에 대한 대답을 빠뜨리지 말고 순서대로 이야기해보자.

STEP BY STEP

1st Step _ 서론

스토리텔링　쇼핑에 대한 개인적인 의견

브레인스토밍　쇼핑, 특히 장보기를 좋아한다는 개인적인 취향과 함께 의견을 덧붙여 얘기한다.

2nd Step _ 본론

스토리텔링　장보기에 대한 편견 / 빈도 / 구입 가능한 제품

브레인스토밍　장보기에 대한 오래된 편견과 함께 장을 보는 빈도, 구입 가능한 제품 등에 대해 설명한다.

3rd Step _ 결론

스토리텔링　구입하는 물건

브레인스토밍　구입하는 물건들을 구체적으로 예를 들어 설명하면서 답변을 마무리 짓는다.

HOW TO MAKE A STORY

1st Story

쇼핑에 대한 개인적인 의견   Most of my friends are surprised to hear that I like going grocery shopping. But shopping is no longer exclusively for women.

2nd Story

장보기에 대한 편견   I think grocery shopping, previously regarded as only for women, is becoming popular and common for men as well.

빈도   I drop by the grocery store once a week.

구입 가능한 제품   When I get there, I buy almost every food you can think of.

3rd Story

구입하는 물건   For example, there are vegetables, fruits, meats, fish, snacks, drinks and ingredients in my shopping bag. You might think that I can't finish them, but all of them are normally used up in a week.

Full Story

Most of my friends are surprised to hear that I like going grocery shopping. But shopping is no longer exclusively for women. I think grocery shopping, previously regarded as only for women, is becoming popular and common for men as well. I drop by the grocery store once a week. When I get there, I buy almost every food you can think of. For example, there are vegetables, fruits, meats, fish, snacks, drinks and ingredients in my shopping bag. You might think that I can't finish them, but all of them are normally used up in a week.

대부분의 제 친구들은 제가 장보는 것을 좋아한다고 말하면 깜짝 놀랍니다. 하지만 쇼핑은 더 이상 여성의 전유물이 아닙니다. 전에는 여성의 선유물로 여겨지던 장보는 일도 이제는 인기가 있게 되었고 남성들에게도 흔한 일이 되었습니다. 저는 일주일에 한 번 꼴로 식료품점에 들립니다. 장을 보러 가면 생각할 수 있는 거의 모든 식품들을 삽니다. 이를테면 채소, 과일, 고기, 생선, 과자, 음료, 그리고 음식 재료들이 제 장바구니에 담겨 있어요. 제가 다 못 먹을 거라고 생각하시겠지만 보통 일주일 안에 다 소비합니다.

Voca

exclusively 독점적으로, 오로지   previously 예전에   ingredient 음식 재료

[뉴오픽] 외식

Stage 1 [뉴오픽] 외식 길잡이

이번 Unit 4에서 학습하게 될 항목은 바로 '외식'입니다. 앞에서 언급했듯이 외식 역시 구오픽에서 수험생들이 가장 많이 선택하는 항목 중의 하나였고, 정기 시험에서도 많이 출제된 바가 있습니다. 그러나 뉴오픽이 도입되면서 쇼핑과 외식이 삭제가 되었습니다. 삭제된 항목을 굳이 또 다루는 이유는 바로 뉴오픽에서도 여전히 빈번하게 출제되고 있기 때문입니다.

쇼핑과 마찬가지로 외식도 기본적인 오픽 문제뿐만 아니라 Role-play 문제까지 자주 등장하고 있어서 다른 항목들보다 더 철저하게 대비해둬야 합니다. 총 15문제를 기준으로 많게는 5~6문제까지 나올 수 있으니까요. 이는 전체 시험에서 30~35% 비중을 차지하는 수준이어서 등급에도 커다란 영향을 끼칠 수 있습니다.

자, 그럼 외식과 관련된 오픽 문제도 간단하게 확인해 봐야겠죠? 먼저 기본적으로 외식을 하는 장소인 음식점을 묘사해 보라는 질문과 좋아하는 음식 메뉴와 그 이유를 설명해 보라는 질문을 예상할 수 있습니다. 외식의 좋은 점과 외식을 좋아하는 이유를 설명해 보라는 질문까지 추가로 대비해 두세요.

그리고 외식과 관련된 여러 가지 질문을 묻는 문제가 등장합니다. 얼마나 자주 외식을 하고, 언제, 누구와 함께 외식을 하는지 등을 묻는 복합질문도 대비해둬야 합니다. 최근에 했던 외식과, 어렸을 적에 했던 외식, 외식을 하면서 특별히 기억에 남는 일 등 과거 경험을 묻는 질문도 자주 등장하는 문제 중 하나입니다.

Unit 3, 4에 걸쳐서 설문조사에서 삭제된 쇼핑과 외식에 대해서 설명을 드렸는데요. 여가 생활에서는 특히 이 두 가지 항목이 계속해서 출제되고 있기 때문에 쇼핑과 외식만큼은 미리 꼭 대비해두기 바랍니다.

Stage 2 [뉴오픽] 외식 빈출문제

IL~IM 1, 2 등급 공략

Q1 즐겨 가는 음식점 묘사

Where do you like to go when eating out? Give me detailed information of the restaurant you like to go to.

외식을 할 때 어느 곳을 즐겨 가나요? 즐겨 가는 음식점을 자세히 묘사해 보세요.

Q2 외식 목적 설명

What is the main purpose of eating out? Tell me about it in as many details as you can.

외식을 하는 주요 목적은 무엇인가요? 가능한 한 자세하게 말해 보세요.

Q3 외식 복합질문

How many times a month do you dine out? Where do you usually dine out and with whom do you usually go there? What kinds of foods do you like to eat? Tell me all the details.

외식은 한 달에 몇 번 정도 하나요? 보통 어디에서, 누구와 함께 외식을 하나요? 어떤 음식을 좋아하나요? 자세히 말해 보세요.

Q4 음식점의 메뉴와 좋아하는 메뉴

What kind of menu is offered at the restaurant you like to go to? Korean foods or Chinese foods? What else? Also, tell me about the menu you like best in detail.

당신이 즐겨 가는 음식점은 어떤 메뉴를 제공하나요? 한국 음식인가요, 아니면 중국 음식인가요? 그 밖에 어떤 음식이죠? 또한 당신이 가장 좋아하는 메뉴도 자세하게 얘기해 보세요.

Stage 3 ACTUAL TEST

Q1 즐겨 가는 음식점 묘사 Tr-0505

Where do you like to go when eating out? Give me detailed information of the restaurant you like to go to.

외식을 할 때 어느 곳을 즐겨 가나요? 즐겨 가는 식당을 자세히 묘사해 보세요.

KEY POINTS

키워드	Where, like to go when eating out, detailed information of the restaurant
리스닝 포인트	좋아하는 외식 장소인 음식점의 위치와 음식점을 자세하게 설명해 보라고 묻고 있구나.
스피킹 포인트	좋아하는 음식점의 위치와 이름 등 기본적인 정보를 말하고 음식점에서 제공하는 메뉴와 인테리어 등을 자세하게 묘사해보자.

STEP BY STEP

1st Step _ 서론

스토리텔링   좋아하는 음식점 소개

브레인스토밍   좋아하는 음식점에 대한 기본적인 정보를 설명하면서 답변을 시작한다.

2nd Step _ 본론

스토리텔링   내부 모습 / 조리 모습 / 제공되는 음식

브레인스토밍   음식점의 내부 모습, 주방장의 조리 모습 그리고 제공되는 음식들에 대해서 구체적으로 설명한다.

3rd Step _ 결론

스토리텔링   식당을 찾는 취향

브레인스토밍   해당 식당을 찾는 개인적인 취향에 대해 간략히 언급하면서 답변을 마무리한다.

1st Story

좋아하는 음식점 소개 | I sometimes have a chance to eat out. I have tried every restaurant in my neighborhood, but my favorite one is a budget Japanese restaurant where I can enjoy quality sushi at less than 10,000 won.

2nd Story

내부 모습 | The restaurant has long tables and many customers can take seats around the tables.

조리 모습 | And you can see the chef making sushi in front of you.

제공되는 음식 | Not only is the taste great but they also serve Japanese soybean soup known as "misoshiru" along with the sushi.

3rd Story

식당을 찾는 취향 | I run to the restaurant when I feel like eating sushi at night as it stays open very late.

Full Story

I sometimes have a chance to eat out. I have tried every restaurant in my neighborhood, but my favorite one is a budget Japanese restaurant where I can enjoy quality sushi at less than 10,000 won. The restaurant has long tables and many customers can take seats around the tables. And you can see the chef making sushi in front of you. Not only is the taste great but they also serve Japanese soybean soup known as "misoshiru" along with the sushi. I run to the restaurant when I feel like eating sushi at night as it stays open very late.

저는 가끔씩 외식할 기회가 생깁니다. 집 주변에 있는 식당들을 모두 이용해 봤지만 저는 만원 이하의 가격으로 양질의 초밥을 즐길 수 있는 한 저렴한 일식당을 가장 좋아합니다. 식당에는 긴 테이블이 있고 많은 손님들이 그 테이블 주변에 앉을 수 있습니다. 그리고 요리사가 앞에서 초밥을 만드는 것을 볼 수 있습니다. 맛있을 뿐만 아니라, '미소시루'라고 알려진 일본식 된장국이 초밥과 함께 나옵니다. 그 식당은 밤늦게까지 영업을 하기 때문에 밤에 초밥이 먹고 싶으면 그 식당으로 달려갑니다.

Voca

budget 저렴한   Japanese restaurant 일식당   sushi 초밥   chef 요리사

Q2 외식 복합질문 　Tr-0505

How many times a month do you dine out? Where do you usually dine out and with whom do you usually go there? What kinds of foods do you like to eat? Tell me all the details.

외식은 한 달에 몇 번 정도 하나요? 보통 어디에서, 누구와 함께 외식을 하나요? 어떤 음식을 좋아하나요? 자세히 말해 보세요.

KEY POINTS

키워드　　　How many times, dine out, Where, with whom, What kinds of foods

리스닝 포인트　외식을 하는 횟수, 장소, 함께 외식을 하는 사람, 외식 음식 등 총 네 가지를 한꺼번에 묻는 문제이구나.

스피킹 포인트　동시에 여러 가지를 묻고 있으므로 빠뜨리지 말고 순서대로 답변하도록 하자.

STEP BY STEP

○ 1st Step _ 서론

스토리텔링　중식당 / 위치

브레인스토밍　즐겨 찾는 식당의 종류와 해당 식당의 위치와 같은 기본적인 정보에 대한 설명으로 답변을 시작한다.

○ 2nd Step _ 본론

스토리텔링　동행인 / 빈도 / 음식 종류 / 맛

브레인스토밍　함께 외식을 하는 사람, 외식을 하는 빈도 그리고 음식의 종류 등 질문에서 묻고 있는 내용 위주로 얘기한다.

○ 3rd Step _ 결론

스토리텔링　가장 좋아하는 음식

브레인스토밍　해당 식당에 대한 개인적인 의견을 밝히고 좋아하는 음식인 탕수육을 설명하면서 답변을 마무리 짓는다.

HOW TO MAKE A STORY

1st Story

중식당	A luxurious Chinese restaurant always makes my mouth water.
위치	It is located in Gangnamgu, one of the central districts in Seoul.

2nd Story

동행인	I often ask my family to go to that restaurant.
빈도	We actually go there once a month.
음식 종류	We can try a variety of dishes when we visit the restaurant.
맛	And there is no doubt that the taste is great.

3rd Story

가장 좋아하는 음식   Once you take a bite of any dish, you will be begging your parents to buy you one more. I especially like the sweet-and-sour pork cooked with only fresh ingredients.

Full Story

A luxurious Chinese restaurant always makes my mouth water. It is located in Gangnamgu, one of the central districts in Seoul. I often ask my family to go to that restaurant. We actually go there once a month. We can try a variety of dishes when we visit the restaurant. And there is no doubt that the taste is great. Once you take a bite of any dish, you will be begging your parents to buy you one more. I especially like the sweet-and-sour pork cooked with only fresh ingredients.

고급스러운 중국 음식점은 힝싱 저글 군침 돌게 만닙니다. 그 식당은 서울 중심가 중 한 곳이라고 할 수 있는 강남구에 있습니다. 저는 자주 가족들에게 그 식당에 가자고 해요. 사실 한 달에 한 번 꼴로 그 식당에 가는 편입니다. 그 식당에 가면 다양한 메뉴를 맛볼 수 있습니다. 음식 맛은 두말할 필요도 없고요. 어떤 음식이든지 일단 한번 맛을 보면 부모님께 한번 더 사달라고 조를 것입니다. 저는 신선한 재료들만으로 요리된 탕수육을 특히 좋아합니다.

Voca   water 군침이 돌다   beg 간청하다, 애원하다   sweet-and-sour pork 탕수육

제 1 탄   OPIc Experience Questions

쇼핑과 관련해서도 여러 가지 경험을 묻는 문제가 등장합니다. 과거 경험을 묻는 질문은 난이도가 높기 때문에 Intermediate Mid 3 등급을 공략하기 위해서는 철저한 준비가 필요합니다. 가장 최근에 했던 쇼핑과 관련된 질문과 쇼핑을 하면서 재미있거나 잊을 수 없는 경험을 묻는 질문, 이 두 가지 질문이 자주 출제되고 있습니다.

Stage 1   IM3 등급 공략 OPIc QUESTIONS

쇼핑

Q1 When was the last time you went shopping? What kind of items did you purchase? Who did you go there with? Tell me about your recent shopping with a lot of details.

마지막으로 언제 쇼핑을 하러 갔나요? 어떤 물품을 구입했나요? 누구와 함께 쇼핑을 하러 갔죠? 최근 쇼핑에 대해서 자세하게 얘기해 보세요.

Q2 Have you ever experienced an interesting or unforgettable thing when shopping? What was it about? Why was it so interesting or unforgettable to you? What did you do after shopping? Tell me all the details.

쇼핑을 하면서 재미있거나 잊을 수 없는 일을 경험한 적이 있나요? 어떤 일이었나요? 왜 그 일이 그렇게 재미있거나 잊을 수 없는 거죠? 쇼핑을 하고 나서 무엇을 했나요? 자세하게 얘기해 보세요.

외식

Q3 When was the last time you dined out? Where did you go? Why did you dine out? And with whom did you go there? Tell me about it in detail.

가장 최근에 외식을 한 때가 언제인가요? 어디로 갔었나요? 외식은 왜 했나요? 그리고 누구와 함께 갔었나요? 자세히 얘기해 보세요.

Q4 Let's talk about the most memorable thing or event that you experienced when dining out. When was it? Why did you dine out? What kind of food did you have? Tell me about it in as much detail as possible.

외식을 하면서 경험했던 가장 기억에 남는 일이나 사건에 대해서 얘기해 보겠습니다. 그게 언제였나요? 외식을 한 이유는 무엇이죠? 어떤 음식을 먹었나요? 가능한 한 자세하게 얘기해 보세요.

외식과 관련된 과거 문제도 쇼핑과 마찬가지로 최근에 했던 외식을 묻는 질문과 외식을 하면서 경험했던 기억에 남는 일을 묻는 질문이 자주 출제되고 있으니 자세하게 대비해두기 바랍니다.

Stage 2 ACTUAL TEST

Q1 최근 외식 경험  Tr-0506

When was the last time you dined out? Where did you go? Why did you dine out? And with whom did you go there? Tell me about it in detail.

가장 최근에 외식을 한 때가 언제인가요? 어디로 갔었나요? 외식은 왜 했나요? 그리고 누구와 함께 갔었나요? 자세히 얘기해 보세요.

KEY POINTS

키워드 the last time you dined out, Where, Why, dine out, with whom

리스닝 포인트 가장 최근(last time)에 언제 외식을 했는지를 먼저 묻고 있구나. 어디에서 외식을 했고 왜 했는지, 그리고 누구와 함께 외식을 했는지 여러 가지를 묻는 질문이구나.

스피킹 포인트 최근에 한 외식을 떠올리며 질문에 모두 답하고 난 후에 음식이나 외식 분위기, 외식 후 느낌이나 생각을 간단하게 얘기하도록 하자.

HOW TO MAKE A STORY

1st Story

[최근 경험] I don't think I've been to any restaurant lately. [시기] But I remember that I went to a family restaurant two weeks ago.

최근에는 외식을 한 적이 없는 것 같습니다. 하지만, 2주 전에 패밀리 레스토랑에 간 적이 있는 걸로 기억합니다.

2nd Story

[첫 월급] I promised that I would treat my girlfriend to a good dinner when I first got paid, so I took her out. [외식한 식당] The restaurant has been widely known to people, and fortunately she liked the atmosphere as well as food there.

제가 첫 월급을 받으면 제 여자 친구한테 근사한 저녁을 사주겠다고 약속을 해서 여자 친구에게 저녁을 사주었습니다. 그 식당은 사람들에게 널리 잘 알려져 있어서 다행히 여자 친구는 그곳의 음식이나 분위기를 모두 좋아했습니다.

3rd Story

[분위기] I also thought it has a very cozy and upbeat atmosphere with a professional service. [음식] And they served many different kinds of food, from bread and jam to beef and shrimp, including a variety of drinks. The dinner was quite memorable to me.

그 식당은 전문적인 서비스와 함께 아주 아늑하고 밝은 분위기였다고 저 또한 생각합니다. 그리고 다양한 음료를 포함해서, 빵과 잼에서부터 소고기와 새우까지 다양한 음식들을 제공했습니다. 그날의 저녁식사가 정말 기억에 많이 남습니다.

Voca widely 널리 atmosphere 분위기 upbeat 긍정적인, 낙관적인

제 2 탄 OPIc Role-play Questions

Intermediate Mid 3 등급을 받으려면 넘어야 할 두 번째 산이죠? 바로 **Role-play**입니다. 이번에 살펴볼 **Role-play** 문제는 쇼핑이구요. 실전문제에서 다룰 내용을 살펴보자면 먼저 인터넷으로 영화표를 구입하는 상황, 그리고 영화표를 구입했는데 아직 도착하지 않고 있는 상황을 해결하는 질문이 주어졌습니다. 마지막으로 주문했던 물건에 문제가 생겼던 직접적인 경험을 묻는 질문이 등장하고 있습니다.

Stage 1 IM3 등급 공략 OPIc QUESTIONS

쇼핑 관련 Role-play

Q1 I'll give you a situation and ask you to act it out. Assume that you have to buy two movie tickets on the Internet. Call the Customer Service department and ask three or four questions about the tickets.

상황을 드릴 테니 역할 연기를 해보세요. 인터넷으로 영화표 두 장을 구입해야 한다고 해보겠습니다. 고객센터에 전화해서 영화표에 관한 질문을 서너 가지 해보세요.

Q2 I'm sorry, but you have a problem which you need to solve. You bought tickets a week ago via the Internet, but they haven't arrived yet. Call the Customer Service department to explain the situation. Then, offer some solutions about this matter.

유감스럽게도 당신이 해결해야 할 문제가 생겼습니다. 인터넷을 통해서 일주일 전에 표를 구입했는데 아직 도착하지 않고 있습니다. 고객센터에 전화해서 상황을 설명하세요. 그러고 나서 이 문제에 대한 몇 가지 해결책들을 제시하세요.

Q3 Have you ever experienced a problem with an item you ordered? What item did you order? What was the problem about? What was the result in the end? Please tell me about the experience in as much detail as possible.

주문한 물건에 문제가 생긴 적이 있었나요? 어떤 물건을 주문했나요? 어떤 문제였나요? 결국 어떻게 되었나요? 그 경험을 최대한 자세하게 얘기해 보세요.

쇼핑과 관련해서는 배송에 문제가 생긴 상황이나 구매한 물건에 하자가 있는 상황, 예약 주문에 문제가 생긴 상황 등 다양한 상황이 출제되고 있으니 함께 대비해두는 것이 좋습니다.

영화표 예매하기 Tr-0506

I'll give you a situation and ask you to act it out. Assume that you have to buy two movie tickets on the Internet. Call the Customer Service department and ask three or four questions about the tickets.

상황을 드릴 테니 역할 연기를 해보세요. 인터넷으로 영화표 두 장을 구입해야 한다고 해보겠습니다. 고객센터에 전화해서 영화표에 관한 질문을 서너 가지 해보세요.

KEY POINTS

키워드 buy two movie tickets, Call the Customer Service department, ask, questions, about the tickets

리스닝 포인트 내가 영화 티켓을 예매하는 상황! 고객센터에 전화해서 티켓 예매에 대해서 물어보라는 질문이구나.

스피킹 포인트 먼저 전화를 건 목적, 이유를 얘기하고 티켓 예매에 대해서 궁금한 것들을 서너 가지 물어보도록 하자.

HOW TO MAKE A STORY

1st Story

[인사] Hello. May I please speak to the Customer Service department? [전화를 건 이유] I would like to purchase two movie tickets on your movie site.

여보세요. 고객센터로 연결시켜 주시겠어요? 영화 사이트에서 영화표를 두 장 구매하고 싶습니다.

2nd Story

[결제 수단] May I pay with a credit card? [좌석과 날짜] And can I choose the seats and the date for the movie? [표를 받는 시기] And if I charge this on my credit card right now, when can I get the tickets?

카드로 결제해도 되나요? 그리고 좌석과 날짜를 제가 선택할 수 있나요? 또 지금 카드로 바로 결제하면 표는 언제 받아볼 수 있는 건가요?

3rd Story

[환불 여부] Is it possible to get a refund later if something goes wrong?

나중에 잘못된 점이 생기면 환불은 가능한가요?

Voca charge 지불하다 refund 환불

Q2 구입한 표가 도착하지 않는 상황 Tr-0506

I'm sorry, but you have a problem which you need to solve. You bought tickets a week ago via the Internet, but they haven't arrived yet. Call the Customer Service department to explain the situation. Then, offer some solutions about this matter.

유감스럽게도 당신이 해결해야 할 문제가 생겼습니다. 인터넷을 통해서 일주일 전에 표를 구입했는데 아직 도착하지 않고 있습니다. 고객센터에 전화해서 상황을 설명하세요. 그러고 나서 이 문제에 대한 몇 가지 해결책들을 제시하세요.

KEY POINTS

키워드 you have a problem, bought tickets a week ago, but they haven't arrived yet, Call, explain the situation, offer some solutions

리스닝 포인트 일주일 전에 티켓을 샀는데 아직 도착하지 않은 게 문제로군. 고객센터에 전화해서 상황을 설명하고 이 문제에 대한 해결책을 제안해 보라는 질문이구나.

스피킹 포인트 먼저 티켓을 예매한 과거 상황과 현재 상황을 자세하게 설명하고 나서 문제를 해결할 수 있는 대안을 두세 가지 정도 제시해보자.

HOW TO MAKE A STORY

1st Story

[인사] Hello. Is this Customer Service at XYZ Theater? [소개] I am the person who paid with a credit card for two tickets of "Resident Evil: Afterlife" on your movie site a couple of days ago.

여보세요. XYZ 극장 고객센터인가요? 이틀 전에 영화 사이트에서 "Resident Evil: Afterlife" 표 두 장을 신용카드로 구매한 사람입니다.

2nd Story

[상황 설명] I thought everything would be under control, but I haven't received them yet.
[문제점 질문] Why has delivery been delayed? Are you positive they've been sent to my house? Was there something wrong with how I ordered the tickets with my credit card?

모든 게 순조롭게 진행되었다고 생각했는데 아직도 표를 받지 못했습니다. 배송이 왜 늦어지나요? 저희 집으로 표를 확실히 보내신 건가요? 신용카드로 주문한 게 뭔가 문제가 있었나요?

3rd Story

[환불받는 대안] Well, unless they arrive in 24 hours, you should give me a refund. [무료 영화 제공 대안] Or how about allowing me to watch the movie for free on the day that I want?

음, 24시간 안에 도착하지 않으면 환불해 주셨으면 합니다. 아니면 제가 원하는 날에 무료로 영화를 보게 해주시는 건 어떠세요?

Voca positive 확신하는 allow 허락하다, ~하게 해주다 for free 무료로

Q3 주문한 물건에 문제가 생긴 경험 Tr-0506

Have you ever experienced a problem with an item you ordered? What item did you order? What was the problem about? What was the result in the end? Please tell me about the experience in as much detail as possible.

주문한 물건에 문제가 있던 적이 있었나요? 어떤 물건을 주문했나요? 어떤 문제였나요? 결국 어떻게 되었나요? 그 경험을 최대한 자세하게 얘기해 보세요.

KEY POINTS

키워드 experienced, a problem with an item you ordered, What item, What, the problem, What was the result

리스닝 포인트 주문한 물건에 문제가 생긴 직접적인 경험을 묻고 있군. 그 당시 주문한 물건이 무엇이고 문제는 또 무엇이며 결과가 어땠는지를 묻는 질문이구나.

스피킹 포인트 우선 경험 유무를 간단하게 답변하고 나서, 어떤 물건을 왜 주문했는지, 그리고 문제는 무엇이었고 어떻게 해결했는지를 순차적으로 답변하도록 하자.

HOW TO MAKE A STORY

○ 1st Story

[경험 유무] Of course, I have had such a problem. [해당 경험] I bought a pair of casual slacks on the Internet. [온라인 사이트] That was the CCC online shopping mall which was popular at that time.

당연히 문제가 있었던 적이 있습니다. 인터넷으로 캐주얼 바지를 한 벌 산 적이 있습니다. 그 사이트는 CCC 온라인 쇼핑몰이었고 당시에 인기가 정말 많았던 사이트였습니다.

○ 2nd Story

[문제점] I paid for that with my check card, but I didn't get the pants even after a week had passed. [요청 사항] I couldn't wait any longer and called the shopping mall to find out what was wrong. [책임 소재] It turned out that a worker of the courier service missed my parcel.

저는 체크카드로 결제했는데 일주일이 지난 후에도 바지가 도착하지 않는 것이었습니다. 저는 더 이상 기다릴 수 없어서 무엇이 잘못되었는지 확인해 보려고 쇼핑몰에 전화를 했습니다. 택배회사 직원이 실수로 제 소포를 빠뜨린 것으로 드러났습니다.

○ 3rd Story

[해결 방법] So I asked for the special delivery if they could track it down. They found it after much meandering. [결과] I got what I ordered at last.

그래서 저는 제 소포를 찾으면 속달로 보내달라고 부탁했습니다. 직원들이 많이 헤맨 후에야 제 소포를 찾게 되었습니다. 마침내 제가 주문한 물건을 받을 수 있었습니다.

○ Voca

casual slacks 캐주얼 바지 courier service 택배회사 track down ~을 찾아내다
meander 두서없이 진행되다

How to NEW OPIc

CHAPTER
6

음악

Stage 1 음악 감상 길잡이

이번 Chapter 6에서는 설문조사에서 취미 생활에 해당되는 여러 가지 항목을 학습하게 됩니다. 먼저 뉴오픽이 시행되면서 취미 생활에 큰 변화가 있었죠? 바로 구오픽에서 빈번하게 출제되었던 TV 시청, 전화 담소, 인터넷 서핑, 독서 등 네 개의 항목이 설문조사에서 삭제되었습니다. 삭제된 항목에 대해서는 Chapter 7에서 자세하게 설명 드리도록 하겠습니다.

수험생들이 자주 선택했던 네 개의 항목이 없어지면서 음악 감상, 춤, 노래, 악기 연주 등의 항목들을 최근에 많이 선택하고 있는 추세입니다. 그래서 Chapter 6에서는 뉴오픽에서 자주 선택하고 있는 위 네 개의 항목을 완벽하게 대비할 수 있도록 준비하였습니다.

먼저 살펴볼 항목은 바로 '음악 감상'입니다. 음악은 시간이나 장소에 구애받지 않고 아주 쉽고 편하게 즐길 수 있는 취미 생활입니다. MP3 플레이어, 휴대폰, 인터넷, TV와 라디오 등의 대중매체를 통해서 음악을 쉽게 접하고 들을 수 있습니다.

음악 감상과 관련해서는 좋아하는 음악 장르, 좋아하는 가수 등을 묻는 질문이 기본적으로 등장합니다. 음악을 듣는 방법, 음악 감상의 장점 및 음악을 좋아하는 이유를 설명해 보라는 질문도 자주 출제되고 있구요.

음악에 관심을 가지게 된 계기를 묻는 질문, 어렸을 적에 좋아했던 음악과 최근에 좋아하는 음악의 변화와 차이점을 묻는 질문, 그리고 음악과 관련해서 특별히 재미있거나 기억에 남는 질문 등 과거 경험을 묻는 질문도 충분히 예상해 볼 수 있는 문제들입니다.

취미 생활에서 음악 감상 항목과 여가 활동에서의 콘서트 관람 항목은 '노래'라는 공통적인 주제를 가지고 있으므로 이 두 가지 항목을 동시에 준비하여 공략해보는 것도 좋은 방법입니다. 비슷한 주제끼리는 묶어서 대비하면 좀 더 효율적으로 대비할 수 있을 것입니다.

Stage 2 음악 감상 빈출문제

IL~IM 1, 2 등급 공략

Q1 좋아하는 음악 장르

You indicated in the survey that you listen to music. What type of music do you like? Why do you like it?

설문에서 당신은 음악 감상을 한다고 했습니다. 어떤 장르의 음악을 좋아하나요? 그 음악을 왜 좋아하나요?

Q2 음악 감상 방법 설명

How do you listen to music? When and where do you usually listen to music?

음악 감상은 어떻게 하나요? 주로 언제 그리고 어디에서 음악을 듣나요?

Q3 좋아하는 가수 또는 작곡가

Let's talk about a singer or a composer. Who is your favorite singer or composer? Tell me in detail about him or her.

가수나 작곡가에 대해서 얘기해 보겠습니다. 당신이 가장 좋아하는 가수나 작곡가는 누구인가요? 자세하게 얘기해 보세요.

Q4 음악이 끼치는 영향

Why do you like to listen to music? Is there any special reason? How do you think music affects your life? Tell me about it with a lot of details.

왜 음악을 듣는 것을 좋아하나요? 어떤 특별한 이유라도 있는 건가요? 음악이 당신의 삶에 어떤 영향을 끼친다고 생각하세요? 자세하게 얘기해 보세요.

Stage 3 ACTUAL TEST

Q1 좋아하는 음악 장르 Tr-0601

You indicated in the survey that you listen to music. What type of music do you like? Why do you like it?

설문에서 당신은 음악 감상을 한다고 했습니다. 어떤 장르의 음악을 좋아하나요? 그 음악을 왜 좋아하나요?

KEY POINTS

키워드	What type of music, like, Why
리스닝 포인트	좋아하는 음악 장르가 무엇이고 왜 그 음악 장르를 좋아하는지 이유를 묻고 있구나.
스피킹 포인트	좋아하는 음악 장르에 대해서 간단하게 소개하고, 그 장르의 특징 및 장점을 설명한 후에 좋아하는 이유를 적절하게 답변하도록 하자.

STEP BY STEP

1st Step _ 서론

스토리텔링 좋아하는 음악 장르 / 습관 / 음악을 듣는 방법

브레인스토밍 좋아하는 음악 장르와 음악을 감상하는 습관(음악 감상 방법, 음악 감상 시 사용하는 도구 등) 등을 위주로 얘기한다.

2nd Step _ 본론

스토리텔링 즐겨 듣는 음악 / 클래식 음악의 장점

브레인스토밍 고전 음악을 전공하는 형의 영향을 받아 잔잔하고 스트레스 해소에 도움이 되는 클래식 음악을 좋아한다는 얘기를 위주로 전개시켜 나간다.

3rd Step _ 결론

스토리텔링 스트레스 해소 / 다양한 음악 감상법

브레인스토밍 클래식 음악을 들을 때의 느낌(스트레스 해소)과 더불어 해당 음악을 듣는 방법(CD, 인터넷 등)에 대해 설명하며 마무리 짓는다.

1st Story

좋아하는 음악 장르	I like to listen to all sorts of music.
습관	I listen to music every day at home or on my way to school with my MP3 player.
음악을 듣는 방법	But I like to listen to music with my newly purchased iPhone lately.

2nd Story

즐겨 듣는 음악	I have an elder brother majoring in classical music, so I think I've been influenced by him. I enjoy listening to the kind of music that makes me relax.
클래식 음악의 장점	I heard that listening to classical music takes stress away.

3rd Story

스트레스 해소	Whenever I listen to it, it's like my stress is all gone.
다양한 음악 감상법	I sometimes download free music from online music sites, but I mainly collect old CDs and listen to them.

Full Story

I like to listen to all sorts of music. I listen to music every day at home or on my way to school with my MP3 player. But I like to listen to music with my newly purchased iPhone lately. I have an elder brother majoring in classical music, so I think I've been influenced by him. I enjoy listening to the kind of music that makes me relax. I heard that listening to classical music takes stress away. Whenever I listen to it, it's like my stress is all gone. I sometimes download free music from online music sites, but I mainly collect old CDs and listen to them.

저는 모든 장르의 음악을 즐겨 듣습니다. 매일 MP3 플레이어로 집에서 또는 학교 가는 길에 음악을 듣습니다. 하지만 최근에는 새로 구입한 아이폰으로 음악을 즐겨 듣는답니다. 제게는 고전 음악을 전공하고 있는 형이 한 명 있어서 형의 영향을 받아온 것 같습니다. 저는 긴장이 풀리는 이런 장르의 음악을 듣는 것을 즐깁니다. 클래식 음악을 들으면 스트레스가 해소된다는 말을 들었어요. 클래식 음악을 들을 때마다 스트레스가 모두 날아가는 듯한 기분이 듭니다. 가끔 온라인 음악 사이트에서 공짜 음악들을 다운받지만 주로 오래된 CD를 수집해서 음악을 듣습니다.

Voca

influence 영향을 주다　mainly 주로

Q2 음악 감상 방법 설명 ◯ Tr-0601

How do you listen to music? When and where do you usually listen to music?
음악 감상은 어떻게 하나요? 주로 언제 그리고 어디에서 음악을 듣나요?

KEY POINTS

키워드	How, listen to music, When and where
리스닝 포인트	음악을 듣는 방법을 먼저 묻고 있고, 언제 어디에서 음악을 듣는지를 뒤에서 추가로 묻고 있구나.
스피킹 포인트	음악을 즐겨 듣는 방법과 음악 감상의 장점 등을 먼저 말하고, 언제 어디에서 음악을 감상하는지를 차례대로 대답하도록 하자.

STEP BY STEP

○ 1st Step _ 서론

스토리텔링 음악을 듣는 방법

브레인스토밍 MP3 플레이어나 아이폰 등 음악을 듣는 방법에 대해 얘기한다.

○ 2nd Step _ 본론

스토리텔링 음악을 듣는 장소 / 음악 감상의 장점

브레인스토밍 스트레스를 풀기 위해서 음악을 듣고 때로는 콘서트 관람을 하는 등 음악을 듣는 시간이나 장소 등에 대한 설명과 음악 감상의 장점을 얘기한다.

○ 3rd Step _ 결론

스토리텔링 개인적인 생각이나 의견

브레인스토밍 전체적으로 답변을 정리 또는 요약한 다음 개인적인 의견이나 느낌 등을 말하며 답변을 종결한다.

HOW TO MAKE A STORY

1st Story

음악을 듣는 방법

I like to listen to music at home and with my MP3 player or iPhone on the move. I can say that music is all around me as I always carry my MP3 player or iPhone.

2nd Story

음악을 듣는 장소

But I sometimes go to a concert to get away from it all, listening to concert music to help me deal with stress.

음악 감상의 장점

Music helps me relieve some stress. At the same time, it's a creative outlet through which I can express myself and gain some sense of catharsis.

3rd Story

개인적인 생각이나 의견

In short, I can listen to music regardless of time and place. I must say that music is what keeps me going.

Full Story

I like to listen to music at home and with my MP3 player or iPhone on the move. I can say that music is all around me as I always carry my MP3 player or iPhone. But I sometimes go to a concert to get away from it all, listening to concert music to help me deal with stress. Music helps me relieve some stress. At the same time, it's a creative outlet through which I can express myself and gain some sense of catharsis. In short, I can listen to music regardless of time and place. I must say that music is what keeps me going.

저는 집에서 음악을 듣는 것을 좋아하고 이동 중에는 제 MP3 플레이어나 아이폰으로 음악을 듣습니다. 제가 항상 MP3 플레이어나 아이폰을 가지고 다니기 때문에 제 수변에는 항상 음악이 있다고 할 수 있죠. 하지만 저는 스트레스를 풀기 위해 가끔 이런 기기들에서 벗어나 콘서트에 가서 음악을 듣기도 합니다. 음악은 스트레스를 푸는데 좋습니다. 동시에 음악은 제 자신을 표현하고 카타르시스를 얻을 수 있는 창조적인 분출구도 되어 줍니다. 한마디로 저는 시간과 장소에 구애받지 않고 음악을 들을 수 있습니다. 음악은 제 삶의 원동력이라고 말할 수 있습니다.

Voca

relieve 없애주다, 덜어주다   **outlet** (감정 등의) 발산, 배출 수단   **catharsis** 카타르시스
regardless of ~과 관계없이

Stage 1 악기 연주 길잡이

이번에 살펴볼 취미 생활 항목은 '악기 연주'입니다. 학창 시절에 또는 과거에 악기를 배웠던 경험이 있으면 충분히 선택해도 좋은 항목입니다. 실제 시험에서는 현재도 열심히 연습하고 있는지를 묻는 문제 한두 개가 출제되고 있고 주로 과거와 관련하여 묻는 문제가 자주 등장하고 있기 때문에 과거에 악기를 배우고 연주한 경험이 있다면 악기 연주 항목을 공략해 보시기 바랍니다.

악기를 다루는 실력이 아주 뛰어날 필요도 없고 연주 대회에 참여한 경험이 없어도 상관없습니다. 어디까지나 취미 생활로 즐기는 악기 연주이기 때문에 아주 기초적인 실력을 가지고 있다 하더라도 과거에 배운 적이 있고 관심이 있었다면 얼마든지 선택할 수 있습니다.

악기와 관련해서 지금까지 출제된 문제들에 어떤 것들이 있는지 자세하게 짚어 드리겠습니다. 먼저 연주하는 악기가 무엇이고 어떻게 생겼는지 악기를 묘사해 보라는 기초적인 질문을 예상할 수 있습니다. 악기를 연주하는 이유 또는 목적은 무엇인지 묻는 문제도 꼽을 수 있구요. 악기를 잘 다루는 나만의 비법이나 노하우를 설명해 보라는 질문도 등장할 수 있습니다.

악기를 왜 연주하게 되었는지, 연주에 관심을 가지게 된 계기를 묻는 질문, 악기를 배운 방법을 묻는 질문, 그동안 악기를 연주하면서 어려웠던 점을 묻는 질문, 악기를 연주하면서 특별히 기억에 남거나 잊을 수 없는 일을 묻는 질문 등 과거 경험을 묻는 문제도 아주 다양하게 정리해볼 수 있습니다.

자 그럼, 악기 연주와 관련된 빈출문제를 간단하게 살펴보고 실전문제에서 좀 더 자세한 내용을 확인해 보시기 바랍니다.

Stage 2 악기 연주 빈출문제

IL~IM 1, 2 등급 공략

Q1 악기 묘사

You indicated in the survey that you play a musical instrument. What instrument is it? Please describe it in detail.

설문에서 당신은 악기를 연주한다고 했습니다. 어떤 악기를 연주하나요? 그 악기를 자세히 묘사해 보세요.

Q2 면접관에게 악기에 대해서 질문하기

I also like to play a musical instrument. Ask me three or four questions to learn more about my instrument.

저도 악기 연주를 좋아합니다. 제 악기에 대해서 좀 더 알아볼 수 있도록 서너 가지 질문해 보세요.

Q3 악기 연주를 좋아하는 이유

Why do you like to play a musical instrument? Are there any particular reasons? Tell me all the details.

당신은 왜 악기 연주하는 것을 좋아하나요? 어떤 특별한 이유라도 있는 건가요? 자세하게 말해 보세요.

Q4 악기 연주 복합질문

How often do you play the instrument? When and where do you usually play it? Also, with whom do you play it?

얼마나 자주 악기를 연주하나요? 언제 그리고 어디에서 보통 악기를 연주하죠? 그리고 누구와 함께 악기를 연주하나요?

악기 묘사 Tr-0602

You indicated in the survey that you play a musical instrument. What instrument is it? Please describe it in detail.

설문에서 당신은 악기를 연주한다고 했습니다. 어떤 악기를 연주하나요? 그 악기를 자세히 묘사해 보세요.

KEY POINTS

키워드　　　play a musical instrument, What instrument, describe it

리스닝 포인트　연주하는 악기가 어떤 것이고 그 악기를 묘사해 보라는 기본적인 질문이구나.

스피킹 포인트　즐겨 연주하는 악기를 소개하고 어떻게 생겼는지 자세하게 묘사해보자.

STEP BY STEP

1st Step _ 서론

스토리텔링　　연주하는 악기 소개

브레인스토밍　연주하는 악기인 기타를 소개하고 개인적인 성향이나 기본적인 정보를 중점적으로 말하면서 답변을 시작한다.

2nd Step _ 본론

스토리텔링　　기타 설명(종류) / 기타 설명(구조) / 기타 설명(재질)

브레인스토밍　연주하는 악기인 기타에 대한 자세한 설명(종류, 기타의 구조나 재질 등) 위주로 얘기한다.

3rd Step _ 결론

스토리텔링　　기타 연주법 / 기타 종류

브레인스토밍　기타를 배우는 법이나 기타의 종류 등을 추가로 설명하면서 답변을 마무리 짓는다.

1st Story

연주하는 악기 소개   I enjoy playing the guitar when I'm alone. The guitar has various sounds more than you might expect, so I like playing the guitar.

2nd Story

기타 설명(종류)   It is a string instrument, usually played with fingers or a pick.

기타 설명(구조)   It basically consists of a body with a rigid neck to which the strings, generally six in number, but sometimes, more are attached.

기타 설명(재질)   Guitars are traditionally constructed of various woods and strung with animal gut or more recently, with either nylon or steel strings.

3rd Story

기타 연주법   You can easily learn how to play the guitar by yourself.

기타 종류   There are two primary kinds of guitars: acoustic and electric, but I only play the acoustic guitar.

Full Story

I enjoy playing the guitar when I'm alone. The guitar has various sounds more than you might expect, so I like playing the guitar. It is a string instrument, usually played with fingers or a pick. It basically consists of a body with a rigid neck to which the strings, generally six in number, but sometimes, more are attached. Guitars are traditionally constructed of various woods and strung with animal gut or more recently, with either nylon or steel strings. You can easily learn how to play the guitar by yourself. There are two primary kinds of guitars: acoustic and electric, but I only play the acoustic guitar.

저는 혼자 있을 때 기타 치는 것을 좋아합니다. 기타는 우리가 생각하는 것 이상으로 다양한 소리를 낼 수 있어서 저는 기타 연주를 좋아합니다. 기타는 손가락이나 피크로 연주하는 현악기입니다. 기타는 기본적으로 줄이 연결된 단단한 목이 있는 몸통으로 되어 있고, 일반적으로 여섯 개의 줄이 이어져 있지만, 가끔은 더 많은 줄이 연결되어 있기도 합니다. 전통적으로 기타는 다양한 나무와 동물의 내장으로 된 줄로 만들어졌으나, 최근에는 나일론이나 철로 된 줄을 쓰기도 합니다. 기타는 혼자서 쉽게 배울 수 있습니다. 크게 통기타와 전자 기타 두 종류가 있지만 저는 통기타만 연주합니다.

Voca   **string instrument** 현악기   **rigid** 단단한, 엄격한   **gut** 동물의 내장   **acoustic** 전자 장치를 쓰지 않는

Q2 면접관에게 악기에 대해서 질문하기 Tr-0602

I also like to play a musical instrument. Ask me three or four questions to learn more about my instrument.

저도 악기 연주를 좋아합니다. 제 악기에 대해서 좀 더 알아볼 수 있도록 서너 가지 질문해 보세요.

KEY POINTS

키워드　　play a musical instrument, Ask, questions, about my instrument

리스닝 포인트　질문의 "I"는 면접관인 에바를 의미하는 거로군! 에바도 나처럼 악기 연주를 좋아하고 있으니 에바의 악기에 대해서 몇 가지 물어보라는 질문이구나.

스피킹 포인트　악기 연주를 좋아한다는 말에 긍정인 답변을 간단히 하고, 악기에 대해서 본격적으로 여러 가지 질문을 해 보자.

STEP BY STEP

● 1st Step _ 서론

스토리텔링　질문에 대한 공감대 형성 / 악기 종류

브레인스토밍　질문에 앞서 악기 연주와 관련된 공감대를 형성하고 난 다음 기본적인 질문부터 시작한다.

● 2nd Step _ 본론

스토리텔링　현악기, 관악기, 타악기 / 악기 이름 / 기타 장비

브레인스토밍　해당 악기에 대한 세부적인 내용(악기 형태, 이름, 기타 필요한 장비 등)을 중점적으로 묻는다.

● 3rd Step _ 결론

스토리텔링　배우는 기간 / 개인적인 질문

브레인스토밍　악기를 배우는 데 걸리는 기간 등을 질문한 후 면접관인 에바로부터 개인적인 의견을 구하면서 답변을 마무리한다.

HOW TO MAKE A STORY

1st Story

질문에 대한 공감대 형성	I've heard that you can play a musical instrument.
악기 종류	What kind of instrument is it?

2nd Story

현악기, 관악기, 타악기	Which one is it, a string instrument, a wind instrument or a percussion instrument?
악기 이름	Can you tell me what it is?
기타 장비	Do you need any other tool like drumsticks when you play the instrument?

3rd Story

배우는 기간	I wonder how long it would take for me to learn how to play the instrument.
개인적인 질문	What do you think?

Full Story

I've heard that you can play a musical instrument. What kind of instrument is it? Which one is it, a string instrument, a wind instrument or a percussion instrument? Can you tell me what it is? Do you need any other tool like drumsticks when you play the instrument? I wonder how long it would take for me to learn how to play the instrument. What do you think?

당신도 악기 연주를 하신다고 들었습니다. 어떤 종류의 악기인가요? 현악기, 관악기, 타악기 중 어떤 종류의 악기인가요? 그 악기가 어떤 것인지 말씀해 주시겠어요? 그 악기를 연주할 때 북채와 같은 다른 도구가 필요하나요? 제가 그 악기를 배우는 데는 시간이 얼마나 걸릴지 궁금합니다. 어떻게 생각하시나요?

Voca   string instrument 현악기   wind instrument 관악기   percussion instrument 타악기

제1탄 OPIc Experience Questions

Intermediate Mid 3 등급 공략을 위한 음악 감상 관련 과거 문제들을 살펴보겠습니다. 음악 감상에 처음 관심을 가지게 된 계기와 음악이 미친 영향을 묻는 질문과 지난 10년간 음악에 대한 관심 및 취향이 변했는지, 변했다면 어떤 것들이 변했는지를 묻는 질문을 대비해둬야 합니다.

Stage 1 IM3 등급 공략 OPIc QUESTIONS

음악

Q1 How and when did you first become interested in listening to music? How did the music affect you at that time? Tell me in detail.

어떻게 그리고 언제 처음으로 음악 감상에 관심을 가지게 되었나요? 그 당시에는 음악이 당신에게 어떤 영향을 미쳤죠? 자세하게 얘기해 보세요.

Q2 Has your interest in music changed over the last ten years? If so, what changes have been made? Why? Tell me with a lot of details.

음악에 대한 취향이 지난 10년간 변했나요? 만약 변했다면 어떤 변화가 있었나요? 왜 변하게 되었죠? 자세하게 얘기해 보세요.

악기

Q3 How did you first become interested in playing the musical instrument? How did you learn to play it? Tell me all the details.

어떻게 해서 처음에 악기 연주에 흥미를 갖게 되었나요? 악기 연주는 어떻게 배웠나요? 자세히 말해 보세요.

Q4 Have you ever experienced any problems while learning how to play the musical instrument? What was the problem about? How did you handle that? Please tell me about it in as much detail as you can.

악기 연주를 배우면서 어려움을 겪은 적이 있나요? 어떤 문제였나요? 그 문제를 어떻게 해결했죠? 가능한 한 자세하게 그 어려움에 대해서 얘기해 보세요.

두 번째 악기 항목과 관련해서는 음악 감상과 마찬가지로 악기 연주에 처음 관심을 가지게 된 계기를 묻는 질문을 예상해 볼 수 있습니다. 그리고 악기 연주를 배우면서 어떤 문제점들이 있었는지, 그 문제를 어떻게 해결했는지를 묻는 질문까지 꼽을 수 있습니다.

Q1 악기 연주에 흥미를 갖게 된 계기  Tr-0603

How did you first become interested in playing the musical instrument? How did you learn to play it? Tell me all the details.

어떻게 해서 처음에 악기 연주에 흥미를 갖게 되었나요? 악기 연주는 어떻게 배웠나요? 자세히 말해 보세요.

KEY POINTS

키워드 first become interested in playing the musical instrument, How, learn how to play it

리스닝 포인트 과거 시제 질문이고 처음에 악기 연주에 관심을 가지게 된 계기와 악기를 어떻게 배웠는지를 묻고 있구나.

스피킹 포인트 악기를 언제부터 어떻게 배웠는지를 중점적으로 얘기하도록 하자.

HOW TO MAKE A STORY

1st Story

[기타를 처음 배운 시기] When I was in the sixth grade, my elder brother bought a guitar and started to play it. That was his first time learning how to play the guitar.

제가 초등학교 6학년 때 형이 기타를 사서 기타 연주를 시작했습니다. 형은 그때 처음으로 기타 연주를 배우기 시작했습니다.

2nd Story

[기타를 배우게 된 방법] As time passed, he was getting better and taught me that at last. Actually, I asked him to teach me how to play it. [기타 연주 모습] I always thought that he looked so nice when he played a beautiful song with the guitar at that time. And the sound of the guitar touched a string in my heart and made me feel comfortable.

시간이 지나면서, 형의 실력은 좋아졌고 나중에는 제게도 기타를 가르쳐줬습니다. 사실 제가 형한테 기타를 연주하는 방법을 가르쳐달라고 했습니다. 그때는 형이 아름다운 노래를 기타로 연주하는 모습이 항상 너무 멋져 보였습니다. 그리고 기타 소리는 제 심금을 울림과 동시에 제 마음을 편안하게 해줬습니다.

3rd Story

[개인적인 생각이나 의견] People often say that the piano is the best of all instruments. But I think a guitar is a lot better than a piano.

사람들은 종종 피아노가 가장 좋은 악기라고 말하곤 합니다. 하지만 저는 기타가 피아노보다 훨씬 더 좋다고 생각합니다.

Voca touch a string in one's heart ~의 심금을 울리다

제 2 탄　OPIc Role-play Questions

Intermediate Mid 3 등급 공략 두 번째는 바로 Role-play 문제입니다. 이번에 살펴볼 문제는 바로 '악기 연주' 와 관련된 역할 연기입니다. Three Combo Role-play 내용을 살펴보자면 친구에게 전화해서 친구가 가지고 있는 악기에 대해서 궁금한 점을 물어보는 상황과 바로 뒤이어 친구에게 빌린 악기를 실수로 망가뜨린 돌발 상황의 해결책을 제시해보라는 내용으로 이어지고 있습니다. 마지막으로 위 상황의 연장선상에서 실제로 물건을 빌렸는데 망가뜨리거나 고장 낸 직접적인 경험을 묻는 질문이 출제되었습니다.

Stage 1　IM3 등급 공략 OPIc QUESTIONS

악기 관련 Role-play

Q1 I'll give you a situation and ask you to act it out. Assume that your friend bought a new musical instrument a few days ago. Call your friend and leave a message, asking three or four questions about it.

상황을 드릴 테니 역할 연기를 해보세요. 친구가 며칠 전에 악기를 새로 구입했다고 해보겠습니다. 친구에게 전화해서 그 악기에 관한 서너 가지 질문을 하면서 메시지를 남겨보세요.

Q2 I'm sorry, but you have a problem which you need to solve. You borrowed your friend's instrument, but accidently broke it. Call your friend to explain the exact situation. And then give some solutions about this problem.

유감스럽게도 해결해야 할 문제가 생겼습니다. 친구에게 악기를 빌렸는데 실수로 그만 망가뜨렸습니다. 친구에게 전화해서 정확한 상황을 설명하세요. 그리고 나서 이 문제에 대한 해결책을 몇 가지 제시해 보세요.

Q3 Have you ever experienced that you accidently broke an item you borrowed from someone? What item was it? How did you break it? How did you address that problem? Please tell me about it in as much detail as possible.

다른 사람에게 빌린 물건을 실수로 망가뜨린 적이 있나요? 어떤 물건이었나요? 어쩌다가 망가뜨린 거죠? 그 문제를 어떻게 해결했나요? 그 경험을 최대한 자세하게 얘기해 보세요.

친구에게서 MP3 플레이어 등 특정 물건을 빌리거나 물어보는 상황이 먼저 나오면 바로 뒤에 물건을 망가뜨리거나 잊어버리는 돌발 상황이 주어지게 됩니다. 이런 상황의 흐름을 잘 이해해 두면 정기시험에서 보다 쉽게 Role-play 문제를 공략할 수 있을 것입니다.

 Q1 친구에게 악기에 대해서 질문하기 Tr-0603

I'll give you a situation and ask you to act it out. Assume that your friend bought a new musical instrument a few days ago. Call your friend and leave a message, asking three or four questions about it.

상황을 드릴 테니 역할 연기를 해보세요. 친구가 며칠 전에 악기를 새로 구입했다고 해보겠습니다. 친구에게 전화해서 그 악기에 관한 서너 가지 질문을 하면서 메시지를 남겨보세요.

KEY POINTS

키워드 your friend bought a new musical instrument, Call, leave a message, asking, questions about it

리스닝 포인트 내 친구가 새 악기를 샀으니 전화해서 그 악기에 대해서 궁금한 점을 물어보면서 녹음 메시지를 남겨보라고 하고 있구나.

스피킹 포인트 먼저 전화 녹음 상황임을 기억해두고 내가 누구이고 전화 건 목적을 먼저 말해야 한다. 그리고 악기에 대해서 궁금한 것 중 서너 개 정도 물어보도록 하자.

HOW TO MAKE A STORY

○ 1st Story

[자기소개 및 인사말] Hello. This is Hyunseok. I heard that you bought a musical instrument recently. [악기 종류] What kind of instrument is it? [기타] Is it true that you bought a guitar?

여보세요. 나야 현석이. 너 얼마 전에 악기 샀다고 들었어. 어떤 악기 산 거니? 기타 산 거 맞아?

○ 2nd Story

[연주 실력] Have you learned how to play the guitar? I didn't know it at all. [구입한 기타 종류 묻기] Then, which one did you purchase, acoustic or electric? I can't wait to see your guitar and hear you play it.

너 기타 치는 법을 배웠던 거야? 난 전혀 모르고 있었네. 그러면 통기타와 전자 기타 중에서 어떤 걸 산 거니? 네가 산 기타와 네가 기타 연주를 하는 것을 듣고 싶어서 몸이 근질근질하다.

○ 3rd Story

[숙련 기간 묻기] And I wonder how long it will take for me to play the guitar well. Please let me know about it.

그리고 내가 기타 연주를 잘 하려면 얼마나 걸릴지도 궁금해. 알려주렴.

○ Voca acoustic 전자장치를 쓰지 않는 electric 전기의, 전기 장치의

Q2 악기를 망가뜨린 상황 해결하기 Tr-0603

I'm sorry, but you have a problem which you need to solve. You borrowed your friend's instrument, but accidently broke it. Call your friend to explain the exact situation. And then give some solutions about this problem.

유감스럽게도 해결해야 할 문제가 생겼습니다. 친구에게 악기를 빌렸는데 실수로 그만 망가뜨렸습니다. 친구에게 전화해서 정확한 상황을 설명하세요. 그리고 나서 이 문제에 대한 해결책을 몇 가지 제시해 보세요.

KEY POINTS

키워드 you have a problem, borrowed, accidently broke it, Call, explain the exact situation, give some solutions

리스닝 포인트 빌린 악기를 내가 실수로 고장을 낸 문제가 발생했군. 친구에게 전화해서 고장 낸 상황을 설명하고 어떻게 할 것인지 해결책을 말해 보라는 질문이구나.

스피킹 포인트 어디가 어떻게 고장이 났는지 구체적으로 설명을 해주고 새로 사 줄 것인지, 고쳐줄 것인지 납득할 수 있는 해결책을 제시하도록 하자.

HOW TO MAKE A STORY

1st Story

[자기소개] Hello. This is Hyunseok. [과거 상황 설명] I believe you would definitely remember I borrowed your guitar the day before yesterday. [문제점 설명] In fact, I accidently broke your guitar.

안녕, 나야 현석이. 그저께 내가 기타 빌려갔던 거 분명 기억하고 있을 거야. 실은 내가 그만 실수로 네 기타를 망가뜨려 버렸어.

2nd Story

[자세한 문제 설명] As a matter of fact, the neck of the guitar was broken by my younger brother who is eight years old. He stepped on the guitar, as he was playing with toys in the living room. [기타를 새로 사주는 해결책] I don't think your guitar can be repaired, so I will buy you a new one.

사실, 내 8살 난 남동생이 기타 목을 부러뜨렸어. 동생이 거실에서 장난감 놀이를 하다가 기타를 밟아버렸지 뭐니. 수리가 안 될 것 같아서 내가 새 기타를 사줄게.

3rd Story

[구입처] You probably won't mind, but I really want to get you another one. Where do you want me to purchase one for you? [브랜드] I mean, which brand do you want?

너는 괜찮다고 하겠지만 내가 정말로 새 걸 하나 사주고 싶어. 어디에서 샀으면 하니? 어떤 브랜드를 좋아해?

Voca

accidently 실수로 step on 발로 밟다 repair 고치다, 수리하다

Q3 빌린 물건을 망가뜨린 경험 Tr-0603

Have you ever experienced that you accidently broke an item you borrowed from someone? What item was it? How did you break it? How did you address that problem? Please tell me about it in as much detail as possible.

다른 사람에게 빌린 물건을 실수로 망가뜨린 적이 있나요? 어떤 물건이었나요? 어쩌다가 망가뜨린 거죠? 그 문제를 어떻게 해결했나요? 그 경험을 최대한 자세히 얘기해 보세요.

KEY POINTS

키워드 experienced that you accidently broke an item you borrowed, What item, How, break, How, address

리스닝 포인트 2번 문제 상황처럼 실제로 빌린 물건을 망가뜨린 적이 있는지, 어떤 물건이고 왜 망가뜨렸는지, 어떻게 그걸 해결했는지 과거 경험을 묻고 있군.

스피킹 포인트 실제로 비슷한 경험을 했는지 여부와 결과를 먼저 밝히고 문제 상황부터 해결했던 방법, 결과까지 자세하게 얘기하도록 하자.

HOW TO MAKE A STORY

○ 1st Story

[과거 습관] I used to borrow items from friends. [어제의 일] But yesterday was definitely bad timing. [새 CD] I borrowed a new CD from one of my friends.

저는 친구에게 물건을 잘 빌리곤 했습니다. 그러나 어제는 시기가 정말 안 좋았습니다. 한 친구에게서 새 CD 한 장을 빌렸어요.

○ 2nd Story

[머피의 법칙] It has been said that unfortunate things always happen as a corollary to Murphy's Law. There was the CD on the floor. [욕실에서의 일] Yesterday I got up late so I hurried to the bathroom. But there was no towel in the bathroom, and I came out of the bathroom without drying my feet with a towel. [미끄러져서 깨뜨림] So I slipped on the floor and I broke the CD on the floor with my elbow.

예전부터 머피의 법칙에 따르면 불운한 일들이 항상 일어난다는 속설이 있습니다. 방바닥에 그 CD를 두었는데요. 어제 늦게 일어나서 욕실로 허겁지겁 갔었죠. 그런데 욕실에 수건이 없어서 발을 수건으로 닦지 않고 욕실 밖으로 나왔습니다. 그래서 저는 방바닥에 미끄러졌고 팔꿈치로 그 바닥에 있던 CD를 깨뜨리고 만 것입니다.

○ 3rd Story

[부상] To make matters worse, I injured my elbow. I think this explains Murphy's Law best. [해결] After all that, I had to buy my friend a new CD. I can't forget what happened that day.

엎친 데 덮친 격으로 저는 팔꿈치도 다쳤습니다. 머피의 법칙이 딱 들어맞는 것 같습니다. 결국 저는 친구에게 새 CD를 사줘야만 했습니다. 저는 그날 있었던 일을 잊을 수가 없습니다.

○ Voca

corollary 필연적인 결과, 당연한 귀결 **Murphy's Law** 머피의 법칙 **slip** 미끄러지다

Stage 1 노래 길잡이

Unit 3에서는 취미 생활 중 노래 부르기 항목에 대해서 학습하게 됩니다. 설문조사에는 '혼자 노래하기 / 그룹으로 노래 부르기' 두 개의 항목으로 나뉘어져 있는데요. 노래라는 공통점이 있고 비슷한 문제들이 출제되기 때문에 두 개의 항목을 구분하지 않고 노래 부르기라는 공통된 주제를 정했습니다.

노래 부르기는 노래방에서 부르는 노래를 떠올리시면 될 것 같습니다. 친구들과 함께, 가족과 함께, 또는 직장 동료들과 함께 자주 노래방에 가서 노래를 부를 것입니다. 노래 부르는 것을 좋아한다면 이 항목을 공략해보기 바랍니다.

설문조사에는 혼자 노래하기와 그룹으로 노래 부르기, 두 개의 항목이 나와 있으므로 두 개를 모두 선택해도 좋습니다. 두 개 항목을 선택하더라도 정기시험에 두 개 항목 모두 출제될 가능성은 아주 낮기 때문에 답변 중복에 대한 부분을 염려를 할 필요가 없습니다.

노래 부르기와 관련해서는 기본적으로 노래를 부르는 곳인 노래방이나 노래방 기계 시설이 있는 장소를 묘사해보라는 질문을 물어볼 수 있습니다. 그리고 함께 노래를 부르는 사람이 누구이고, 왜 그 사람과 노래를 부르는지를 묻는 질문도 예상해볼 수 있구요.

노래를 얼마나 자주 부르고, 언제, 어디에서 즐겨 부르는지 여러 개의 질문을 한꺼번에 물어보는 문제도 대비해야 합니다. 이외에도 노래 부르기에 관심을 가지게 된 계기, 노래를 부르면서 특별히 재미있었거나 잊을 수 없는 경험을 묻는 과거 질문도 대비해두기 바랍니다.

Stage 2 노래 빈출문제

IL~IM 1, 2 등급 공략

Q1 좋아하는 노래 장르와 이유 설명

You indicated in the survey that you like to sing. What kind of music and songs do you like best? Why do you like them? Tell me in detail.

설문에서 당신은 노래를 즐겨 부른다고 답했습니다. 어떤 종류의 음악이나 노래를 가장 좋아하나요? 왜 좋아하죠? 자세히 말해 보세요.

Q2 노래 복합질문

With whom do you usually sing? Why do you like to sing with them? Is there a special reason? When and where do you normally sing? Please tell me with a lot of details.

주로 누구와 함께 노래를 부르나요? 왜 그 사람들과 함께 노래 부르는 것을 좋아하나요? 특별한 이유라도 있나요? 보통은 언제 그리고 어디에서 노래를 부르죠? 자세히 말해 보세요.

Q3 노래 부르는 장소 묘사

You indicated in the survey that you like to sing. Where do you usually sing? Please describe the place where you often sing in detail.

설문에서 당신은 노래를 즐겨 부른다고 답했습니다. 주로 어디에서 노래를 부르니요? 자주 노래 부르는 곳을 자세하게 묘사해 보세요.

Stage 3 ACTUAL TEST

좋아하는 노래 장르와 이유 설명 Tr-0604

You indicated in the survey that you like to sing. What kind of music and songs do you like best? Why do you like them? Tell me in detail.

설문에서 당신은 노래를 즐겨 부른다고 답했습니다. 어떤 종류의 음악이나 노래를 가장 좋아하나요? 왜 좋아하죠? 자세히 말해 보세요.

KEY POINTS

키워드　　　What, music and songs, like best, Why

리스닝 포인트　어떤 음악이나 노래를 가장 좋아하는지, 그리고 왜 좋아하는지를 묻고 있구나.

스피킹 포인트　좋아하는 음악과 가수, 그리고 노래를 간단하게 언급한 후 좋아하는 이유를 적절하게 설명해보자.

STEP BY STEP

1st Step _ 서론

스토리텔링　좋아하는 음악 장르 / 가수

브레인스토밍　즐겨듣고 좋아하는 음악인 발라드에 대한 설명과 그 노래를 부르는 가수에 대하여 얘기한다.

2nd Step _ 본론

스토리텔링　좋아하는 이유 / 다른 장르의 노래

브레인스토밍　발라드 음악을 듣는 이유, 장점, 개인적인 느낌 등을 얘기하며 좋아하는 또 다른 음악 장르에 대해서도 언급해준다.

3rd Step _ 결론

스토리텔링　노래를 부르는 장소 / 가장 좋아하는 노래 장르

브레인스토밍　노래를 즐겨 부르는 장소를 소개하고 가장 좋아하는 노래 장르를 설명하면서 답변을 마무리한다.

1st Story

| 좋아하는 음악 장르 | I enjoy singing songs, like ballads that make me relax. |
| 가수 | And I like a singer, Sungmo Jo, who is labeled as the king of ballads. |

2nd Story

| 좋아하는 이유 | When I listen to him singing, it moves me to tears. And I think his songs have a little more emotional resonance than any other songs. |
| 다른 장르의 노래 | But it's not that I never listen to loud songs like dance, rock or heavy metal. |

3rd Story

| 노래를 부르는 장소 | I sometimes hear and sing those songs at a karaoke bar. |
| 가장 좋아하는 노래 장르 | It's unchanged, however, that I love to sing ballads that touch a string in my heart. |

Full Story

I enjoy singing songs, like ballads that make me relax. And I like a singer, Sungmo Jo, who is labeled as the king of ballads. When I listen to him singing, it moves me to tears. And I think his songs have a little more emotional resonance than any other songs. But it's not that I never listen to loud songs like dance, rock or heavy metal. I sometimes hear and sing those songs at a karaoke bar. It's unchanged, however, that I love to sing ballads that touch a string in my heart.

저는 발라드처럼 긴장을 풀어주는 노래를 즐겨 부릅니다. 그리고 저는 발라드의 왕이라고 불리는 가수 조성모를 좋아합니다. 이 가수의 노래를 들으면 눈물이 납니다. 제가 생각하기에는 조성모라는 가수의 노래는 어떤 다른 노래들보다 훨씬 더 감정적인 울림을 많이 가지고 있는 것 같습니다. 그렇다고 제가 댄스나 록, 헤비메탈과 같은 시끄러운 노래를 전혀 듣지 않는 것은 아닙니다. 저도 가끔씩은 노래방에서 그런 노래들을 듣기도 하고 부르기도 합니다. 하지만 제 심금을 울리는 발라드 곡들을 좋아하는 사실에는 변함이 없습니다.

Voca

resonance 울림, 낭랑함   unchanged 변하지 않는   touch a string in one's heart ~의 심금을 울리다

Q2 노래 복합질문 ◯ Tr-0604

With whom do you usually sing? Why do you like to sing with them? Is there a special reason? When and where do you normally sing? Please tell me with a lot of details.

주로 누구와 함께 노래를 부르나요? 왜 그 사람들과 함께 노래 부르는 것을 좋아하나요? 특별한 이유라도 있나요? 보통은 언제 그리고 어디에서 노래를 부르죠? 자세히 말해 보세요.

KEY POINTS

키워드 With whom, sing, Why, sing with them, When and where

리스닝 포인트 함께 노래를 부르는 사람이 누구이고, 왜 그 사람과 노래를 부르는지 이유를 묻고 있군. 그리고 어디에서, 언제 노래를 부르는지 추가로 묻고 있구나.

스피킹 포인트 누구와 함께 노래를 부르고 언제 어디에서 부르는지가 답변의 핵심이다. 그냥 혼자 부르는 게 좋다면 적절한 이유를 설명하고 나머지 질문에 대하여 답변하도록 하자.

STEP BY STEP

1st Step _ 서론

스토리텔링 취미 / 혼자서 부르기

브레인스토밍 주로 혼자서 노래를 부르는 것을 좋아한다고 얘기하고 혼자서 부르는 것을 좋아하는 이유를 적절하게 설명한다.

2nd Step _ 본론

스토리텔링 다른 사람과 함께 부르기 / 장소와 시기

브레인스토밍 함께 노래를 부르는 사람들(친구들)과 노래를 부르는 시간과 장소를 중점적으로 설명해준다.

3rd Step _ 결론

스토리텔링 노래의 장점 / 노래를 부르는 장소

브레인스토밍 스트레스를 풀기 위해 노래를 부르고, 노래를 부르는 장소에 대해서 간단하게 설명한 후에 개인적인 느낌이나 이유 등을 추가로 답변한다.

HOW TO MAKE A STORY

1st Story

취미	I really like singing songs.
혼자서 부르기	Strange as it may sound, I usually enjoy singing songs alone. I mean I feel comfortable when I sing any songs I want by myself.

2nd Story

다른 사람과 함께 부르기	It's not that I'm always stubborn, wanting to sing alone. I also have chances to go to a karaoke bar with people. Most of the time I sing is with my friends.
장소와 시기	I can let you know when and where I sing although I can't tell you exactly who I like to sing with.

3rd Story

노래의 장점	I am unable to cope with stress. So, whenever I'm under stress, I sing my favorite song with a loud voice.
노래를 부르는 장소	The place should be undisturbed. But I sometimes stop by a karaoke bar.

Full Story

I really like singing songs. Strange as it may sound, I usually enjoy singing songs alone. I mean I feel comfortable when I sing any songs I want by myself. It's not that I'm always stubborn, wanting to sing alone. I also have chances to go to a karaoke bar with people. Most of the time I sing is with my friends. I can let you know when and where I sing although I can't tell you exactly who I like to sing with. I am unable to cope with stress. So, whenever I'm under stress, I sing my favorite song with a loud voice. The place should be undisturbed. But I sometimes stop by a karaoke bar.

저는 노래 부르는 것을 정말 좋아합니다. 이상하게 들리시겠지만, 저는 보통 혼자서 노래를 즐겨 부릅니다. 저는 혼자서 어떤 노래든지 부르고 싶은 노래를 아무거나 부르는 것이 편안하게 느껴집니다. 그렇다고 해서 혼자 노래를 부르는 것만 고집하는 것은 아닙니다. 또한, 사람들과 함께 노래방에 갈 기회도 있습니다. 거의 대부분은 제 친구들과 함께 노래를 부릅니다. 누구와 함께 노래 부르는 것을 좋아하는지 정확히 말씀드리긴 어렵지만, 언제 그리고 어디에서 노래를 부르는 것을 좋아하는지는 말씀드릴 수 있습니다. 저는 스트레스를 대처할 수 없습니다. 그래서 스트레스를 받을 때마다 저는 큰 목소리로 제가 가장 좋아하는 노래를 부릅니다. 장소는 방해받지 않는 곳이어야 합니다. 하지만 가끔 노래방에 들르기도 합니다.

Voca

stubborn 고집스러운 **karaoke bar** 노래방 **cope with** 대처하다 **undisturbed** 방해받지 않는

Stage 1 춤 길잡이

Chapter 6의 마지막 Unit 4에서 살펴볼 설문조사 항목은 바로 '춤추기'입니다. 설문조사에서는 '춤추기'와 '댄스 교습하기' 이렇게 비슷한 항목이 두 가지가 나와 있습니다.

춤추기는 직접 본인이 춤을 추는 것이고 댄스 교습하기는 춤을 가르치는 것이라는 차이점이 있으니 춤추는 것을 좋아한다면 '춤추기' 항목을 선택하는 것이 바람직합니다. '댄스 교습하기'를 선택할 경우에는 춤을 가르치는 부분에 대해서 집중적으로 질문이 쏟아질 가능성이 많으므로 항목 선택에 있어서 신중을 기하기 바랍니다.

춤추기는 어디까지나 취미 생활과 관련된 항목 중의 하나이므로 전문적인 지식이나 실력이 필요 없습니다. 전문적인 춤보다는 클럽에서 즐길 수 있는 춤, 또는 가수나 연예인이 추는 춤을 가볍게 따라 하는 정도의 관심을 가지고 있다면 춤추기 항목을 선택해 보세요.

춤추기와 관련해서는 기본적으로 춤을 추는 장소를 묘사해 보라는 질문이 출제됩니다. 좋아하는 댄서를 소개해 보라는 질문도 출제될 가능성이 있으므로 미리 대비해두는 것이 좋습니다. 그리고 함께 춤을 추러 가는 사람이 누구이고, 그 사람과 함께 춤을 추는 이유를 묻는 질문도 예상할 수 있습니다.

춤에 관심을 가지게 된 계기, 춤을 배우게 된 방법, 춤을 추면서 경험했던 재미있거나 특별한 기억 등 과거 경험을 묻는 질문도 출제될 가능성이 아주 높습니다. 다시 한 번 댄스 교습하기와 춤추기의 차이점을 잘 숙지하고 실수 없이 적절한 항목을 잘 선택하기 바랍니다.

Stage 2 춤 빈출문제

IL~IM 1, 2 등급 공략

Q1 춤추는 장소 소개

You indicated in the survey that you like to dance. Please tell me about a place where you like to dance.

설문에서 당신은 춤추는 것을 좋아한다고 했습니다. 당신이 춤을 즐겨 추는 장소에 대해 말해 보세요.

Q2 춤 복합질문

What kind of dance do you like best? Why do you like it? When and with whom do you normally go dancing? Tell me all the details.

어떤 종류의 춤을 가장 좋아하나요? 그 춤을 왜 좋아하죠? 보통 언제 그리고 누구와 함께 춤을 추러 가나요? 자세히 말해 보세요.

Q3 춤을 좋아하는 이유

Why do you like to dance? Are there any special reasons? Tell me about them in detail.

당신은 왜 춤추는 것을 좋아하나요? 특별한 이유라도 있는 건가요? 자세하게 얘기해 보세요.

Q4 함께 춤을 추는 사람과 그 이유

With whom do you normally dance? Why do you like to dance with him or her? Please tell me with a lot of details.

주로 누구와 함께 춤을 추나요? 왜 그 사람과 함께 춤추는 것을 좋아하는 거죠? 자세히 말해 보세요.

Stage 3 ACTUAL TEST

Q1 춤추는 장소 소개 Tr-0605

You indicated in the survey that you like to dance. Please tell me about a place where you like to dance.

설문에서 당신은 춤추는 것을 좋아한다고 했습니다. 당신이 춤을 즐겨 추는 장소에 대해 말해 보세요.

KEY POINTS

키워드	tell me about a place where you like to dance
리스닝 포인트	춤추기 좋아하는 장소를 얘기해 보라는 질문이구나.
스피킹 포인트	춤추는 장소의 위치를 먼저 말한 후에 춤을 추는 장소(춤 연습실이나 클럽)를 자세하게 묘사해보자.

STEP BY STEP

1st Step _ 서론

스토리텔링 춤추는 장소 소개

브레인스토밍 춤을 즐겨 추는 장소에 대한 기본적인 정보를 제공해주면서 답변을 시작한다.

2nd Step _ 본론

스토리텔링 사람들이 모이는 장소 / 장점

브레인스토밍 자주 춤을 추는 장소의 특징 및 장점을 구체적으로 설명해준다.

3rd Step _ 결론

스토리텔링 경연대회 / 그 장소를 좋아하는 이유

브레인스토밍 춤을 추는 장소인 동대문 쇼핑센터에 대한 추가설명(경연대회)과 함께 그 장소를 좋아하는 이유를 추가로 설명하며 답변을 종결한다.

1st Story

춤추는 장소 소개

I always dance as long as there is an open space I can use. I enjoy the so-called street dance anywhere. Actually, I can dance in everyday spaces such as streets, parks, school yards, nightclubs and so on.

2nd Story

사람들이 모이는 장소

Wherever people gather around is the best place to dance. Dongdaemun shopping center is one of the best places that I go to dance.

장점

The shopping mall is open until dawn and attracts lots of young people who are able to see me dancing.

3rd Story

경연대회

And major or minor dance competitions are held in the shopping center.

그 장소를 좋아하는 이유

That's why I like to dance in Dongdaemun shopping center.

Full Story

I always dance as long as there is an open space I can use. I enjoy the so-called street dance anywhere. Actually, I can dance in everyday spaces such as streets, parks, school yards, nightclubs and so on. Wherever people gather around is the best place to dance. Dongdaemun shopping center is one of the best places that I go to dance. The shopping mall is open until dawn and attracts lots of young people who are able to see me dancing. And major or minor dance competitions are held in the shopping center. That's why I like to dance in Dongdaemun shopping center.

이용할 수 있는 공터만 있으면 저는 항상 춤을 춥니다. 저는 아무 곳에서나 춤을 추는 이른 바 길거리 댄스를 즐깁니다. 사실 저는 길거리, 공원, 학교 운동장, 그리고 나이트클럽 등 일상적인 공간에서 춤을 춥니다. 사람들이 모이는 장소면 어디든 춤추기에 가장 좋은 장소입니다. 동대문 쇼핑센터는 제가 춤을 추러 가는 최고의 장소 중 한 곳입니다. 이 쇼핑몰은 새벽까지 문을 열어서 제가 춤을 추는 모습을 구경하는 어린 친구들을 많이 끌어 모을 수 있습니다. 그리고 쇼핑센터에서는 크고 작은 댄스 경연대회가 열립니다. 그래서 저는 동대문 쇼핑센터에서 춤추는 것을 좋아합니다.

Voca open space 열린 공간, 공터 everyday 일상적인 until dawn 새벽까지 attract 끌어들이다, 매혹시키다 competition 경쟁, 경연대회

Q2 춤 복합질문 Tr-0605

What kind of dance do you like best? Why do you like it? When and with whom do you normally go dancing? Tell me all the details.

어떤 종류의 춤을 가장 좋아하나요? 그 춤을 왜 좋아하죠? 보통 언제 그리고 누구와 함께 춤을 추러 가나요? 자세히 말해 보세요.

KEY POINTS

키워드   What kind of dance, like best, Why, When and with whom

리스닝 포인트   좋아하는 장르의 춤과 좋아하는 이유, 그리고 언제 누구와 춤을 추는지를 묻는 질문이구나.

스피킹 포인트   좋아하는 춤의 종류와 그 이유, 그리고 언제 어디에서 누구와 춤을 추는지 묻는 질문에 빠뜨리지 않고 대답하도록 하자.

STEP BY STEP

1st Step _ 서론

스토리텔링   길거리 댄스

브레인스토밍   거리에서 추는 춤, 소위 말하는 '길거리 댄스'에 대한 설명으로 답변을 시작한다.

2nd Step _ 본론

스토리텔링   춤을 추는 장소 / 좋아하는 이유

브레인스토밍   춤을 추는 장소와 그 춤을 좋아하는 이유 등의 내용을 구체적으로 설명해준다.

3rd Step _ 결론

스토리텔링   혼자서 춤추기 / 다른 댄서들과 춤추기 / 개인적인 생각이나 느낌

브레인스토밍   혼자서 또는 다른 사람들과 춤을 추는 경우를 언급해주고 개인적인 생각이나 느낌을 제시하며 답변을 마무리 짓는다.

HOW TO MAKE A STORY

1st Story

길거리 댄스

I love dancing on the street. Street dance is an umbrella term, used to describe dance styles that evolved outside of dance studios.

2nd Story

춤을 추는 장소

As I mentioned before, I can dance in everyday places such as streets, parks, school yards or nightclubs, which can be found easily.

좋아하는 이유

I enjoy street-dancing because it encourages me to interact with spectators and the other dancers. I usually go to dance in the shopping mall which is open in the late afternoon and doesn't close until dawn.

3rd Story

혼자서 춤추기

I just go there alone where a lot of people gather around and start to dance.

다른 댄서들과 춤추기

Before long, dancers also begin to gather around me, and then I can dance with them.

개인적인 생각이나 느낌

I feel alive at such times.

Full Story

I love dancing on the street. Street dance is an umbrella term, used to describe dance styles that evolved outside of dance studios. As I mentioned before, I can dance in everyday places such as streets, parks, school yards or nightclubs, which can be found easily. I enjoy street-dancing because it encourages me to interact with spectators and the other dancers. I usually go to dance in the shopping mall which is open in the late afternoon and doesn't close until dawn. I just go there alone where a lot of people gather around and start to dance. Before long, dancers also begin to gather around me, and then I can dance with them. I feel alive at such times.

저는 길거리에서 춤추는 것을 좋아합니다. 길거리 댄스는 댄스 연습장 밖에서 발전되어 온 댄스 스타일을 설명하기 위해 사용되는 포괄적 용어입니다. 앞서 말씀드린 것처럼, 저는 거리, 공원, 학교 운동장, 나이트클럽과 같이 쉽게 발견할 수 있는 일상적인 장소에서 춤을 춥니다. 제가 관중들 그리고 다른 댄서들과 소통할 수 있게 해주기 때문에 저는 길거리 댄스를 좋아합니다. 보통은 오후 늦게부터 새벽까지 문을 여는 쇼핑몰로 춤을 추러 갑니다. 사람들이 많이 모여 있는 곳에 혼자 가서는 춤을 추기 시작합니다. 오래 지나지 않아 다른 댄서들도 제 주변으로 다가와서 춤을 추기 시작하고 저는 그들과 함께 춤을 춥니다. 그 순간에는 제가 살아있음을 느낍니다.

Voca

umbrella term 포괄적 용어   interact 소통하다, 교류하다   alive 살아 있는

제 1 탄　OPIc Experience Questions

IM 등급 중에서도 상위 등급인 Intermediate Mid 3 등급을 제대로 공략하기 위해서는 난이도가 높은 과거 경험 문제를 잘 대처해야 합니다. 먼저 노래 부르기와 관련해서 대비해둬야 할 문제는 노래를 부르면서 겪었던 기억에 남는 일을 묻는 질문입니다.

Stage 1　IM3 등급 공략 OPIc QUESTIONS

노래

Q1 Let's talk about the most memorable thing that you have experienced while singing. When was it? What exactly happened? Why was it so memorable to you? Please tell me about the experience in as much detail as you can.

노래를 부르다가 일어난 가장 기억에 남는 일에 대해서 얘기해 보겠습니다. 언제 일인가요? 정확히 어떤 일이 있었나요? 그 일에 대해 최대한 자세히 얘기해 보세요.

춤

Q2 How and when did you first become interested in dancing? How did you learn to dance? How did dancing affect you? Please tell me about it in as much detail as possible.

어떻게 그리고 언제 처음으로 춤추는 것에 관심을 가지기 시작했나요? 춤을 어떻게 배웠죠? 춤은 당신에게 어떤 영향을 끼쳤나요? 가능한 한 자세하게 얘기해 보세요.

Q3 Have you experienced any problems when dancing? When was it? What problem was it? How did you deal with it? Please tell me about it in as much detail as you can.

춤을 추면서 어떤 문제점을 경험한 적이 있나요? 그게 언제였나요? 어떤 문제가 있었던 거죠? 그 문제를 당신은 어떻게 해결했나요? 가능한 한 자세하게 얘기해 보세요.

두 번째 춤추기와 관련해서는 춤에 관심을 가지게 된 계기와 춤을 배우게 된 방법, 춤을 추면서 겪은 문제점이나 어려움 및 해결 방법이 자주 출제되는 문제들이니 잘 대비해두기 바랍니다.

노래를 부르면서 겪었던 기억에 남는 일   Tr-0606

Let's talk about the most memorable thing that you have experienced while singing. When was it? What exactly happened? Why was it so memorable to you? Please tell me about the experience in as much detail as you can.

노래를 부르다가 일어난 가장 기억에 남는 일에 대해서 얘기해 보겠습니다. 언제 일인가요? 정확히 어떤 일이 있었나요? 그 일에 대해 최대한 자세히 얘기해 보세요.

KEY POINTS

키워드   the most memorable thing, while singing, When, What, happened, Why, so memorable

리스닝 포인트   노래를 부르면서 겪었던 가장 기억에 남는 일을 묻고 있군. 그게 언제이고 어떤 일이 있었는지, 그리고 왜 그 일이 기억에 남는 건지 묻고 있구나.

스피킹 포인트   언제 어떤 일이 있었고, 특별히 기억에 남는 점과 왜 기억에 남는지 등을 얘기해보자.

HOW TO MAKE A STORY

○ 1st Story

[과거 습관] I used to go to Misari where there were many bars, cafes and coffee shops.
[시기] I remember it was when I was a senior in college.

저는 바와 카페, 그리고 커피숍들이 많이 있는 미사리에 자주 가곤 했습니다. 제가 대학교 4학년 때였던 걸로 기억하고 있습니다.

○ 2nd Story

[노래를 부르고 있던 상황] One day, I went to a bar in Misari to sing as a part-time job. [어떤 남자의 접근] While I was singing at the bar, a guy from one of the groups that came to drink there saw me and told me that he had a crush on me.

어느 날 저는 아르바이트를 하려고 미사리에 있는 바에 노래를 하러 갔습니다. 제가 바에서 노래를 부르고 있었을 때 바에 술을 마시러 온 단체 손님 중 한 남성분이 저를 보게 되었고 저를 짝사랑하고 있다고 말했습니다.

○ 3rd Story

[남자의 행동] He told me that he was just attracted to me and wanted to go on a date with me.
[기분] I liked him because he confessed his feeling with courage. [현재 상황] We are still seeing each other since then.

그 남성분은 저에게 반했다며 데이트 신청을 했습니다. 그 남성분이 용기를 내어 그의 감정을 고백해서 저는 그 분이 마음에 들었습니다. 우리는 그때 이후로 여전히 사귀고 있습니다.

○ Voca   senior 대학교 4학년   have a crush on ~에 반하다   confess 고백하다

제 2 탄 OPIc Role-play Questions

Intermediate Mid 3 등급 공략 포인트 두 번째는 '노래 부르기' Role-play 실전문제입니다. 친구와 함께 노래를 부르고 싶으니 친구에게 전화해서 함께 노래를 부를 수 있도록 몇 가지 질문을 하라는 상황과 바로 뒤이어 노래를 부를 계획이었는데 가족 모임이라는 문제 상황이 발생, 이에 대한 대안을 제시해 보라는 질문이 이어지고 있습니다. 위 Role-play는 약속을 취소한 상황과 관련이 있죠? 그래서 마지막 문제에서는 약속을 취소한 직접적인 경험을 묻는 질문이 등장하고 있습니다.

Stage 1 IM3 등급 공략 OPIc QUESTIONS

노래 관련 Role-play

Q1 I'll give you a situation and ask you to act it out. Assume that you want to sing with your friend this Saturday. Call your friend and leave a recorded message, asking three or four questions about singing together.

상황을 드릴 테니 역할 연기를 해보세요. 이번 주 토요일에 친구와 함께 노래를 부르려고 한다고 해보겠습니다. 친구에게 전화해서 함께 노래를 부르는 것과 관련된 질문 서너 가지를 메시지로 남기세요.

Q2 I'm sorry, but you have a problem which you need to solve. Your friend and you have planned to go singing together, but you remember that there is a family gathering on Saturday. Call your friend and explain the situation. Then offer two or three alternatives about this issue.

유감스럽게도 해결해야 할 문제가 생겼습니다. 친구와 함께 노래를 부를 계획이었는데 토요일에 가족 모임이 있다는 것을 알게 된 것입니다. 친구에게 전화해서 상황을 설명하세요. 그리고 나서 이 문제에 대한 대안을 두세 가지 제시해 보세요.

Q3 Have you ever experienced that you canceled an appointment due to a family gathering or affair? What was the appointment about? Why did you cancel it? How did you handle that? Please tell me about it in as much detail as you can.

가족 모임이나 집안일 때문에 약속을 취소한 경험이 있나요? 어떤 약속이었나요? 그 약속을 왜 취소했죠? 그 문제는 어떻게 해결했나요? 약속을 취소했던 경험에 대해 최대한 자세히 얘기해 보세요.

Role-play의 패턴을 다시 한번 정리해 볼까요? 우선 특정 상황에서 특정인에게 전화로 몇 가지 물어보라는 질문이 나오고 뒤이어 돌발문제 상황이 발생하게 됩니다. 그리고 마지막으로 앞의 가상의 돌발문제 상황에서 다뤘던 내용을 실제로 경험한 적이 있는지를 묻는 문제가 출제되게 됩니다. 이게 바로 Role-play 문제의 패턴이니 꼭 숙지해두기 바랍니다.

Stage 2 ACTUAL TEST

 **친구와 함께 노래하기** Tr-0606

I'll give you a situation and ask you to act it out. Assume that you want to sing with your friend this Saturday. Call your friend and leave a recorded message, asking three or four questions about singing together.

상황을 드릴 테니 역할 연기를 해보세요. 이번 주 토요일에 친구와 함께 노래를 부르려고 한다고 해보겠습니다. 친구에게 전화해서 함께 노래를 부르는 것과 관련된 질문 서너 가지를 메시지로 남기세요.

KEY POINTS

키워드 want to sing with your friend, Call, leave a recorded message, asking, questions

리스닝 포인트 친구와 함께 노래를 부르고 싶으니 전화해서 함께 노래를 할 수 있도록 몇 가지 물어보면서 녹음 메시지를 남겨보라고 하는 질문이구나.

스피킹 포인트 전화를 하는 상황이니 내 소개를 먼저 하고 전화를 건 목적과 함께 노래를 부를 수 있도록 궁금한 점을 네 가지 정도 물어보도록 하자.

HOW TO MAKE A STORY

1st Story

[인사] Hello. This is Julie. [스케줄 묻기] Well, do you have any plans for this Saturday? [전화를 건 목적] If not, why don't we go singing?

안녕, 나야 Julie. 음, 이번 주 토요일에 무슨 계획 있니? 없으면 같이 노래 부르러 가는 건 어때?

2nd Story

[장소] I know a fantastic place to sing and drink. If I remember correctly, you haven't been to Misari. [약속 장소] Shall we meet at the subway station near Misari? [시간] I think 7 p.m. on that day would be okay with me.

내가 노래도 부르고 술도 한 잔 할 수 있는 멋진 곳을 알거든. 내 기억이 옳다면 아마 너 미사리에는 가본 적이 없을 거야. 미사리 인근에 있는 지하철역에서 만날까? 난 그날 저녁 7시면 좋을 거 같은데.

3rd Story

[친구의 의사] How about you? [부탁] One more thing, can you bring something for us to drink? It'll be great!

너는 어때? 한 가지 더 음료수 좀 가져올 수 있니? 그러면 정말 좋을 것 같다!

Voca   correctly 정확하게, 올바르게

Q2 함께 노래를 부를 수 없는 상황 해결하기 Tr-0606

I'm sorry, but you have a problem which you need to solve. Your friend and you have planned to go singing together, but you remember that there is a family gathering on Saturday. Call your friend and explain the situation. Then offer two or three alternatives about this issue.

유감스럽게도 해결해야 할 문제가 생겼습니다. 친구와 함께 노래를 부를 계획이었는데 토요일에 가족 모임이 있다는 것을 알게 된 것입니다. 친구에게 전화해서 상황을 설명하세요. 그리고 나서 이 문제에 대한 대안을 두세 가지 제시해 보세요.

KEY POINTS

키워드 have a problem, you remember that there is a family gathering, Call, explain the situation, offer, alternatives

리스닝 포인트 친구와 노래를 부르려고 했는데, 그 날 가족 모임이 있다는 문제 상황이 주어졌고 이를 해결할 수 있는 적절한 대안을 제시해보라고 묻고 있구나.

스피킹 포인트 어떤 모임 때문에 함께 노래를 부를 수 없는 건지 자세하게 설명하고 약속을 지킬 수 없게 되었으니 다음에 노래를 부르든지, 모임이 끝나고 좀 늦게 노래를 부르든지, 아니면 다른 일을 하자는 대안을 제시해보자.

HOW TO MAKE A STORY

1st Story

[인사와 자기소개] Hello. This is Julie. [전화를 건 목적] I'm sorry, but I must tell you what's occurred to me. [상황 설명] I don't think I can make it this Saturday.

안녕, 나야 Julie. 미안한데 나한테 일어난 일을 얘기해줄게. 이번 주 토요일 약속이 어려울 것 같아.

2nd Story

[가족 모임] I totally forgot that I have a family gathering on the same day. [식사를 사는 대안] Well, how about letting me treat you next week sometime? I'll buy you a great lunch instead.

그날 가족 모임이 있다는 것을 까맣게 잊어버리고 있었어. 음, 내가 다음 주 중에 밥을 사면 안 될까? 내가 대신에 근사한 점심을 한 번 살게.

3rd Story

[날짜를 연기하는 대안] Or we can absolutely make another plan to sing next weekend. [제안] If you like neither the former nor the latter, just say what you prefer.

아니면 다음 주 주말에 노래 부를 약속을 다시 잡는 것도 괜찮고. 전자든 후자든 둘 다 내키지 않으면 네가 선호하는 걸 말해줘.

Voca former 전자의   latter 후자의

Q3 약속을 취소한 경험 　Tr-0606

Have you ever experienced that you canceled an appointment due to a family gathering or affair? What was the appointment about? Why did you cancel it? How did you handle that? Please tell me about it in as much detail as you can.

가족 모임이나 집안일 때문에 약속을 취소한 경험이 있나요? 어떤 약속이었나요? 그 약속을 왜 취소했죠? 그 문제는 어떻게 해결했나요? 약속을 취소했던 경험에 대해 최대한 자세히 얘기해 보세요.

KEY POINTS

키워드 experienced, canceled an appointment due to a family gathering or affair, What, appointment, Why, cancel, How, handle

리스닝 포인트 가족 모임이나 행사 때문에 약속을 취소한 경험을 묻는 문제이구나. 어떤 약속이고 왜 취소했는지, 어떻게 해결했는지를 묻고 있네. 바로 앞 Role-play 상황과 비슷한 내용으로 이어지는 질문이구나.

스피킹 포인트 실제로 가족 모임이나 행사 때문에 약속을 취소한 경험이 있는지를 먼저 밝히고 물어보는 질문에 차례대로 대답하도록 하자.

HOW TO MAKE A STORY

○ 1st Story

[경험 유무] Yes, I had an experience in which I put off an appointment with my friend.
[친구와의 약속] I planned on going to a movie with him, but something suddenly happened.

네, 친구와의 약속을 취소한 경험이 있습니다. 친구와 같이 영화를 보기로 했는데 갑자기 일이 생긴 적이 있습니다.

○ 2nd Story

[약속을 지키지 못한 문제점 설명] It was about my family. [당시 상황 설명] My mom called and told me with a quivering voice that my grandfather collapsed in the street. It was when I was back in junior high school. [약속 취소] I had to cancel the appointment with my friend and ran to the hospital which my grandfather was in.

제 가족과 관련된 일이었는데요. 어머니가 전화를 하셔서 떨리는 목소리로 할아버지가 거리에서 쓰러지셨다고 하셨습니다. 저는 그때 중학교에서 돌아오고 있을 때였습니다. 저는 친구와의 약속을 취소해야 했고 할아버지가 계신 병원으로 달려갔습니다.

○ 3rd Story

[친구의 이해] My friend not only understood my problem but also came to the hospital with me.
[다시 지킨 약속] A few days later, my grandfather recuperated and I was able to go to the movies with my friend. I bought him dinner, too.

제 친구는 제 문제를 이해해줬을 뿐만 아니라 저와 함께 병문안을 가줬습니다. 며칠 후 할아버지는 건강을 회복하셨고 저는 친구와 함께 영화관에 갈 수 있었습니다. 저는 친구에게 저녁도 사줬습니다.

○ Voca

put off 취소하다　quivering 떨리는　collapse 넘어지다, 졸도하다　recuperate 회복하다

How to NEW
OPIc

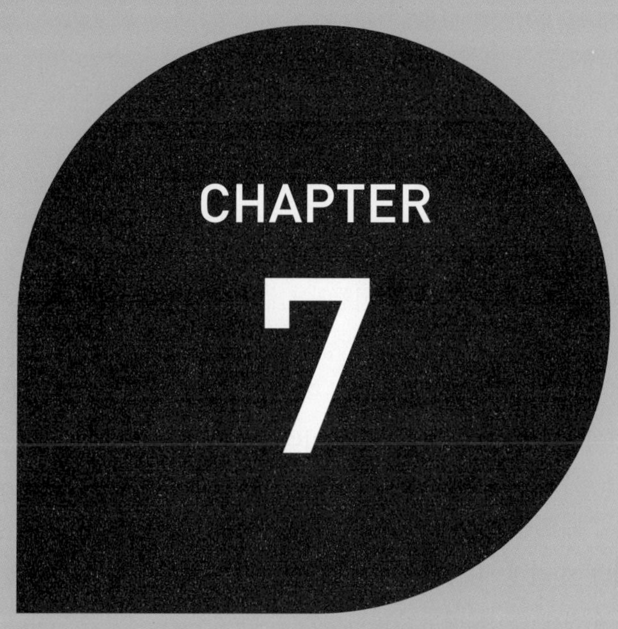

CHAPTER
7

UNIT 1 요리

Stage 1 요리 길잡이

Chapter 6에 이어서 Chapter 7에서는 취미 생활과 관련된 중요한 항목 네 개를 추가로 구성하였습니다. 본서는 여가 활동, 취미 생활, 스포츠에서 총 24개의 항목을 자세하게 다루고 있으므로 수험생 여러분들이 보다 폭넓게 항목을 선택하여 준비할 수 있습니다. 이번에 학습하게 될 항목은 요리, 애완동물 그리고 뉴오픽이 도입되면서 삭제된 항목인 인터넷 서핑과 독서 등 네 가지입니다.

앞서 말씀드렸던 것처럼 뉴오픽에서 삭제된 여러 특정 항목들이 빈번하게 시험에 출제되고 있기 때문에 충분한 사전 준비가 필요합니다. 인터넷 서핑과 독서는 돌발문제로 분류하여 별도로 학습해야 할 필수 항목입니다. 뉴오픽의 새로운 돌발문제 형태로 이해해두기 바랍니다.

이번 Unit 1에서는 '요리' 항목을 살펴볼 텐데요. 요리는 여성들이 좀 더 즐겨 선택하는 항목이지만 복잡한 요리 이외에도 남성들이 쉽게 할 수 있는 요리도 포함이 되기 때문에 남녀 모두 자유롭게 선택할 수 있습니다. 라면, 볶음밥, 비빔밥, 카레 등 별 어려움 없이 할 수 있는 요리를 답변으로 활용해 보세요.

요리와 관련해서는 기본적으로 가장 좋아하는 음식과 요리를 묻는 문제가 출제됩니다. 그리고 요리를 얼마나 자주 하는지, 어디에서 하는지를 묻는 질문도 예상할 수 있고요. 요리를 잘 하는 비법, 노하우, 또는 초보자가 주의해야 할 점들을 설명해보라는 질문과, 좋아하는 요리 한 가지를 선택해서 조리 과정을 아주 자세하게 설명해 보라는 질문도 자주 등장하고 있습니다.

언제부터 요리에 관심을 가지게 되었고 어떻게 요리를 배웠는지를 묻는 질문, 최근에 한 요리를 자세하게 얘기해 보라는 질문, 요리를 하면서 어려웠거나 기억에 남는 일을 묻는 질문 등 과거 경험과 관련된 질문도 적절하게 대비해야 합니다.

Stage 2 요리 빈출문제

IL~IM 1, 2 등급 공략

Q1 좋아하는 요리 소개

You indicated in the survey that you like to cook. What food do you like to cook? Is there a special reason why you like it? Tell me in detail.

설문에서 당신은 음식을 즐겨한다고 답했습니다. 어떤 음식을 즐겨 만드나요? 그 음식을 좋아하는 특별한 이유라도 있나요? 자세히 말해 보세요.

Q2 조리법 설명

Select one of your favorite foods and tell me about its recipe from beginning to end.

당신이 좋아하는 음식 중 하나를 선택해서 그 음식의 조리법을 처음부터 끝까지 설명해 보세요.

Q3 요리 복합질문

How often do you normally cook? When and where do you like to cook? And with whom do you usually cook? Tell me all the details.

주로 얼마나 자주 요리를 하나요? 언제, 어디에서 요리를 즐겨 하죠? 그리고 주로 누구와 함께 요리를 하나요? 자세하게 얘기해 보세요.

Stage 3 ACTUAL TEST

 **좋아하는 요리 소개** Tr-0701

You indicated in the survey that you like to cook. What food do you like to cook? Is there a special reason why you like it? Tell me in detail.

설문에서 당신은 음식을 즐겨한다고 답했습니다. 어떤 음식을 즐겨 만드나요? 그 음식을 좋아하는 특별한 이유라도 있나요? 자세히 말해 보세요.

KEY POINTS

키워드　　　　What food, like to cook, why you like it

리스닝 포인트　좋아하는 음식과 그 음식을 왜 좋아하는지 묻는 질문이구나.

스피킹 포인트　먼저 좋아하는 음식에 대해서 소개를 해주고 간단한 요리 방법과 좋아하는 이유를 답변하도록 하자.

STEP BY STEP

1st Step _ 서론

스토리텔링　　좋아하는 음식(한국 음식)

브레인스토밍　좋아하는 한국 음식이 무엇이고 얼마나 좋아하는지를 간단하게 소개하며 답변을 시작한다.

2nd Step _ 본론

스토리텔링　　요리를 하게 된 이유 / 좋아하는 요리 / 요리의 특징

브레인스토밍　요리를 하게 된 이유, 좋아하는 요리의 맛과 특징에 대해서 중점적으로 설명해준다.

3rd Step _ 결론

스토리텔링　　함께 먹는 음식

브레인스토밍　국수와 곁들여 먹으면 좋은 음식들을 설명하면서 답변을 마무리한다.

1st Story

좋아하는 음식(한국 음식) I like to cook Korean food. I really crave Korean food more than other kinds of food.

2nd Story

요리를 하게 된 이유 Also, since I live with my sister, I have to cook for myself.

좋아하는 요리 Especially, I like to cook food with noodles because they are my favorite, and often, I create a fusion cuisine with my own recipe in Korean style.

요리의 특징 Usually, I like cooking the noodles a bit spicy because spiciness invigorates me after a long day of work.

3rd Story

함께 먹는 음식 With noodles, I usually have chicken and pineapple to balance the nutrients.

Full Story

I like to cook Korean food. I really crave Korean food more than other kinds of food. Also, since I live with my sister, I have to cook for myself. Especially, I like to cook food with noodles because they are my favorite, and often, I create a fusion cuisine with my own recipe in Korean style. Usually, I like cooking the noodles a bit spicy because spiciness invigorates me after a long day of work. With noodles, I usually have chicken and pineapple to balance the nutrients.

저는 한국 음식 요리를 좋아합니다. 저는 어떤 다른 종류의 음식들보다 한국 음식을 정말 좋아합니다. 그리고 제가 여동생과 함께 살고 있어서 저는 스스로 요리를 해야 합니다. 특히, 제가 면류를 좋아하고 종종 저만의 한국 스타일의 조리법으로 퓨전 요리를 만들어 낼 수 있어서 저는 면류 요리를 좋아합니다. 매콤함은 하루 동안 일로 찌든 저에게 기운을 북돋아주기 때문에 저는 면 요리들을 보통 약간 맵게 만듭니다. 균형 잡힌 영양을 위해서 저는 면류와 함께 보통 닭고기나 파인애플을 함께 먹습니다.

Voca crave 갈망하다, 열망하다 fusion 퓨전, 융합 invigorate 활기를 북돋우다 nutrient 영양소

Q2 조리법 설명 ◯ Tr-0701

Select one of your favorite foods and tell me about its recipe from beginning to end.

당신이 좋아하는 음식 중 하나를 선택해서 그 음식의 조리법을 처음부터 끝까지 설명해 보세요.

KEY POINTS

키워드 Select, tell, its recipe from beginning to end

리스닝 포인트 좋아하는 음식을 하나 골라서 그 음식의 조리법을 설명해 보라는 거구나.

스피킹 포인트 먼저 요리를 선택하고, 요리에 필요한 재료와 요리 시작부터 완성될 때까지 조리 과정을 순서대로 답변해 보자.

STEP BY STEP

○ 1st Step _ 서론

스토리텔링 된장국 / 즐겨 만드는 이유

브레인스토밍 즐겨 만드는 요리인 된장국과 된장국을 즐겨 만드는 이유에 대해 얘기한다.

○ 2nd Step _ 본론

스토리텔링 비법 / 조리법 / 주의사항

브레인스토밍 된장국의 핵심인 국물에 대한 비법과 함께 된장국의 조리법 그리고 주의사항을 자세히 설명한다.

○ 3rd Step _ 결론

스토리텔링 건강에 좋은 이유

브레인스토밍 된장국이 건강에 어떻게 좋은지를 간단하게 추가 설명하면서 답변을 종결한다.

HOW TO MAKE A STORY

1st Story

된장국	I have many favorite foods, but I especially like to cook soy-paste soup with spinach and tofu.
즐겨 만드는 이유	I like to cook this kind of soup for two reasons. First, I like tofu in soup. Second, the soy-paste is good for my health.

2nd Story

비법	The secret to making the proper broth is to use anchovy and onions.
조리법	I need to boil them together for a long time to get a strong broth, and it will be the base for this soup.
주의사항	I try not to boil spinach and tofu for too long because they will lose their taste.

3rd Story

건강에 좋은 이유	The soup I make is without much seasoning, so it is one more reason that it's good for me.

Full Story

I have many favorite foods, but I especially like to cook soy-paste soup with spinach and tofu. I like to cook this kind of soup for two reasons. First, I like tofu in soup. Second, the soy-paste is good for my health. The secret to making the proper broth is to use anchovy and onions. I need to boil them together for a long time to get a strong broth, and it will be the base for this soup. I try not to boil spinach and tofu for too long because they will lose their taste. The soup I make is without much seasoning, so it is one more reason that it's good for me.

좋아하는 음식들이 많이 있지만 저는 특히 시금치와 두부를 넣은 된장국을 즐겨 만듭니다. 두 가지 이유 때문에 이런 종류의 국 요리를 좋아합니다. 첫째 국에 넣는 두부를 좋아하고, 둘째 된장이 건강에 좋기 때문입니다. 제대로 된 국물을 만드는 비법은 멸치와 양파를 사용하는 것입니다. 진한 국물을 만들기 위해서 장시간 동안 그 재료들을 끓여야 하고 그 국물이 바로 이 국의 기본이 됩니다. 시금치와 두부는 맛을 잃어버리기 때문에 오래 끓이지 않으려고 노력합니다. 제가 만드는 국은 조미료를 많이 사용하지 않기 때문에 이것이 건강에 좋은 또 하나의 이유라 할 수 있습니다.

Voca   soy-paste soup 된장국   spinach 시금치   tofu 두부   broth (걸쭉한) 스프, 죽   anchovy 멸치

애완동물

Stage 1 애완동물 길잡이

이번에 학습하게 될 항목은 바로 '애완동물'입니다. 요즘에는 거의 모든 가정에서 애완동물을 키울 정도로 남녀노소 애완동물을 좋아하는 것 같습니다. 애견샵과 동물 병원도 길거리에서 쉽게 볼 수 있고 애완동물 관련 TV 프로그램도 많이 생긴 걸 보면 애완동물에 대한 관심이 많아졌음을 자연스럽게 느낄 수 있습니다.

실제 애완동물을 키운 경험이 없다고 하더라도 애완동물 관련 질문을 이해하고 답변에 어려움이 없다면 얼마든지 선택해도 좋습니다. 과거에 애완동물을 기른 경험이 있거나 앞으로 애완동물을 길러보고 싶은 경우에도 애완동물 항목을 공략해 보세요.

그럼 애완동물과 관련해서 지금까지 어떤 문제들이 자주 출제되었는지 자세하게 설명 드리겠습니다. 먼저 기르고 있는 애완동물의 종이 무엇이고 어떻게 생겼는지를 묻는 질문이 기본적으로 등장하게 됩니다. 애완동물을 기르는 이유가 무엇인지를 묻는 문제도 예상해 볼 수 있고요. 애완동물을 키울 때 장단점을 예를 들어 설명해 보라는 질문도 등장할 수 있습니다. 주로 평일에 애완동물과 함께 어떻게 지내는지 일상생활을 얘기해 보라는 질문까지 정리해볼 수 있습니다.

애완동물을 어떻게, 언제부터 키우게 되었는지를 묻는 질문, 애완동물을 기를 때 집에서 반대는 없었는지, 있었다면 어떤 문제였는지를 묻는 질문, 애완동물을 기르면서 재미있거나 특별히 기억에 남는 일이 무엇인지를 묻는 질문 등 과거 경험과 관련된 문제도 함께 정리해두기 바랍니다.

그럼 애완동물과 관련된 빈출 문제를 살펴본 후에 실전문제를 통해서 더 자세하게 대비해 보세요.

Stage 2 애완동물 빈출문제

IL~IM 1, 2 등급 공략

Q1 애완동물 묘사

You indicated in the survey that you have a pet. What does it look like? Please describe it for me in detail.

설문에서 당신은 애완동물을 기르고 있다고 했습니다. 애완동물은 어떻게 생겼나요? 자세히 묘사해 보세요.

Q2 애완동물과 함께 하는 활동 설명

What kind of activities do you usually do with your pet at home and outdoors? Tell me about them in detail.

집 그리고 야외에서 애완동물과 보통 어떤 활동들을 하나요? 자세히 말해 보세요.

Q3 애완동물을 기르는 이유 설명

Why do you raise a pet? Is there a special reason why you have a pet? Tell me with a lot of details.

당신은 왜 애완동물을 기르나요? 애완동물을 기르는 특별한 이유가 있나요? 자세하게 얘기해 보세요.

Q4 애완동물을 기를 때 장단점 설명

I think there are some advantages and disadvantages to raising a pet. Can you tell me in detail about the merits and demerits?

애완동물을 기르는 것에는 장점과 단점들이 있을 것 같습니다. 그 장점과 단점들을 자세하게 얘기해 주시겠어요?

Stage 3 ACTUAL TEST

 **애완동물 묘사** Tr-0702

You indicated in the survey that you have a pet. What does it look like? Please describe it for me in detail.

설문에서 당신은 애완동물을 기르고 있다고 했습니다. 애완동물은 어떻게 생겼나요? 자세히 묘사해 보세요.

KEY POINTS

키워드	you have a pet, What, look like, describe it
리스닝 포인트	애완동물이 어떻게 생겼는지 묘사해보라는 질문이구나.
스피킹 포인트	애완동물의 종과 이름, 그리고 얼굴, 다리, 꼬리 등 전체적인 생김새를 자세하게 묘사해보자.

STEP BY STEP

1st Step _ 서론

스토리텔링　애완동물의 종 / 나이

브레인스토밍　기르고 있는 애완동물의 종과 나이 등 기본적인 정보를 소개하면서 답변을 시작한다.

2nd Step _ 본론

스토리텔링　얼굴 / 다리

브레인스토밍　애완동물의 외모를 설명하기 위해서 눈이나 코, 입 등 얼굴과 다리를 자세히 묘사한다.

3rd Step _ 결론

스토리텔링　꼬리

브레인스토밍　애완동물의 외모에 대한 마지막 설명으로 꼬리의 모습과 특징 등을 추가로 설명하면서 답변을 마무리 짓는다.

1st Story

애완동물의 종   My pet is a Siberian Husky with gray and black fur.

나이   It is still young, but it is as tall as my thigh.

2nd Story

얼굴   Its face is a bit broader than most Huskies with a shorter snout, but it has pointy ears. Its fur is a bit thick, but really soft, and its eyes are icy blue, contrasting to its gray and black fur. Its nose is particularly black and shiny.

다리   Its legs have white fur, but its four feet are black fur, so it looks like it's wearing black socks.

3rd Story

꼬리   When compared with the body, its tail is long and thick with fur, so whenever it waves its tail, it makes swooshing sounds.

Full Story

My pet is a Siberian Husky with gray and black fur. It is still young, but it is as tall as my thigh. Its face is a bit broader than most Huskies with a shorter snout, but it has pointy ears. Its fur is a bit thick, but really soft, and its eyes are icy blue, contrasting to its gray and black fur. Its nose is particularly black and shiny. Its legs have white fur, but its four feet are black fur, so it looks like it's wearing black socks. When compared with the body, its tail is long and thick with fur, so whenever it waves its tail, it makes swooshing sounds.

제 애완동물은 회색과 검정색 털의 시베리안 허스키입니다. 아직 어린 편이지만, 이미 제 허벅지 높이만큼 자랐습니다. 얼굴은 코가 짧은 대부분의 허스키보다 약간 넓은 편이지만, 쫑긋한 귀를 가지고 있습니다. 털은 약간 두텁지만 정말 부드럽고, 회색과 검은색의 털과는 대조적으로 눈은 차가운 파란색입니다. 코는 특히 검고 빛이 납니다. 다리에는 하얀색 털이, 네 개의 발에는 검정색 털이 나 있어서 검은색 양말을 신은 것처럼 보입니다. 몸집과 비교해 볼 때 털로 둘러싸인 꼬리는 길고 두꺼워서 꼬리를 흔들 때마다 획획 소리가 납니다.

Voca

fur (동물의) 털   **thigh** 넓적다리   **snout** (동물의) 코   **tail** 꼬리   **swoosh** 획(쌩)하는 소리를 내며 움직이다

Q2 애완동물과 함께 하는 활동 설명 Tr-0702

What kind of activities do you usually do with your pet at home and outdoors?
Tell me about them in detail.

집 그리고 야외에서 애완동물과 보통 어떤 활동들을 하나요? 자세히 말해 보세요.

KEY POINTS

키워드   What, activities, do with your pet at home and outdoors

리스닝 포인트   질문에 'activities'가 나왔으니 애완동물과 함께 하는 활동을 묻고 있고, 뒤에 집과 야외라는 장소가 주어졌구나.

스피킹 포인트   집 안과 밖에서 하는 활동들을 구분해서 다양한 활동들을 설명해보자.

STEP BY STEP

1st Step _ 서론

스토리텔링   애완동물 소개 / 좋아하는 점

브레인스토밍   내가 기르고 있는 애완동물에 대한 기본적인 설명과 애완동물이 좋아하는 것들에 대해 얘기한다.

2nd Step _ 본론

스토리텔링   집 안에서의 활동

브레인스토밍   집 안에서 애완동물과 함께 하는 활동들을 구체적으로 예를 들면서 설명해주는 것이 좋다.

3rd Step _ 결론

스토리텔링   집 밖에서의 활동

브레인스토밍   집 밖에서 애완동물과 즐겨하는 활동을 설명하면서 답변을 마무리 짓는다.

HOW TO MAKE A STORY

1st Story

애완동물 소개   Granted that my dog is a Siberian Husky, it is very active.

좋아하는 점   It loves to go outside and play with me.

2nd Story

집 안에서의 활동   It likes to move around even when it's inside the house, so I have to be always energetic to accompany my dog. Inside the house, I try to calm it down as much as I can, but if it persists, I play catch-the-ball with it in the living room.

3rd Story

집 밖에서의 활동   I take my dog outside when I ride my bike around the park. When I think it feels like running, we come to a stop to play catch-the-ball.

Full Story

Granted that my dog is a Siberian Husky, it is very active. It loves to go outside and play with me. It likes to move around even when it's inside the house, so I have to be always energetic to accompany my dog. Inside the house, I try to calm it down as much as I can, but if it persists, I play catch-the-ball with it in the living room. I take my dog outside when I ride my bike around the park. When I think it feels like running, we come to a stop to play catch-the-ball.

제 애완견이 시베리안 허스키이긴 하지만 아주 활동적입니다. 저와 함께 밖에 나가서 뛰어 노는 것을 정말 좋아하죠. 집안에 있을 때조차도 이리저리 움직이는 것을 좋아해서 개와 함께 놀아주려면 저도 항상 힘이 넘쳐야 합니다. 집안에서는 가급적이면 개를 얌전히 시키려고 하지만 애완견이 계속해서 조르면 거실에서 캐치볼 놀이를 합니다. 공원 주변에서 자전거를 탈 때에는 애완견을 밖으로 데리고 나갑니다. 애완견이 달리고 싶어 하는 것 같으면 우리는 멈춰서 캐치볼 놀이를 합니다.

Voca

granted that ~라고 하더라도   **accompany** 동반하다, 동행하다   **persist** 집요하게 계속하다, 고집스럽게 계속하다   **come to a stop** 멈추다, 서다

제1탄   OPIc Experience Questions

Intermediate Mid 3 등급 공략 첫 번째는 요리, 애완동물과 관련된 과거 경험 문제입니다. 먼저 요리 항목에서 자주 출제되는 과거 문제는 요리에 관심을 가지게 된 때와 계기, 그리고 요리를 어떻게 배웠는지를 묻는 질문입니다. 최근에 만든 요리를 자세하게 얘기해 보라는 질문과 요리를 하면서 직접 겪었던 기억에 남는 일을 얘기해 보라는 질문도 함께 대비해 두세요.

Stage 1   IM3 등급 공략 OPIc QUESTIONS

요리

Q1 When was the last time you cooked some food? What kind of food was it? Why did you cook? Was it delicious? Please tell me about your recent cooking with a lot of details.

가장 최근에 언제 음식을 만들었나요? 어떤 종류의 음식이었나요? 그 요리는 왜 만들었죠? 맛이 있었나요? 최근에 만든 요리에 대해 자세히 얘기해 보세요.

Q2 Have you ever experienced an interesting or memorable thing while cooking? When was it? What was the thing about? Why was it so interesting or memorable to you? Tell me all the details.

요리를 하면서 재미있거나 기억에 남는 일을 경험한 적이 있나요? 그게 언제였나요? 어떤 일이었죠? 왜 그 일이 그렇게 재미있거나 기억에 남는 건가요? 자세하게 얘기해 보세요.

애완동물

Q3 Let's talk about some difficult things that you have experienced while raising your pet. What problems did you have? How did you handle those problems? Tell me with a lot of details.

애완동물을 기르면서 당신이 경험했던 어려웠던 점들에 대해서 얘기해 보겠습니다. 어떤 문제들을 가지고 있었나요? 그 문제들을 어떻게 처리했죠? 자세하게 얘기해 보세요.

애완동물과 관련해서는 요리와 마찬가지로 애완동물을 기르게 된 때와 계기를 묻는 과거 질문이 자주 등장합니다. 추가로 애완동물을 기르면서 겪었던 어려웠던 경험들을 얘기해 보라는 질문까지 함께 잘 대비해두기 바랍니다.

Stage 2 ACTUAL TEST

Q1 최근에 만든 요리  Tr-0703

When was the last time you cooked some food? What kind of food was it? Why did you cook? Was it delicious? Please tell me about your recent cooking with a lot of details.

가장 최근에 언제 음식을 만들었나요? 어떤 종류의 음식이었나요? 그 요리는 왜 만들었죠? 맛이 있었나요? 최근에 만든 요리에 대해 자세히 얘기해 보세요.

KEY POINTS

키워드 the last time you cooked, What, food, Why did you cook

리스닝 포인트 가장 최근에 한 요리를 묻고 있군. 왜 그리고 어떤 음식을 만들었는지, 맛은 어땠는지를 구체적으로 묻고 있구나.

스피킹 포인트 요리를 했던 가장 최근 시간, 요리를 한 이유, 음식 등이 질문의 핵심이므로 요리했던 날을 떠올리며 빠뜨리지 않고 대답해보자.

HOW TO MAKE A STORY

1st Story

[요리를 만든 시기] Last night, I cooked some mixed rice with beef and vegetables. [이유] My friends came over to my place to hang out, so I cooked my favorite dish.

어젯밤에 저는 소고기와 야채를 곁들인 볶음밥을 만들었습니다. 친구들이 집에 놀러 와서 제가 좋아하는 요리를 만들었습니다.

2nd Story

[요리의 맛] I liked the taste of it, and my friends also loved it. [재료 준비] First, I prepared vegetables, washed them and cut them into pieces. [조리법(간장과 고추장으로 볶기)] Then, I fried them with some soy sauce and red pepper paste.

볶음밥이 아주 맛있었고 친구들 역시 볶음밥을 좋아했습니다. 우선 저는 야채를 준비했고 씻어서 잘게 썰었습니다. 그러고 나서 간장과 고추장을 넣고 함께 볶았습니다.

3rd Story

[조리법(밥 넣기)] Next, I added rice into the pan and mixed everything well. [조리법(양념 첨가)] After the mixing, I tasted it and then added more seasoning.

그런 다음 프라이팬에 밥을 넣고 모든 음식 재료들을 잘 섞었습니다. 모두 잘 버무린 후에 맛을 보면서 양념을 약간 더 넣었습니다.

Voca soy sauce 간장   red pepper paste 고추장   seasoning 양념

제 2 탄　OPIc Role-play Questions

Intermediate Mid 3 등급 공략 두 번째 포인트에서 살펴볼 내용은 바로 요리 Role-play Three Combo입니다. 애완동물보다는 요리 관련 Role-play 문제가 출제될 가능성이 높아서 실전문제로 구성하였으니 주의 깊게 살펴보고 대비하시기 바랍니다. 요리와 관련해서는 어떤 상황이 주어지고 어떤 돌발 상황이 발생하는지 먼저 질문부터 살펴보겠습니다.

Stage 1　IM3 등급 공략 OPIc QUESTIONS

요리 관련 Role-play

Q1 I'll give you a situation and ask you to act it out. Suppose that your friend wants you to help cook food for a party. Call your friend and leave a message, asking three or four questions about it.

상황을 드릴 테니 역할 연기를 해보세요. 친구가 파티에 필요한 음식 준비를 도와주었으면 한다고 가정해보겠습니다. 친구에게 전화해서 음식 준비와 관련된 서너 가지 질문을 메시지로 남기세요.

Q2 I'm sorry, but you have a problem which you need to solve. You are scheduled to cook some food for your friend's party, but you have to handle an important arrangement. Call your friend to explain the situation. Then offer two or three alternatives about this matter.

유감스럽게도 해결해야 할 문제가 생겼습니다. 친구의 파티에 필요한 음식 준비를 돕기로 되어 있는데 중요한 일을 처리해야만 합니다. 친구에게 전화해서 상황을 설명하세요. 그리고 나서 이 문제에 대한 대안을 두세 가지 제시해 보세요.

Q3 Have you ever experienced a time that you couldn't do your friends' or others' a favor due to a problem? What was the favor about? Why couldn't you do it? How did you handle that? Please tell me about it in as much detail as you can.

어떤 문제 때문에 친구들이나 다른 사람들의 부탁을 들어 줄 수 없었던 적이 있었나요? 어떤 부탁이었나요? 왜 도와줄 수 없었죠? 그 문제를 어떻게 해결했나요? 그 경험에 대해 최대한 자세하게 얘기해 보세요.

첫 번째 상황은 친구가 요리를 도와달라고 하니 전화해서 요리 관련 질문을 해보라는 거군요. 그리고 요리를 도와주기로 했는데 다른 일 때문에 도와 줄 수 없는 돌발 상황이 발생했습니다. 이런 상황을 설명하고 대안을 제시하라는 질문이 두 번째 상황입니다. 마지막 문제는 2번 문제처럼 친구의 부탁을 들어주지 못했던 직접적인 경험을 묻는 질문이 주어졌습니다. 요리, 친구의 부탁, 부탁을 거절한 경험의 질문 패턴을 잘 이해해 두세요.

Q1 파티 음식 요리  Tr-0703

I'll give you a situation and ask you to act it out. Suppose that your friend wants you to help cook food for a party. Call your friend and leave a message, asking three or four questions about it.

상황을 드릴 테니 역할 연기를 해보세요. 친구가 파티에 필요한 음식 준비를 도와주었으면 한다고 가정해보겠습니다. 친구에게 전화해서 음식 준비와 관련된 서너 가지 질문을 메시지로 남기세요.

KEY POINTS

키워드　your friend wants you to help cook food, Call, leave a message, asking, questions

리스닝 포인트　친구가 음식 준비를 도와 달라고 하니 전화해서 몇 가지 물어보라는 질문이구나.

스피킹 포인트　전화하는 상황이니 전화 건 목적을 먼저 말하고 음식 준비와 관련해서 궁금한 점을 네 가지 정도 물어보도록 하자.

HOW TO MAKE A STORY

○ 1st Story

[인사와 자기소개] Hello, Sumi. This is Lizy. [전화를 건 목적] I have a question about the food that you want for the party.

안녕, 수미야. 나야 리지. 네가 하고 싶은 파티 음식에 대해 물어볼게 좀 있어.

○ 2nd Story

[음식 종류] First, what kind of dish do you want me to cook? Do you want it to be the main dish, side dish, or some casual dessert? [인원 수] How many servings should I prepare? [음식의 양] Do you want a lot of foods or just a dish or two?

우선 내가 어떤 종류의 음식을 만들었으면 좋겠니? 주 요리, 반찬, 아니면 가벼운 디저트를 준비할까? 몇 인분을 준비해야 하는 거니? 많이 만들까, 아니면 한두 접시 정도면 되는 거야?

○ 3rd Story

[준비 기간] And finally, when do you need it? [음식 상태] I know that the party starts at seven, but I was wondering if the food will be served hot or cold. Let me know about it!

그리고 마지막으로 언제 필요해? 파티가 7시에 시작하는 건 아는데 요리가 따뜻해야 하는지 아니면 차가워야 하는지 궁금해서. 알려 주렴!

○ Voca　side dish 곁들임 요리, 반찬　serving 1인분

Q2 요리를 도와줄 수 없는 상황 해결 Tr-0703

I'm sorry, but you have a problem which you need to solve. You are scheduled to cook some food for your friend's party, but you have to handle an important arrangement. Call your friend to explain the situation. Then offer two or three alternatives about this matter.

유감스럽게도 해결해야 할 문제가 생겼습니다. 친구의 파티에 필요한 음식 준비를 돕기로 되어 있는데 중요한 일을 처리해야만 합니다. 친구에게 전화해서 상황을 설명하세요. 그러고 나서 이 문제에 대한 대안을 두세 가지 제시해 보세요.

KEY POINTS

키워드　　have a problem, scheduled to cook, have to handle an important arrangement, Call, explain the situation, offer, alternatives

리스닝 포인트　문제가 생겼네. 요리를 도와주기로 했는데 중요한 일을 끝내야 하는 상황이 주어졌군. 친구에게 전화해서 상황을 설명하고 대안을 제시해보라는 질문이구나.

스피킹 포인트　무슨 일 때문에 요리를 도와줄 수 없는지를 자세하게 설명하는 게 중요하고, 이 문제에 대한 대안을 두 가지 정도 제시해보자.

HOW TO MAKE A STORY

1st Story

[인사] Hello, Sumi. This is Lizy. [상황 설명] I have a problem. I must attend an urgent meeting with an important person.

안녕, 수미야. 나야 리지. 문제가 좀 생겼어. 중요한 사람과 아주 급한 미팅에 참가해야 해.

2nd Story

[문제점 설명] So I don't think I can cook for your party. I am very sorry. [다른 사람들에게 부탁하는 대안] But I can ask some other people to cook for you, like my sister or friends. [식당을 알려주는 대안] If you don't like that idea, I can introduce you to various restaurants that can cater for your event.

그래서 네 파티에 필요한 요리를 만들 수 없을 것 같아. 정말 미안해. 내 여동생이나 친구들에게 도와달라고 부탁할 수 있어. 그게 맘에 들지 않으면 파티 음식을 주문할 수 있는 여러 식당들을 소개해줄게.

3rd Story

[확인] Let me know which one you prefer. So long!

어떤 게 좋은 지 알려줘. 안녕!

Voca　urgent 급한　cater 음식을 공급하다

Q3 부탁을 들어줄 수 없었던 경험 Tr-0703

Have you ever experienced a time that you couldn't do your friends' or others' a favor due to a problem? What was the favor about? Why couldn't you do it? How did you handle that? Please tell me about it in as much detail as you can.

어떤 문제 때문에 친구들이나 다른 사람들의 부탁을 들어 줄 수 없었던 적이 있었나요? 어떤 부탁이었나요? 왜 도와줄 수 없었죠? 그 문제를 어떻게 해결했나요? 그 경험에 대해 최대한 자세하게 얘기해 보세요.

KEY POINTS

키워드 experienced a time that, couldn't do your friends' or others' a favor, What, Why couldn't you do it, How, handle

리스닝 포인트 현재완료 질문으로 친구나 다른 사람의 부탁을 들어주지 못한 경험을 묻는 질문이구나. 어떤 부탁이고 왜 들어주지 못했는지, 문제를 어떻게 해결했는지까지 자세하게 묻고 있구나.

스피킹 포인트 실제로 비슷한 경험을 했는지 여부와 결과를 먼저 밝히고 어떤 부탁이었고 왜 거절했는지를 자세하게 답변하도록 하자.

HOW TO MAKE A STORY

○ 1st Story

[해당 경험 소개] I was supposed to drive my friend to her job one day because she had to get to work earlier than usual.

어느 날 제 친구가 평소보다 빨리 회사에 가야 해서 제가 친구를 태워주기로 한 적이 있습니다.

○ 2nd Story

[부탁 내용] She lived far away from her work place, and she asked me to take her there because the subway was too crowded. [도와주기로 한 약속] I promised her to do it, and I got ready to go to her house. [문제점 설명] But when I looked at my car, I found out that one of the tires was flat, which was very unexpected.

친구는 회사에서 먼 곳에서 살고 있었는데 지하철은 너무 혼잡해서 저에게 회사까지 태워달라고 부탁했습니다. 저는 친구에게 그렇게 해주겠다는 약속을 했고 그녀의 집으로 갈 준비를 마쳤습니다. 그런데 제 차를 봤을 때 생각지도 못하게 바퀴에 펑크가 나 있는 것이었습니다.

○ 3rd Story

[결과 소개] So I called to tell her that I couldn't pick her up. [친구의 이해] She was very frustrated, but luckily, she understood my situation. [친구의 해결책(택시)] She took a taxi instead.

그래서 친구에게 전화해서 데리러 갈 수 없다고 했습니다. 친구는 매우 실망했지만 다행히도 제 사정을 이해해주었습니다. 친구는 대신 택시를 타고 갔습니다.

○ Voca be supposed to do ~하기로 되어 있다 crowded 혼잡한 flat 펑크 난, 바람이 빠진 frustrated 실망한

[뉴오픽] 인터넷

Stage 1 [뉴오픽] 인터넷 길잡이

Unit 3, 4에서는 구오픽에서 아주 빈번하게 출제가 되었지만 뉴오픽이 시행되면서 삭제된 항목인 인터넷과 독서에 대해서 살펴볼 예정입니다. 설문조사 항목에서 삭제가 되었는데도 계속해서 돌발문제 형태로 출제되고 있기 때문에 철저한 대비가 필요합니다. 뉴오픽의 새로운 돌발문제로 분류하여 준비하세요.

이번 Unit 3에서 살펴볼 인터넷 주제는 과거에 설문조사 관련 문제도 자주 출제되었고, Role-play에서는 인터넷 쇼핑이 등장하기도 했습니다. 비록 설문조사에서는 없어졌지만 여전히 정기시험에서 출제되고 있으므로 시험 전에 꼭 알아둬야 합니다.

인터넷과 관련하여 자주 등장하고 있는 문제를 살펴보면, 먼저 즐겨 찾는 인터넷 사이트를 소개해 보라는 질문을 기본적으로 예상해볼 수 있습니다. 그리고 즐겨 찾는 사이트에서 어떤 것들을 하는지, 인터넷 활동을 묻는 질문도 꼽을 수 있고요.

인터넷은 얼마나 자주, 어디에서, 언제 하는지를 묻는 복합질문과 인터넷 이용의 장단점을 설명해 보라는 질문, 인터넷상에서는 사람들과 어떻게 의사소통을 하고 연락을 하는지를 묻는 질문도 등장하고 있습니다.

그리고 과거 경험과 관련된 문제들은 먼저 인터넷을 처음 이용했을 때의 감흥은 어땠는지를 묻는 질문을 꼽을 수 있고요. 인터넷을 처음 시작하게 된 계기와 인터넷 이용 방법을 어떻게 배웠는지를 묻는 과거 질문도 출제되고 있습니다.

Chapter 5에서 언급했듯이 구오픽에서 자주 출제되었던 경찰, 농부, 시골 돌발문제는 뉴오픽에서 출제 빈도수가 낮아졌고, 오히려 인터넷과 독서 같은 삭제된 항목들이 더 자주 출제되고 있기 때문에 좀 더 철저하게 대비해야 합니다.

Stage 2 인터넷 빈출문제

IL~IM 1, 2 등급 공략

Q1 좋아하는 웹사이트 묘사

You indicated in the survey that you surf the Internet. What is your favorite Web site? Please describe it for me.

설문에서 당신은 인터넷 서핑을 한다고 답했습니다. 당신이 좋아하는 웹사이트는 어디인가요? 좋아하는 웹사이트를 설명해 보세요.

Q2 인터넷 활동 설명

What kind of activities do you like to do on the Internet? What do you usually do on the Web sites you visit? Tell me about all of them in as much detail as possible.

인터넷으로는 주로 어떤 종류의 활동들을 즐겨 하나요? 방문하는 웹사이트에서 보통 어떤 것들을 하죠? 인터넷 사이트에서 하는 활동들을 모두 말해 보세요.

Q3 인터넷 복합질문

How often do you usually surf the Internet? When and where do you use the Internet? Tell me all the details.

주로 얼마나 자주 인터넷을 서핑하나요? 언제 그리고 어디에서 인터넷을 이용하죠? 자세하게 얘기해 보세요.

Q4 즐겨 찾는 웹사이트 질문하기

I like to browse the Internet, too. Ask me three or four questions about the Web sites I like to visit.

저도 인터넷 검색을 좋아합니다. 제가 즐겨 찾는 웹사이트에 대해서 서너 가지 질문해 보세요.

Stage 3 ACTUAL TEST

Q1 좋아하는 웹사이트 묘사 Tr-0704

You indicated in the survey that you surf the Internet. What is your favorite Web site? Please describe it for me.

설문에서 당신은 인터넷 서핑을 한다고 답했습니다. 당신이 좋아하는 웹사이트는 어디인가요? 좋아하는 웹사이트를 설명해 보세요.

KEY POINTS

키워드	your favorite Web site, describe it
리스닝 포인트	내가 가장 좋아하는 웹사이트를 묘사해 보라는 질문이구나.
스피킹 포인트	좋아하는 웹사이트를 먼저 소개하고 어떤 성격의 웹사이트인지, 그 웹사이트에서는 어떤 것들을 하는지를 간단하게 설명하자.

STEP BY STEP

○ 1st Step _ 서론

스토리텔링　좋아하는 사이트 이름 / 좋아하는 이유

브레인스토밍　좋아하는 웹사이트인 네이트(nate.com)와 좋아하는 이유를 중점적으로 얘기한다.

○ 2nd Step _ 본론

스토리텔링　사이트의 기능 / 즐겨하는 활동

브레인스토밍　해당 사이트에 친구들이 많이 가입해 있으며 해당 사이트에서 제공하는 기능과 그곳에서 하는 활동에 대해 설명한다.

○ 3rd Step _ 결론

스토리텔링　즐겨 찾는 이유

브레인스토밍　해당 사이트를 즐겨 찾는 이유를 종합적으로 설명하면서 답변을 마무리 짓는다.

1st Story

| 좋아하는 사이트 이름 | My favorite Web site is "nate.com" which is a community site. |

좋아하는 이유 It is my favorite Web site because I can connect with my friends through it. Almost all of my friends also use the Web site.

2nd Story

사이트의 기능 It provides spaces where I can upload my pictures and diaries. I can also check on my friends' news and see how they are doing in their lives.

즐겨하는 활동 Not only can I check on my friends, but also I can read articles and listen to music.

3rd Story

즐겨 찾는 이유 I can do many things with just one Web site, so it becomes my favorite place to visit whenever I surf the Internet.

Full Story

My favorite Web site is "nate.com" which is a community site. It is my favorite Web site because I can connect with my friends through it. Almost all of my friends also use the Web site. It provides spaces where I can upload my pictures and diaries. I can also check on my friends' news and see how they are doing in their lives. Not only can I check on my friends, but also I can read articles and listen to music. I can do many things with just one Web site, so it becomes my favorite place to visit whenever I surf the Internet.

제가 좋아하는 웹사이트는 커뮤니티 사이트인 nate.com입니다. 그 웹사이트를 통해서 친구들과 연결될 수 있어서 저는 이 웹사이트를 정말 좋아합니다. 거의 모든 친구들이 이 웹사이트를 이용합니다. 그 사이트는 제 사진이나 일기를 올릴 수 있는 공간을 제공해 줍니다. 친구들이 어떻게 살고 있는지에 관한 소식들을 확인할 수도 있습니다. 제 친구들에 대해 확인할 수 있을 뿐만 아니라 신문 기사를 읽거나 음악을 들을 수도 있습니다. 하나의 웹사이트에서 많은 일들을 할 수 있어서 네이트는 인터넷 서핑을 할 때마다 즐겨 방문하는 곳이 되었습니다.

Voca

connect 연결하다 upload 업로드하다, ~을 올리다 article (신문, 잡지) 기사, 글

Q2 인터넷 활동 설명 Tr-0704

What kind of activities do you like to do on the Internet? What do you usually do on the Web sites you visit? Tell me about all of them in as much detail as possible.

인터넷으로는 주로 어떤 종류의 활동들을 즐겨 하나요? 방문하는 웹사이트에서 보통 어떤 것들을 하죠? 인터넷 사이트에서 하는 활동들을 모두 말해 보세요.

KEY POINTS

키워드   What, activities, do on the Internet, do on the Web sites

리스닝 포인트   질문에 'activities'가 나왔으니 인터넷에서 내가 하는 활동을 묻는 질문이구나..

스피킹 포인트   좋아하는 사이트를 먼저 소개하고, 그 사이트에서 주로 하는 활동과 간단한 목적을 함께 설명하도록 하자.

STEP BY STEP

1st Step _ 서론

스토리텔링   인터넷에서 하는 활동 / 이메일 확인

브레인스토밍   인터넷에서 하는 활동에 대한 질문이므로 먼저 어느 정도, 얼마나 다양한 활동을 하는지에 대해서 말하며 세부적인 활동들을 나열하기 시작한다.

2nd Step _ 본론

스토리텔링   싸이월드 / 친구 소식 확인과 블로그 이용 / 온라인 쇼핑몰

브레인스토밍   인터넷에서 하는 활동을 구체적으로 설명하고, 자주 방문하는 싸이월드와 온라인 쇼핑몰에서의 활동에 대해서 설명한다.

3rd Step _ 결론

스토리텔링   온라인 쇼핑몰 방문 이유 / 온라인을 통한 음식 구매

브레인스토밍   온라인 쇼핑몰을 방문하는 이유와 기타 활동(온라인을 통한 음식 구매)을 추가로 언급하며 답변을 마무리한다.

HOW TO MAKE A STORY

1st Story

인터넷에서 하는 활동   There are many activities that I usually do on the Internet.

이메일 확인   What I do most on the Internet is checking my e-mail.

2nd Story

싸이월드   After that, I visit my mini homepage in Cyworld, which is like Facebook.

친구 소식 확인과 블로그 이용   There, I check on my friends and read some blogs to collect useful information. I read the news there as well.

온라인 쇼핑몰   Also, more often than not I visit the online shopping mall Web sites and look through the new clothes that they have.

3rd Story

온라인 쇼핑몰 방문 이유   Actually, I don't buy clothes online very often. I browse through the online shopping mall to update my fashion sense.

온라인을 통한 음식 구매   Besides those things, I do food shopping online, buying heavy stuff that I can't carry home by myself.

Full Story

There are many activities that I usually do on the Internet. What I do most on the Internet is checking my e-mail. After that, I visit my mini homepage in Cyworld, which is like Facebook. There, I check on my friends and read some blogs to collect useful information. I read the news there as well. Also, more often than not I visit the online shopping mall Web sites and look through the new clothes that they have. Actually, I don't buy clothes online very often. I browse through the online shopping mall to update my fashion sense. Besides those things, I do food shopping online, buying heavy stuff that I can't carry home by myself.

인터넷에서 보통 제가 하는 활동들에는 여러 가지가 있습니다. 인터넷을 통해 가장 많이 하는 일은 이메일을 확인하는 것입니다. 그리고 나서 페이스북과 비슷한 싸이월드에서 제 미니홈피를 방문합니다. 그곳에서는 친구들의 소식도 확인하고 유용한 정보들을 수집하기 위해 블로그도 읽습니다. 물론 그곳에서 뉴스도 읽습니다. 또한 온라인 쇼핑몰에도 자주 방문해서 쇼핑몰에 있는 최신 옷들을 살펴봅니다. 사실 저는 온라인으로 옷을 자주 사는 편은 아닙니다. 최신 패션 감각을 알기 위해 온라인 쇼핑몰을 둘러봅니다. 이런 활동들 이외에도 저는 집으로 가져갈 수 없는 무거운 음식들을 온라인 쇼핑을 통해서 구매하기도 합니다.

Voca

more often than not 자주, 대개   **browse through** 둘러보다, 살펴보다   **stuff** 물건, 사물

[뉴오픽] 독서

Stage 1 [뉴오픽] 독서 길잡이

취미 생활에서 마지막 여덟 번째로 학습하게 될 주제는 바로 '독서'입니다. 독서는 구오픽에서 수험생들이 가장 많이 선택하는 항목이었고 정기 시험에서도 아주 빈번하게 출제되었습니다. 그러나 인터넷과 함께 뉴오픽이 도입되면서 설문조사에서 없어지게 된 것입니다. 설문조사에서는 없어졌지만 독서와 관련된 문제는 뉴오픽에서 오히려 더 자주 출제되고 있기 때문에 꼭 대비해야 할 돌발 문제가 되었습니다.

삭제된 항목 중에서 자주 출제되었던 항목들을 꼭 대비해야 하는 이유가 바로 여기에 있는데요. 독서는 일반문제뿐만 아니라 책과 독서실과 관련된 **Role-play** 문제도 광범위하게 출제가 되고 있습니다. 시험에서 많게는 5~6문제까지 독서와 관련된 문제가 출제될 수 있다는 의미이기 때문에 어떤 항목보다도 더 자세하게 대비해둬야 합니다.

자, 그럼 독서와 관련된 오픽 문제도 간단하게 살펴보도록 하겠습니다. 먼저 기본적으로 좋아하는 책의 종류와 좋아하는 이유를 묻는 질문을 꼽을 수 있습니다. 그리고 좋아하는 저자와 책을 소개해 보라는 질문도 기초적인 문제로 포함시킬 수 있고요.

독서량과 독서 장소, 독서를 하는 시간 등 여러 가지를 묻는 복합질문도 대비해야 합니다. 독서에 관심을 가지게 된 때와 계기를 묻는 질문, 가장 인상적이었던 책과 그 이유를 묻는 질문, 독서를 하면서 특별히 기억에 남거나 재미있었던 경험을 묻는 질문도 예상해볼 수 있습니다.

뉴오픽 설문조사에서 없어진 인터넷과 독서가 왜 중요한지 자세하게 말씀드렸습니다. 본서에서 제공하는 돌발 문제만 확실히 대비해두면 거의 100% 완벽한 대비가 가능하니 빈출문제와 과거 경험, **Role-play** 문제까지 모두 대비해두기 바랍니다.

Stage 2 독서 빈출문제

∷∷∷∷ IL~IM 1, 2 등급 공략 ∷∷∷∷

Q1 좋아하는 책의 종류와 작가 소개

You indicated in the survey that you like to read. What kind of books do you like to read? Who is your favorite author?

설문에서 당신은 독서를 좋아한다고 했습니다. 어떤 종류의 책을 즐겨 읽나요? 가장 좋아하는 작가는 누구인가요?

Q2 독서 복합질문

How often do you read? When and where do you normally read books? Tell me all the details.

독서를 얼마나 자주 하나요? 언제 그리고 어디에서 보통 책을 읽나요? 자세히 말해 보세요.

Q3 좋아하는 작가와 책 소개

I'd like to know about your favorite author and book. Who is your favorite author and what is your favorite book? Tell me with a lot of details.

당신이 좋아하는 작가와 책에 대해서 알고 싶습니다. 당신이 좋아하는 작가는 누구이고 좋아하는 책은 무엇입니까? 자세하게 얘기해 보세요.

Q4 읽고 있는 책에 대해서 질문하기

I also read books. Ask three or four questions to find out more about the book that I'm reading now.

저도 책을 읽습니다. 제가 지금 읽고 있는 책에 대해서 좀 더 알아볼 수 있도록 서너 가지 질문해 보세요.

Stage 3 ACTUAL TEST

Q1 좋아하는 책의 종류와 작가 소개 Tr-0705

You indicated in the survey that you like to read. What kind of books do you like to read? Who is your favorite author?

설문에서 당신은 독서를 좋아한다고 했습니다. 어떤 종류의 책을 즐겨 읽나요? 가장 좋아하는 작가는 누구인가요?

KEY POINTS

키워드	What kind of books, like to read, Who, favorite author
리스닝 포인트	즐겨 읽는 책의 종류와, 가장 좋아하는 작가가 누구인지 묻는 질문이구나.
스피킹 포인트	좋아하는 책과 작가, 그리고 좋아하는 이유를 함께 설명하자.

STEP BY STEP

1st Step _ 서론

스토리텔링   좋아하는 책의 종류 소개

브레인스토밍 좋아하는 책의 종류인 판타지 소설을 소개하고 왜 그 책을 좋아하는지 이유를 적절히 설명한다.

2nd Step _ 본론

스토리텔링   탐정 소설과 작가 / 좋아하는 이야기

브레인스토밍 또 다른 책인 탐정 소설과 좋아하는 작가, 그리고 해당 종류를 좋아하는 이유 및 특별히 좋아하는 이야기 등 해당 질문에 대한 구체적인 내용을 중점적으로 얘기한다.

3rd Step _ 결론

스토리텔링   좋아하는 문체

브레인스토밍 질문에서 직접적으로 묻고 있지는 않지만, 독서에 대한 개인적인 취향(좋아하는 문체 등)에 대해 언급하며 답변을 마무리한다.

1st Story

좋아하는 책의 종류 소개

I like to read fantasy stories like "The Lord of the Rings" and "Harry Potter" because they provide me a sort of escape from reality.

2nd Story

탐정 소설과 작가

I also like to read detective stories, and my favorite author of all time is Agatha Christie. I like to read books by C.S. Lewis as well.

좋아하는 이야기

I prefer stories that are set in fantastical worlds or old times rather than those that are set in modern times.

3rd Story

좋아하는 문체

I dislike reading books that are written in prose style, and I like those written in antiquated style.

Full Story

I like to read fantasy stories like "The Lord of the Rings" and "Harry Potter" because they provide me a sort of escape from reality. I also like to read detective stories, and my favorite author of all time is Agatha Christie. I like to read books by C.S. Lewis as well. I prefer stories that are set in fantastical worlds or old times rather than those that are set in modern times. I dislike reading books that are written in prose style, and I like those written in antiquated style.

저는 '반지의 제왕'과 '해리포터'처럼 판타지 이야기들을 좋아하는데 이런 이야기들이 저에게 현실로부터 일종의 탈출구를 제공해 주기 때문입니다. 저는 또한 탐정 소설들도 좋아하며 제가 지금껏 가장 좋아하는 작가는 아가사 크리스티입니다. 물론 C.S. 루이스의 책들도 좋아합니다. 저는 현실적이고 현대적인 설정의 이야기들보다는 환상의 세계나 오래전 시대로 설정된 이야기들을 더 좋아합니다. 저는 산문체로 쓰인 책들을 읽는 걸 싫어하고 옛날 문체로 쓰인 책들을 좋아합니다.

Voca

fantasy 공상, 상상   prefer A to B B보다 A를 더 좋아하다   prose style 산문체
antiquated style 고풍의 문체

Q2 독서 복합질문 ◯ Tr-0705

How often do you read? When and where do you normally read books? Tell me all the details.

독서를 얼마나 자주 하나요? 언제 그리고 어디에서 보통 책을 읽나요? 자세히 말해 보세요.

KEY POINTS

키워드	How often, read, When and where
리스닝 포인트	얼마나 자주 책을 읽고, 언제 그리고 어디에서 책을 읽는지 세 개의 의문사로 묻는 질문이구나.
스피킹 포인트	일상생활에 하는 독서를 떠올리면서 세 개의 질문에 빠뜨리지 않고 답변하도록 하자.

STEP BY STEP

○ 1st Step _ 서론

스토리텔링 독서를 하는 시간 / 독서 장소

브레인스토밍 평소에 독서를 하는 시간과 독서를 하는 장소에 대한 얘기를 소개하면서 답변을 시작한다.

○ 2nd Step _ 본론

스토리텔링 기다리면서 독서하기 / 바쁜 일상에 대한 보상

브레인스토밍 독서를 하는 특정 시기(누군가를 기다리는 동안)를 구체적으로 예를 들어 설명하고, 바쁜 일상에서 특별한 의미를 주는 독서에 대한 내용을 상세히 얘기한다.

○ 3rd Step _ 결론

스토리텔링 노트북 이용 / 독서하기 좋은 카페

브레인스토밍 조용한 카페에서 노트북을 이용해서 독서에 대한 생각들을 정리한다는 내용과 카페에서 하는 독서의 장점을 보충 설명하며 답변을 마무리 짓는다.

HOW TO MAKE A STORY

1st Story

독서를 하는 시간	Usually, I like to read whenever I have free time in my schedule.
독서 장소	I try to read as much as I can on the bus when I commute to work.

2nd Story

기다리면서 독서하기	Also, whenever I have to wait for somebody, I bring a book to read while waiting.
바쁜 일상에 대한 보상	Occasionally, I make time to read to reward myself for a busy day's work. It's usually after work or during the weekends, and for those special reading times, I go to a quiet cafe with bright lights, order a cup of coffee, and sit in a corner to read.

3rd Story

노트북 이용	I also bring a small notebook to jot down my thoughts from what I have read.
독서하기 좋은 카페	A cozy cafe is a perfect place for me to read books.

Full Story

Usually, I like to read whenever I have free time in my schedule. I try to read as much as I can on the bus when I commute to work. Also, whenever I have to wait for somebody, I bring a book to read while waiting. Occasionally, I make time to read to reward myself for a busy day's work. It's usually after work or during the weekends, and for those special reading times, I go to a quiet cafe with bright lights, order a cup of coffee, and sit in a corner to read. I also bring a small notebook to jot down my thoughts from what I have read. A cozy cafe is a perfect place for me to read books.

저는 보통 스케줄에서 시간이 날 때마다 책을 읽습니다. 출퇴근 할 때 버스에서 가능하면 책을 많이 읽으려고 노력하는 편입니다. 또한 누군가를 기다려야 할 때마다 책을 가져가서 기다리는 동안 읽습니다. 가끔 바쁜 일상 업무에 대한 제 스스로에 대한 보상으로 책 읽을 시간을 만듭니다. 그 시간은 보통 퇴근 후나 주말 동안이며 이 특별한 독서 시간 동안에 저는 조명이 밝은 한적한 카페에 가서 커피 한잔을 주문해 놓고 구석에 앉아서 책을 읽습니다. 저는 또한 조그만 노트북을 가져가서 읽은 책에 대한 제 생각들을 기록하기도 합니다. 아늑한 카페는 독서하기에 안성맞춤입니다.

Voca   occasionally 가끔   reward 보상, 보상하다   jot down 쓰다, 적다

제1탄 OPIc Experience Questions

Intermediate Mid 3 등급 공략 첫 번째는 인터넷과 독서와 관련된 과거 경험을 묻는 문제들입니다. 난이도가 높은 문제를 잘 공략해야 높은 등급을 받을 수 있다는 건 당연한 일이죠. 먼저 인터넷과 관련해서는 처음 인터넷을 이용했을 때의 느낌이나 감흥이 어땠는지를 묻는 질문과 인터넷을 하면서 기억에 남는 경험을 묻는 질문, 이 두 가지 과거 질문을 대비해 두세요.

Stage 1 IM3 등급 공략 OPIc QUESTIONS

인터넷

Q1 When did you first browse the Internet? What was your first impression when you used the Internet? Tell me about it in as much detail as you can.

언제 처음으로 인터넷을 검색했나요? 인터넷을 사용했을 때 첫 느낌이 어땠나요? 가능한 한 자세하게 얘기해 보세요.

Q2 Have you ever experienced an interesting or memorable thing when using the Internet? When was it? What was it about? Why was it so interesting or memorable to you? Tell me all the details.

인터넷을 하면서 재미있거나 기억에 남는 일을 경험한 적이 있나요? 그게 언제였나요? 어떤 일이었죠? 왜 그 일이 그렇게 재미있거나 기억에 남는 건가요? 자세하게 얘기해 보세요.

독서

Q3 How did you first become interested in reading? Were there any special reasons why you enjoyed reading books? Tell me with a lot of the details.

독서에 어떻게 처음 관심을 갖게 되었나요? 독서를 즐기게 된 어떤 특별한 이유라도 있었나요? 자세히 얘기해 보세요.

Q4 Have you experienced any interesting or special thing while reading books? When was it? What exactly happened? Why was it so memorable to you? Please tell me about it in as much detail as possible.

독서를 하면서 재미있거나 특별한 경험을 한 적이 있나요? 그게 언제였나요? 정확히 어떤 일이 있었던 거죠? 왜 그 경험이 그렇게 기억에 남는 건가요? 가능한 한 자세하게 얘기해 보세요.

독서와 관련된 과거 경험 문제는 독서를 처음 시작하게 된 계기와 독서를 좋아하게 된 이유를 묻는 질문, 독서를 하면서 경험했던 재미있거나 특별한 일을 묻는 질문 이 두 가지를 중점적으로 대비해두기 바랍니다.

Q1 독서에 처음 관심을 갖게 된 계기와 이유  Tr-0706

How did you first become interested in reading? Were there any special reasons why you enjoyed reading books? Tell me with a lot of the details.

독서에 어떻게 처음 관심을 갖게 되었나요? 독서를 즐기게 된 어떤 특별한 이유라도 있었나요? 자세히 얘기해 보세요.

KEY POINTS

키워드 first become interested in reading, special reasons why you enjoyed reading books

리스닝 포인트 독서에 처음 관심을 가지게 된 계기와 독서를 좋아하게 된 특별한 이유를 연이어서 묻고 있구나.

스피킹 포인트 과거 경험을 묻는 질문이므로 답변은 과거시제 위주로 하고 구체적인 과거 시간을 언급하며 당시 상황을 자세하게 얘기하도록 하자.

HOW TO MAKE A STORY

1st Story

[처음 관심을 갖게 된 때] There wasn't a specific time when I became interested in reading. [자연스러운 계기] Reading books came to me very naturally.

독서에 흥미를 갖게 된 특별한 시기는 없었습니다. 독서는 저에게 아주 자연스럽게 다가왔습니다.

2nd Story

[어린 시절의 독서] When I was young, I lived in a rural area, so I read as a way of passing the time, but I loved it and still do. Anyway, I read a lot and enjoyed it very much. [생일 선물] For birthday gifts, my parents bought me nothing but books. [가장 흥미있는 선물] No gifts interested me more than books did.

어렸을 때 저는 시골에 살아서 시간을 때우기 위한 수단으로 책을 읽었는데 저는 독서를 좋아했고 지금도 여전히 좋아하고 있습니다. 어쨌든 저는 책을 많이 읽었고 독서를 정말 즐겼습니다. 제 생일 선물로 부모님께서는 다름 아닌 책을 사주셨습니다. 책보다 더 흥미있는 선물들은 없었습니다.

3rd Story

[어린 시절] I think back then as a young kid, I was mesmerized by the worlds that mere words created in my mind. [새 책을 받았을 때의 느낌] Whenever I got new books, I couldn't wait to read and find out the worlds that were hidden behind the book covers.

그때의 어린 시절로 돌아가 생각해보면 저는 단지 단어들이 제 마음속에 만들어 놓은 세계에 빠져 있었습니다. 새 책을 받을 때마다 저는 책 표지들 뒤에 숨어 있는 세계들을 읽고 알아내고 싶어서 견딜 수가 없었습니다.

Voca **nothing but** 단지, 오로지(=only)   **mesmerize** 최면을 걸듯 마음을 사로잡다   **mere** 겨우, 단지

제 2 탄　OPIc Role-play Questions

Intermediate Mid 3 등급 공략 두 번째 포인트에서 살펴볼 내용은 바로 구오픽에서 자주 출제되고 뉴오픽에서도 여전히 강세를 보이고 있는 독서 Role-play Three Combo입니다. 독서와 관련해서는 책과 도서관에서 발생할 수 있는 상황이 주어집니다. 그럼 먼저 독서와 관련해서 어떤 상황들이 펼쳐지는지 질문을 통해서 확인해 보겠습니다.

Stage 1　IM3 등급 공략 OPIc QUESTIONS

독서 관련 Role-play

Q1 I'll give you a situation and ask you to act it out. Suppose that your friend is reading an enjoyable book and you want to read it, too. Ask him or her three or four questions about the book.

상황을 드릴 테니 역할 연기를 해보세요. 친구가 재미있는 책을 읽고 있는데 당신도 그 책을 읽고 싶어 한다고 가정해보겠습니다. 친구에게 그 책에 대해서 서너 가지 질문을 해보세요.

Q2 I'm sorry, but you have a problem which you need to solve. You finally borrowed the book from your friend, but you notice that you've misplaced or lost it. Call your friend to explain the situation. Then offer two or three suggestions about this matter.

유감스럽게도 해결해야 할 문제가 생겼습니다. 마침내 친구에게 그 책을 빌렸는데 책을 잘못 뒀거나 잃어버렸다는 사실을 알게 됩니다. 친구에게 전화해서 그 상황을 설명하세요. 그러고 나서 이 문제에 대한 대안을 두세 가지 제시하세요.

Q3 How has your interest in reading books changed as you've grown older? Tell me in detail about the changes from beginning to end.

자라면서 독서에 대한 취향은 어떻게 변해 왔나요? 처음부터 끝까지 그 변화들에 대해 자세히 얘기해 보세요.

친구가 읽고 있는 책에 대해서 궁금한 점을 물어보라는 첫 번째 상황, 친구에게서 책을 빌렸는데 책을 잘못 두거나 잃어버린 돌발 상황이 두 번째 문제에 해당되는군요. 마지막으로 독서 취향의 변화에 대해서 얘기해 보라는 과거 질문이 등장했습니다. Role-play 3번 문제는 앞에서 살펴본 문제 유형과 조금 다르다는 사실 느끼셨나요? 3번 문제에서는 2번 Role-play 상황과 상관없이 이처럼 단순히 독서와 관련된 과거 질문이 등장하기도 합니다.

책에 대해서 질문하기 Tr-0706

I'll give you a situation and ask you to act it out. Suppose that your friend is reading an enjoyable book and you want to read it, too. Ask him or her three or four questions about the book.

상황을 드릴 테니 역할 연기를 해보세요. 친구가 재미있는 책을 읽고 있는데 당신도 그 책을 읽고 싶어 한다고 가정해보겠습니다. 친구에게 그 책에 대해서 서너 가지 질문을 해보세요.

KEY POINTS

키워드 your friend is reading, book, you want to read it, Ask, questions about the book

리스닝 포인트 친구가 책을 읽고 있는데 나도 그 책을 읽고 싶어 하는 상황! 친구에게 그 책에 대해서 몇 가지 질문을 해보라는 거구나.

스피킹 포인트 바로 가까이에 있는 친구에게 말을 거는 상황이니 가볍게 이름을 부르면서 책과 관련해서 궁금한 점들을 네 가지 정도 물어보도록 하자.

HOW TO MAKE A STORY

1st Story

[친구에게 말 건네는 방법] Since I want to read the book that my friend is reading, I will ask him several questions briefly.

친구가 읽고 있는 책을 보고 싶기 때문에 그에게 간단히 몇 가지만 물어보겠습니다.

2nd Story

[책 페이지] Hey, there, my friend, how long is the book? [독서 속도 질문] Will you please read it as quickly as you can? I would like to read it too, just so you know. [작가와 글씨체 질문] Who is the author of the book, and what is his writing style? Is it modern or classic? [등장인물과 이야기의 갈등에 대한 질문] Who are the main characters, and what is the main conflict of the story?

안녕, 친구, 그 책 페이지는 얼마나 되니? 최대한 빨리 좀 읽을 수 있니? 눈치챘겠지만 나도 읽고 싶어서 그래. 그 책 작가는 누구이고 그 작가의 문체는 어때? 현대물이니 아니면 고전이니? 주요 인물들은 누구이고 이야기의 주된 갈등은 뭐니?

3rd Story

[결말에 대해 묻기] Do they solve it right and come to a happy ending? Or is it a sad ending? [이야기의 구성 질문] Is there a clear plot to the story?

주인공들이 문제들을 해결하고 해피엔딩으로 끝나니? 아니면 슬픈 결말로 끝나? 이야기에 분명한 구성은 있니?

Voca briefly 간단히, 간결하게 conflict 갈등 plot (소설·극·영화 등의) 구성

Q2 빌린 책을 읽어버린 상황 해결하기 Tr-0706

I'm sorry, but you have a problem which you need to solve. You finally borrowed the book from your friend, but you notice that you've misplaced or lost it. Call your friend to explain the situation. Then offer two or three suggestions about this matter.

유감스럽게도 해결해야 할 문제가 생겼습니다. 마침내 친구에게 그 책을 빌렸는데 책을 제자리에 두지 않아서 잃어버렸습니다. 친구에게 전화해서 그 상황을 설명하세요. 그러고 나서 이 문제에 대한 대안을 두세 가지 제시하세요.

KEY POINTS

키워드 have a problem, borrowed the book, misplaced or lost it, Call, explain the situation, offer, suggestions

리스닝 포인트 책을 빌렸는데 읽어버린 상황 발생! 친구에게 전화해서 자초지종을 설명하고 잃어버린 책에 대해서 몇 가지 제안을 해보라는 질문이구나.

스피킹 포인트 책을 어쩌다 잃어버린 건지 자세하게 설명을 해주고 해결책을 두세 가지 정도 제안해 보자.

HOW TO MAKE A STORY

1st Story

[인사] Hello? Is this Mabum? [전화를 건 목적] I am afraid that I have to tell you something. [문제 상황 설명] To be honest, I lost your book. Right after I realized that I had lost the book, I tried to find it, but I couldn't.

여보세요? 마범이니? 미안하지만 너에게 해야 할 말이 있어. 실은 네 책을 읽어버렸어. 잃어버린 걸 알고서 바로 찾으려고 노력했는데 결국 찾지 못했어.

2nd Story

[사과] I am sorry, but I can't remember where I put the book. [온라인으로 같은 책을 사주는 대안] I am so sorry, but I will look online to find the same book. I think it will take not too long. [서점에 가서 다른 책을 사주는 대안] Or let's go to the bookstore and I can buy you a new one that you like.

미안하지만 어디에다 뒀는지 도무지 기억이 나지 않아. 정말 미안하지만 내가 온라인으로 똑같은 책을 찾아볼게. 시간이 그렇게 오래 걸리지는 않을 것 같아. 아니면 나와 함께 서점에 들러서 네가 원하는 새 책을 사줄 수 있어.

3rd Story

[먼저 도서관에서 책을 빌려주는 대안] If you need the book right now because you must have it for your class or something, you can borrow the book from the library first. Then, you can use it while waiting for the book I will buy online.

만약 수업이나 다른 이유 때문에 그 책이 지금 당장 필요하면 먼저 도서관에서 그 책을 빌릴 수 있어. 그럼 내가 온라인에서 주문한 책을 기다리는 동안에 그 책을 볼 수 있을 거야.

Voca look up 검색하다, 찾다

Q3 독서에 대한 취향의 변화　Tr-0706

How has your interest in reading books changed as you've grown older? Tell me in detail about the changes from beginning to end.

자라면서 독서에 대한 취향은 어떻게 변해 왔나요? 처음부터 끝까지 그 변화들에 대해 자세히 얘기해 보세요.

KEY POINTS

키워드　your interest in reading books changed, Tell me in detail about the changes from beginning to end

리스닝 포인트　interest는 '관심, 취향' 정도로 이해하면 되겠고 독서에 대한 취향이 어떻게 변했는지, 그 변화에 대해 자세하게 설명을 해보라는 질문이구나.

스피킹 포인트　과거에 좋아했던 독서와 현재 좋아하는 독서, 그리고 적절한 이유를 함께 설명하고 이 둘을 구분해서 비교 설명하도록 하자.

HOW TO MAKE A STORY

1st Story

[독서 취향의 변화] My interest in reading books has not changed much, but as I have grown older, I gradually came to like reading essays that have the authors' distinct thoughts.

제 독서 취향은 그렇게 많이 변하지는 않았습니다만, 제가 나이가 들면서 점점 더 독특한 생각들을 가진 작가들이 쓴 수필을 좋아하게 되었습니다.

2nd Story

[판타지 소설에 대한 변화] Also, I don't read fantasy stories as much as before, and I just read famous ones like Harry Potter. [탐정 소설에 대한 변화] I still like detective stories, and that hasn't changed much. [유명한 작가들의 수필] By reading the essays of well-known authors, I think I am learning many things about life in general, which is not something that would interest young kids.

또한 이전만큼 판타지 이야기들을 많이 읽지는 않고 그냥 해리포터와 같은 유명한 책들만 읽고 있습니다. 저는 여전히 탐정 소설들을 좋아하며 이점은 크게 변하지 않았습니다. 유명한 작가들의 수필들을 읽으면 일반적으로 삶에 대해서 많은 것을 배우게 되는데 이것은 어린이들의 흥미를 끌지는 못합니다.

3rd Story

[최근 독서 경향] As I am now a grown-up, I tend to read books with words of wisdom and life.

지금은 성인이기 때문에 지혜와 삶에 대한 말들이 담긴 책들을 읽는 경향이 생겼습니다.

Voca　liking 좋아함, 애호　distinct 분명한, 구별되는　grown-up 성인　wisdom 지혜

How to **NEW**

OPIc

CHAPTER 8

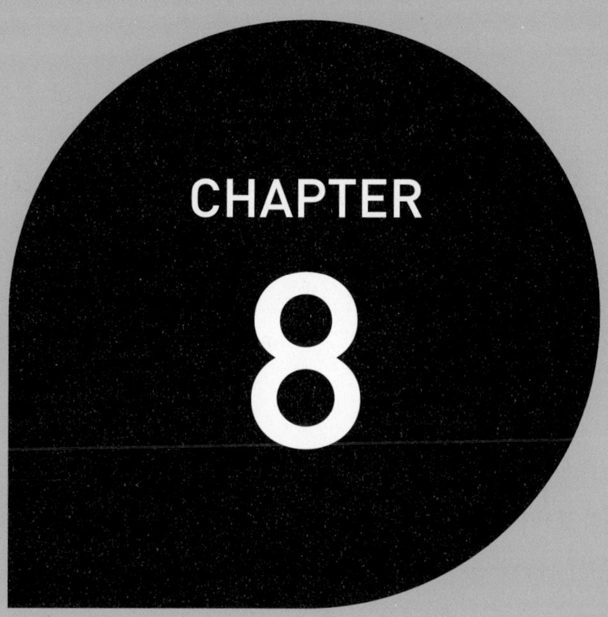

농구

Stage 1 농구 길잡이

Chapter 8과 9는 설문조사에 나와 있는 8개의 스포츠 항목으로 구성하였습니다. 걷기, 조깅과 같은 비슷한 주제의 항목들은 함께 묶어서 동시에 대비해 보세요. Chapter 8에서는 농구, 수영, 헬스, 걷기와 조깅 총 4개의 항목을 학습하게 됩니다.

먼저 살펴볼 항목은 '농구'입니다. 농구, 축구, 배구, 야구와 같은 구기 종목은 질문 내용과 유형이 비슷하기 때문에 질문에서 스포츠 이름만 바꿔서 대비해도 무방합니다. 스포츠에 관심이 많다면 직접 운동을 하는 것을 즐기든, 경기장이나 TV를 통해서 관람하는 것을 좋아하든 모두 상관없습니다. 질문에 적절하게 대답할 수 있다면 스포츠 항목을 집중 공략해도 좋습니다.

농구와 관련하여 자주 출제되는 문제를 한번 살펴볼까요? 먼저 가장 기본적으로 자주 가는 농구장 또는 농구를 하는 장소를 묘사해 보라는 질문을 떠올릴 수 있습니다. 그리고 좋아하는 농구 선수와 프로팀을 소개해보라는 질문도 기본적으로 등장하게 됩니다. 농구를 얼마나 자주, 누구와, 어디에서 하는지를 묻는 질문, 농구를 좋아하는 이유와 농구의 장점을 설명해 보라는 질문도 예상할 수 있고요.

과거 경험과 관련된 문제는 어렸을 적 농구와 관련하여 특별히 기억나는 일을 얘기해보라는 질문, 농구에 관심을 가지게 된 계기를 묻는 질문, 최근에 했던 농구를 자세하게 얘기해 보라는 질문, 그리고 농구를 하면서 경험했던 재미있거나 잊을 수 없는 일을 얘기해 보라는 질문 등으로 정리해볼 수 있습니다.

Stage 2 농구 빈출문제

┊┊┊┊┊┊ IL~IM 1, 2 등급 공략 ┊┊┊┊┊┊

Q1 **농구하는 장소 묘사**

You indicated in the survey that you play basketball. Where do you usually play it? Please describe the place where you like to play basketball.

설문에서 당신은 농구를 한다고 했습니다. 보통 어디에서 하나요? 농구를 하러 즐겨 찾는 장소를 묘사해 보세요.

Q2 **농구 복합질문**

How often do you play basketball in a month? When and where do you normally play it? And with whom do you like to play it? Tell me all the details.

한 달에 몇 번 정도 농구를 하나요? 언제 그리고 어디에서 보통 농구를 하나요? 그리고 누구와 함께 하죠? 자세히 말해 보세요.

Q3 **좋아하는 농구 선수 소개**

Who is your favorite basketball player? Why do you like him or her? Tell me in detail.

가장 좋아하는 농구 선수는 누구인가요? 왜 그 선수를 좋아하죠? 자세하게 얘기해 보세요.

Q4 **농구 복장 묘사**

What types of clothes do you normally wear when you play basketball? Please describe your style with a lot of details.

농구를 할 때 보통 어떤 옷을 입나요? 농구할 때 입는 옷의 스타일을 자세하게 묘사해 보세요.

Stage 3 ACTUAL TEST

Q1 농구하는 장소 묘사 Tr-081

You indicated in the survey that you play basketball. Where do you usually play it? Please describe the place where you like to play basketball.

설문에서 당신은 농구를 한다고 했습니다. 보통 어디에서 하나요? 농구를 하러 즐겨 찾는 장소를 묘사해 보세요.

KEY POINTS

키워드	you play basketball, Where, play it, describe the place
리스닝 포인트	내가 농구를 선택해서 농구 문제가 나왔군. 어디에서 농구를 하는지 장소를 묘사해 보라는 질문이구나.
스피킹 포인트	먼저 농구장의 위치와 즐겨 찾는 농구 장소를 소개한 후에 주변 환경 및 시설들을 중점적으로 묘사하자.

STEP BY STEP

● 1st Step _ 서론

스토리텔링	농구하는 장소 / 학교 농구 코트
브레인스토밍	농구를 하기 위해 즐겨 찾는 장소(학교 농구 코트)의 위치와 농구장에 대한 내용을 얘기하며 답변을 시작한다.

● 2nd Step _ 본론

스토리텔링	농구 코트의 모습 / 농구 골대의 모습 / 코트 주변 환경
브레인스토밍	농구 코트의 전체적인 모습과 함께 주변 환경 및 시설(농구 골대, 코트 주변 등)에 대해 자세히 묘사해준다.

● 3rd Step _ 결론

스토리텔링	함께 농구하는 사람 / 집 근처 운동장
브레인스토밍	언제 누구와 함께 농구를 하는지 얘기하고 농구를 즐기는 또 다른 장소(집 근처 운동장)를 추가 설명하면서 답변을 종결한다.

1st Story

농구하는 장소	I usually play basketball at my school.
학교 농구 코트	My school doesn't have a gymnasium, but just provides one full basketball court outdoors.

2nd Story

농구 코트의 모습	The court is rectangular with a floor made of concrete.
농구 골대의 모습	There are two hoops at each end of the court. But they are rickety because they have been slammed with balls too many times.
코트 주변 환경	There are two or three benches around the court.

3rd Story

함께 농구하는 사람	I usually play basketball with my friends after school during weekdays.
집 근처 운동장	During weekends, I play basketball at the playground near my house. The playground is not as good as the court at school.

Full Story

I usually play basketball at my school. My school doesn't have a gymnasium, but just provides one full basketball court outdoors. The court is rectangular with a floor made of concrete. There are two hoops at each end of the court. But they are rickety because they have been slammed with balls too many times. There are two or three benches around the court. I usually play basketball with my friends after school during weekdays. During weekends, I play basketball at the playground near my house. The playground is not as good as the court at school.

저는 주로 저희 학교에서 농구를 합니다. 학교에는 체육관이 없지만 야외에 정규 규격의 농구 코트가 하나 있습니다. 그 농구 코트는 바닥이 콘크리트로 깔려 있고 직사각형 모양을 하고 있습니다. 코트의 양쪽 끝에 농구 골대가 두 개 있습니다. 그런데 농구 골대가 공으로 너무 여러 번 두들겨 맞아서 거의 무너질 것 같습니다. 코트 주변에는 벤치가 두세 개 있습니다. 저는 주로 주중에 학교 수업이 끝난 후에 친구들과 함께 농구를 합니다. 주말에는 집 근처에 있는 운동장에서 농구를 합니다. 그 운동장은 학교에 있는 농구 코트만큼 좋지는 않습니다.

Voca　rectangular 직사각형의　hoop (농구의) 링　rickety (제대로 만들어지지 않아) 곧 무너질 것 같은

Q2 농구 복합질문   Tr-0801

How often do you play basketball in a month? When and where do you normally play it? And with whom do you like to play it? Tell me all the details.

한 달에 몇 번 정도 농구를 하나요? 언제 그리고 어디에서 보통 농구를 하나요? 그리고 누구와 함께 하죠? 자세히 말해 보세요.

KEY POINTS

키워드　　　How often, play basketball a month, When and where, with whom

리스닝 포인트　　농구를 얼마나 자주 하고 언제 어디에서 누구와 하는지, 네 개의 의문사로 묻고 있구나.

스피킹 포인트　　농구를 하는 횟수, 시간, 장소, 함께 농구를 하는 사람을 빠뜨리지 않고 답변하도록 하자.

STEP BY STEP

1st Step _ 서론

스토리텔링　　농구하는 시간 / 장소

브레인스토밍　농구하는 시간과 장소 등 기본적인 내용을 소개하도록 한다.

2nd Step _ 본론

스토리텔링　　자주하는 경우 / 시험 기간 / 스트레스 해소

브레인스토밍　평소에는 얼마나 자주 농구를 하고 시험 기간이나 스트레스를 받을 때 등 특별한 상황에서는 어떻게 농구를 하는지 다양한 상황을 설명해준다.

3rd Step _ 결론

스토리텔링　　방학 기간 / 농구 팀 멤버

브레인스토밍　방학 기간에는 어디에서 농구를 하며 보통 누구와 함께 하는지 등을 설명하며 답변을 마무리 짓는다.

HOW TO MAKE A STORY

1st Story

| 농구하는 시간 | I play basketball whenever I have time for it. |
| 장소 | Since I usually play basketball at my school, I can play it in between classes. |

2nd Story

자주하는 경우	Sometimes, I play basketball four or five times a day when I have a good group of players and there is a free court.
시험 기간	But when I have exams, I cannot play basketball that often because I need to study.
스트레스 해소	Still, I play once or twice a day to relieve stress during the exam period.

3rd Story

| 방학 기간 | During vacation, I play basketball at a nearby playground or at a gym where I work out. |
| 농구 팀 멤버 | I just team up with whoever is there and play. |

Full Story

I play basketball whenever I have time for it. Since I usually play basketball at my school, I can play it in between classes. Sometimes, I play basketball four or five times a day when I have a good group of players and there is a free court. But when I have exams, I cannot play basketball that often because I need to study. Still, I play once or twice a day to relieve stress during the exam period. During vacation, I play basketball at a nearby playground or at a gym where I work out. I just team up with whoever is there and play.

저는 시간이 있을 때마다 농구를 합니다. 보통 학교에서 농구를 하기 때문에 수업 시간 사이에 농구를 할 수 있습니다. 가끔 농구를 잘 하는 그룹이나 무료 농구 코트를 발견하면 하루에 네다섯 번이라도 농구 시합을 합니다. 하지만 시험이 있을 때는 공부를 해야 하기 때문에 농구를 그렇게 자주 할 수는 없습니다. 시험 기간에는 스트레스를 풀기 위해서 하루에 한두 번 정도 여전히 농구를 합니다. 방학 동안에는 가까운 운동장이나 제가 운동을 하는 체육관에 가서 농구를 합니다. 저는 그곳에 있는 사람들과 팀을 짜서 농구를 합니다.

Voca

relieve (불쾌감 · 고통 등을) 없애 주다   nearby 근처의, 근처에 있는

Stage 1 수영 길잡이

Unit 2에서 학습할 스포츠 항목은 '수영'입니다. 수영은 실내에서 1년 내내 편하게 즐길 수 있는 운동이기도 합니다. 스포츠 항목의 경우는 이렇게 실내에서 즐기는 스포츠와 실외에서 즐길 수 있는 스포츠를 구분하여 대비하는 것도 좋은 방법입니다.

자 그럼, 수영과 관련하여 빈번하게 출제되고 있는 문제를 살펴보겠습니다. 기본적으로 수영을 하는 장소, 수영장을 묘사해 보라는 질문을 꼽을 수 있습니다. 그리고 구기 종목과 마찬가지로 좋아하는 수영 선수를 소개해 보라는 질문과 수영할 때 입는 옷, 즉 복장을 묘사해 보라는 질문까지 함께 대비해 두세요.

다음으로 좀 더 구체적인 문제를 살펴보자면 수영을 얼마나 자주, 언제, 그리고 누구와 하는지를 묻는 질문을 떠올릴 수 있습니다. 좋아하는 수영 방법(접영, 배영, 자유형 등)과 좋아하는 이유를 설명해 보라는 질문, 초보자가 주의해야 할 점 또는 수영을 잘 하는 비법을 설명해 보라는 질문도 함께 예상해 볼 수 있습니다.

마지막으로 과거 경험을 묻는 문제로 수영을 시작하게 된 계기와 수영을 어떻게 배웠는지를 묻는 질문, 최근에 했던 수영에 대해서 자세하게 얘기해 보라는 질문, 수영을 하면서 어려웠던 점이 무엇이고 어떻게 해결했는지를 묻는 질문, 수영을 하면서 특별히 재미있었거나 잊을 수 없는 경험을 묻는 질문 등을 꼽을 수 있습니다.

Stage 2 수영 빈출문제

IL~IM 1, 2 등급 공략

Q1 수영장 묘사

You indicated in the survey that you like to swim. Describe your favorite swimming pool for me. Where is it located?

설문에서 당신은 수영을 좋아한다고 했습니다. 가장 좋아하는 수영장을 묘사해 보세요. 그 수영장은 어디에 있나요?

Q2 면접관에게 수영에 대해 질문하기

I enjoy swimming, too. Ask me three or four questions to know about my swimming.

저도 수영을 좋아합니다. 제 수영에 관해서 서너 가지 질문을 해보세요.

Q3 수영장에서 하는 활동 설명

What types of activities do you usually do at the swimming pool? Tell me about the activities you do there on a daily basis.

수영장에서 주로 어떤 활동을 하나요? 수영장에서 보통 하는 활동에 대해서 얘기해 보세요.

Q4 수영장 복합질문

How often do you go to the swimming pool? When, where, and with whom do you go swimming? Tell me all the details.

얼마나 자주 수영장에 가나요? 언제, 어디로 그리고 누구와 함께 수영을 하러 가죠? 자세하게 얘기해 보세요.

Stage 3 ACTUAL TEST

 Q1 수영장 묘사 Tr-0802

You indicated in the survey that you like to swim. Describe your favorite swimming pool for me. Where is it located?

설문에서 당신은 수영을 좋아한다고 했습니다. 가장 좋아하는 수영장을 묘사해 보세요. 그 수영장은 어디에 있나요?

KEY POINTS

키워드	Describe your favorite swimming pool, Where
리스닝 포인트	수영장을 묘사하고 수영장이 어디에 있는지 위치도 함께 묻고 있구나.
스피킹 포인트	먼저 수영장 위치를 간단하게 소개하고 수영장 내부를 자세하게 묘사하도록 하자.

STEP BY STEP

1st Step _ 서론

스토리텔링　수영장의 위치와 거리

브레인스토밍　다니고 있는 수영장의 위치와 거리 위주로 얘기를 시작한다.

2nd Step _ 본론

스토리텔링　수영장 건물의 내부와 외부 모습 / 수영장 위층 모습

브레인스토밍　수영장 건물의 내부 및 외부의 모습을 간략히 묘사하고 내부, 특히 수영장과 수영장 주변(수영장 위층) 전경 등을 자세히 묘사한다.

3rd Step _ 결론

스토리텔링　수영장 레인 / 다이빙 도약대

브레인스토밍　수영장의 레인과 다이빙 지역의 주변 시설들을 추가로 설명해 주면서 답변을 마무리한다.

○ 1st Story

수영장의 위치와 거리

The swimming pool I go to frequently is located just around the corner on Main Street, only a few minutes away from my house.

○ 2nd Story

수영장 건물의 내부와 외부 모습

Although the building looks old, the swimming pool inside the building is pretty new and has a modern interior. There is a big, rectangular pool in the middle of a cavernous space,

수영장 위층 모습

and you could look down at it from the upper floor where the resting area is. The upstairs windows are all made of glass.

○ 3rd Story

수영장 레인

There are five lanes in the pool, marked by colorful buoyant tubes.

다이빙 도약대

There are several diving boards on one side of the pool, where the depth of the water is about two meters.

○ Full Story

The swimming pool I go to frequently is located just around the corner on Main Street, only a few minutes away from my house. Although the building looks old, the swimming pool inside the building is pretty new and has a modern interior. There is a big, rectangular pool in the middle of a cavernous space, and you could look down at it from the upper floor where the resting area is. The upstairs windows are all made of glass. There are five lanes in the pool, marked by colorful buoyant tubes. There are several diving boards on one side of the pool, where the depth of the water is about two meters.

제가 자주 가는 수영장은 저희 집에서 얼마 걸리지 않는 대로변 바로 모퉁이에 있습니다. 건물이 오래되어 보이지만 건물 내부의 수영장은 최신식이고 현대적인 실내 장식을 갖추고 있습니다. 동굴 같은 공간 한 가운데에 큰 직사각형 풀장이 있고 휴식 공간이 있는 위층에서 수영장을 내려다 볼 수 있게 되어 있습니다. 2층 창문은 모두 유리로 되어 있습니다. 수영장에는 물에 떠 있는 형형색색의 튜브로 표시된 5개의 레인이 있습니다. 수영장 한쪽에는 다이빙 도약대가 여러 개 있고 그곳의 물 깊이는 2미터 가량 됩니다.

○ Voca

rectangular 직사각형의   cavernous 동굴 같은   look down 내려다보다   upper floor 위층
buoyant 물에 뜨는; 경기가 좋은

Q2 면접관에게 수영에 대해 질문하기 Tr-0802

I enjoy swimming, too. Ask me three or four questions to know about my swimming.

저도 수영을 좋아합니다. 제 수영에 관해서 서너 가지 질문을 해보세요.

KEY POINTS

키워드 I enjoy swimming, too, Ask, questions to know about my swimming

리스닝 포인트 여기에서 "I"는 면접관이고 면접관이 즐겨하는 수영에 대해서 궁금한 점들을 질문해 보라는 거구나.

스피킹 포인트 면접관에게 질문을 해야 하는 상황이니까 수영 횟수, 좋아하는 수영법, 수영 실력, 수영에 대한 기억 등 네 가지 정도를 물어보도록 하자.

STEP BY STEP

○ 1st Step _ 서론

스토리텔링 공감대(경험) 형성 / 수영을 시작한 시기 / 수영을 하는 횟수

브레인스토밍 공감대 형성을 위해 나의 수영 경험을 먼저 얘기하고 면접관에게 수영을 시작한 시기와 수영 횟수 등을 질문한다.

○ 2nd Step _ 본론

스토리텔링 좋아하는 수영법 / 수영을 하는 시간

브레인스토밍 좋아하는 수영법과 수영장에 머무르는 시간을 나의 수영 패턴과 비교하면서 질문을 한다.

○ 3rd Step _ 결론

스토리텔링 물에 대한 기억

브레인스토밍 물에 대한 특별한 나의 기억을 소개하고 면접관에게도 특별한 경험이 있는지를 물어보면서 답변을 마무리한다.

HOW TO MAKE A STORY

1st Story

공감대(경험) 형성	I started swimming when I was very little.
수영을 시작한 시기	When did you start swimming?
수영을 하는 횟수	Do you still go swimming often?

2nd Story

좋아하는 수영법	I like to do the freestyle and backstroke. What swimming style do you prefer?
수영을 하는 시간	I like swimming so much that I could stay in the pool all day and swim. My next question is that once you start swimming, how long do you stay in the pool?

3rd Story

물에 대한 기억	Actually, I had some bad memories with water, but I overcame the fear and learned to swim well. Do you have any bad memories with water like me?

Full Story

I started swimming when I was very little. When did you start swimming? Do you still go swimming often? I like to do the freestyle and backstroke. What swimming style do you prefer? I like swimming so much that I could stay in the pool all day and swim. My next question is that once you start swimming, how long do you stay in the pool? Actually, I had some bad memories with water, but I overcame the fear and learned to swim well. Do you have any bad memories with water like me?

저는 아주 어렸을 때 수영을 시작했습니다. 당신은 언제 수영을 시작하셨나요? 지금도 자주 수영하러 가나요? 저는 자유형과 배영을 좋아합니다. 당신은 어떤 수영 스타일을 좋아하세요? 저는 수영을 정말 좋아해서 하루 종일 수영장에 미물면시 수영을 할 수 있습니다. 다음 질문은 당신은 일단 수영을 시작하면 얼마나 오랫동안 수영장에 머무나요? 사실 저는 물에 관련된 좀 안 좋은 기억들이 있었지만 두려움을 극복하고 수영을 잘 하는 법을 배웠습니다. 혹시 저처럼 물에 관한 좋지 않은 기억이 있나요?

Voca

backstroke (수영의) 배영   **overcome** 극복하다

제 1 탄   OPIc Experience Questions

Intermediate Mid 3 등급 공략 첫 번째는 농구와 수영과 관련된 경험 질문입니다. 과거 경험을 묻는 문제는 Three Combo에서 마지막 세 번째에서 출제된다는 것도 잘 알아두시고요. 먼저 농구 항목에서는 가장 최근에 했던 농구를 자세하게 얘기해 보라는 질문과 농구를 하면서 기억에 남는 경험을 묻는 질문 등을 대비해두시기 바랍니다.

Stage 1   IM3 등급 공략 OPIc QUESTIONS

농구

Q1 When was the last time you played basketball? Where and with whom did you play it? Tell me about your basketball game from beginning to end.

마지막으로 농구를 한 때가 언제인가요? 어디에서 그리고 누구와 농구를 했나요? 당신의 농구 경기에 대해 처음부터 끝까지 자세히 말해 보세요.

Q2 Have you ever experienced an interesting or special event when playing basketball? What was it about? Why was it so interesting or special to you? Tell me about it in as much detail as you can.

농구를 하면서 재미있거나 특별한 일을 경험한 적이 있나요? 어떤 일이었나요? 왜 그 일이 재미있거나 특별한 거죠? 가능한 한 자세하게 얘기해 보세요.

수영

Q3 How did you first become interested in swimming? How did you learn to swim? Tell me all the details.

처음에 어떻게 수영에 관심을 가지기 시작했나요? 어떻게 수영을 배웠죠? 자세하게 얘기해 보세요.

Q4 Let's discuss a special memory about swimming when you were a child. What was the memory about? What happened? Why was the memory so special to you? Tell me about it in detail.

어렸을 적 수영에 대한 특별한 기억에 대해서 얘기해 보겠습니다. 어떤 기억인가요? 어떤 일이 있었죠? 왜 그 기억이 그렇게 특별한 건가요? 자세하게 얘기해 보세요.

수영과 관련해서는 먼저 처음 수영에 관심을 가지게 된 계기와 수영을 어떻게 배웠는지를 묻는 질문, 그리고 어렸을 적 수영과 관련된 특별한 기억을 묻는 질문이 자주 출제되고 있습니다.

Stage 2 ACTUAL TEST

 **농구와 관련된 기억 얘기하기** Tr-0803

Have you ever experienced an interesting or special event when playing basketball? What was it about? Why was it so interesting or special to you? Tell me about it in as much detail as you can.

농구를 하면서 재미있거나 특별한 일을 경험한 적이 있나요? 어떤 일이었나요? 왜 그 일이 재미있거나 특별한 거죠? 가능한 한 자세하게 얘기해 보세요.

KEY POINTS

키워드   an interesting or special event when playing basketball, What, Why was it so interesting or special

리스닝 포인트   농구를 하면서 재미있거나 특별한 일을 경험한 적이 있는지, 있다면 어떤 경험이고 왜 기억에 남는지를 묻는 문제구나.

스피킹 포인트   농구를 하면서 겪었던 일이나, 경기 도중, 또는 기억에 남을 만한 명경기 등을 답변의 소재로 활용하도록 하자.

HOW TO MAKE A STORY

1st Story

[고등학교 체육 수업] I became interested in playing basketball when I was in high school. In the PE class, we were learning about basketball, and the PE teacher put me on a team with a bunch of guys to play against other teams.

제가 고등학교에 다닐 때 농구에 관심을 가지게 되었습니다. 체육 수업시간에 농구를 배우고 있었는데 체육 선생님은 저를 다른 친구들과 함께 한 팀에 넣으시고 다른 팀들과 경기를 하게 하셨습니다.

2nd Story

[당시 농구 실력] Back then, I was not tall enough to be a good basketball player, so I was very reluctant to join the guys who were obviously good at playing basketball. [당시 상황 설명] So during the whole time, I pretended to follow the ball around the basketball court, but not touching it even once.

그때를 회상해 보면 제가 농구를 잘 하기에는 키가 크지 않아서 농구를 정말 잘하는 다른 친구들과 함께 한다는 것이 부담스러웠습니다. 그래서 경기 내내 저는 농구 경기장에서 공을 따라다니는 척만 했을 뿐이지 공을 한 번도 만져보지 못했습니다.

3rd Story

[친구들과 나의 플레이] The guys in my team were pretty good at basketball, so they scored all the points. I just ran after them like a little puppy. I remember that moment vividly.

저희 팀에 있는 친구들은 농구를 아주 잘해서 그 친구들이 모든 득점을 했습니다. 저는 그냥 강아지처럼 그들을 따라 다니기만 했습니다. 저는 그 순간을 생생히 기억하고 있습니다.

Voca   PE 체육(=physical education)   a bunch of 무리의   reluctant 내키지 않는, 꺼리는   vividly 생생히

제 2 탄 OPIc Role-play Questions

Intermediate Mid 3 등급 공략 두 번째 포인트에서 살펴볼 내용은 바로 수영 Role-play Three Combo입니다.
스포츠와 관련해서는 운동을 즐기는 장소와 연관된 상황이 주어지는데요. 수영과 관련해서는 어떤 상황이 주어
지고 어떤 돌발 문제가 등장하는지 먼저 질문으로 만나보겠습니다.

Stage 1 IM3 등급 공략 OPIc QUESTIONS

수영 관련 Role-play

Q1 I'll give you a situation and ask you to act it out. Imagine that you want to swim with your friend tomorrow. Call your friend and leave a message, asking three or four questions about swimming together.

상황을 드릴 테니 역할 연기를 해보세요. 내일 친구와 함께 수영을 하러 가고 싶다고 해보겠습니다. 친구에게 전화해서 함께
수영하는 것에 대해 서너 가지 질문을 메시지에 남기세요.

Q2 I'm sorry, but you have a problem which you need to solve. You just arrived at the swimming pool, but it won't open until next weekend due to a problem. Call your friend to explain the situation. Then offer two or three alternatives about this matter.

유감스럽게도 해결해야 할 문제가 생겼습니다. 수영장에 이제 막 도착했는데 어떤 문제 때문에 다음 주 주말까지 열지 않는
다고 합니다. 친구에게 전화해서 상황을 설명하세요. 그러고 나서 이 문제에 대한 두세 가지 대안을 제시하세요.

Q3 How did you first become interested in swimming? Were there any special reasons why you liked to swim? How did you learn to swim? Tell me with a lot of details.

어떻게 처음 수영에 관심을 가지게 되었나요? 수영을 좋아하게 된 어떤 특별한 이유라도 있었나요? 수영을 어떻게 배웠나요?
자세히 말해 보세요.

첫 번째 상황은 친구와 수영을 하고 싶으니 전화해서 몇 가지 질문을 해보라는 내용입니다. 그리고 두 번째 상황
은 수영장에 도착을 했는데 수영장 문이 닫힌 돌발 상황이 주어졌습니다. 마지막 세 번째 문제는 수영에 관심을
가지게 된 계기를 묻는 내용이 나왔군요. 운동하는 장소에 문제가 생기는 돌발 상황은 빈번하게 출제되는 유형
이기 때문에 반드시 대비해두기 바랍니다.

Q1 수영에 대해서 질문하기  Tr-0803

I'll give you a situation and ask you to act it out. Imagine that you want to swim with your friend tomorrow. Call your friend and leave a message, asking three or four questions about swimming together.

상황을 드릴 테니 역할 연기를 해보세요. 내일 친구와 함께 수영을 하러 가고 싶다고 해보겠습니다. 친구에게 전화해서 함께 수영하는 것에 대해 서너 가지 질문을 메시지에 남기세요.

KEY POINTS

키워드 want to swim with your friend, Call, leave a message, asking, questions

리스닝 포인트 친구와 수영을 하고 싶은 상황에서 함께 수영할 수 있도록 전화로 몇 가지 물어보라는 질문이구나.

스피킹 포인트 언제 수영을 하고 어디에서 만나며, 얼마나 오랫동안 할 것인지, 수영 모자는 있는지 등을 물어보도록 하자.

HOW TO MAKE A STORY

1st Story

[인사] Hey, this is Hyunho. As you know, I am free all day tomorrow. [수영 권유] I was thinking that you might be interested in going to the swimming pool with me tomorrow.

안녕, 나 현호야. 너도 알다시피 나 내일 온종일 한가하거든. 혹시 내일 나랑 수영장에 가는 데 관심이 있을까 싶어서.

2nd Story

[수영 시간 질문] Which time of the day would be good for you? If you prefer to go early in the morning, we can definitely go then. But I think afternoon would be better. So, will you be free tomorrow afternoon? We could grab lunch before or after swimming, if you want. [수영장에 머무르는 시간 질문] How long would you like to stay at the swimming pool? It's absolutely up to you.

너는 그날 언제쯤이 좋아? 이른 아침 시간이 좋으면 그때 가자. 그런데 난 오후가 더 좋을 것 같아. 내일 오후 시간되니? 수영하기 전이나 후에 간단하게 점심을 먹어도 괜찮고. 수영장에 얼마나 있고 싶니? 전적으로 너한테 달려 있어.

3rd Story

[수영 모자 질문] By the way, do you have a swimming cap? [당부] You cannot enter this pool without a swimming cap, so don't forget to bring it with you.

그런데 너 수영 모자 있니? 그 수영장에는 수영 모자 없이 들어갈 수 없으니까 잊지 말고 꼭 수영 모자 가져와.

Voca grab a lunch 점심을 먹다 be up to ~을 따르다, ~에 달려 있다

수영장 문이 닫힌 돌발 상황 해결하기 Tr-0803

I'm sorry, but you have a problem which you need to solve. You just arrived at the swimming pool, but it won't open until next weekend due to a problem. Call your friend to explain the situation. Then offer two or three alternatives about this matter.

유감스럽게도 해결해야 할 문제가 생겼습니다. 수영장에 이제 막 도착했는데 어떤 문제 때문에 다음 주 주말까지 열지 않는다고 합니다. 친구에게 전화해서 상황을 설명하세요. 그러고 나서 이 문제에 대한 두세 가지 대안을 제시하세요.

KEY POINTS

키워드　have a problem, arrived at the swimming pool, but it won't open, Call, explain the situation, offer, alternatives

리스닝 포인트　수영장에 도착했는데 수영장 문이 닫혀있는 돌발 상황이 주어졌네. 친구에게 전화해서 상황을 설명하고 대안을 제시해 보라는 질문이구나.

스피킹 포인트　수영장 문이 왜 닫혔는지를 먼저 설명하고 대신에 어떻게 할 것인지 대안을 두 가지 정도 제시하도록 하자.

HOW TO MAKE A STORY

○ 1st Story

[인사] Hello. It's me. Sorry to bother you, [상황 설명] but just so you know, the swimming pool is closed until next weekend.

안녕, 나야. 귀찮게 해서 미안한데 알아야 될 사실이 있어. 수영장이 다음 주 주말까지 문을 닫는데.

○ 2nd Story

[문제점] It's closed because of a problem. [다른 수영장에 가는 대안] I know, it's such a bummer. If you still want to swim, we could go to another pool. [다른 수영장에 대한 설명] It is a lot smaller, but we still could swim there.

수영장에 문제가 있어서 문을 닫는다고 하네. 좀 실망스러운 일이란 거 잘 알고 있어. 그래도 수영을 꼭 하고 싶으면 다른 수영장으로 가자. 다른 수영장이 훨씬 더 작긴 하지만 그래도 수영은 할 수 있거든.

○ 3rd Story

[조깅을 하는 대안] If you are okay with not swimming, then we could just go jogging. [의견] So, let me know what you want to do!

수영을 하지 않아도 괜찮으면 조깅을 해도 괜찮고. 그럼, 어떤 게 좋을지 알려줘!

○ Voca　bother 귀찮게 하다 bummer 실망

Q3 수영에 처음 관심을 갖게 된 계기　Tr-0803

How did you first become interested in swimming? Were there any special reasons why you liked to swim? How did you learn to swim? Tell me with a lot of details.

어떻게 처음 수영에 관심을 가지게 되었나요? 수영을 좋아하게 된 어떤 특별한 이유라도 있었나요? 수영을 어떻게 배웠나요? 자세히 말해 보세요.

KEY POINTS

키워드　　first become interested in swimming, any special reasons, How, learn to swim

리스닝 포인트　어떻게 수영에 처음 관심을 가지게 되었는지, 어떤 이유가 있었는지, 그리고 어떻게 배웠는지를 묻고 있구나.

스피킹 포인트　수영을 좋아하게 된 이유를 먼저 말하고 수영을 배운 방법을 설명하도록 하자.

HOW TO MAKE A STORY

1st Story

[처음 수영에 관심을 갖게 된 때] I first became interested in swimming when I was five years old. [여름 휴가] It was when my family went to the ocean for summer vacation.

저는 다섯 살 때 수영에 처음 관심을 갖게 되었습니다. 우리 가족이 여름 휴가로 바다에 갔을 때인데요.

2nd Story

[바다 수영의 기회] I had a chance to swim in the ocean. It felt really good to be in the water, just swimming and moving around. [아버지의 가르침] I wasn't really afraid of the water, so my father taught me how to swim. [수영을 배운 장소 소개] Since then, I learned to swim at the pool every summer.

저는 바다에서 수영할 기회가 있었습니다. 물속 이곳저곳을 수영을 하며 돌아다니는 게 정말 좋았습니다. 저는 정말 물에 대한 두려움이 없어서 아버지는 저에게 수영을 가르쳐 주셨습니다. 그때 이후로 저는 여름마다 수영장에서 수영을 배웠습니다.

3rd Story

[수영 실력] I wasn't good at swimming, but I loved being in the water.

수영을 잘 하지는 못했지만 저는 물속에 있는 것을 즐겼습니다.

Voca　be afraid of ~을 두려워하다

Stage 1 헬스 길잡이

Unit 3에서 학습하게 될 항목은 바로 '헬스'입니다. 헬스 역시 수영과 마찬가지로 실내에서 누구나 쉽게 즐길 수 있는 운동입니다. 다이어트를 위해서, 몸매 관리를 위해서 헬스 클럽에서 여러 가지 운동을 하게 됩니다. 헬스 기구는 전문 용어이기 때문에 사전에 관련 용어를 잘 정리해서 실전에서도 잘 활용해 보도록 하세요.

이번 강의에서 학습하는 헬스는 gym 또는 fitness club에서 하는 스포츠 운동이고 Chapter 11에서 살펴보게 될 Health는 'healthy person'이라는 의미로 건강한 사람과 관련된 설문조사에는 없는 돌발 Three Combo 문제이니 혼동 없으시기 바랍니다.

그럼 헬스와 관련된 빈출 문제를 자세하게 들여다보겠습니다. 먼저 가장 기본적으로 헬스 클럽을 묘사해 보라는 질문이 등장합니다. 특정 장소를 묘사해 보라는 질문은 오픽 시험의 단골 메뉴이니 모든 항목별로 대비해 두세요. 헬스할 때의 복장을 묘사해 보라는 질문도 함께 준비하기 바랍니다.

그 다음으로 구체적인 문제를 들여다보자면 얼마나 자주, 언제, 그리고 누구와 함께 헬스를 하는지를 묻는 질문, 헬스 클럽에서의 활동을 자세하게 설명해 보라는 질문, 헬스의 장점이 무엇인지 묻는 질문 등으로 정리할 수 있습니다.

마지막으로 과거 경험을 묻는 문제로는 헬스를 하게 된 계기가 무엇인지를 묻는 질문, 헬스를 하면서 어려웠던 경험을 얘기해 보라는 질문, 그리고 헬스를 하면서 재미있거나 특별했던 경험을 묻는 질문 등을 예상해볼 수 있습니다. 자 그럼, 헬스 빈출문제를 먼저 살펴본 후에 실전문제를 통해서 자세하게 대비해보시기 바랍니다.

Stage 2 헬스 빈출문제

IL~IM 1, 2 등급 공략

Q1 헬스 클럽 묘사

You indicated in the survey that you go to a gym for a workout. Where is the gym located? Please describe it for me in detail.

설문에서 당신은 운동을 하러 헬스 클럽에 다닌다고 했습니다. 헬스 클럽은 어디에 있나요? 헬스 클럽을 자세히 묘사해 보세요.

Q2 헬스 클럽에서의 활동 설명

How often and when do you go to the gym for a workout? What kind of activities do you usually do there? Tell me about all the activities from beginning to end.

운동을 위해 헬스 클럽을 얼마나 자주 그리고 언제 가나요? 그곳에서 보통 어떤 종류의 활동을 하나요? 헬스 클럽에서의 모든 활동들에 대해 처음부터 끝까지 말해 보세요.

Q3 헬스 복장 묘사

What kinds of clothes do you normally wear at a fitness club? Please describe the clothes you wear there for me in detail.

헬스 클럽에서 주로 어떤 종류의 옷을 입나요? 헬스 클럽에서 입는 옷을 자세하게 묘사해 보세요.

 Q1 헬스 클럽 묘사 ◯ 0804

You indicated in the survey that you go to a gym for a workout. Where is the gym located? Please describe it for me in detail.

설문에서 당신은 운동을 하러 헬스 클럽에 다닌다고 했습니다. 헬스 클럽은 어디에 있나요? 헬스 클럽을 자세히 묘사해 보세요.

KEY POINTS

키워드	go to a gym for a workout, Where, describe it
리스닝 포인트	운동을 하러 헬스 클럽(gym, fitness club, health club)에 간다고 설문조사에서 선택했으니 헬스 클럽이 어디에 있는지 자세하게 묘사해 보라는 질문이구나.
스피킹 포인트	먼저 헬스 클럽이 어디에 있고, 헬스 클럽의 내부 인테리어는 어떤지, 헬스 클럽을 좋아하는 이유와 장점, 특징 등은 어떤 것들이 있는지 답변해 보자.

STEP BY STEP

○ 1st Step _ 서론

스토리텔링	헬스 클럽의 위치 / 외부 모습 묘사
브레인스토밍	헬스 클럽의 위치와 외관의 전체적인 모습에 대해 간략하게 언급한다.

○ 2nd Step _ 본론

스토리텔링	헬스 클럽의 내부 모습 / 가운데 공간
브레인스토밍	헬스 클럽의 내부 모습을 한쪽에서부터(거울로 된 벽) 다른 쪽(러닝머신)으로, 그리고 가운데 모습까지 구체적으로 묘사한다.

○ 3rd Step _ 결론

스토리텔링	헬스 클럽에 가는 시간 / 이유 / 헬스 클럽의 장점
브레인스토밍	헬스 클럽에 가는 시간과 그 시간에 가는 이유를 설명하고 헬스 클럽의 특징 또는 장점을 설명하면서 답변을 마무리한다.

1st Story

헬스 클럽의 위치	My gym is located around the Gangnam area in Seoul.
외부 모습 묘사	The health club has a modern look, and its entrance looks very sleek.

2nd Story

헬스 클럽의 내부 모습	On one side, there is a wall of mirrors, and there are dumbbells so that people can look at the mirror, see their postures and correct their positions. On the opposite side, there are glass windows and treadmills are lined up by the windows.
가운데 공간	Between these two sides, there are other machines, filling up the space.

3rd Story

헬스 클럽에 가는 시간	I usually go in the early morning around six or seven.
이유	The time is perfect to avoid the traffic and crowd in the gym.
헬스 클럽의 장점	The place opens at five, so it is very convenient for me since I am such an early bird.

Full Story

My gym is located around the Gangnam area in Seoul. The health club has a modern look, and its entrance looks very sleek. On one side, there is a wall of mirrors, and there are dumbbells so that people can look at the mirror, see their postures and correct their positions. On the opposite side, there are glass windows and treadmills are lined up by the windows. Between these two sides, there are other machines, filling up the space. I usually go in the early morning around six or seven. The time is perfect to avoid the traffic and crowd in the gym. The place opens at five, so it is very convenient for me since I am such an early bird.

제가 다니고 있는 헬스 클럽은 서울의 강남 주변에 있습니다. 헬스 클럽은 현대식 모습을 갖추고 있고 출입문은 정말 멋집니다. 한쪽에는 거울로 된 벽과 아령이 있어서 사람들은 거울을 보면서 자신들의 자세를 살펴보고 교정할 수 있습니다. 반대편에는 유리 창문들이 있고 창문 쪽으로는 러닝머신들이 줄지어 있습니다. 이 양쪽 사이에는 다른 운동기구들이 공간을 차지하고 있습니다. 저는 보통 이른 아침 6시나 7시 정도에 헬스 클럽에 갑니다. 이 시간이 교통 혼잡과 헬스 클럽이 붐비는 것을 피하기에 좋습니다. 헬스 클럽은 5시에 문을 열기 때문에 아침형 인간인 제게는 너무 편리합니다.

Voca　gym 헬스 클럽(=health club)　sleek (매끄럽고) 윤이 나는　dumbbell 아령　posture 자세　treadmill 러닝머신

Q2 헬스 클럽에서의 활동 설명 Tr-0804

How often and when do you go to the gym for a workout? What kind of activities do you usually do there? Tell me about all the activities from beginning to end.

운동을 위해 헬스 클럽은 얼마나 자주 그리고 언제 가나요? 그곳에서 보통 어떤 종류의 활동을 하나요? 헬스 클럽에서의 모든 활동들에 대해 처음부터 끝까지 말해 보세요.

KEY POINTS

키워드 How often, when, go to the gym, What, activities, do there

리스닝 포인트 얼마나 자주, 언제 헬스를 하는지 그리고 헬스 클럽에서 주로 하는 활동이 무엇인지를 묻고 있구나.

스피킹 포인트 일주일에 몇 번 정도 하고, 몇 시에 하는지, 그리고 헬스 클럽에서 하는 운동 및 다른 활동을 자세하게 답변하도록 하자.

STEP BY STEP

1st Step _ 서론

스토리텔링 헬스 클럽에 가는 횟수

브레인스토밍 헬스 클럽을 방문하는 시간과 가는 횟수를 소개한다.

2nd Step _ 본론

스토리텔링 스트레칭 / 달리기 / 역기

브레인스토밍 헬스 클럽에 하는 구체적인 활동(스트레칭, 달리기, 역기 등)들에 대해 자세히 설명한다.

3rd Step _ 결론

스토리텔링 휴식 / 에어로빅

브레인스토밍 헬스 클럽에서 하는 운동 외에 에어로빅과 휴식 등을 추가로 언급하면서 답변을 마무리한다.

HOW TO MAKE A STORY

1st Story

헬스 클럽에 가는 횟수   I can't go to the gym as often as I want to because of my busy schedule. But I try to go there to work out at least once or twice a week.

2nd Story

스트레칭   When I go to the gym, first I stretch to warm my body up.

달리기   Then I run on the treadmill for about fifteen minutes.

역기   After that, I start doing various forms of weightlifting, focusing on arms and thighs. I have set a goal that I must have muscular arms by the end of the year.

3rd Story

휴식   Then I take a short break before going to do some aerobic exercises.

에어로빅   Doing aerobic exercises is my favorite because it has accompanying music.

Full Story

I can't go to the gym as often as I want to because of my busy schedule. But I try to go there to work out at least once or twice a week. When I go to the gym, first I stretch to warm my body up. Then I run on the treadmill for about fifteen minutes. After that, I start doing various forms of weightlifting, focusing on arms and thighs. I have set a goal that I must have muscular arms by the end of the year. Then I take a short break before going to do some aerobic exercises. Doing aerobic exercises is my favorite because it has accompanying music.

저는 바쁜 스케줄로 인해 원하는 민큼 자주 헬스 클럽에 가시는 못합니다. 그러나 일주일에 한두 번은 꼭 가서 운동을 하려고 노력합니다. 저는 헬스 클럽에 가면 처음에는 몸을 풀어주기 위해서 스트레칭을 합니다. 그러고 나서 15분 정도 러닝머신에서 달리기를 합니다. 달리기를 하고 나면 팔과 허벅지에 초점을 맞춰서 다양한 역기를 듭니다. 올해 말까지 근육질의 팔을 만드는 것이 제 목표입니다. 그리고 에어로빅을 하러 가기 전에 잠깐 휴식을 취합니다. 에어로빅은 음악에 맞춰서 하기 때문에 제가 가장 좋아하는 운동입니다.

Voca   at least 최소한, 적어도   focus on ~에 집중하다, 초점을 맞추다   thigh 허벅지   muscular 근육의

걷기와 조깅

Stage 1 걷기와 조깅 길잡이

Chapter 8의 마지막은 '걷기와 조깅'입니다. 설문조사에는 걷기와 조깅이 나뉘어져 있는데요. 야외에서 간편한 차림으로 쉽게 즐길 수 있는 운동이고 질문 패턴도 거의 흡사해서 두 개의 항목을 묶어서 구성하였으니 두 항목을 동시에 잘 공략해 보시기 바랍니다.

자 그럼, 걷기와 조깅과 관련하여 빈번하게 출제되고 있는 문제를 확인해 보겠습니다. 가장 기본적으로 걷기와 조깅을 하는 장소를 묘사해 보라는 질문이 등장합니다. 그리고 스포츠의 경우는 복장 묘사 문제가 자주 등장하고 있으니 걷기와 조깅할 때 복장도 꼭 준비해 두세요.

장소와 복장 묘사 다음에 등장하는 좀 더 구체적인 문제를 살펴보겠습니다. 걷기와 조깅을 좋아하는 이유를 설명해 보라는 질문, 얼마나 자주, 언제, 그리고 누구와 함께 걷기와 조깅을 하는지 묻는 질문, 걷기와 조깅을 할 때 주의해야 할 점을 묻는 질문 등을 꼽을 수 있습니다. 걷기와 조깅의 장점을 설명해 보라는 질문도 함께 알아두세요.

마지막으로 걷기와 조깅과 관련해서 과거 경험을 묻는 문제는, 걷기와 조깅을 시작하게 된 때와 계기가 무엇인지를 묻는 질문, 과거와 비교해볼 때 걷기와 조깅 장소에서 어떤 변화가 있었는지를 묻는 질문, 걷기와 조깅을 하면서 경험했던 기억에 남는 일이 무엇인지를 묻는 질문 등으로 정리해 볼 수 있습니다.

비슷한 운동은 여러 개 묶어서 준비하는 게 좀 더 효율적입니다. 스포츠 항목을 많이 선택하더라도 스포츠 문제만 집중해서 출제되지 않기 때문에 비슷한 항목을 동시에 공략하는 것을 추천하고 싶습니다.

Stage 2 걷기와 조깅 빈출문제

IL~IM 1, 2 등급 공략

Q1 걷기 운동 장소 묘사

You indicated in the survey that you enjoy walking. Where do you usually walk? Describe some walking places you like for me.

설문에서 당신은 걷기 운동을 즐겨한다고 답했습니다. 어느 곳에서 주로 걷기 운동을 하나요? 좋아하는 걷기 운동 장소를 묘사해 보세요.

Q2 걷기 운동 복장 묘사

Let's talk about your typical walking outfit. What does it consist of? What shoes do you usually wear? Tell me in detail.

평상시 걷기 운동 복장에 대해 얘기해 보겠습니다. 무엇으로 이루어져 있나요? 주로 어떤 신발을 신나요? 자세히 말해 보세요.

Q3 조깅 장소 묘사

You indicated in the survey that you like to jog. Where do you like to jog? Describe the place you jog for me in detail.

설문조사에서 당신은 조깅을 좋아한다고 했습니다. 당신은 어디에서 조깅하는 것을 좋아하나요? 조깅하는 장소를 자세히 묘사해 보세요.

Q4 조깅 복합질문

How often do you normally jog? When and where do you like to jog? Do you jog alone, or with other people? Tell me with a lot of details.

보통 얼마나 자주 조깅을 하나요? 언제 어디에서 조깅하는 것을 좋아하죠? 혼자 조깅을 하나요, 아니면 다른 사람들과 조깅을 하나요? 자세하게 얘기해 보세요.

Stage 3 ACTUAL TEST

Q1  걷기 운동 장소 묘사 Tr-0805

You indicated in the survey that you enjoy walking. Where do you usually walk?
Describe some walking places you like for me.

설문에서 당신은 걷기 운동을 즐겨한다고 답했습니다. 어느 곳에서 주로 걷기 운동을 하나요? 좋아하는 걷기 운동 장소
를 묘사해 보세요.

KEY POINTS

키워드　　　　Where, usually walk, Describe, walking places you like

리스닝 포인트　어디에서 걷기 운동을 하는지 그 장소를 묘사해 보라는 질문이구나.

스피킹 포인트　걷기를 하는 장소와 코스, 그리고 주변 환경을 중점적으로 묘사해 보자.

STEP BY STEP

1st Step _ 서론

스토리텔링　걷기 장소(동네) / 시간(늦은 밤)

브레인스토밍　걷기 운동을 하는 장소와 시간대를 간략하게 언급한다.

2nd Step _ 본론

스토리텔링　걷는 시간대의 정경 / 한산한 거리 / 주말(한강 공원)

브레인스토밍　걷기 운동을 하는 장소나 그 시간대의 주변 모습, 그리고 주말에 하는 걷기 운동까지 추가로 설명한다.

3rd Step _ 결론

스토리텔링　친구들과 함께 걷기 / 혼자서 걷기

브레인스토밍　친구들과 함께 걷기 운동을 할 경우와 혼자서 걷기 운동을 하는 경우를 비교 설명하면서 답변을 마무리한다.

1st Story

걷기 장소(동네)	Since I live in the city, my favorite place for a stroll is around my neighborhood late at night.
시간(늦은 밤)	I live in a busy and crowded place, so even if I walk late at night, it's not so dangerous for me.

2nd Story

걷는 시간대의 정경	I enjoy walking when the stores are about to close and the crowd begins to thin out on the streets.
한산한 거리	When the busy streets become quiet, they turn into the perfect places for me to stroll.
주말(한강 공원)	During weekends, however, when I have more time, I go to the Han River Park to walk along the river.

3rd Story

친구들과 함께 걷기	Sometimes, I bring one or two friends so that we can talk while walking.
혼자서 걷기	But most of the time, I prefer walking alone because I can think without any disruption.

Full Story

Since I live in the city, my favorite place for a stroll is around my neighborhood late at night. I live in a busy and crowded place, so even if I walk late at night, it's not so dangerous for me. I enjoy walking when the stores are about to close and the crowd begins to thin out on the streets. When the busy streets become quiet, they turn into the perfect places for me to stroll. During weekends, however, when I have more time, I go to the Han River Park to walk along the river. Sometimes, I bring one or two friends so that we can talk while walking. But most of the time, I prefer walking alone because I can think without any disruption.

제가 도시에서 살기 때문에 가장 좋아하는 산책 장소는 늦은 밤 시간의 동네 주변입니다. 바쁘고 아주 번잡한 곳에 살고 있어서 비록 늦은 밤에 걷기 운동을 하더라도 그렇게 위험하지는 않습니다. 상점들이 문을 막 닫으려고 하고 거리의 사람들이 흩어질 때쯤에 산책을 즐깁니다. 바쁜 거리가 한산해지면 그 거리는 제게 산책하기에 알맞은 장소로 변합니다. 그러나 주말에 시간이 더 많이 나면 한강 공원에 가서 강가를 따라서 걷곤 합니다. 가끔은 걸으면서 얘기도 할 겸 친구 한두 명을 데려오기도 합니다. 하지만 대부분은 방해받지 않고 생각을 할 수 있어서 혼자 걷는 것을 선호합니다.

Voca

stroll 거닐다, 산책하다   **thin out** 드문드문해지다   **disruption** 방해

Q2 걷기 운동 복장 묘사 Tr-0805

Let's talk about your typical walking outfit. What does it consist of? What shoes do you usually wear? Tell me in detail.

평상시 걷기 운동 복장에 대해 얘기해 보겠습니다. 무엇으로 이루어져 있나요? 주로 어떤 신발을 신나요? 자세히 말해 보세요.

KEY POINTS

키워드	your typical walking outfit, What shoes, usually wear
리스닝 포인트	보통 걷기를 할 때 입는 복장을 묻고 있구나.
스피킹 포인트	걷기 운동을 할 때는 가벼운 차림으로 하기 때문에 옷, 신발, 모자 등을 설명해주고 계절별로 어떻게 입는 지도 답변해보자.

STEP BY STEP

1st Step _ 서론

스토리텔링	걷기 복장 소개
브레인스토밍	복장과 시간은 밀접한 연관이 있기 때문에 복장을 설명하기 위해 걷기 운동을 하는 시간대를 언급한 이후에 복장을 간략하게 얘기한다.

2nd Step _ 본론

스토리텔링	전체 복장 / 운동화 / 상의 / 모자
브레인스토밍	걷기 운동을 할 때의 복장(전체 복장, 운동화, 상의, 모자 등)을 구체적으로 묘사해준다.

3rd Step _ 결론

스토리텔링	바지 / 여름철
브레인스토밍	바지에 대한 설명을 덧붙여 주고 여름철에 입는 걷기 복장을 추가로 설명하면서 답변을 종결한다.

HOW TO MAKE A STORY

○ 1st Story

걷기 복장 소개	By the time when I am ready to go for a walk, the sun has already set, so I wear something warm.

○ 2nd Story

전체 복장	I live in the city, so I try to keep my outfit somewhat proper for the public.
운동화	I always wear comfortable walking shoes.
상의	And I usually wear a top made of material that can absorb the sweats well.
모자	When the sun is high or I go to the Han River Park, I make sure that I wear a hat.

○ 3rd Story

바지	I don't care about the pants, whether they are jeans or not.
여름철	But on hot summer days, I prefer short pants to longer ones.

○ Full Story

By the time when I am ready to go for a walk, the sun has already set, so I wear something warm. I live in the city, so I try to keep my outfit somewhat proper for the public. I always wear comfortable walking shoes. And I usually wear a top made of material that can absorb the sweats well. When the sun is high or I go to the Han River Park, I make sure that I wear a hat. I don't care about the pants, whether they are jeans or not. But on hot summer days, I prefer short pants to longer ones.

제가 산책을 떠날 준비를 할 때쯤이면 해가 이미 저물기 때문에 따뜻하게 옷을 입습니다. 저는 도시에서 살고 있어서 다른 사람들 눈에 괜찮아 보이는 복장을 하려고 애쓰는 편입니다. 신발은 항상 편한 운동화를 신습니다. 그리고 보통 땀을 잘 흡수할 수 있는 재질로 만들어진 상의를 입습니다. 해가 중천에 떠 있거나 한강 공원에 갈 때에는 저는 꼭 모자를 씁니다. 바지는 청바지이든, 다른 바지이든 전혀 개의치 않습니다. 그러나 더운 여름철에는 긴 바지보다는 반바지를 더 선호합니다.

○ Voca   absorb 흡수하다, 빨아들이다   sweat 땀

제 1 탄   OPIc Experience Questions

Intermediate Mid 3 등급 공략 첫 번째는 헬스, 걷기, 조깅과 관련된 과거 경험 문제들입니다. 경험을 묻는 문제는 난이도가 높기 때문에 Intermediate Mid 3 등급을 받기 위해서는 충분히 대비해야 합니다. 먼저 헬스와 관련해서는 헬스 클럽에 관심을 가지게 된 계기와 헬스 클럽에서 경험했던 기억에 남는 일에 대한 두 가지 과거 질문을 꼭 준비해두기 바랍니다.

Stage 1   IM3 등급 공략 OPIc QUESTIONS

헬스

Q1 How did you first become interested in going to a fitness club? Was there any special reason? If so, why did you begin to go there? Tell me with a lot of details.

처음 어떻게 해서 헬스 클럽에 다니는 것에 관심을 갖게 되었나요? 특별한 이유라도 있었나요? 있었다면, 왜 그곳에 가기 시작했나요? 자세히 얘기해 보세요.

Q2 Now, let's talk about any interesting or memorable thing you may have experienced at the fitness club. What was it about? Why was it so memorable to you? Tell me about it in as much detail as possible.

이제, 헬스 클럽에서 경험했던 재미있거나 기억에 남는 일에 대해서 얘기해 보겠습니다. 어떤 일이었나요? 왜 그 일이 그렇게 기억에 남는 거죠? 가능한 한 자세하게 얘기해 보세요.

걷기와 조깅

Q3 When was the last time you jogged? Where did you jog? What kind of clothes did you wear? Tell me about the recent experience in as much detail as you can.

마지막으로 언제 조깅을 했나요? 어디에서 조깅을 했죠? 어떤 옷을 입었나요? 최근 경험을 가능한 한 자세하게 얘기해 보세요.

Q4 How have the places where you have jogged changed over the last few years? And why have the changes been made? Tell me about it with a lot of details.

지난 몇 년간 조깅하는 장소가 어떻게 변했나요? 또 왜 그 변화가 생기게 되었나요? 자세하게 얘기해 보세요.

두 번째 걷기와 조깅에 관한 과거 경험 문제는 마지막으로 조깅을 했던 경험을 묻는 질문과 조깅하는 장소가 지난 몇 년간 어떤 변화가 있었고 왜 변하게 되었는지를 묻는 비교 질문 두 가지를 중점적으로 대비해 두세요.

헬스 클럽에 처음 관심을 갖게 된 계기 Tr-0806

How did you first become interested in going to a fitness club? Was there any special reason? If so, why did you begin to go there? Tell me with a lot of details.

처음 어떻게 해서 헬스 클럽에 다니는 것에 관심을 갖게 되었나요? 특별한 이유라도 있었나요? 있었다면, 왜 그곳에 가기 시작했나요? 자세히 얘기해 보세요.

KEY POINTS

키워드 first become interested in going to a fitness club, any special reason, why did you begin to go there

리스닝 포인트 어떻게 헬스 클럽에 관심을 가지게 되었는지, 그리고 왜 가게 되었는지를 묻고 있구나.

스피킹 포인트 헬스에 관심을 가지게 된 계기 및 이유를 중점적으로 설명하도록 하자.

HOW TO MAKE A STORY

1st Story

[처음 관심을 갖게 된 때] I first became interested in going to a fitness club when I learned that I needed to exercise regularly. [망가진 몸매] I was seriously out of shape and felt weak.

제가 처음 헬스 클럽에 다니는 것에 흥미를 갖게 된 때는 제게 규칙적인 운동이 필요하다는 것을 알고서입니다. 저는 몸이 심각하게 망가졌고 허약하다는 것을 알게 되었습니다.

2nd Story

[건강한 삶] I thought that I had to become stronger in order to live a healthy life. [성공] Before, I tried doing some exercises on my own, and I was successful only to a certain extent. [전문가의 도움 필요] When I thought I reached my limit, I decided that I needed some professional help.

저는 건강한 삶을 영위하려면 좀 더 튼튼해져야겠다는 생각을 하게 되었습니다. 예전에는 스스로 운동을 하려고 애도 쓰고 어느 정도까지는 성공했습니다. 한계에 다다랐다고 느꼈을 때 저는 전문적인 도움을 받아야겠다고 마음먹었습니다.

3rd Story

[헬스 클럽에 가는 이유] Having trainers to help me along the way was the next reason I decided to go to a fitness club. [트레이너의 도움] They helped me to keep exercising even when I felt lazy and wanted to slack off.

트레이너의 도움을 받는 것은 헬스 클럽에 가기로 결심한 두 번째 이유였습니다. 그들은 제가 게을러지고 느슨해지려고 했을 때조차도 운동을 계속 해나갈 수 있도록 도와줬습니다.

Voca seriously 심각하게 **out of shape** 건강이 안 좋은, 몸매가 엉망인 limit 한계 slack off 태만하다

제2탄 OPIc Role-play Questions

과거 질문에 이은 Intermediate Mid 3 등급 공략 포인트 두 번째는 조깅 관련 Role-play Three Combo 문제입니다. 야외에서 하는 활동은 예측할 수 없는 기상 조건 때문에 못하는 경우가 흔히 발생하죠. OPIc에서도 역시 이런 상황이 자주 주어지고 있으므로 날씨와 관련된 돌발 상황을 다양하게 알아두세요.

Stage 1 IM3 등급 공략 OPIc QUESTIONS

조깅 관련 Role-play

Q1 I'll give you a situation and ask you to act it out. Suppose that you want to jog in your neighborhood with your friend tomorrow morning. Call your friend and leave a message, asking three or four questions about jogging together.

상황을 드릴 테니 역할 연기를 해보세요. 내일 아침에 친구와 함께 동네에서 조깅을 하려고 한다고 해보겠습니다. 친구에게 전화해서 함께 조깅하는 것에 관한 질문 서너 가지를 메시지로 남기세요.

Q2 I'm sorry, but you have a problem which you need to solve. You and your friend are scheduled to jog today, but it is raining heavily. Call your friend to explain the situation. Then offer some options about this matter.

유감스럽게도, 해결해야 할 문제가 생겼습니다. 친구와 함께 오늘 조깅을 하기로 했는데 폭우가 내리고 있습니다. 친구에게 전화해서 상황을 설명하세요. 그러고 나서 이 문제에 대한 선택 사항을 몇 가지 제시하세요.

Q3 Have you ever experienced that you couldn't do outdoor activities due to bad weather? What was the outdoor activity about? Why couldn't you do that? How did you deal with that? Please tell me all about it in as much detail as possible.

좋지 않은 날씨 때문에 야외 활동을 할 수 없었던 경험이 있나요? 어떤 야외 활동이었나요? 왜 그 활동을 할 수 없었나요? 어떻게 해결했죠? 최대한 자세히 얘기해 보세요.

조깅 Role-play 질문들을 살펴볼까요? 먼저 친구와 조깅을 하기 위해서 전화해서 몇 가지를 물어보라는 상황이 주어졌습니다. 두 번째 상황은 조깅을 함께 하기로 했는데 폭우가 내리는 돌발 상황을 해결해 보라는 질문이 나와 있고요. 마지막 세 번째 문제는 날씨 때문에 야외 활동을 할 수 없었던 직접적인 경험을 묻는 질문이 나왔습니다. 실제 정기시험에서는 'outing(소풍, 나들이)'와 관련된 날씨 돌발 상황이 출제된 적이 있었습니다.

Q1 친구에게 조깅에 대해서 질문하기 Tr-0806

I'll give you a situation and ask you to act it out. Suppose that you want to jog in your neighborhood with your friend tomorrow morning. Call your friend and leave a message, asking three or four questions about jogging together.

상황을 드릴 테니 역할 연기를 해보세요. 내일 아침에 친구와 함께 동네에서 조깅을 하려 한다고 해보겠습니다. 친구에게 전화해서 함께 조깅하는 것에 관한 질문 서너 가지를 메시지로 남기세요.

KEY POINTS

키워드 want to jog, with your friend, Call, leave a message, asking, questions about jogging together

리스닝 포인트 친구와 동네에서 조깅을 하고 싶으니 전화해서 함께 조깅할 수 있도록 몇 가지를 물어보라는 질문이구나.

스피킹 포인트 전화 메시지를 남기는 상황이니 내 소개를 먼저 하고 전화를 건 목적과 함께 조깅과 관련된 질문을 몇 가지 하도록 하자.

HOW TO MAKE A STORY

1st Story

[인사] Hey, there. It's me. [조깅] You know that I jog every morning. So now, I have decided to jog in your neighborhood.

안녕, 친구야. 나야. 너도 알다시피 나 매일 조깅하잖아. 그래서 이제는 너희 동네에서 조깅을 하기로 결심했어.

2nd Story

[부탁] But I don't know the streets there well, so could you come along with me to jog tomorrow morning? [기상 시간 묻기] What time do you usually wake up? [약속 시간 질문] I know that you go jogging every morning, so let's set a time to meet together.

그런데 너희 동네 길을 잘 몰라서 그러는데 내일 아침 나와 함께 조깅해줄 수 있겠니? 넌 보통 몇 시에 일어나? 너도 매일 아침 조깅을 한다고 알고 있는데 함께 만날 수 있는 시간을 정해보자.

3rd Story

[구체적인 기상 시간 질문] Do you prefer waking up really early, like five in the morning? [맺음말] I will follow your schedule pretty much.

오전 5시 정도 아침 일찍 일어나는 게 좋니? 네 일정에 최대한 맞추도록 할게.

Voca come along with ~와 함께 가다, 따라 가다 follow 따르다, 지키다

Q2 비가 와서 조깅을 할 수 없는 상황 해결하기  Tr-0806

I'm sorry, but you have a problem which you need to solve. You and your friend are scheduled to jog today, but it is raining heavily. Call your friend to explain the situation. Then offer some options about this matter.

유감스럽게도, 해결해야 할 문제가 생겼습니다. 친구와 함께 오늘 조깅을 하기로 했는데 폭우가 내리고 있습니다. 친구에게 전화해서 상황을 설명하세요. 그리고 나서 이 문제에 대한 선택 사항을 몇 가지 제시하세요.

KEY POINTS

키워드   have a problem, scheduled to jog today, but it is raining heavily, Call your friend, explain the situation, offer some options

리스닝 포인트   오늘 조깅을 할 예정이었는데 비가 내리는 문제가 발생했군. 친구에게 전화해서 어떻게 할 것인지 선택 사항을 몇 가지 제시해 보라는 질문이구나.

스피킹 포인트   조깅을 못하는 상황을 먼저 설명하고 비가 내리고 있으니 무엇을 할지 다른 대안을 두세 가지 정도 답변하도록 하자.

HOW TO MAKE A STORY

1st Story

[인사] Hello. Is this Jungsae? I am sorry to be calling so early in the morning. [상황 설명] As you can see outside the window, it's raining pretty heavily. [조깅 취소] So, let's cancel the plan to go jogging together this morning.

여보세요, 정세니? 너무 아침 일찍 전화해서 미안해. 창 밖에 보이는 것처럼 지금 비가 많이 내리고 있어. 그러니 오늘 아침 함께 조깅하려던 계획을 취소하도록 하자.

2nd Story

[취소 이유] I can still go jogging in the light rain, but this rain is unusually heavy. We don't want to catch a cold, right? [아침을 함께 먹는 대안] If you are already awake, then you can come over to my house, and we can have breakfast together.

이슬비 정도면 조깅을 할 수 있지만 이번 비는 보통 때와는 달리 많이 내리고 있어. 감기에 걸리면 안 되잖아. 그렇지? 벌써 일어났다면 우리 집에 와서 함께 아침 먹자.

3rd Story

[헬스 클럽에 가는 대안] If you still want to jog, then we can go to a fitness club I know that opens early in the morning. [약속 정하기] It opens at six in the morning, so if you want, let's meet at 5:30.

그래도 조깅을 꼭 하고 싶으면 아침 일찍 문을 여는 내가 알고 있는 헬스 클럽에 가자. 헬스 클럽은 오전 6시에 문을 여니까 원한다면 다섯 시 반에 만나도록 하자.

Voca   light rain 이슬비

Q3 날씨 때문에 야외 활동을 하지 못한 경험 ◯ Tr-0806

Have you ever experienced that you couldn't do outdoor activities due to bad weather? What was the outdoor activity about? Why couldn't you do that? How did you deal with that? Please tell me all about it in as much detail as possible.

좋지 않은 날씨 때문에 야외 활동을 할 수 없었던 경험이 있나요? 어떤 야외 활동이었나요? 왜 그 활동을 하지 않았나요? 어떻게 해결했죠? 최대한 자세히 얘기해 보세요.

KEY POINTS

키워드　experienced that, couldn't do outdoor activities due to bad weather, What, activity, Why couldn't you do that, How did you deal with that

리스닝 포인트　현재완료형 질문으로 악천후 때문에 야외 활동을 못했던 경험을 묻고 있구나. 어떤 야외 활동이었고 왜 못 했는지, 그리고 어떻게 해결했는지 여러 가지를 묻고 있구나.

스피킹 포인트　실제로 비슷한 경험을 했는지 여부를 먼저 말하고, 어떤 날씨 때문에 어떤 활동을 못했는지, 그리고 그 상황을 어떻게 해결했는지를 자세하게 대답해보도록 하자.

HOW TO MAKE A STORY

○ 1st Story

[야외 소풍] I went on a picnic with my friends on weekends. [한강 둔치] We went to the Han Riverside to ride bikes, play soccer, and eat sandwiches.

주말에 친구들과 소풍을 간 적이 있습니다. 자전거를 타고, 축구를 하며 샌드위치도 먹으려고 한강 둔치로 갔습니다.

○ 2nd Story

[소나기] But when we parked along the riverside, dark clouds gathered, and soon it started to rain hard. [처음 생각] First, we thought it was just a passing rainstorm, so we waited in the car. [천둥, 번개] But after twenty minutes, lightening began to flash, and there was loud thunder. [소풍 취소] Then we knew that we were not going to have a picnic outside.

그런데 우리가 강가에 주차를 했을 때, 먹구름이 드리웠고 이내 거세게 비가 내리기 시작했습니다. 처음엔 그저 지나가는 소나기일 거라고 생각해서 우리는 차안에서 기다렸습니다. 하지만 20분 후에, 번개가 치기 시작하더니 천둥이 울렸습니다. 그때 우리는 야외에서 소풍을 할 수 없게 되었다는 것을 알게 되었습니다.

○ 3rd Story

[집에서의 파티] So we came back home, and instead we had a small party at my house. [게임] We weren't able to play soccer or ride bikes, but we played Wii games and some other indoor games. It was great fun.

그래서 우리는 집으로 돌아갔고 대신에 저희 집에서 조그만 파티를 열었습니다. 축구를 하거나 자전거를 탈 수는 없었지만 우리는 Wii 게임과 다른 실내 게임을 했습니다. 정말 재미있는 시간이었습니다.

○ Voca　riverside 강가, 강변　rainstorm 폭풍우, 소나기

How to NEW OPIc

CHAPTER 9

스키와 스케이트

Stage 1 스키와 스케이트 길잡이

Chapter 9에서는 스포츠와 관련된 '스키, 스케이트, 요가, 자전거, 탁구' 총 다섯 개 항목을 다뤄볼 예정입니다. 이렇게 해서 스포츠와 관련된 총 열 개의 항목을 학습할 수 있습니다. 스키, 스케이트와 같이 비슷한 항목은 출제 유형이 비슷하기 때문에 함께 대비해두는 것이 좋습니다.

Unit 1에서 살펴볼 항목은 바로 '스키와 스케이트'입니다. 스키와 스케이트는 걷기와 조깅처럼 문제 유형이 비슷하기 때문에 동시에 공략해 보세요. 인라인 스케이트까지 함께 포함해서 총 세 개 항목을 한꺼번에 준비하셔도 좋습니다. 설문조사 4~7번에서 총 12개 항목을 선택하게 되지만 이렇게 비슷한 항목끼리 준비하면 중복되는 부분이 많아 그리 어렵지 않게 12개 항목을 대비할 수 있습니다.

자 그럼, 스키와 스케이트에서 자주 출제되는 오픽 문제를 자세하게 들여다보겠습니다. 기본적으로 자주 가는 스키장 또는 스케이트장을 묘사해 보라는 질문을 꼽을 수 있습니다. 좋아하는 스키 또는 스케이트 선수를 소개해 보라는 문제도 충분히 예상할 수 있고요. 스키 복장과 스케이트 복장을 묘사해 보라는 질문도 함께 준비하시기 바랍니다.

스키와 스케이트를 얼마나 자주, 어디에서, 누구와 함께 타러 가는지를 묻는 질문, 스키 또는 스케이트를 좋아하는 이유와 이 운동의 장점을 설명해 보라는 질문이 좀 더 구체적으로 묻는 질문 유형에 해당됩니다.

마지막으로 과거 경험과 관련된 문제는 스키와 스케이트에 관심을 가지게 된 때와 계기를 묻는 질문, 가장 최근에 스키와 스케이트를 타러 갔던 경험을 묻는 질문, 그리고 지금까지 스키와 스케이트를 타면서 특별히 기억에 남는 일을 묻는 질문 등으로 정리할 수 있습니다.

Stage 2 스키와 스케이트 빈출문제

IL~IM 1, 2 등급 공략

Q1 스키장 묘사

You indicated in the survey that you like to go skiing. Describe your favorite ski resort for me. What does it look like? Where is it?

설문에서 당신은 스키를 타러 다닌다고 답했습니다. 좋아하는 스키장을 묘사해 보세요. 어떤 모습인가요? 어디에 있나요?

Q2 스키 복합질문

How often do you go skiing? Is there a certain person with whom you like to go? Why do you like to ski? Tell me why skiing is good for you with a lot of details.

얼마나 자주 스키를 타러 가나요? 함께 즐겨가는 사람이 있나요? 왜 스키를 좋아하나요? 스키가 당신에게 왜 좋은지 자세히 말해 보세요.

Q3 스케이트장 묘사

You indicated in the survey that you like to go skating. Please describe the place where you like to skate in detail.

설문에서 당신은 스케이트를 타러 간다고 했습니다. 당신이 스케이트를 즐겨 타는 장소를 자세하게 묘사해 보세요.

Q4 스케이트 복장 묘사

What kinds of clothes do you normally wear while skating? Describe your skating clothes in detail.

스케이트를 탈 때 주로 어떤 옷을 입나요? 스케이트 복장을 자세하게 묘사해 보세요.

Stage 3 ACTUAL TEST

Q1 스키장 묘사 Tr-0901

You indicated in the survey that you like to go skiing. Describe your favorite ski resort for me. What does it look like? Where is it?

설문에서 당신은 스키를 타러 다닌다고 답했습니다. 좋아하는 스키장을 묘사해 보세요. 어떤 모습인가요? 어디에 있나요?

KEY POINTS

키워드	Describe your favorite ski resort, What does it look like, Where
리스닝 포인트	내가 좋아하는 스키장을 묘사해 보라는 질문이군. 어떤 모습이고 어디에 있는지를 묻고 있구나.
스피킹 포인트	스키장 위치를 간단하게 설명하고 스키장과 주변 환경을 자세하게 묘사하자.

STEP BY STEP

1st Step _ 서론

스토리텔링 무주 리조트 / 위치

브레인스토밍 즐겨가는 스키장인 무주 리조트와 스키장의 위치를 먼저 소개하면서 답변을 시작한다.

2nd Step _ 본론

스토리텔링 규모 / 내부 시설 / 인근 호텔

브레인스토밍 스키장의 규모, 내부 시설 그리고 주변 환경 등을 구체적으로 설명해준다.

3rd Step _ 결론

스토리텔링 산장 / 개인적인 생각이나 의견

브레인스토밍 주변의 산장에 대한 설명과 개인적인 생각이나 의견을 얘기하면서 답변을 마무리 짓는다.

1st Story

무주 리조트

My favorite ski resort is "Muju Resort."

위치

Luckily, it is only a few hours away from my house, in Jeolla Province.

2nd Story

규모

Muju Resort is much smaller than some of the really famous ski resorts in foreign countries, but I think it is just as fun.

내부 시설

There are five different chairlifts that can take you up the mountains, and many different trails to ski down.

인근 호텔

The resort has several very nice hotels around the slopes. However, I can drive there in the morning and drive home at night because I live close to the resort.

3rd Story

산장

There is also a very beautiful lodge at the foot of the mountain, with a restaurant and a coffee shop.

개인적인 생각이나 의견

It is a great place to rest during the day and to spend time with my friends.

Full Story

My favorite ski resort is "Muju Resort." Luckily, it is only a few hours away from my house, in Jeolla Province. Muju Resort is much smaller than some of the really famous ski resorts in foreign countries, but I think it is just as fun. There are five different chairlifts that can take you up the mountains, and many different trails to ski down. The resort has several very nice hotels around the slopes. However, I can drive there in the morning and drive home at night because I live close to the resort. There is also a very beautiful lodge at the foot of the mountain, with a restaurant and a coffee shop. It is a great place to rest during the day and to spend time with my friends.

제가 좋아하는 스키장은 '무주 리조트'라는 곳입니다. 다행히도 리조트는 저희 집에서 몇 시간밖에 걸리지 않는 전라도에 있습니다. 무주 리조트는 외국에 있는 다른 유명한 스키장들보다는 규모가 훨씬 작지만 외국 스키장 못지않게 정말 재미있습니다. 그곳에는 다섯 개의 서로 다른 리프트가 있어서 사람들을 산 위로 데려다주고 스키를 타고 내려올 수 있는 다양한 코스들이 있습니다. 스키장의 산비탈 주변에는 좋은 호텔들이 여러 개 있습니다. 그러나 저는 리조트 가까이에 살기 때문에 아침에 운전하고 가서 밤에 집으로 돌아옵니다. 산 밑에는 식당과 커피숍이 있는 아름다운 산장도 있습니다. 이 산장은 하루 동안 휴식을 취하고 친구들과 시간을 보내기에 정말 좋은 곳입니다.

Voca

chairlift (스키장의 의자식) 리프트 **trail** 코스 **lodge** 오두막, 산장

Q2 스키 복합질문 Tr-0901

How often do you go skiing? Is there a certain person with whom you like to go?
Why do you like to ski? Tell me why skiing is good for you with a lot of details.

얼마나 자주 스키를 타러 가나요? 함께 즐겨가는 사람이 있나요? 왜 스키를 좋아하나요? 스키가 당신에게 왜 좋은지 자세히 말해 보세요.

KEY POINTS

키워드	How often, go skiing, with whom you like to go, Why do you like to ski, why skiing is good
리스닝 포인트	얼마나 자주 스키를 타러 가고, 함께 스키를 타러 가는 사람이 누구이며, 왜 스키를 좋아하는지, 스키의 장점 등 다양한 질문이 주어졌구나.
스피킹 포인트	스키 타는 횟수, 함께 가는 사람, 스키를 좋아하는 이유와 장점을 차례대로 답변하도록 하자.

STEP BY STEP

1st Step _ 서론

스토리텔링 스키를 타는 횟수 / 함께 가는 사람

브레인스토밍 스키를 타는 횟수, 스키를 타러 함께 가는 사람 등 질문에서 묻고 있는 세부 내용 위주로 답변을 시작한다.

2nd Step _ 본론

스토리텔링 스키를 좋아하는 이유 및 장점 / 여름에 하는 일

브레인스토밍 스키의 장점을 구체적인 예를 들어 설명해준다.

3rd Step _ 결론

스토리텔링 스키와 관련된 이야기 / 희망사항

브레인스토밍 스키를 직접 타는 것 이외에도 스키와 관련된 이야기를 소개하며 스키에 대한 희망사항 등을 추가로 언급하며 답변을 마무리 짓는다.

HOW TO MAKE A STORY

1st Story

스키를 타는 횟수 — During the winter months, I go skiing at least once a week.

함께 가는 사람 — I usually go with two of my close friends. The three of us have skied together since we were college freshmen.

2nd Story

스키를 좋아하는 이유 및 장점 — Skiing is a great way to exercise during winter, and it is a really exciting sport. But the most important thing for me is that skiing allows me to spend quality time with my best friends.

여름에 하는 일 — Even during summer, my friends and I talk about skiing and how much fun we will have when winter comes.

3rd Story

스키와 관련된 이야기 — We love to look at skiing magazines and talk about the newest equipment, almost as much as we love the actual skiing.

희망사항 — Skiing is my favorite thing to do. I just wish that I could ski all the year round!

Full Story

During the winter months, I go skiing at least once a week. I usually go with two of my close friends. The three of us have skied together since we were college freshmen. Skiing is a great way to exercise during winter, and it is a really exciting sport. But the most important thing for me is that skiing allows me to spend quality time with my best friends. Even during summer, my friends and I talk about skiing and how much fun we will have when winter comes. We love to look at skiing magazines and talk about the newest equipment, almost as much as we love the actual skiing. Skiing is my favorite thing to do. I just wish that I could ski all the year round!

겨울철에는 적어도 일주일에 한 번은 스키를 타러 갑니다. 저는 보통 친한 친구 두 명과 함께 갑니다. 우리 셋은 대학교 1학년 때부터 함께 스키를 탔습니다. 스키는 겨울철 운동으로 안성맞춤이고 정말 흥미로운 운동입니다. 하지만 가장 중요한 것은 친구들과 좋은 시간을 보낼 수 있다는 점입니다. 심지어 여름에도 친구들과 스키에 대한 얘기꽃을 피우면서 겨울이 오면 얼마나 재미있을지 얘기를 나눕니다. 우리는 스키 타는 것 못지않게 스키 관련 잡지들을 보는 것과 최신 장비에 대해서 얘기하는 것을 좋아합니다. 스키는 제가 정말 좋아하는 운동입니다. 일 년 내내 스키를 탈 수 있었으면 좋겠습니다!

Voca

at least 적어도, 최소한   **all the year round** 일 년 내내

요가

Stage 1 요가 길잡이

Unit 2에서 살펴볼 스포츠 항목은 '요가'입니다. 요가는 실내에서 편한 복장으로 즐길 수 있는 운동이죠. 요가 학원에서 요가를 할 수도 있고, 비디오나 인터넷 동영상을 보면서 집에서도 편하게 할 수 있는 운동이 바로 요가입니다. 주로 여성분들이 즐겨하는 스포츠이지만 남성들도 쉽게 따라할 수 있는 동작들이 아주 많으므로 요가를 공략하는 것도 좋은 방법입니다. 무엇보다도 다른 스포츠보다 문제 출제 범위가 상대적으로 좁아서 몇 문제만으로도 대비가 가능한 항목입니다.

자 그럼, 요가와 관련하여 계속해서 출제되고 있는 오픽 문제들을 살펴보겠습니다. 기본적으로 요가를 하는 장소인 집이나 학원을 묘사해 보라는 질문을 예상해 볼 수 있습니다. 그리고 요가를 가르치는 학원 강사를 소개해 보라는 질문과 요가를 할 때 입는 옷을 묘사해 보라는 질문도 함께 대비해 두세요.

요가에 대한 좀 더 구체적인 문제를 살펴보자면 요가 학원에 도착하면 어떤 활동들을 하는지 전체적인 활동을 설명해 보라는 질문, 얼마나 자주, 언제, 누구와 함께 요가를 하는지 묻는 질문, 요가를 할 때 주의할 점이나 요가를 잘 하는 방법, 또는 요가의 장점을 설명해 보라는 질문 등을 꼽을 수 있습니다.

과거 경험을 묻는 요가 문제는 요가를 시작하게 된 계기가 무엇인지를 묻는 질문, 요가를 하면서 잊을 수 없는 경험을 얘기해 보라는 질문, 요가를 하면서 처음에 어떤 어려움이 있었는지 묻는 질문 등을 예상해 볼 수 있습니다.

Stage 2 요가 빈출문제

⋮⋮⋮⋮⋮⋮ IL~IM 1, 2 등급 공략 ⋮⋮⋮⋮⋮⋮

Q1 **요가를 하는 장소 묘사**

You indicated in the survey that you enjoy doing yoga. Describe the place where you do yoga. Where is it located?

설문에서 당신은 요가를 즐긴다고 했습니다. 당신이 요가를 하는 장소를 묘사해 보세요. 그곳은 어디에 있나요?

Q2 **요가 동작 설명**

I'd like to know about your yoga. Give me a detailed description of various yoga movements you like to do.

당신의 요가에 대해서 알고 싶습니다. 당신이 좋아하는 여러 가지 요가 동작들을 자세히 설명해 보세요.

Q3 **요가 복장 묘사**

What kinds of clothes do you usually wear when doing yoga? Describe it with a lot of details.

요가를 할 때 주로 어떤 옷을 입나요? 요가를 할 때의 복장을 자세하게 묘사해 보세요.

Q4 **요가에 대해서 질문하기**

I do yoga, too. Just ask me three or four questions to find out more about my yoga.

저 역시 요가를 합니다. 제가 하는 요가에 대해서 좀 더 알아볼 수 있도록 서너 가지 물어보세요.

Stage 3 ACTUAL TEST

 요가를 하는 장소 묘사 Tr-0902

You indicated in the survey that you enjoy doing yoga. Describe the place where you do yoga. Where is it located?

설문에서 당신은 요가를 즐긴다고 했습니다. 당신이 요가를 하는 장소를 묘사해 보세요. 그곳은 어디에 있나요?

KEY POINTS

키워드　　　　Describe the place where you do yoga, Where

리스닝 포인트　요가를 하는 장소를 묘사하고 위치를 말해 달라는 질문이군.

스피킹 포인트　요가를 하는 장소의 위치와 그곳의 내부 모습, 분위기 및 시설 등을 차례대로 답변하자.

STEP BY STEP

1st Step _ 서론

스토리텔링　　요가를 시작한 시기와 장소 / 가는 방법

브레인스토밍　요가를 시작한 시기와 함께 요가를 하는 장소, 가는 방법 등 요가에 대한 기본적인 정보를 먼저 설명한다.

2nd Step _ 본론

스토리텔링　　체육관 / 체육관 묘사 / 요가를 시작하게 된 계기

브레인스토밍　요가를 배우기 위해서 체육관을 언제부터 이용했는지, 체육관의 내부 모습은 어떤지를 중점적으로 설명한다.

3rd Step _ 결론

스토리텔링　　요가 수업 / 개인적인 생각이나 의견

브레인스토밍　요가 수업과 요가에 대한 개인적인 느낌이나 의견을 추가로 소개하며 답변을 종결한다.

1st Story

요가를 시작한 시기와 장소	I started doing yoga about six months ago, at a gym just two blocks from my apartment.
가는 방법	To get there, I just have to walk out of my apartment, turn left, and walk for five minutes.

2nd Story

체육관	I have been going to the same gym for a few years, ever since I moved to Seoul.
체육관 묘사	The gym has two floors, and the rooms where they have yoga classes are on the floor above the weight room.
요가를 시작하게 된 계기	At first, I only used the weights and other exercise machines at the gym, but a friend there asked me to attend a yoga class with her.

3rd Story

요가 수업	I was hesitant the first time I went since I had never done yoga.
개인적인 생각이나 의견	But after the first class, I knew yoga was something I would continue to do.

Full Story

I started doing yoga about six months ago, at a gym just two blocks from my apartment. To get there, I just have to walk out of my apartment, turn left, and walk for five minutes. I have been going to the same gym for a few years, ever since I moved to Seoul. The gym has two floors, and the rooms where they have yoga classes are on the floor above the weight room. At first, I only used the weights and other exercise machines at the gym, but a friend there asked me to attend a yoga class with her. I was hesitant the first time I went since I had never done yoga. But after the first class, I knew yoga was something I would continue to do.

저는 대략 6개월 전에 요가를 시작했고 체육관은 아파트에서 두 블록 떨어져 있는 곳에 있습니다. 체육관에 가려면 아파트에서 나와서 왼쪽으로 5분 정도만 걸어가면 됩니다. 제가 서울로 이사를 온 후부터 몇 년 동안 같은 체육관을 다니고 있습니다. 처음에는 헬스 클럽에서 역기나 다른 운동기구들만 사용했는데 한 친구가 저에게 자기와 함께 요가 수업을 듣자고 했습니다. 그 헬스 클럽은 2층 건물이고 요가 교실은 웨이트를 하는 곳의 위층에 있습니다. 저는 요가를 해본 적이 없었기 때문에 처음에는 망설여졌습니다. 그러나 첫 수업을 받고 난 이후에 요가는 제가 계속할 수 있는 운동이라는 걸 알게 되었습니다.

Voca   gym 체육관   weight 역기, 웨이트

Q2 요가 동작 설명 Tr-0902

I'd like to know about your yoga. Give me a detailed description of various yoga movements you like to do.

당신의 요가에 대해서 알고 싶습니다. 당신이 좋아하는 여러 가지 요가 동작들을 자세히 설명해 보세요.

KEY POINTS

키워드 Give me a detailed description of various yoga movements

리스닝 포인트 다양한 요가 동작을 자세하게 설명해 달라는 질문이구나.

스피킹 포인트 즐겨 하는 요가 동작들을 설명하고 어떻게 도움이 되는지를 말해 보자.

STEP BY STEP

○ 1st Step _ 서론

스토리텔링 처음 요가를 시작했을 때 / 연습

브레인스토밍 처음 요가를 시작하던 때를 생각하면서 요가를 배우면서 어려웠던 점(우스꽝스러운 동작, 꾸준한 연습 등)에 대해 얘기한다.

○ 2nd Step _ 본론

스토리텔링 자신감 / 좋아하는 동작 / 어려운 동작

브레인스토밍 요가 연습을 한 결과 자신감이 생겼으며 내가 좋아하거나 나에게 어려운 요가 동작들을 구체적으로 설명해 준다.

○ 3rd Step _ 결론

스토리텔링 다른 동작 / 요가를 좋아하는 이유

브레인스토밍 요가를 좋아하는 이유를 말하면서 위에서 언급하지 않았던 요가 동작을 추가로 설명하고 답변을 종결토록 한다.

HOW TO MAKE A STORY

1st Story

처음 요가를 시작했을 때	When I first started, I couldn't do any of the yoga positions correctly. I must have looked very silly to anyone who attended the class.
연습	But the more I practiced, the easier it became.

2nd Story

자신감	Even though I haven't been doing yoga for very long, I feel more confident and can do many yoga poses correctly.
좋아하는 동작	My favorite positions are the balance positions.
어려운 동작	So I really enjoy doing the tough standing positions, which require me to bend over in one direction and hold myself in that position.

3rd Story

다른 동작	Some others require standing on only one foot and are very difficult to do correctly.
요가를 좋아하는 이유	Many people do yoga to relax and feel calm, but I like to work on improving my strength and balance.

Full Story

When I first started, I couldn't do any of the yoga positions correctly. I must have looked very silly to anyone who attended the class. But the more I practiced, the easier it became. Even though I haven't been doing yoga for very long, I feel more confident and can do many yoga poses correctly. My favorite positions are the balance positions. So I really enjoy doing the tough standing positions, which require me to bend over in one direction and hold myself in that position. Some others require standing on only one foot and are very difficult to do correctly. Many people do yoga to relax and feel calm, but I like to work on improving my strength and balance.

처음 요가를 시작했을 때 저는 어떤 요가 자세도 정확히 해낼 수가 없었습니다. 그 수업에 참가한 사람이라면 누구나 제 모습이 우스꽝스럽게 보였을 것입니다. 하지만 연습을 하면 할수록 점점 더 요가가 쉬워졌습니다. 제가 비록 오랫동안 요가를 하지는 않았지만 훨씬 더 자신감이 생겼고 많은 요가 자세들을 정확히 할 수 있게 되었습니다. 제가 좋아하는 자세들은 균형을 잡아야 하는 자세들입니다. 그래서 저는 한 쪽으로 허리를 구부려서 계속 그 자세를 유지해야 하는 서 있기 힘든 요가 동작을 즐겨합니다. 일부 다른 자세들은 한 발로 서 있어야 해서 정확한 자세를 취하기가 정말 어렵습니다. 많은 사람들이 스트레스를 풀고 마음의 평화를 얻기 위해서 요가를 하지만 저는 제 신체의 건강과 균형을 위해서 요가를 즐깁니다.

Voca

correctly 정확하게   silly 우스꽝스러운   confident 자신감 있는   bend over 허리를 구부리다

제 1 탄   OPIc Experience Questions

Intermediate Mid 3 등급 공략 첫 번째는 스키와 스케이트 그리고 요가에 대한 경험 질문입니다. 먼저 스키와 스케이트에서는 스키장에서 일어났던 기억에 남는 이벤트를 묻는 질문과 어렸을 적 스키와 관련해서 잊을 수 없는 경험을 묻는 질문 두 가지를 대비해두면 됩니다.

Stage 1   IM3 등급 공략 OPIc QUESTIONS

스키와 스케이트

Q1 Let's talk about a memorable event that happened in the ski resort. What was the event about? Why was it so memorable to you? Tell me all about it in as much detail as you can.

스키장에서 일어났던 기억에 남는 이벤트에 대해서 얘기해 보겠습니다. 어떤 이벤트였나요? 왜 그 이벤트가 그렇게 기억에 남는 건가요? 그것에 대해서 가능한 한 자세하게 얘기해 보세요.

Q2 Have you ever experienced an interesting or unforgettable thing regarding skiing when you were a child? What was it about? What did you do at that time? Where did you go skiing? Please tell me all the details.

어렸을 적 스키와 관련해서 재미있거나 잊을 수 없는 일을 경험한 적이 있나요? 어떤 일이었나요? 당신은 그때 무엇을 했죠? 어디로 스키를 타러 갔었나요? 자세하게 얘기해 보세요.

요가

Q3 How did you first become interested in doing yoga? Was there any special reason? If so, tell me why you began to do yoga.

어떻게 해서 처음 요가에 관심을 갖게 되었나요? 어떤 특별한 이유라도 있었나요? 있었다면 요가를 왜 시작했는지 말해 보세요.

Q4 Have you ever experienced something memorable since you first did yoga? What was it about? What exactly happened? Please tell me about it in as much detail as possible.

처음 요가를 시작한 이후로 기억에 남는 일을 경험한 적이 있나요? 어떤 일이었나요? 정확히 어떤 일이 있었던 거죠? 가능한 한 자세하게 그것에 대해 얘기해 보세요.

요가와 관련해서는 처음 요가에 어떻게 관심을 가지게 되었는지, 왜 시작하게 되었는지 이유를 묻는 질문과 요가를 시작한 이후로 겪었던 기억에 남는 일을 묻는 질문이 출제될 가능성이 아주 높습니다.

Q1 요가에 처음 관심을 갖게 된 계기 Tr-0903

How did you first become interested in doing yoga? Was there any special reason? If so, tell me why you began to do yoga.

어떻게 해서 처음 요가에 관심을 갖게 되었나요? 어떤 특별한 이유라도 있었나요? 있었다면 요가를 왜 시작했는지 말해 보세요.

KEY POINTS

키워드 first become interested in doing yoga, any special reason, why you began to do yoga

리스닝 포인트 처음 요가에 관심을 가지게 된 계기와 요가를 시작하게 된 이유가 있는지를 묻고 있구나.

스피킹 포인트 언제, 어떤 이유 때문에 요가에 관심을 가지게 되었는지를 중점적으로 답변하도록 하자.

HOW TO MAKE A STORY

1st Story

[처음 요가에 관심을 갖게 된 계기] I first became interested in yoga after a friend invited me to attend a yoga class at the gym where I usually exercise. [요가 수업을 듣게 된 이유] I wasn't really interested in yoga at first, but I went because I wanted to spend time with the friend who asked me to go.

제가 처음으로 요가에 관심을 갖게 된 때는 제가 평소 운동을 하던 헬스 클럽에서 친구가 함께 요가 수업을 듣자고 한 후부터입니다. 저는 처음에는 요가에 별로 관심이 없었지만 함께 요가를 하자고 한 친구와 함께 시간을 보내고 싶어서 요가 수업을 받게 되었습니다.

2nd Story

[요가에 대한 느낌] However, much to my surprise, doing yoga felt great. I never imagined it could be such a good exercise. Trying to master the poses in yoga has become a new challenge, and it is a welcome break from lifting weights and running on a treadmill every time I go to the gym. [요가를 시작한 이후의 변화] Now that I do yoga, I feel that my body is much healthier and stronger.

하지만 정말 놀랍게도 요가가 정말 좋다는 생각을 하게 되었습니다. 저는 요가가 그렇게 좋은 운동일 줄은 상상도 못했습니다. 요가 동작들을 터득하려고 애를 쓰는 일은 새로운 도전이 되었고 헬스 클럽에 갈 때마다 하는 역기나 러닝머신에서의 달리기에서 벗어날 수 있는 반가운 휴식이었습니다. 제가 요가를 하고 있어서 제 몸이 훨씬 건강해지고 강해진 것 같습니다.

3rd Story

[생각의 변화] I wouldn't have believed it has been a year, but I really enjoy doing yoga now. [앞으로의 계획] So I plan to continue doing it for the rest of my life.

1년이 지났다는 것이 믿기지 않지만 지금은 요가가 정말 좋습니다. 그래서 남은 일생동안 계속 요가를 할 계획입니다.

Voca much to one's surprise 정말 놀랍게도 challenge 도전 welcome 반가운

제 2 탄　OPIc Role-play Questions

Intermediate Mid 3 등급 공략 포인트 두 번째는 바로 스케이트 관련된 Role-play Three Combo 문제입니다. Role-play 문제는 항상 세 문제가 덩어리로 출제되므로 질문 내용과 흐름을 잘 이해하고 파악해 두세요. 스케이트에서는 어떤 상황이 주어지고 어떻게 해결해야 하는지 먼저 질문부터 살펴보겠습니다.

Stage 1　IM3 등급 공략 OPIc QUESTIONS

스케이트 관련 Role-play

Q1 I'll give you a situation and ask you to act it out. Suppose that you want to go to a skating rink with your friend this Saturday. Call your friend and leave a message, asking three or four questions about it.

상황을 하나 드릴 테니 역할 연기를 해보세요. 이번 주 토요일에 친구와 함께 스케이트장에 가려고 한다고 해보겠습니다. 친구에게 전화해서 서너 가지 질문을 메시지로 남기세요.

Q2 I'm sorry, but you have a problem which you need to solve. You noticed that the skating rink you and your friend want to go to will not be open until the beginning of next month. Call your friend to explain the situation. Then offer two or three alternatives about this matter.

유감스럽게도, 해결해야 할 문제가 생겼습니다. 친구와 함께 가려고 한 스케이트장이 다음 달 초까지 문을 열지 않는다고 합니다. 친구에게 전화해서 상황을 설명하세요. 그러고 나서 이 문제에 관한 대안을 두세 가지 제시해 보세요.

Q3 Let's talk about the most memorable thing you have experienced when skating. What was the experience about? What happened? Why was it so memorable to you? Please tell me about it in as much detail as you can.

스케이트를 탈 때 경험했던 일 중 가장 기억에 남는 일에 대해 얘기해 보겠습니다. 어떤 경험이었나요? 어떤 상황이 벌어졌나요? 그 경험이 왜 그토록 기억에 남나요? 최대한 자세히 얘기해 보세요.

첫 번째 상황은 친구와 스케이트장에 가려고 전화로 몇 가지 질문을 해 보라는 것이고 두 번째 상황은 스케이트장이 문을 열지 않으니 이를 어떻게 해결할 지 대안을 제시해 보라는 내용이 등장하고 있습니다. 마지막은 스케이트를 타면서 경험했던 기억에 남는 일을 묻고 있습니다. 세 문제의 흐름을 꼭 기억해 두시기 바랍니다.

Stage 2 ACTUAL TEST

Q1 스케이트에 대해서 친구에게 질문하기 Tr-0903

I'll give you a situation and ask you to act it out. Suppose that you want to go to a skating rink with your friend this Saturday. Call your friend and leave a message, asking three or four questions about it.

상황을 하나 드릴 테니 역할 연기를 해보세요. 이번 주 토요일에 친구와 함께 스케이트장에 가려고 한다고 해보겠습니다. 친구에게 전화해서 서너 가지 질문을 메시지로 남기세요.

KEY POINTS

키워드 you want to go to a skating rink with your friend, Call, leave a message, asking, questions

리스닝 포인트 친구와 함께 스케이트장에 가고 싶으니 전화해서 몇 가지 물어보라는 질문이구나.

스피킹 포인트 전화 메시지를 남기는 상황이니 간단하게 내 소개를 하고 전화를 건 목적과 함께 스케이트장에 가는 것에 대해서 궁금한 점을 세 가지 정도 물어보자.

HOW TO MAKE A STORY

1st Story

[인사] Hey, Hongsoon. This is Younghyun. How are you? [전화를 건 목적] I'm calling to see whether you have any plans for this Saturday.

안녕, 홍순아. 나야 영현이. 잘 지내지? 이번 주 토요일에 혹시 어떤 계획이 있는지 물어보려고 전화했어.

2nd Story

[새로 생긴 스케이트장] Did you hear about the new skating rink downtown? [스케이트장에 가자는 질문] I really want to go there with you on Saturday night. What's on your mind? [선약의 경우] If you already have something to do, you don't have to come. [함께 가는 다른 친구들] But it should be a lot of fun. I think Nana and some of her friends are going to go, too.

시내에 새로 생긴 스케이트장 알지? 토요일 밤에 너와 함께 갔으면 해서. 어떠니? 선약이 있으면 꼭 안 와도 돼. 그렇지만 정말 재미있을 거야. 나나하고 친구 몇 명도 올 거거든.

3rd Story

[약속이 끝나고 올 수 있는지 묻기] Let's get together after a long time and enjoy skating. Or how about joining us late after your appointment? [결정 후 연락 달라는 당부] Anyway, let me know when you've decided. I'll talk to you later.

우리 오랜만에 만나서 재미있게 스케이트 타자. 아니면 약속이 끝나고 늦게라도 우리와 합류하는 건 어때? 어쨌든 결정하면 알려줘. 이따가 얘기하자.

Voca skating rink 스케이트장

Q2 스케이트장 문이 열리지 않은 상황 해결하기  Tr-0903

I'm sorry, but you have a problem which you need to solve. You noticed that the skating rink you and your friend want to go to will not be open until the beginning of next month. Call your friend to explain the situation. Then offer two or three alternatives about this matter.

유감스럽게도, 해결해야 할 문제가 생겼습니다. 친구와 함께 가려고 한 스케이트장이 다음 달 초까지 문을 열지 않는다고 합니다. 친구에게 전화해서 상황을 설명하세요. 그러고 나서 이 문제에 관한 대안을 두세 가지 제시해 보세요.

KEY POINTS

키워드 have a problem, the skating rink, not open until the beginning of next month, Call, explain the situation, offer, alternatives

리스닝 포인트 문제가 생겼는데 스케이트장이 다음 달 초에나 문을 연다는 것이군. 친구에게 전화해서 상황을 설명하고 대안을 몇 가지 제시해 보라는 질문이구나.

스피킹 포인트 스케이트장이 왜 안하는 건지 먼저 간단하게 설명하고 스케이트를 못 타는 대신 뭘 할 것인지 대안을 두세 가지 정도 제시해보자.

HOW TO MAKE A STORY

○ 1st Story

[인사] Hey, Hongsoon. This is Younghyun. [전화 목적] As you know, we were planning to go to the skating rink on Saturday, but I have some bad news.

안녕, 홍순아. 나야 영현이. 너도 알다시피 우리 토요일에 스케이트장 가기로 했잖아. 그런데 안 좋은 소식이 생겼어.

○ 2nd Story

[상황 설명] The skating rink will not be open until next month because it is undergoing renovation. [다른 소식] It is bad news, but I have some good news, too. Sarah and her friends said that they still want to do something with us on Saturday night. [영화를 보는 대안] So, we could all go watch a movie together. What do you think?

그 스케이트장이 보수 공사 때문에 다음 달까지 문을 열지 않는데. 정말 유감이지만 좋은 소식도 있어. 사라와 그녀의 친구들이 여전히 토요일 밤에 우리와 함께 놀고 싶다고 했어. 그래서 우리 함께 영화 보러갈까 해. 넌 어때?

○ 3rd Story

[집에서 노는 대안] Or everyone could come over to my house, and we could play games and eat snacks. [콘서트] I also heard there is going to be a good concert that night. [당부의 말] Well, I'll let you decide what you want to do.

아니면 모두 우리 집에 와서 게임을 하고 음식도 먹을 수 있어. 그날 밤에는 멋진 콘서트도 열린다고 들었어. 음, 어떤 게 좋을지 네가 결정하렴.

○ Voca   renovation 수리, 수선

Q3 스케이트 관련 기억에 남는 경험 Tr-0903

Let's talk about the most memorable thing you have experienced when skating. What was the experience about? What happened? Why was it so memorable to you? Please tell me about it in as much detail as you can.

스케이트를 탈 때 경험했던 일 중 가장 기억에 남는 일에 대해 얘기해 보겠습니다. 어떤 경험이었나요? 어떤 상황이 벌어졌나요? 그 경험이 왜 그토록 기억에 남나요? 최대한 자세히 얘기해 보세요.

KEY POINTS

키워드 the most memorable thing, when skating, What, experience, What happened, Why was it so memorable

리스닝 포인트 스케이트를 타면서 기억에 남는 일이 무엇이고, 어떤 일이 있었고 왜 기억에 남는 건지를 묻고 있구나.

스피킹 포인트 실제로 비슷한 경험을 했는지 여부와 결과를 얘기해주고 가장 기억에 남는 일을 자세하게 그때 상황을 떠올리면서 답변하자.

HOW TO MAKE A STORY

1st Story

[기억에 남는 경험] After the new skating rink finally opened, I asked Nana's friend, Lisa, to go there with me. [첫 데이트] It was our first date!

새로 생긴 스케이트장이 마침내 개장을 하자 저는 나나의 친구인 리사에게 함께 스케이트장에 가자고 했습니다. 그것이 우리의 첫 번째 데이트였습니다!

2nd Story

[당시 상황 설명] I was very nervous because I couldn't skate well. I kept falling down, and Lisa had to help me up every time. It was so embarrassing. [손을 잡고 스케이트를 즐김] After a short time, Lisa suggested that I hold her hand. I couldn't believe it, and I was so happy that I forgot about being nervous and was able to skate well. We skated for hours holding hands.

저는 스케이트를 잘 타지 못해서 굉장히 긴장했습니다. 저는 계속 넘어졌고 리사는 매번 저를 도와 일으켜줬습니다. 정말 당황스러웠습니다. 조금 후에 리사는 제게 자신의 손을 잡으라고 했습니다. 저는 믿기지 않았고 너무 행복해서 긴장감을 잊고 스케이트를 잘 탈 수 있게 되었습니다. 우리는 손을 잡고 몇 시간 동안 스케이트를 탔습니다.

3rd Story

[데이트 이후 활동] Later, she asked me if I pretended to be bad at skating just so I could hold her hand. [개인적인 생각이나 의견] I certainly wasn't pretending, but that would have been a good idea.

나중에 그녀는 내가 그녀의 손을 잡으려고 일부러 스케이트를 못타는 척 했는지 제게 물어보더군요. 저는 분명히 그런 척을 하지는 않았지만 아주 괜찮은 아이디어인 것 같았습니다.

Voca nervous 긴장한, 불안해하는   pretend to do ~인 척하다

자전거

Stage 1 자전거 길잡이

Unit 3에서 학습하게 될 스포츠 항목은 바로 '자전거'입니다. 인라인 스케이트, 걷기, 조깅 등과 함께 야외에서 즐길 수 있는 대표적인 스포츠가 바로 자전거라 할 수 있습니다. 요즘은 고가도로 밑에 자전거 도로가 많이 생겨 맑은 날씨에 그리고 비 오는 날씨에도 즐길 수 있습니다.

공원에도 자전거 전용 트랙이 있어서 많은 시민들이 자전거를 타는 모습을 쉽게 볼 수 있습니다. 공원과 자전거 그리고 인라인 스케이트, 조깅, 걷기 총 5개 항목은 한 장소에서 모두 쉽게 즐길 수 있기 때문에 함께 묶어서 준비하는 것도 좋은 방법입니다.

그럼, 자전거와 관련하여 빈번하게 출제되는 오픽 문제를 확인해 보겠습니다. 가장 기본적으로 묘사와 관련된 두 문제를 예상해 볼 수 있습니다. 자전거를 타는 장소를 묘사하는 문제와 본인이 타는 자전거를 묘사해 보라는 문제는 자전거를 선택할 경우 가장 첫 번째 문제로 출제될 확률이 아주 높습니다.

그 다음으로 자전거에 대한 구체적인 문제를 살펴보면 자전거를 타면 좋은 점을 설명해 보라는 질문, 얼마나 자주, 언제, 누구와 함께 자전거를 타는지를 묻는 질문을 꼽을 수 있습니다.

마지막으로 자전거에 대한 과거 경험을 묻는 문제는 자전거를 처음 타게 된 때와 계기를 묻는 질문, 최근에 자전거를 탄 경험을 얘기해 보라는 질문, 자전거를 타면서 경험했던 특별히 기억에 남는 일을 묻는 질문 등으로 정리해볼 수 있습니다.

Stage 2 자전거 빈출문제

:::::::: IL~IM 1, 2 등급 공략 ::::::::

Q1 **자전거 묘사**

You indicated in the survey that you ride a bicycle. Describe your bicycle for me in detail.

설문에서 당신은 자전거를 탄다고 했습니다. 당신의 자전거를 묘사해 보세요.

Q2 **자전거 복합질문**

Where do you usually like to ride a bicycle? Describe that place in detail. Where is it? How often and when do you ride there?

주로 어디에서 자전거를 즐겨 타나요? 그 장소를 자세히 묘사해 보세요. 어디인가요? 자전거를 얼마나 자주 그리고 언제 그곳에서 타나요?

Q3 **자전거 탈 때 입는 복장 묘사**

What kinds of clothes do you normally wear when riding a bicycle? Describe your biking clothes in detail for me.

자전가를 탈 때 주로 어떤 옷을 입나요? 자전거를 탈 때 입는 의상을 자세하게 묘사해 보세요.

Q4 **자전거 타는 장소에 대해서 질문하기**

I also like to ride a bicycle. Ask me three or four questions to learn more about the place where I enjoy riding a bicycle.

저 역시 자전거 타는 것을 좋아합니다. 제가 자전거를 즐겨 타는 장소에 대해서 좀 더 알 수 있도록 서너 가지 질문해 보세요.

Stage 3 ACTUAL TEST

Q1 자전거 묘사 Tr-0904

You indicated in the survey that you ride a bicycle. Describe your bicycle for me in detail.

설문에서 당신은 자전거를 탄다고 했습니다. 당신의 자전거를 자세히 묘사해 보세요.

KEY POINTS

키워드	Describe your bicycle
리스닝 포인트	내가 타는 자전거를 자세하게 묘사해 보라는 질문이군.
스피킹 포인트	자전거 색상, 특징, 그리고 자전거 부속품의 명칭을 얘기하면 되겠다.

STEP BY STEP

1st Step _ 서론

스토리텔링 산악자전거 / 구입 시기와 가격

브레인스토밍 본인이 가지고 있는 자전거의 종류를 설명하고 자전거를 구입한 시기, 가격 등 기본적인 정보들을 소개한다.

2nd Step _ 본론

스토리텔링 외관 / 특징 / 부속품

브레인스토밍 해당 자전거의 외관, 특징, 부속품 등 세부적인 내용들을 자세하게 설명해준다.

3rd Step _ 결론

스토리텔링 구조 / 장점 / 개인적인 생각이나 느낌

브레인스토밍 자전거의 구조, 장점 그리고 개인적인 생각이나 느낌, 의견 등을 추가로 설명하면서 답변을 마무리 짓는다.

1st Story

| 산악자전거 | I have a really cool mountain bike. |
| 구입 시기와 가격 | I bought it about two years ago, and it was really expensive. |

2nd Story

외관	The bike is black and red, and it is really fast. The bicycle frame is made of aluminum, so it is light and strong.
특징	It has 27 gears, so I can ride it up or down the steepest hills.
부속품	It also has other really nice parts, like disc-brakes and very strong wheels.

3rd Story

구조	My bike is specially made for riding on rough trails, and it is very tough.
장점	It can ride over big rocks and tree roots, and it can also handle really big jumps.
개인적인 생각이나 느낌	I am very happy with this bike.

Full Story

I have a really cool mountain bike. I bought it about two years ago, and it was really expensive. The bike is black and red, and it is really fast. The bicycle frame is made of aluminum, so it is light and strong. It has 27 gears, so I can ride it up or down the steepest hills. It also has other really nice parts, like disc-brakes and very strong wheels. My bike is specially made for riding on rough trails, and it is very tough. It can ride over big rocks and tree roots, and it can also handle really big jumps. I am very happy with this bike.

저는 정말 멋진 산악자전거를 한 대 가지고 있습니다. 약 2년 전에 구입했고 정말 비싼 편이었습니다. 자전거는 검정색과 빨간색이며 정말 빠릅니다. 자전거의 틀은 알루미늄으로 만들어져서 가볍지만 단단합니다. 기어가 27단까지 있어서 가파른 언덕도 자전거를 타고 오르내릴 수 있습니다. 디스크 브레이크와 아주 튼튼한 바퀴와 같은 훌륭한 부품들도 있습니다. 제 자전거는 험한 길에서 탈 수 있도록 특별히 제작되어서 정말 튼튼합니다. 큰 돌이나 나무뿌리 위를 타고 넘을 수도 있고 정말로 큰 도약도 할 수 있습니다. 저는 이 산악자전거가 있어 매우 행복합니다.

Voca

mountain bike 산악자전거 **frame** 틀, 뼈대 **tough** 튼튼한

Q2 자전거 복합질문 Tr-0904

Where do you usually like to ride a bicycle? Describe that place in detail. Where is it? How often do you ride there?

주로 어디에서 자전거를 즐겨 타나요? 그 장소를 자세히 묘사해 보세요. 어디인가요? 자전거를 얼마나 자주 그곳에서 타나요?

KEY POINTS

키워드 Where, ride a bicycle, Describe that place, Where, How often

리스닝 포인트 자전거를 타는 장소를 묘사하라는 질문과 어디에 있는지 그리고 얼마나 자주 자전거를 타는지 다양하게 묻고 있구나.

스피킹 포인트 자전거 타는 장소를 먼저 묘사하고, 얼마나 자주 자전거를 타는지를 순차적으로 답변해보자.

STEP BY STEP

1st Step _ 서론

스토리텔링 자전거를 타는 장소(산) / 산길 소개

브레인스토밍 자전거를 타는 장소인 산에 대해서 간략하게 묘사한다.

2nd Step _ 본론

스토리텔링 좋아하는 이유 / 동네에 있는 산 / 습관

브레인스토밍 해당 장소를 좋아하는 이유, 자전거를 타는 곳에 대한 구체적인 설명, 그리고 자전거를 타는 습관(빈도, 특히 좋아하는 장소 등)들에 대해서 자세히 설명한다.

3rd Step _ 결론

스토리텔링 산길의 특징 / 개인적인 생각이나 의견

브레인스토밍 산길의 특징과 산길에서 자전거를 타는 데 필요한 기술과 개인적인 의견을 피력하면서 답변을 종결한다.

HOW TO MAKE A STORY

1st Story

자전거를 타는 장소(산)	I love riding my bike in the mountains.
산길 소개	I like riding on trails with lots of obstacles, like big rocks, roots, and branches.

2nd Story

좋아하는 이유	I think riding on normal roads is very boring, so I like riding on narrow, rough trails deep in the mountains.
동네에 있는 산	There are several large mountains in my area, and all of them have really good biking trails.
습관	I usually ride at least once a week, and I don't go to the same area two times in a row. It is more exciting when you ride in different places, since things stay fresh and new.

3rd Story

산길의 특징	In the mountains the trails can change quickly; trees can fall down or rain can wash away parts of the trails.
개인적인 생각이나 의견	Riding in the mountains takes a lot of skills and a good bike, but it is so much fun.

Full Story

I love riding my bike in the mountains. I like riding on trails with lots of obstacles, like big rocks, roots, and branches. I think riding on normal roads is very boring, so I like riding on narrow, rough trails deep in the mountains. There are several large mountains in my area, and all of them have really good biking trails. I usually ride at least once a week, and I don't go to the same area two times in a row. It is more exciting when you ride in different places, since things stay fresh and new. In the mountains the trails can change quickly; trees can fall down or rain can wash away parts of the trails. Riding in the mountains takes a lot of skills and a good bike, but it is so much fun.

저는 산에서 자전거를 즐겨 탑니다. 큰 바위나 나무뿌리 그리고 나뭇가지들과 같은 장애물들이 많은 산길을 좋아합니다. 그냥 평범한 도로를 달리는 것은 너무 지루해서 저는 산속 깊은 곳에 있는 좁고 거친 길 위를 달리는 것이 좋습니다. 동네에 큰 산이 여러 개 있고 그곳에는 정말 멋진 자전거 길이 나 있습니다. 보통 일주일에 한 번 정도는 자전거를 타며 저는 같은 장소를 두 번 연속은 가지 않습니다. 매번 다른 장소에서 타면 많은 것들이 신선하고 새롭게 느껴져서 더 신이 납니다. 산길은 너무 빨리 변하고 나무들이 떨어지거나 비로 인하여 일부 산길이 유실될 수도 있습니다. 산에서 자전거를 타려면 여러 가지 기술과 좋은 자전거가 있어야 하지만 정말 재미있습니다.

Voca   branch 나뭇가지   trail 산길, 루트   in a row 잇달아, 연이어

탁구

Stage 1 탁구 길잡이

Chapter 9의 마지막 스포츠 항목은 바로 '탁구'입니다. 축구나 야구와 같은 다른 구기 종목과는 달리 실내에서 적은 인원으로도 쉽게 즐길 수 있는 운동이 바로 탁구죠.

탁구는 운동 복장이나 장비도 그렇게 비싸지 않고 남녀노소 간편하게 할 수 있는 운동이라는 점에서 우리나라에서도 많은 사랑을 받고 있는 스포츠 중의 하나입니다. Chapter 8, Unit 1의 농구에서 살펴봤던 질문 유형과 비슷하게 출제된다고 이해하시면 될 것 같습니다.

탁구와 관련하여 빈번하게 출제되는 오픽 문제를 자세하게 살펴봐야겠죠? 먼저 기본적으로 자주 가는 탁구장을 묘사해 보라는 질문을 떠올릴 수 있습니다. 그리고 좋아하는 탁구 선수가 누구인지를 물어보는 질문도 기본적인 질문 유형에 속합니다. 또한 탁구대와 탁구를 칠 때 입는 복장을 묘사해 보라는 질문도 대비해두면 좋습니다.

좀 더 구체적인 탁구 관련 문제를 들여다보면 탁구의 기술이나 규칙을 설명해 보라는 질문, 얼마나 자주, 누구와 어디에서 탁구를 치는지 묻는 질문, 탁구를 특별히 좋아하는 이유가 무엇이고 탁구의 장점을 설명해 보라는 질문을 꼽을 수 있습니다.

마지막으로 과거 경험과 관련된 탁구 문제는 어렸을 적 탁구와 관련하여 특별히 기억에 남는 일이나 사건을 묻는 질문, 탁구를 언제 처음 시작했고 왜 관심을 가지게 되었는지를 묻는 질문, 최근에 탁구를 했던 경험을 자세하게 얘기해 보라는 질문, 그리고 탁구를 치면서 재미있거나 잊을 수 없는 일을 얘기해 보라는 질문 네 가지 정도로 요약해볼 수 있습니다.

여러 차례 말씀드렸다시피 스포츠는 구기 종목, 실외 스포츠, 실내 스포츠 등으로 구분하여 준비하고 비슷한 운동끼리는 여러 항목을 묶어서 대비하는 게 보다 효율적인 방법입니다.

Stage 2 탁구 빈출문제

:::::::: IL~IM 1, 2 등급 공략 ::::::::

Q1 탁구를 치는 장소 묘사

You indicated in the survey that you play table tennis. Where do you usually play table tennis? Please describe the place where you play table tennis in detail.

설문에서 당신은 탁구를 친다고 답했습니다. 어디에서 주로 탁구를 치나요? 탁구를 치는 장소를 자세히 묘사해 보세요.

Q2 좋아하는 탁구 선수 소개

Who is your favorite table tennis player? Why do you like him or her? Tell me about your favorite player with a lot of details.

가장 좋아하는 탁구 선수가 누구인가요? 왜 그 선수를 좋아하죠? 당신이 좋아하는 탁구 선수에 대해 자세히 말해 보세요.

Q3 탁구 복합질문

How often do you play table tennis? When and Where do you play table tennis? With whom do you like playing table tennis?

얼마나 자주 탁구를 치나요? 언제, 어디에서 탁구를 치나요? 누구와 함께 탁구 치는 것을 좋아하나요?

Q4 탁구에 대해서 질문하기

I play ping-pong, too. Ask me three or four questions to find out more about my ping-pong.

저 역시 탁구를 칩니다. 제가 하는 탁구에 대해서 좀 더 알아볼 수 있도록 서너 가지 질문해 보세요.

Q1 탁구를 치는 장소 묘사 ◯ Tr-0905

You indicated in the survey that you play table tennis. Where do you usually play table tennis? Please describe the place where you play table tennis in detail.

설문에서 당신은 탁구를 친다고 답했습니다. 어디에서 주로 탁구를 치나요? 탁구를 치는 장소를 자세히 묘사해 보세요.

KEY POINTS

키워드   Where, play table tennis, describe the place

리스닝 포인트   탁구를 치는 장소를 자세하게 묘사해 보라는 질문이구나.

스피킹 포인트   탁구장의 위치를 간단하게 말하고 탁구장 내부 모습을 자세하게 묘사해보자.

STEP BY STEP

○ 1st Step _ 서론

스토리텔링   탁구를 치는 장소(학교 체육관) / 탁구를 치는 시간과 함께 치는 사람

브레인스토밍   탁구를 치는 장소인 학교 체육관을 간략하게 소개하고, 함께 치는 사람이나 시간 등 탁구와 관련된 기본적인 내용을 소개한다.

○ 2nd Step _ 본론

스토리텔링   다목적 체육관 / 탁구 동아리

브레인스토밍   탁구를 치는 장소인 체육관의 주변 환경, 시설 등을 중점적으로 설명해준다.

○ 3rd Step _ 결론

스토리텔링   탁구 시합 / 친구들과의 경기

브레인스토밍   해당 장소에서 벌어지는 탁구 시합을 생생하게 묘사하며 답변을 마무리한다.

1st Story

탁구를 치는 장소(학교 체육관)　I usually play table tennis in the gym at my school.

탁구를 치는 시간과 함께 치는 사람　In the evening, my friends and I have free time, so occasionally, we go to the gym to play table tennis.

2nd Story

다목적 체육관　It is a multi-purpose gym and people can enjoy various sports such as basketball and badminton. However, on Tuesday and Thursday evenings, from 6 p.m. to 9 p.m., the gym is filled with ping-pong tables.

탁구 동아리　As the Ping Pong Club uses the gym on those nights, the gym is often very crowded.

3rd Story

탁구 시합　Most of the time, we just play for fun, but we also like to hold a table tennis tournament. Those nights are very exciting.

친구들과의 경기　I am not good enough at table tennis to participate, but it is fun to watch my friends compete against each other.

Full Story

I usually play table tennis in the gym at my school. In the evening, my friends and I have free time, so occasionally, we go to the gym to play table tennis. It is a multi-purpose gym and people can enjoy various sports such as basketball and badminton. However, on Tuesday and Thursday evenings, from 6 p.m. to 9 p.m., the gym is filled with ping-pong tables. As the Ping Pong Club uses the gym on those nights, the gym is often very crowded. Most of the time, we just play for fun, but we also like to hold a table tennis tournament. Those nights are very exciting. I am not good enough at table tennis to participate, but it is fun to watch my friends compete against each other.

저는 주로 학교 체육관에서 탁구를 칩니다. 친구들과 저는 저녁에 시간이 나서 가끔 탁구를 치러 체육관에 갑니다. 체육관은 다목적 체육관이라서 사람들은 농구와 배드민턴 같은 다양한 운동을 즐길 수 있습니다. 그러나 화요일과 목요일 저녁 6시부터 9시까지는 탁구대로 체육관이 채워집니다. 그날 밤은 탁구 동아리가 체육관을 사용하기 때문에 체육관은 종종 매우 혼잡합니다. 대부분은 그냥 재미로 탁구를 치는데 가끔 탁구 토너먼트 경기를 하기도 합니다. 토너먼트 경기를 하는 날 밤은 정말 흥미진진합니다. 토너먼트 경기에 참가하기에는 탁구 실력이 부족하지만 친구들끼리 서로 경기하는 것을 보는 것은 정말 재미있습니다.

Voca　occasionally 가끔　multi-purpose 다목적용의　compete against (시합, 경기 등에서) ~와 겨루다

Q2 좋아하는 탁구 선수 소개 ⏺ Tr-0905

Who is your favorite table tennis player? Why do you like him or her? Tell me about your favorite player with a lot of details.

가장 좋아하는 탁구 선수가 누구인가요? 왜 그 선수를 좋아하죠? 당신이 좋아하는 탁구 선수에 대해 자세히 말해 보세요.

KEY POINTS

키워드   Who, favorite table tennis player, Why, like him or her

리스닝 포인트   좋아하는 탁구 선수가 누구이고 왜 좋아하는지 이유를 묻고 있구나.

스피킹 포인트   좋아하는 선수와 좋아하는 이유를 설명하고 그 선수의 장점 및 수상 경력 등을 보충설명하자.

STEP BY STEP

○ 1st Step _ 서론

스토리텔링   좋아하는 탁구 선수 이름 / 선수 소개

브레인스토밍   좋아하는 탁구 선수의 이름, 특징 등을 초반부에 간략하게 소개한다.

○ 2nd Step _ 본론

스토리텔링   좋아하는 이유 / 세계 랭킹 / 경력 / 장점

브레인스토밍   해당 선수를 좋아하는 이유, 탁구 랭킹, 경력, 장점이나 특징 등 좋아하는 선수에 대하여 좀 더 구체적인 정보를 제공해준다.

○ 3rd Step _ 결론

스토리텔링   개인적인 생각이나 의견

브레인스토밍   좋아하는 선수에 대한 개인적인 의견이나 느낌 등을 설명하면서 답변을 마무리 짓는다.

HOW TO MAKE A STORY

1st Story

좋아하는 탁구 선수 이름	My favorite table tennis player is Ma Long.
선수 소개	Like most of the world's best table tennis players, he is from China.

2nd Story

좋아하는 이유	He is my favorite because he is the world's best table tennis player right now.
세계 랭킹	He is currently ranked number one in the world.
경력	Ma Long is young, but he has already won many titles during his career.
장점	Ma Long is very fast, and he can easily adapt to any attack his opponent might have.

3rd Story

개인적인 생각이나 의견	I think he has a very long and successful career ahead of him as a professional table tennis player.

Full Story

My favorite table tennis player is Ma Long. Like most of the world's best table tennis players, he is from China. He is my favorite because he is the world's best table tennis player right now. He is currently ranked number one in the world. Ma Long is young, but he has already won many titles during his career. Ma Long is very fast, and he can easily adapt to any attack his opponent might have. I think he has a very long and successful career ahead of him as a professional table tennis player.

제가 가장 좋아하는 탁구 선수는 Ma Long입니다. 대부분의 세계 최고 탁구선수들처럼 그 선수 역시 중국인입니다. Ma Long 선수는 현재 세계 최고의 탁구 선수이기 때문에 저는 그 선수를 좋아합니다. 현재 세계 랭킹 1위입니다. Ma Long은 어리지만 이미 많은 타이틀을 땄습니다. Ma Long은 매우 빠르고 상대방이 하는 어떤 공격에도 쉽게 적응할 수 있습니다. 저는 그 선수가 프로 탁구 선수로서 오랫동안 성공적인 선수 생활을 할 것이라고 생각합니다.

Voca

currently 현재, 지금   adapt to ~에 적응하다   opponent 상대

제 1 탄   OPIc Experience Questions

Intermediate Mid 3 등급 공략 포인트 첫 번째는 자전거, 탁구와 관련된 과거 경험 문제들입니다. 이 경험 문제를 잘 공략해야 Intermediate Mid 3 고득점을 받을 수 있으니 잘 대비해둬야겠죠? 자전거와 관련된 과거 경험 문제는 처음에 자전거 타기에 관심을 가지게 된 계기와 때를 묻는 질문과 자전거와 관련해서 기억에 남는 에피소드를 묻는 질문 등으로 정리해볼 수 있습니다.

Stage 1   IM3 등급 공략 OPIc QUESTIONS

자전거

Q1 How and when did you first become interested in riding a bicycle? Was there any special reason? Tell me all the details.

어떻게 그리고 언제 처음으로 자전거 타기에 관심을 가지게 되었나요? 어떤 특별한 이유라도 있었나요? 자세히 말해 보세요.

Q2 Is there a memorable episode you experienced when riding a bicycle? When was it? What was the episode about? Why was it so memorable to you? Tell me about it in as much detail as possible.

자전거를 타면서 경험했던 기억에 남는 에피소드가 있나요? 그게 언제였나요? 어떤 에피소드였나요? 왜 그 에피소드가 그렇게 기억에 남는 건가요? 가능한 한 자세하게 얘기해 보세요.

탁구

Q3 How did you first become interested in playing ping-pong? Was there any certain purpose? How did you learn to play it? Tell me all the details.

어떻게 해서 처음 탁구에 관심을 갖게 되었나요? 어떤 특별한 목적이라도 있었나요? 어떻게 탁구를 배웠죠? 자세히 말해 보세요.

Q4 Have you ever experienced any interesting or special event while playing table tennis? What was it about? When was it? Tell me with a lot of details.

탁구를 치면서 재미있거나 특별했던 이벤트를 경험한 적이 있나요? 어떤 이벤트였나요? 그게 언제였죠? 자세하게 얘기해 보세요.

두 번째 탁구와 관련된 과거 경험 문제는 처음 탁구에 관심을 가지게 된 계기 또는 이유를 묻는 질문, 탁구를 하면서 특별한 기억에 남는 이벤트가 무엇인지를 묻는 질문 등이 출제될 가능성이 아주 높다고 할 수 있습니다.

Stage 2 ACTUAL TEST

Q1 탁구에 처음 관심을 갖게 된 계기  Tr-0906

How did you first become interested in playing ping-pong? Was there any certain purpose? How did you learn to play it? Tell me all the details.

어떻게 해서 처음 탁구에 관심을 갖게 되었나요? 어떤 특별한 목적이라도 있었나요? 어떻게 탁구를 배웠죠? 자세히 말해 보세요.

KEY POINTS

키워드 first become interested in playing ping-pong, any certain purpose, How did you learn to play it

리스닝 포인트 탁구에 관심을 가지게 된 계기와 이유, 그리고 탁구를 배운 방법을 묻고 있구나.

스피킹 포인트 어떤 일 때문에 탁구에 관심을 가지게 되었는지를 설명해주고 어떻게 탁구를 배웠는지를 연이어서 대답해 보자.

HOW TO MAKE A STORY

1st Story

[어린 시절] Growing up, I occasionally played ping-pong at my friends' houses, but I never took serious interest in it. [중국 방문] However, several years ago, I traveled to China.

저는 크면서 가끔 친구들 집에서 탁구를 쳤지만 탁구에 그렇게 많은 흥미를 갖지는 않았습니다. 그러나 몇 년 전에 제가 중국 여행을 갔었습니다.

2nd Story

[중국의 탁구] China always produces the world's best table tennis players, so it was no surprise that the sport is very popular there. [탁구를 치게 된 계기] While I was in China, I started playing table tennis in order to make Chinese friends. [탁구에 대한 흥미] Since then, I have been very interested in playing ping-pong.

중국은 항상 세계 최고의 탁구 선수들을 배출해서 그곳에서 탁구가 매우 인기 있다는 것은 놀랄만한 일이 아니었죠. 중국에 있는 동안 저는 중국인 친구를 사귀기 위해서 탁구를 치기 시작했습니다. 그 후 저는 탁구에 많은 흥미를 가지기 시작했습니다.

3rd Story

[탁구 경기 참가] Even though I have improved, I have not participated in any ping-pong tournaments. [취미 생활] I like playing ping-pong, but I only play for fun.

비록 실력이 늘긴 했지만 탁구 대회에 참가하지는 않았습니다. 탁구를 좋아하긴 하지만 단지 재미로 할 뿐입니다.

Voca   occasionally 가끔 improve (실력 등이) 늘다, 증가하다 for fun 재미로

제2탄   OPIc Role-play Questions

스포츠 관련 Intermediate Mid 3 등급 공략 포인트 두 번째는 바로 자전거 Role-play Three Combo입니다. 특정 물건과 관련해서는 물건을 잃어버렸다거나, 물건이 고장 나는 돌발 상황이 자주 발생하는데요. 자전거 Role-play 문제에서도 역시 비슷한 문제를 구성하였습니다. 그럼 질문부터 자세하게 파악해 보세요.

Stage 1   IM3 등급 공략 OPIc QUESTIONS

자전거 관련 Role-play

Q1 I'll give you a situation and ask you to act it out. Suppose that your friend wants to ride bicycles with you this weekend. Ask your friend three or four questions to find out about riding bicycles together.

상황을 드릴 테니 역할 연기를 해보세요. 이번 주말에 친구가 당신과 함께 자전거를 탔으면 한다고 해보겠습니다. 친구에게 함께 자전거를 타는 것에 관한 질문을 서너 가지 해보세요.

Q2 I'm sorry, but you have a problem which you need to solve. Today, you and your friend are planning to ride bicycles together, but you noticed that your bicycle was out of order. Call your friend to explain the situation. Then offer some solutions about this issue.

유감스럽게도 해결해야 할 문제가 생겼습니다. 오늘 친구와 함께 자전거를 타려고 했는데 자전거가 고장 났다는 것을 알았습니다. 친구에게 전화해서 상황을 설명하세요. 그러고 나서 이 문제에 대한 몇 가지 해결책을 제시해 보세요.

Q3 Have you ever had difficulty in learning how to ride a bicycle? What was the hardest thing? How did you handle that problem? Please tell me all about it in as much detail as possible.

자전거를 배우면서 힘들었던 적이 있나요? 어떤 점이 가장 어려웠나요? 그 문제를 어떻게 해결했나요? 자전거를 배우면서 어려웠던 점에 대해 최대한 자세히 얘기해 보세요.

자전거 Role-play 첫 번째 상황은 친구와 함께 자전거를 탈 수 있도록 전화해서 몇 가지 질문해보라는 내용이 주어졌고, 두 번째 상황은 본인 자전거가 고장이 나서 친구와 자전거를 탈 수 없는 돌발 상황을 해결해 보라는 내용이 주어졌습니다. 마지막 문제는 자전거와 관련된 직접적인 경험을 묻는 질문 내용이 등장했고요. 물건이 없어지거나 고장이 났거나, 작동이 되지 않는 Role-play 상황을 어떻게 해결해야 할지 평소에 다양한 답변을 이용해 많이 연습해보시기 바랍니다.

Stage 2 ACTUAL TEST

Q1 친구와 함께 자전거를 탈 수 있도록 질문하기 Tr-0906

I'll give you a situation and ask you to act it out. Suppose that your friend wants to ride bicycles with you this weekend. Ask your friend three or four questions to find out about riding bicycles together.

상황을 드릴 테니 역할 연기를 해보세요. 이번 주말에 친구가 당신과 함께 자전거를 탔으면 한다고 해보겠습니다. 친구에게 함께 자전거를 타는 것에 관한 질문을 서너 가지 해보세요.

KEY POINTS

키워드 your friend wants to ride bicycles with you, Ask, questions to find out about riding bicycles together

리스닝 포인트 친구가 나와 자전거를 타고 싶으니 친구에게 함께 자전거 타는 것에 대해서 몇 가지 질문해보라고 하고 있구나.

스피킹 포인트 함께 자전거를 타는 것에 대해서 궁금한 점을 네 가지 정도 물어보자.

HOW TO MAKE A STORY

1st Story

[자기소개 및 인사] Hello, buddy. It's me, Hyunho. [전화를 건 목적] When do you want to go bike riding? [만날 시간] I can go Saturday morning, as long as we are back by the evening. Is that okay?

안녕, 친구야. 나야 현호. 언제 자전거를 타러 가고 싶니? 저녁까지 돌아올 수만 있다면 난 토요일 아침에 갈 수 있어. 괜찮겠니?

2nd Story

[장소] Where should we go? [장소 설명] I think the park by the river is a nice place to ride. The trail is very long, so we can ride for a long time, and the surroundings are very pretty. [시간] What time should we meet? How about 9 a.m.?

어디로 갈까? 강변 공원이 자전거를 타기에는 딱 좋은 곳 같은데. 자전거 길도 아주 길어서 오랫동안 탈 수 있고 주변 경관도 너무 아름답거든. 몇 시에 만날까? 아침 9시 어때?

3rd Story

[약속 장소] If it is OK, I'll meet you at the parking lot by the park at nine on Saturday morning. See you then!

괜찮으면 토요일 아침 9시에 공원 옆 주차장에서 보자. 그럼 그때 봐!

Voca buddy 친구   surroundings 환경

자전거가 고장 난 돌발 상황 해결하기  Tr-0906

I'm sorry, but you have a problem which you need to solve. Today, you and your friend are planning to ride bicycles together, but you noticed that your bicycle was out of order. Call your friend to explain the situation. Then offer some solutions about this issue.

유감스럽게도 해결해야 할 문제가 생겼습니다. 오늘 친구와 함께 자전거를 타려고 했는데 자전거가 고장 났다는 것을 알았습니다. 친구에게 전화해서 그 상황을 설명하세요. 그러고 나서 이 문제에 대한 몇 가지 해결책을 제시해 보세요.

KEY POINTS

키워드 have a problem, planning to ride bicycles, but your bicycle was out of order, Call, explain the situation, offer some solutions

리스닝 포인트 함께 자전거를 타기로 했는데 내 자전거가 고장이 난 돌발 상황이네. 친구에게 전화해서 상황을 설명하고 대안을 제시해보라는 질문이구나.

스피킹 포인트 친구에게 전화해서 자전거가 고장이 난 상황을 설명하고 이를 해결할 수 있는 대안을 제시해보자.

HOW TO MAKE A STORY

1st Story

[인사] Hello. Is this Jungsae? I hope I did not call too early in the morning. [사과] I'm sorry, but I think I might be late for our appointment.

여보세요, 정세니? 너무 아침 일찍 전화한건 아닌지 모르겠다. 미안한데 약속에 늦을지도 모르겠어.

2nd Story

[상황 설명] I just checked my bike, and both tires are completely flat. I don't have a pump here, so I'll probably have to go to the bike store and fix my bike first. [친구의 자전거를 빌리는 해결책] I guess I'll have to do that, unless you have an extra bike.

방금 내 자전거를 봤는데 바퀴 두 개가 모두 펑크가 나 있더라고. 지금 내가 펌프가 없어서, 아무래도 먼저 자전거 가게에 가서 고쳐야 할 것 같아. 너에게 남는 자전거가 없으면 그렇게 해야 할 거 같아.

3rd Story

[근처 대여점에서 자전거를 대여하는 대안] Or can I borrow one at a nearby bike rental store? [인사] Anyway, don't worry about it. I'll handle that. See you later!

아니면 그냥 근처에 있는 자전거 대여점에서 빌릴까? 어쨌든 그 일은 걱정하지는 마. 내가 해결할게. 이따가 보자!

Voca **flat** 바람이 빠진, 펑크 난   **extra** 여분의

Q3 자전거를 배우며 힘들었던 경험 Tr-0906

Have you ever had difficulty in learning how to ride a bicycle? What was the hardest thing? How did you handle that problem? Please tell me all about it in as much detail as possible.

자전거를 배우면서 힘들었던 적이 있나요? 어떤 점이 가장 어려웠나요? 그 문제를 어떻게 해결했나요? 자전거를 배우면서 어려웠던 점에 대해 최대한 자세히 얘기해 보세요.

KEY POINTS

키워드 had difficulty in learning how to ride a bicycle, What, hardest thing, How did you handle

리스닝 포인트 자전거를 배우면서 어려움을 겪은 경험이 있는지, 어떤 게 가장 어려웠고 어떻게 해결했는지를 묻는 질문이구나.

스피킹 포인트 어려웠던 점이 무엇이고 왜 어려웠는지 이유를 설명한 후에 해결했던 방법을 답변해보자.

HOW TO MAKE A STORY

○ 1st Story

[경험 유무] I don't remember having any trouble learning to ride a bicycle when I was a child. [상세 경험 설명] However, as I grew up, I started to learn difficult tricks.

어렸을 때 자전거를 배우면서 힘들었던 경험은 없습니다. 하지만 자라면서 저는 좀 더 어려운 기술들을 배우기 시작했습니다.

○ 2nd Story

[BMX 자전거] When I started riding a BMX bicycle, I really wanted to be able to do big jumps. [어려웠던 점] But I was very scared to try jumping my bike. [극복 방법] I had to start with very small jumps and build up my courage. [힘들었던 점] It took a long time, and I crashed many times.

제가 BMX 자전거를 타기 시작했을 때 정말 높이 점프를 하고 싶었습니다. 하지만 저는 자전거로 점프하는 게 정말 무서웠습니다. 그래서 저는 아주 작은 점프부터 시작해서 점차 용기를 쌓아나가야 했습니다. 오랜 시간이 걸렸고 부딪히는 일도 여러 번 있었습니다.

○ 3rd Story

[결과] Eventually, I was able to do big jumps and even perform tricks in the air. [노력과 성과] It was a difficult process, but I always tried my best and I made it!

마침내 저는 높이 점프를 할 수 있게 되었고 심지어 공중에서 기술을 부릴 수도 있게 되었습니다. 힘든 과정이었지만 저는 항상 최선을 다했고 성공했습니다!

○ Voca BMX 거친 노면에서도 탈 수 있는 튼튼한 자전거 crash 부딪히다 eventually 결국, 마침내

How to NEW
OPIc

CHAPTER 10

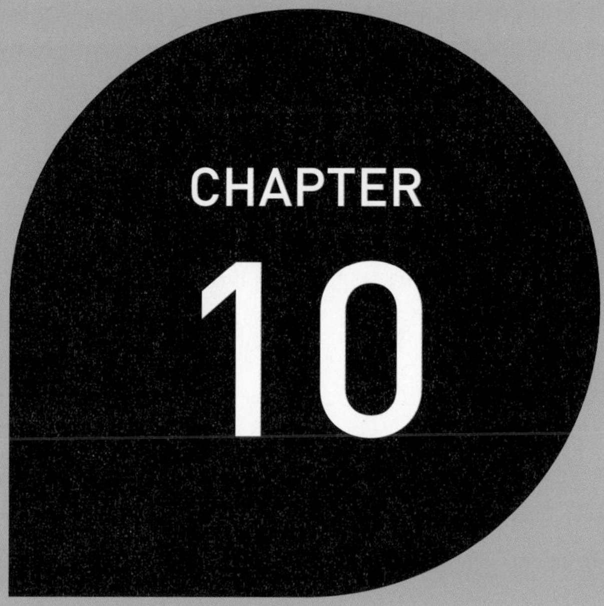

여행

Stage 1 여행 길잡이

Chapter 10에서는 설문조사 마지막에 선택하게 되는 여행과 출장에 대해서 알아보려고 합니다. 설문조사에서는 '국내 출장, 해외 출장, 집에서 보내는 휴가, 국내 여행, 해외 여행' 등 총 다섯 개 항목 중에서 최소 한 개 항목을 선택해야 합니다.

국내 여행과 해외 여행, 그리고 국내 출장과 해외 출장은 질문 유형이 아주 비슷하기 때문에 여행과 출장으로 통일시켜서 설명해 드리도록 하겠습니다. 국내 여행과 해외 여행 두 항목을 선택하더라도 실제 정기시험에서 국내 여행과 해외 여행이 모두 출제될 가능성은 아주 낮으므로 동시에 두 가지 항목을 잘 공략해 보세요.

자 그럼, 먼저 여행에 대해서 살펴보겠습니다. 여행과 관련해서는 기본적으로 자주 찾는, 좋아하는 여행지(도시, 지역)를 묘사해 보라는 질문과 여행을 떠날 때의 옷차림을 묘사해 보라는 질문, 여행을 갈 때 함께 가는 사람과 왜 그 사람과 함께 가는지 이유를 묻는 질문 세 가지 정도를 대비해두면 좋습니다.

여행을 떠나기 전에 해야 하는 일들, 가령 여행지 정보를 검색하거나, 교통편을 알아보거나, 여행 일정과 비용을 체크하는 일 등을 묻는 질문과 여행을 떠날 때 여행 가방에 챙겨가는 물건과 필수품은 무엇이 있는지를 묻는 질문 등이 자주 등장하는 구체적인 질문 유형입니다.

마지막으로 과거 경험과 관련된 여행 문제는 어렸을 적에 여행과 관련하여 특별히 기억에 남는 추억을 묻는 질문, 가장 최근에 떠난 여행을 묻는 질문, 지금까지 여행을 떠나면서 특별히 재미있거나 잊을 수 없는 경험에 대한 질문 등으로 정리해 볼 수 있습니다.

Stage 2 여행 빈출문제

:::::::: IL~IM 1, 2 등급 공략 :::::::

Q1 **좋아하는 여행지 묘사**

You indicated in the survey that you like to go on trips. Describe the favorite places where you like to visit for a trip. Where are they located?

설문에서 당신은 여행을 다닌다고 했습니다. 좋아하는 여행지를 묘사해 보세요. 그곳은 어디에 있나요?

Q2 **여행갈 때 챙겨가는 물건 나열**

What kind of things do you usually bring when you travel? Please name all the things you pack in your bag or suitcase.

여행을 떠날 때 보통 어떤 것들을 챙겨가나요? 가방이나 여행 가방에 챙겨가는 물건들을 모두 나열해 보세요.

Q3 **여행갈 때의 옷차림 묘사**

What kind of clothes do you normally wear while traveling? Tell me in detail about how you dress when you go on a trip.

여행갈 때 보통 어떤 옷을 입나요? 여행을 갈 때 입는 옷차림을 자세하게 얘기해 보세요.

Q4 **어행 진에 준비해야 하는 일 실명**

What kind of things do you have to do to prepare for a trip? Do you search for tourist attractions? Tell me about all the things you have to do before going on a trip.

여행을 준비하기 위해서 어떤 일을 해야 하나요? 여행 장소를 검색하나요? 여행을 떠나기 전에 해야 하는 일들을 모두 얘기해 보세요.

Stage 3 ACTUAL TEST

Q1   좋아하는 여행지 묘사   Tr-1001

You indicated in the survey that you like to go on trips. Describe the favorite places where you like to visit for a trip. Where are they located?

설문에서 당신은 여행을 다닌다고 했습니다. 좋아하는 여행지를 묘사해 보세요. 그곳은 어디에 있나요?

KEY POINTS

키워드	Describe the favorite places where you like to visit for a trip, Where
리스닝 포인트	좋아하는 여행지를 묘사해 보라는 질문과 그 여행지 위치를 묻고 있구나.
스피킹 포인트	자주 가는 여행지를 선택해서 여행지와 주변 풍경, 특징 등을 자세하게 묘사해보자.

STEP BY STEP

1st Step _ 서론

스토리텔링   좋아하는 여행 장소

브레인스토밍   좋아하는 여행 장소에 대해서 간단하게 소개하고 개인적인 의견을 제시하며 답변을 시작한다.

2nd Step _ 본론

스토리텔링   시골 마을 / 마을의 모습 / 아름다운 풍경

브레인스토밍   좋아하는 여행 장소의 모습, 주변 환경, 풍경 등을 구체적으로 묘사해준다.

3rd Step _ 결론

스토리텔링   즐겨 찾는 장소(교회) / 주변 환경 묘사

브레인스토밍   좋아하는 여행지에서 특정적인 건물이나 유명한 장소 등을 언급하며 답변을 마무리 짓는다.

1st Story

좋아하는 여행 장소   I love traveling to unique places in foreign countries. Sometimes, it is a challenge to get to those places, but it is always worth it.

2nd Story

시골 마을   Some of my favorite places are small towns located in secluded rural areas in Europe.

마을의 모습   They are just like those in Korea, but I think that they are more tranquil and peaceful.

아름다운 풍경   You can often see a variety of trees and beautiful birches along country roads near a small church.

3rd Story

즐겨 찾는 장소(교회)   And I especially enjoy visiting the small church by the sea. It is very old and seems to be neglected, but it has such peacefulness around it.

주변 환경 묘사   There are a few benches in the front yard of the church, looking out to the sea.

Full Story

I love traveling to unique places in foreign countries. Sometimes, it is a challenge to get to those places, but it is always worth it. Some of my favorite places are small towns located in secluded rural areas in Europe. They are just like those in Korea, but I think that they are more tranquil and peaceful. You can often see a variety of trees and beautiful birches along country roads near a small church. And I especially enjoy visiting the small church by the sea. It is very old and seems to be neglected, but it has such peacefulness around it. There are a few benches in the front yard of the church, looking out to the sea.

저는 외국에 있는 독특한 장소를 여행하는 것을 좋아합니다. 가끔 이런 독특한 곳으로의 여행이 힘들긴 하지만 항상 가 볼 만한 가치가 있습니다. 제가 좋아하는 곳 중에서 몇몇은 유럽의 한적한 시골에 있는 조그마한 마을들인데요. 그곳은 흡사 한국의 시골 마을들과 유사하지만 훨씬 더 조용하고 평화롭습니다. 조그마한 교회 옆에 있는 시골길을 따라서 다양한 나무들과 아름다운 자작나무들이 있습니다. 그리고 저는 바닷가에 있는 아담한 교회를 특히 즐겨 찾습니다. 그 교회는 오래되고 방치되어 있는 것처럼 보이지만 주변은 평화로움으로 가득 차 있습니다. 교회의 앞뜰에는 바다가 보이는 벤치가 몇 개 있습니다.

Voca   secluded 한적한, 외딴   tranquil 고요한, 평온한   birch 자작나무   neglected 방치된

Q2 여행갈 때 챙겨가는 물건 나열 Tr-1001

What kind of things do you usually bring when you travel? Please name all the things you pack in your bag or suitcase.

여행을 떠날 때 보통 어떤 것들을 챙겨가나요? 가방이나 여행 가방에 챙겨가는 물건들을 모두 나열해 보세요.

KEY POINTS

키워드 What kind of things, bring when you travel, name all the things you pack

리스닝 포인트 여행을 갈 때 여행 가방에 챙겨가는 물건들을 나열해 보라는 질문이구나.

스피킹 포인트 일반적으로 챙겨가는 물건들과 꼭 챙겨가야 하는 물건들을 나열해보자.

STEP BY STEP

○ 1st Step _ 서론

스토리텔링 가벼운 여행 / 옷가지

브레인스토밍 여행을 떠날 때의 습관(가벼운 여행)에 대한 설명으로 답변을 전개하며 평소의 여행 방법을 설명한다.

○ 2nd Step _ 본론

스토리텔링 셔츠, 양말, 속옷 / 계절에 따른 변동 사항 / 생필품

브레인스토밍 여행을 갈 때 챙겨가는 구체적인 물건들(셔츠, 양말, 속옷 등)과 특이한 사항(계절별 변동 사항)에 대해서 얘기한다.

○ 3rd Step _ 결론

스토리텔링 개인적인 경험 얘기

브레인스토밍 지금까지 쌓아온 여행 경험 및 노하우를 소개하고 개인적인 생각이나 느낌을 언급하며 답변을 마무리 짓는다.

HOW TO MAKE A STORY

1st Story

가벼운 여행	I always try to pack as little as possible. In other words, I like to "travel light."
옷가지	Of course, I bring as much clothing as I think will be necessary, but I try not to overpack.

2nd Story

셔츠, 양말, 속옷	I usually pack one shirt, one pair of socks and underwear per day.
계절에 따른 변동 사항	Depending on the season, I may pack one pair of pants and one pair of shorts.
생필품	I also bring daily necessities like a toothbrush and some toothpaste, but I try to cut out anything that isn't absolutely necessary.

3rd Story

개인적인 경험 얘기	From my experience, I am well aware of the fact that I have to carry all the stuff for a trip and it is troublesome, so I do not pack more than I need.

Full Story

I always try to pack as little as possible. In other words, I like to "travel light." Of course, I bring as much clothing as I think will be necessary, but I try not to overpack. I usually pack one shirt, one pair of socks and underwear per day. Depending on the season, I may pack one pair of pants and one pair of shorts. I also bring daily necessities like a toothbrush and some toothpaste, but I try to cut out anything that isn't absolutely necessary. From my experience, I am well aware of the fact that I have to carry all the stuff for a trip and it is troublesome, so I do not pack more than I need.

저는 항상 가능한 한 짐을 조금만 챙겨가려고 하는 편입니다. 즉, 저는 가벼운 여행을 좋아한다는 의미입니다. 물론 옷은 필요하다고 생각하는 만큼 충분히 챙겨가지만 너무 많이 가져가지는 않으려고 노력합니다. 보통 셔츠 한 장, 양말 한 켤레, 하루씩 입을 속옷 정도를 챙깁니다. 계절에 따라 바지 한 벌과 반바지 한 벌을 넣기도 합니다. 또 칫솔이나 치약과 같은 생필품들도 챙기지만 꼭 필요하지 않은 것들은 빼는 편입니다. 제 경험상 여행을 하는 동안 모든 물건들을 들고 다녀야 하고 이것이 귀찮은 일이라는 것을 잘 알고 있어서 저는 필요 이상의 짐들은 싸지 않습니다.

Voca   daily necessity 생활 필수품   absolutely 분명히, 정확히   troublesome 귀찮은

출장

Stage 1 출장 길잡이

Unit 2에서 살펴볼 설문조사 항목은 바로 '출장'입니다. 직장을 다니게 되면 거래처를 방문하거나 지방 또는 해외로 출장을 가게 됩니다. 출장 역시 여행과 마찬가지로 국내 출장과 해외 출장 두 가지 항목을 선택하더라도 실제 정기 시험에서 두 개 모두 출제될 가능성이 낮기 때문에 동시에 두 가지 항목을 공략하는 게 좋습니다.

여행도 좋아하고 출장을 떠난 경험도 있다면 네 가지 항목을 선택해도 무방합니다. 단, 집에서 보내는 휴가는 출제 유형과 내용이 다르기 때문에 이 항목은 신중하게 선택해야 합니다. 여가 활동, 관심사나 취미, 스포츠, 여행과 출장 등 총 네 가지 분야에서 두 개 이상의 항목이 출제될 가능성은 조금 낮다고 볼 수 있습니다. 따라서 걷기와 조깅, 국내 여행과 해외 여행 등과 같이 비슷한 항목끼리는 동시에 선택해서 준비하는 게 좀 더 효율적인 시험 대비 방법입니다.

그럼, 출장과 관련된 오픽 문제들을 살펴보겠습니다. 여행과 마찬가지로 출장을 자주 가는 장소(지역, 나라, 도시 등)를 묘사해 보라는 질문과 출장을 가는 주요 목적을 묻는 질문 등을 예상해 볼 수 있습니다.

좀 더 구체적인 질문으로는 출장을 가기 전에 준비해야 하는 일들을 묻는 질문, 출장을 떠날 때 챙겨가야 하는 물건들을 묻는 질문, 출장을 떠나서 처리해야 하는 업무들을 묻는 질문 세 가지 정도가 대표적인 문제들이라고 할 수 있습니다.

마지막으로 과거 경험 문제는 첫 출장을 떠났을 때를 회상하여 기억할 수 있는 일들을 얘기해 보라는 질문, 마지막으로 떠난 출장에 대해서 묻는 질문, 그리고 출장 중에 재미있거나 특별히 기억에 남는 경험에 대한 질문 등이 자주 등장하고 있습니다.

Stage 2 출장 빈출문제

IL~IM 1, 2 등급 공략

Q1 출장 목적 소개

You indicated in the survey that you go on business trips. What is the main purpose of your business trips?

설문에서 당신은 출장을 다닌다고 했습니다. 출장의 주된 목적은 무엇인가요?

Q2 출장 업무와 활동 설명

What kind of work do you usually do when you go on a business trip? And what do you do in your free time during your business trips? Tell me all the details.

출장 가서는 보통 어떤 종류의 일을 하나요? 그리고 출장 중 시간이 나면 무엇을 하나요? 자세히 말해 보세요.

Q3 출장 시 가져가는 것들 설명

If you go on a business trip tomorrow, what kind of things will you bring? How are the things you bring different from those you take on a vacation? Tell me all the details.

만약 내일 출장을 간다면 어떤 것들을 가져갈 건가요? 휴가를 가기 위해 가져가는 물건과 출장에 가져가는 물건들이 어떻게 다른가요? 자세하게 얘기해 보세요.

Q4 출장에 대해서 면접관에게 질문하기

I also go on business trips. Ask me three or four questions in order to learn more about my most recent business trip.

저 역시 출장을 갑니다. 제가 최근에 간 출장에 대해서 좀 더 알아볼 수 있도록 서너 가지 물어보세요.

Stage 3 ACTUAL TEST

Q1 출장 목적 소개 Tr-1002

You indicated in the survey that you go on business trips. What is the main purpose of your business trips?

설문에서 당신은 출장을 다닌다고 했습니다. 출장의 주된 목적은 무엇인가요?

KEY POINTS

키워드	What is the main purpose of your business trips
리스닝 포인트	출장을 떠나는 주된 목적이 무엇인지 묻고 있구나.
스피킹 포인트	무슨 일 때문에 출장을 가는지 직종 및 업무와 관련된 출장 내용 위주로 답변해보자.

STEP BY STEP

1st Step _ 서론

스토리텔링	회사 소개 / 회사의 주요 서비스
브레인스토밍	출장의 주된 목적을 설명하기 위해서 다니고 있는 회사에 대해서 간략하게 소개하고 회사의 주요 서비스에 대해서 얘기한다.

2nd Step _ 본론

스토리텔링	출장의 주된 목적 / 개인 업무 / 필요한 지식(회사의 업무)
브레인스토밍	출장의 주된 목적과 내가 맡고 있는 개인 업무, 출장에서 그리고 업무 처리에 필요한 지식 등을 설명해준다.

3rd Step _ 결론

스토리텔링	필요한 지식(고객사) / 개인적인 생각이나 의견
브레인스토밍	출장에서 필요한 또 다른 지식과 출장 업무에 대한 개인적인 느낌이나 의견 등을 제시하며 답변을 종결한다.

1st Story

회사 소개
I work for a company that offers consultation service for large production companies around the world.

회사의 주요 서비스
Our company checks over other companies' facts and figures, and we also inspect their factories to see where money can be saved and earned.

2nd Story

출장의 주된 목적
The main purpose of my business trips is to make our clients feel comfortable working with our company.

개인 업무
It is my job to encourage these companies to work with us, and to prove to them that hiring us would be money well spent.

필요한 지식(회사의 업무)
So, I have to be very knowledgeable about everything our company does.

3rd Story

필요한 지식(고객사)
I also have to be knowledgeable about the cultures where our clients are located.

개인적인 생각이나 의견
My job is demanding, but it is also very rewarding.

Full Story

I work for a company that offers consultation service for large production companies around the world. Our company checks over other companies' facts and figures, and we also inspect their factories to see where money can be saved and earned. The main purpose of my business trips is to make our clients feel comfortable working with our company. It is my job to encourage these companies to work with us, and to prove to them that hiring us would be money well spent. So, I have to be very knowledgeable about everything our company does. I also have to be knowledgeable about the cultures where our clients are located. My job is demanding, but it is also very rewarding.

저는 전 세계의 큰 제조회사에 컨설팅을 제공하는 회사에서 근무하고 있습니다. 저희 회사는 타사의 정확하고 자세한 정보들을 확인하고 돈을 절약하며 수익을 만들 수 있는지를 알아내기 위해서 그들의 공장들을 점검합니다. 출장의 주된 목적은 고객들이 우리와 함께 일하는 것이 편안하게 느끼도록 하는 것입니다. 이러한 회사들이 우리와 일을 할 수 있도록 만들고 우리를 고용하는 일이 돈을 잘 사용하는 것임을 확신시켜 주는 것이 제 업무입니다. 그래서 저는 우리 회사가 하는 모든 일에 대해서 해박한 지식을 가지고 있어야 합니다. 또 저는 우리 고객사들이 있는 곳의 문화에도 해박해야 합니다. 제 일이 부담이 크긴 하지만 보람 또한 아주 큽니다.

Voca facts and figures 정확하고 자세한 정보 inspect 점검하다, 조사하다 demanding 힘든, 부담이 큰 rewarding 보람 있는

Q2 출장 업무와 활동 설명 Tr-1002

What kind of work do you usually do when you go on a business trip? And what do you do in your free time during your business trips? Tell me all the details.

출장 가서는 보통 어떤 종류의 일을 하나요? 그리고 출장 중 시간이 나면 무엇을 하나요? 자세히 말해 보세요.

KEY POINTS

키워드　　　　What kind of work, when you go on a business trip, what, do in your free time

리스닝 포인트　출장 가서 하는 일과 시간이 나면 무엇을 하는지, 이 두 가지를 묻고 있구나.

스피킹 포인트　질문 순서대로 출장 가서 하는 일과 여가에 하는 일을 구분해서 대답하도록 하자.

STEP BY STEP

1st Step _ 서론

스토리텔링　스케줄 / 고객과의 미팅

브레인스토밍　출장 가서 하는 활동을 설명하기 위해 본인의 스케줄을 간략하게 소개하고 주된 활동인 고객과의 미팅에 대해 얘기한다.

2nd Step _ 본론

스토리텔링　고객들과의 관계 / 저녁 식사와 술자리 / 여유 시간의 활동

브레인스토밍　출장 시 고객들과의 관계를 돈독하게 하기 위한 활동(식사, 술)을 설명한 후에 여유 시간에 하는 활동(문화 체험, 명승지 관람 등)들을 설명해준다.

3rd Step _ 결론

스토리텔링　고객사 나라의 문화 / 개인적인 생각이나 의견

브레인스토밍　고객사 나라의 문화를 간단하게 소개하고 문화에 대한 개인적인 생각이나 의견을 말하며 답변을 종결한다.

HOW TO MAKE A STORY

1st Story

스케줄	Most of the time on my business trips is already scheduled before I leave.
고객과의 미팅	The days are spent in meetings with clients, where I explain our procedures and answer any questions they might have.

2nd Story

고객들과의 관계	It is also important that I build relationships with the clients.
저녁 식사와 술자리	I often have dinner with the people from the company that I am visiting and sometimes go out for drinks as well.
여가 시간의 활동	I enjoy going to different countries and experiencing different cultures. So, even though free time is hard to come by, when I have time to be on my own, I try to go to famous sites or museums.

3rd Story

고객사 나라의 문화	I think it is important for me to know as much as possible about my clients' cultures.
개인적인 생각이나 의견	Learning these things helps me both professionally and personally.

Full Story

Most of the time on my business trips is already scheduled before I leave. The days are spent in meetings with clients, where I explain our procedures and answer any questions they might have. It is also important that I build relationships with the clients. I often have dinner with the people from the company that I am visiting and sometimes go out for drinks as well. I enjoy going to different countries and experiencing different cultures. So, even though free time is hard to come by, when I have time to be on my own, I try to go to famous sites or museums. I think it is important for me to know as much as possible about my clients' cultures. Learning these things helps me both professionally and personally.

제 출장의 대부분 시간은 제가 출장을 떠나기 전에 스케줄이 이미 잡혀 있습니다. 출장 기간 동안 고객들과 회의를 하는데 회의 장소에서 저는 당사의 업무절차를 설명하고 고객들의 질문에 답변을 합니다. 고객들과 관계를 맺는 것도 중요한데요. 제가 방문하는 고객사 직원들과 함께 저녁 식사도 하고 가끔씩 술을 마시기도 합니다. 저는 다른 나라를 방문하고 다른 문화를 체험하는 것을 즐기는 편입니다. 그래서 비록 여유 시간을 얻기가 힘들지만 저만의 시간을 가지게 되면 저는 명승지나 박물관에 가려고 노력합니다. 저는 고객사의 문화를 최대한 많이 알아두는 것이 중요하다고 생각합니다. 이런 것들을 배우게 되면 직업적으로나 개인적으로 도움이 됩니다.

Voca   come by (힘쓴 끝에) 얻다, 구하다   professionally 직업적으로

제 1 탄   OPIc Experience Questions

Intermediate Mid 3 등급 공략 포인트 첫 번째는 여행 그리고 출장과 관련된 과거 경험 문제들입니다. 고득점을 위해서는 피해갈 수 없는 문제가 바로 과거 경험 문제라는 거 잘 알아두시고요. 먼저 여행과 관련해서는 마지막으로 언제 여행을 떠났는지를 묻는 질문과 기억에 남는 여행에 대해서 묻는 질문 두 가지를 잘 대비해두기 바랍니다.

Stage 1   IM3 등급 공략 OPIc QUESTIONS

여행

Q1 When was the last time you went on a trip? Where did you go? What did you do there? With whom did you go there? Please tell me about your most recent trip in as much detail as you can.

마지막으로 여행을 갔던 때가 언제인가요? 어디로 갔었나요? 그곳에서 무엇을 했나요? 누구와 함께 갔나요? 당신의 최근 여행에 대해 최대한 자세히 얘기해 보세요.

Q2 Let's talk about a memorable visit you made with your friends or family members. Give me some detailed background about where and when it occurred, and why it was so memorable to you.

친구 또는 가족과 함께 어떤 곳을 방문했던 추억에 대해서 얘기해 보겠습니다. 어디를 언제 방문했는지 왜 그 방문이 그렇게 기억에 남는지 자세한 배경 설명을 얘기해 보세요.

출장

Q3 I'd like to know about the most memorable event you've had during a business trip. What was the event about? Why was it so memorable to you? Tell me all the details.

출장 중에 겪었던 가장 기억에 남는 이벤트에 대해서 알고 싶습니다. 어떤 이벤트였나요? 왜 그 이벤트가 그렇게 기억에 남는 거죠? 자세하게 얘기해 보세요.

Q4 When was the last time you took a business trip? Where did you go? What kind of business did you take care of? What was the result? Please tell me about it in as much detail as you can.

마지막으로 출장을 간 게 언제였나요? 어디로 갔죠? 어떤 업무를 처리했나요? 결과는 어땠죠? 가능한 한 자세하게 얘기해 보세요.

두 번째 출장과 관련된 과거 경험 문제는 출장 중에 겪었던 기억에 남는 사건이나 행사를 묻는 질문, 마지막으로 간 출장에 대해서 묻는 질문이 출제될 확률이 아주 높으므로 꼭 대비해둬야 할 질문이라 할 수 있습니다.

Stage 2 ACTUAL TEST

Q1  마지막으로 떠난 여행 Tr-1003

When was the last time you went on a trip? Where did you go? What did you do there? With whom did you go there? Please tell me about your most recent trip in as much detail as you can.

마지막으로 여행을 갔던 때가 언제인가요? 어디로 갔었나요? 그곳에서 무엇을 했나요? 누구와 함께 갔나요? 당신의 최근 여행에 대해 최대한 자세히 얘기해 보세요.

KEY POINTS

키워드　　When, the last time you went on a trip, Where, What, With whom

리스닝 포인트　마지막으로 떠난 여행이 언제이고, 어디를 갔으며, 그곳에서 무엇을 했고, 누구와 갔는지 총 네 가지 질문을 하고 있구나.

스피킹 포인트　여행 시간, 장소, 활동, 동행인으로 간단하게 질문을 정리해서 최근에 떠난 여행에 대해서 말해 보자.

HOW TO MAKE A STORY

○ 1st Story

[최근에 떠난 여행] The most recent trip I had was to a beach in Busan. [함께 여행을 간 사람] I went there last weekend with one of my good friends.

가장 최근에 부산에 있는 한 해변으로 여행을 갔었습니다. 지난 주말에 친한 친구 한 명과 갔습니다.

○ 2nd Story

[여행을 간 이유] We both wanted to take a break from working and just relax by the ocean. [활동 및 느낌] It was so much fun, even though we didn't do much. [구체적인 활동] Both days were spent sitting by the ocean, occasionally going for a swim to cool off. [식사] We ate various kinds of seafood in the evenings, sitting outside as close to the ocean as we could get.

우리는 모두 일에서 벗어나 해변에서 휴식을 취하고 싶었습니다. 많은 것들을 하지는 않았지만 정말 재미있는 시간이었습니다. 이틀 동안 해변에 앉아서 시간을 보내다가 가끔 더위를 식히기 위해 수영을 하러 가기도 했습니다. 저녁에는 바다 가까이에 있는 바깥쪽 자리에 앉아서 다양한 해산물 요리를 맛보았습니다.

○ 3rd Story

[여행 후의 이야기] I got a little sunburn after we returned to Seoul, but it wasn't too severe. I hope to go back to the beach very soon.

서울로 돌아온 후에는 햇볕에 약간 탔지만 그렇게 심하진 않았습니다. 저는 그 해변에 곧 다시 갈 수 있으면 좋겠습니다.

○ Voca   cool off 더위를 식히다   sunburn 햇볕에 심하게 탐

제 2 탄 OPIc Role-play Questions

Intermediate Mid 3 등급 공략 포인트 두 번째는 바로 여행 Role-play Three Combo 문제입니다. 여행과 관련해서는 티켓, 교통편 예약, 그리고 교통편 지연 상황이 단골 메뉴입니다. 그럼 먼저 Role-play Three Combo 질문부터 확인해 보겠습니다.

Stage 1 IM3 등급 공략 OPIc QUESTIONS

여행 관련 Role-play

Q1 I'll give you a situation and ask you to act it out. Suppose that you and your friend who lives in a local place are planning to meet this evening. However, your flight or train has been delayed for a few hours. Go to an information desk and ask three or four questions about the delay.

상황을 드릴 테니 역할 연기를 해보세요. 오늘 저녁에 지방에 거주하고 있는 친구를 만날 계획이라고 해보겠습니다. 그런데 당신의 비행기 또는 기차가 몇 시간 연착되었습니다. 안내창구에 가서 연착에 관한 질문을 서너 가지 해보세요.

Q2 I'm sorry, but you have a problem which you need to solve. Your flight or train is expected to arrive late. Call your friend to explain the exact situation. And then offer two or three alternatives about this matter.

유감스럽게도, 해결해야 할 문제가 생겼습니다. 당신의 비행기 또는 기차가 늦게 도착할 것으로 예상됩니다. 친구에게 전화해서 정확한 상황을 설명하세요. 그러고 나서 이 문제에 대한 대안을 두세 가지 제시해 보세요.

Q3 Have you ever experienced that you were late for a meeting with friends or other people due to a problem? When was it? What was the problem? How did you handle that? Please tell me all about it in as much detail as possible.

어떤 문제 때문에 친구들이나 다른 사람들과의 약속에 늦은 적이 있나요? 언제였나요? 어떤 문제 때문이었나요? 그 문제를 어떻게 해결했나요? 그 경험에 대해 최대한 자세히 얘기해 보세요.

여행 Role-play 첫 번째 상황은 지방에 있는 친구를 만날 계획인데 비행기나 기차가 연착되어으니 안내창구에 가서 질문을 하라는 내용이 주어졌고, 두 번째 상황은 연착으로 인하여 약속에 늦게 생겼으니 친구에게 전화해서 상황을 설명하고 대안을 제시해 보라는 내용입니다. 마지막으로 어떤 문제 때문에 약속에 늦은 경험에 대해서 묻고 있습니다. 세 번째 문제는 보통 두 번째 상황과 비슷한 경험을 실제로 해 본 적이 있는지를 묻는 문제가 출제된다는 것을 꼭 기억해두시기 바랍니다.

Q1 비행기 또는 기차 연착 ◯ Tr-1003

I'll give you a situation and ask you to act it out. Suppose that you and your friend who lives in a local place are planning to meet this evening. However, your flight or train has been delayed for a few hours. Go to an information desk and ask three or four questions about the delay.

상황을 드릴 테니 역할 연기를 해보세요. 오늘 저녁에 지방에 거주하고 있는 친구를 만날 계획이라고 해보겠습니다. 그런데 당신의 비행기 또는 기차가 몇 시간 연착되었습니다. 안내창구에 가서 연착에 관한 질문을 서너 가지 해보세요.

KEY POINTS

키워드 you and your friend, planning to meet this evening, your flight or train has been delayed, Go to an information desk, ask, questions

리스닝 포인트 친구를 저녁에 만날 계획인데 비행기 또는 기차가 연착된 상황이니 안내창구에 가서 연착에 관해 물어보라는 질문이구나.

스피킹 포인트 어떤 문제로 연착이 되었고 언제 다시 출발하며, 언제쯤 도착하는지 등 궁금한 점을 물어보도록 하자.

HOW TO MAKE A STORY

1st Story

[여행 관련 정보 설명] Hello. I have a ticket for the 1:30 p.m. train for Daegu, but I see that it has been delayed.

안녕하세요. 제가 오후 1시 30분 대구행 기차표를 가지고 있는데 기차 시간이 지연되었다고 해서요.

2nd Story

[출발 시간 질문] Do you know when it will leave? At 2:00 p.m.? I really need to get there by 5:30 p.m. [다른 방법] Are there any other options? [버스 질문] If I take a bus, what time will I arrive in there? [버스표 구매] Can I buy the ticket here?

언제 출발하는지 아세요? 2시 정도면 출발할까요? 오후 5시 30분까지 대구에 꼭 도착해야 하거든요. 다른 방법들은 없나요? 제가 버스를 탄다면 몇 시에 도착할까요? 제가 버스표를 여기에서 살 수 있나요?

3rd Story

[정류장 위치 물어보기] So, could you tell me where the bus station is? Thank you very much.

그렇다면 버스 정류장이 어디에 있는지 알려주시겠어요? 정말 감사합니다.

Voca delay 지연시키다, 미루다

비행기나 기차가 연착한 상황 해결하기 Tr-1003

I'm sorry, but you have a problem which you need to solve. Your flight or train is expected to arrive late. Call your friend to explain the exact situation. And then offer two or three alternatives about this matter.

유감스럽게도, 해결해야 할 문제가 생겼습니다. 당신의 비행기 또는 기차가 늦게 도착할 것으로 예상됩니다. 친구에게 전화해서 정확한 상황을 설명하세요. 그러고 나서 이 문제에 대한 대안을 두세 가지 제시해 보세요.

KEY POINTS

키워드 have a problem, Your flight or train, arrive late, Call your friend to explain the exact situation, offer alternatives

리스닝 포인트 비행기나 기차가 연착이 되었군. 친구에게 전화해서 연착이 된 상황을 설명하고 문제에 대한 적절한 대안을 제시해 보라는 질문이구나.

스피킹 포인트 연착이 된 상황을 자세하게 설명해주고 약속 시간을 변경하든 다음에 만나자고 하든 앞으로 어떻게 할 것인지 대안을 제시해 보자.

HOW TO MAKE A STORY

○ 1st Story

[인사] Hello. Miyeon? [상황 설명] Everything is alright, but my train was delayed for two hours.

여보세요. 미연이니? 모든 일이 잘 진행되고 있는데 내가 타고 가려는 기차가 두 시간 정도 지연됐어.

○ 2nd Story

[우려] So, I'm not sure whether I'll be able to make it on time for dinner tonight. [예상 시간] If the train is fast, I should arrive by 7:30. [약속 시간을 변경하는 대안] So I could probably meet you at 8 o'clock. Will that be alright? [약속을 연기하는 대안] I know you have to work tomorrow, but I think 8 o'clock isn't too late. Would you rather postpone our dinner?

그래서 오늘 밤 저녁 식사 시간에 맞춰서 제 시간에 도착할지 모르겠어. 기차가 빨리 가면 7시 30분까지 도착할 수 있을 거야. 그럼 만나는 시간이 8시쯤 될 거야. 괜찮겠니? 넌 내일 일한다는 것을 알지만 8시가 너무 늦는 건 아닌 것 같은데. 차라리 다음으로 저녁 식사를 미루는 게 나을까?

○ 3rd Story

[사과 인사] I'm sorry that this happened. Anyway, as soon as I arrive there, I'll call you right away.

이런 일이 생겨서 미안해. 어쨌든 내가 도착하자마자 바로 너에게 전화할게.

○ Voca

rather 오히려, 차라리

Q3 약속에 늦은 경험 Tr-1003

Have you ever experienced that you were late for a meeting with friends or other people due to a problem? When was it? What was the problem? How did you handle that? Please tell me all about it in as much detail as possible.

어떤 문제 때문에 친구들이나 다른 사람들과의 약속에 늦은 적이 있나요? 언제였나요? 어떤 문제였나요? 그 문제를 어떻게 해결했나요? 그 경험에 대해 최대한 자세히 얘기해 보세요.

KEY POINTS

키워드	experienced that, late for a meeting, When, What, problem, How did you handle that
리스닝 포인트	실제로 친구나 다른 사람들과의 약속에 늦은 적이 있는지를 묻고 있구나. 그게 언제이고 어떤 문제가 있었으며 어떻게 해결했는지를 계속해서 묻는 질문이구나.
스피킹 포인트	이런 경험을 실제로 했는지를 먼저 말하고, 어떤 문제 때문이고 어떻게 해결했는지를 차례대로 대답하도록 하자.

HOW TO MAKE A STORY

1st Story

[약속과 관련된 습관] I am often late for a meeting with my friends, but it isn't usually because of any problem. [콘서트 약속] However, two weeks ago, on Friday night, I was supposed to meet two of my friends to go to a concert.

저는 친구들과의 약속에 종종 늦긴 하지만 어떤 문제 때문에 그런 것은 아닙니다. 그러나 2주 전 금요일 밤에 저는 콘서트에 가기 위해서 친구 두 명을 만나기로 했었습니다.

2nd Story

[약속 시간] We were going to meet at 7 p.m., have dinner, and then go to the concert. [당시 상황 세부 설명] I left my apartment with plenty of time to spare and walked to the bus stop. I started to send text messages to one of my other friends. I wasn't paying much attention, but I thought my bus arrived, so I got on and kept sending messages. [문제 상황 설명] As I found out about 20 minutes later, I was on the wrong bus.

오후 7시에 만나서 저녁을 먹고 콘서트에 가려고 했습니다. 저는 충분한 시간을 두고 제 아파트에서 나와서 버스 정류장으로 걸어갔습니다. 저는 다른 친구 한 명에게 문자를 보내기 시작했습니다. 저는 별로 주의를 기울이지 않았고 버스가 도착했다고 생각해서 버스를 탔고 계속 문자를 보냈습니다. 20분이 지난 후에야 저는 버스를 잘못 탔다는 것을 알게 되었습니다.

3rd Story

[대처 방법] I ended up in a part of town that I wasn't familiar with, and it took me until 8:30 to get to the place where I was supposed to meet my friends. [결과] I missed dinner, but luckily, I didn't miss the concert.

결국 저는 잘 모르는 동네에서 내렸고 친구들과 만나기로 한 장소에는 8시 30분에 도착했습니다. 저는 저녁은 못 먹었지만 다행히 콘서트에는 갈 수 있었습니다.

Voca text message 문자 메시지 pay attention 주의를 기울이다

How to **NEW**
OPIc

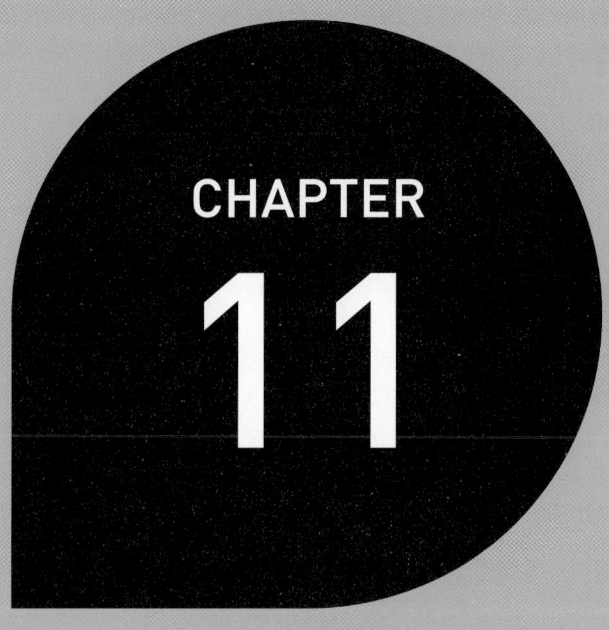

CHAPTER 11

경찰 빈출 질문 살펴보기

1 경찰차 묘사
2 경찰 묘사
3 경찰 임무 설명
4 시골 경찰과 도시 경찰 설명
5 경찰과 관련된 직간접적인 경험 얘기

경찰 돌발문제 주의사항

1 경찰 돌발문제는 항상 세 문제씩 덩어리로 출제되므로 질문에 Police가 들리면 경찰 Three Combo 문제가 출제된다는 것을 인지해둔다.
2 진압, 교통, 범죄 예방, 순찰, 사건 사고 처리 등 한국 경찰의 다양한 임무를 설명하도록 한다.
3 경찰과 관련된 직접적인 경험이 없다면 주위 사람들에게서 들었던 얘기나 TV나 영화 등 미디어에서 접한 내용을 바탕으로 답변하도록 한다.

01

Tr-1101

Q Let's talk about a police officer in your country. What is he or she like? What does a police car look like? Tell me all the details.

A [경찰 제복] Police officers in Korea have their own uniforms. [예전에 입던 제복] They wore grayish blue uniforms fifteen years ago, but the color of their uniforms has changed since then. [현재 경찰의 제복(교통 경찰과 일반 경찰)] Traffic police officers who control cars and people on the road wear ivory uniforms, and ordinary police officers wear dove-grey uniforms. [경찰차의 모습] Korean police cars are made with a friendly design and color. They are almost all white and have two blue lines on the side. All the cars look the same in every city, and they are usually large four-door cars. [특별 제작된 경찰차] They are specially made so that they can be driven very fast and can carry a lot of useful equipment inside, including a computer for the officers to use.

질문 당신 나라의 경찰에 대해 얘기해 보겠습니다. 경찰들은 어떤 모습인가요? 경찰차는 어떻게 생겼나요? 자세히 말해 보세요.

답변 한국의 경찰은 자신들만의 제복을 가지고 있습니다. 15년 전에는 회색빛이 도는 파란색 제복을 착용했는데 그때 이후로 제복의 색상이 바뀌었습니다. 거리에 있는 차량과 사람들을 통제하는 교통 경찰은 아이보리색의 제복을 입고 일반 경찰은 보라빛을 띤 회색의 제복을 입습니다. 한국의 경찰차는 친근한 디자인과 색상으로 되어 있습니다. 경찰차는 대부분이 하얀색이며 측면에 두 개의 파란색 줄이 그어져 있습니다. 경찰차들은 모든 도시마다 거의 같은 모습이며 보통 네 개의 큰 문이 있습니다. 경찰차는 아주 빠르게 운전할 수 있게끔, 그리고 경찰이 사용할 수 있는 컴퓨터와 같은 다양한 도구들을 내부에 장착할 수 있도록 특별하게 제작되어 있습니다.

어휘 grayish 회색이 도는   control 통제하다

02

Tr-1101

Q What responsibilities do the police in your country have? Tell me about them from beginning to end.

A [치안 유지] The police are in charge of maintaining public order in the cities. [법규 준수] Their presence is supposed to keep people from breaking the laws. [긴급상황 대처] They are also trained and prepared to respond to any emergencies. [교통 감시] In my country, the most common duty for the police is to be out on the roads, making sure that people obey the traffic laws. Traffic accidents are very common, so the police try to make people drive carefully. [문서 업무 처리] If an officer makes an arrest or issues any sort of official notice, he is required to file a lot of paperwork. [어린이들의 장래 희망] Police officers are also expected to be model citizens, and many young children admire them and have dreams of becoming police officers.

질문 당신 나라에서 경찰관은 어떤 임무를 수행하나요? 경찰의 임무에 대해 처음부터 끝까지 얘기해 보세요.

답변 경찰들은 도시의 치안을 담당합니다. 경찰은 사람들이 법을 어기는 것을 막기 위해 존재합니다. 경찰은 또한 어떠한 긴급 상황에도 대처할 수 있도록 훈련을 받고 준비가 되어 있습니다. 우리나라에서 경찰의 가장 흔한 임무는 도로에 나가서 사람들이 교통법규를 지키는지를 확실하게 감시하는 것입니다. 교통사고가 너무 흔해서 경찰은 사람들이 주의해서 운전을 하게 하도록 무척 애를 씁니다. 경찰관이 체포를 하거나 어떤 공식적인 통지서를 발행하게 되면 많은 서류 작업을 해야 합니다. 경찰관들은 시민들의 모범이 되어야 하고 또 많은 아이들은 경찰을 존경해 경찰관이 되는 꿈을 가지고 있습니다.

어휘 in charge of ~을 책임지고 있는   public order 공공질서   presence 존재

03

Tr-1101

Q Have you had any experience related to the police? Maybe you had received help from a police officer. Or you might have seen a police officer on TV or in the movies. Please tell me about it in as much detail as possible.

A [경찰에 대한 선입견] Even though police officers can be a little intimidating, they can also be very knowledgeable. [교통 순찰] Because they are always out patrolling the cities, they know where everything is located. [관련 경험] Once, when I was driving in a large city that I wasn't familiar with, I had to ask someone for directions. [경찰에게 길을 물어봄] I found a police car parked at a gas station, so I stopped to ask the officer how to find a particular road. [경찰관의 도움] He was very helpful and pointed me in the right direction. I was happy that the officer was able to help me. [개인적인 생각이나 느낌] This experience really helped me to appreciate the police and not be so afraid to interact with police officers.

질문 경찰과 관련된 경험을 해 본 적이 있나요? 경찰로부터 도움을 받았을 수도 있을 겁니다. 혹은 TV나 영화를 통해 경찰의 모습을 봤을 수도 있습니다. 해당 경험에 대해서 최대한 자세히 얘기해 보세요.

답변 경찰관들이 약간 무섭게 보일 수도 있지만 그들은 정말 많은 것들을 알고 있습니다. 항상 밖에서 도시를 순찰하기 때문에 모든 것들이 어디에 있는지 잘 알고 있습니다. 한번은 제가 낯선 대도시에서 운전을 하고 있을 때 누군가에게 방향을 물어야 했던 적이 있었습니다. 저는 주유소에 주차되어 있는 경찰차를 발견해서 차를 세우고 특정 도로가 어디에 있는지 경찰관에게 물었습니다. 그 경찰관은 매우 적극적으로 도와주었고 정확한 방향을 가리켜 주었습니다. 저는 그 경찰관의 도움에 기뻤습니다. 그 경험은 제가 경찰에 대해 감사하는 마음을 갖게끔 해주었고 경찰관을 접하는 일이 무섭지 않다는 생각이 들게끔 해주었습니다.

어휘 intimidating 겁을 주는, 겁나는   patrol 순찰하다   gas station 주유소

1 시골(농촌) 묘사
2 시골 생활의 장점 설명
3 시골과 도시 생활의 차이점 설명
4 어렸을 적 시골에 가 본 경험 또는 영화나 TV에서 시골을 본 경험 얘기

1 시골 돌발문제 역시 세 문제씩 덩어리로 출제되므로 최소 세 문제를 준비해야 한다. 'country, countryside, rural area' 등이 질문에서 들리면 시골 돌발문제로 이해한다.
2 시골을 묘사하는 문제는 한국의 전형적인 시골 모습과 분위기 등을 중점적으로 얘기한다.
3 시골에 가본 경험이 없다면 TV나 영화에서 비춰지는 시골의 모습을 떠올려 기억에 남는 장면 위주로 답변하도록 한다.

01

Tr-1102

Q Let's talk about the countryside. Please tell me in detail what you can see in the countryside.

A [일반적인 시골의 모습] The countryside is full of things that can't be seen in the city. There are a lot of open spaces because of the lack of buildings, with many farms, fields and forests. [시골 농장의 모습] Farms usually have a lot of animals, like cows, goats, and horses, or many fields for growing crops. [시골 집 묘사] Many houses in the countryside are unique, and some of them are very old and beautiful. [집안 내부(화단)] People who live in the countryside often take time to plant flower gardens and make their houses look nice. [시골 길] When driving through the countryside, there are many picturesque scenes. However, some people in the countryside are quite poor, so occasionally, you can see areas that look very run down.

질문 시골에 대해 얘기해 보겠습니다. 시골에서 볼 수 있는 것들을 자세히 얘기해 보세요.

답변 시골은 도시에서 볼 수 없는 것들로 가득 차 있습니다. 건물들이 많이 없기 때문에 농장, 들판 그리고 숲과 같은 많은 공간들이 훤히 트여 있습니다. 농장에는 소, 염소, 말과 같은 많은 동물들이 있거나, 농작물들이 자라는 들판이 있습니다. 시골의 많은 집들이 독특한 편이며 일부는 아주 오래 되고 아름답습니다. 시골에 사는 사람들은 종종 화단에 꽃들을 심거나 집을 가꾸기 위해서 시간을 냅니다. 운전을 하면서 시골을 지나가다 보면 그림 같은 경치를 많이 볼 수 있습니다. 그러나 일부 시골 사람들은 상당히 가난해서 가끔 매우 허름한 지역들도 볼 수 있습니다.

어휘 goat 염소 unique 독특한 picturesque 그림 같은 run down 줄다, 위축되다

02

Tr-1102

Q **What are the advantages for people who live in the countryside? What types of activities can they do in the countryside?**

A [느린 속도의 차분한 생활] People who live in the countryside can enjoy a very slow-paced life. [조용하고 평화로움] Since there aren't many people around, the countryside is usually quiet and peaceful. [농사] Of course, many people who live in the countryside are involved in farming, so there are many things that must be done on the farm. [자연] Also, since houses in the countryside are usually surrounded by large areas of land, people have the option to get out and enjoy nature. [정원 가꾸기] Many people choose to keep a garden, which can be a great hobby. [애완동물 기르기] Some people also choose to raise pets, since they have plenty of space to keep them. [나의 경험 소개] But in my experience, the best thing to do while being in the countryside is to sit on the front porch and enjoy the peace and quiet.

질문 사람들이 시골에 살면 어떤 장점들이 있나요? 시골 사람들은 어떤 활동들을 할 수 있나요?

답변 시골에 사는 사람들은 느린 속도의 삶을 즐길 수 있습니다. 사람들이 주변에 많지 않기 때문에 시골은 보통 조용하고 평화롭습니다. 물론 많은 시골 사람들이 농사일에 종사해서 농장에서 해야 하는 일들이 많이 있습니다. 또 시골집들은 보통 넓은 땅에 둘러싸여 있어서 시골 사람들은 밖에 나가서 자연을 즐길 수 있습니다. 많은 사람들이 정원을 가꾸는데 이 일은 훌륭한 취미가 될 수도 있습니다. 또한 시골에는 애완동물을 기를 공간이 충분해서 어떤 사람들은 애완동물을 기르기도 합니다. 하지만 제 경험상 시골에서 할 수 있는 최고의 활동은 현관 앞에 앉아서 평화와 고요함을 즐기는 것입니다.

어휘 slow-paced 느린 속도의   porch (건물 입구에 지붕이 얹혀 있고 흔히 벽이 둘러진) 현관

03

Tr-1102

Q **What do you think are the differences between living in the countryside and in the city? Tell me in detail.**

A [조용하고 편안한 삶] Life in the countryside is usually much quieter and more relaxed. [친근한 시골 사람] People are not in such a hurry, so they seem to be friendlier than people in the cities. [이웃] It isn't common for neighbors in cities to know each other at all, but in the countryside, neighbors usually know each other by name. [시골 생활의 단점] People in the countryside are limited as to what they can do and what they can buy. [도시의 쇼핑] In the cities, there are shops and restaurants everywhere. [시골의 쇼핑] But in the countryside, people may only go shopping occasionally, since the nearest store could be far away. [일자리] There are also fewer job opportunities in the countryside, so people who live there may have to drive long distances to get to work.

질문 시골 생활과 도시 생활의 차이점에는 어떤 것들이 있을까요? 자세히 말해 보세요.

답변 시골에서의 삶은 보통 훨씬 더 조용하고 편안합니다. 시골 사람들은 서두르지 않아서 도시 사람들보다 더 친근하게 보이는 것 같습니다. 도시에서는 이웃끼리 서로 알고 지내는 것이 흔치 않은 일인데 시골에서는 보통 이웃끼리 이름까지 알고 지냅니다. 시골 사람들은 할 수 있는 것들과 살 수 있는 것들이 제한되어 있습니다. 도시에서는 어디를 가든지 가게들과 식당들이 있습니다. 하지만 시골은 가장 가까운 가게가 멀리 떨어져 있기 때문에 쇼핑을 가끔씩 할 수밖에 없습니다. 그리고 시골은 취업의 기회도 훨씬 더 적어서 시골 사람들은 일자리를 얻기 위해서 먼 거리를 운전해서 가야만 합니다.

어휘 limited 제한된   job opportunity 취업 기회

농부 빈출 질문 살펴보기

1 한국의 농부 묘사
2 농부들이 평일에 하는 일, 여름과 겨울에 하는 일 설명
3 농부들이 여가에 하는 활동 설명
4 농부와 관련된 경험 얘기

농부 돌발문제 주의사항

1 농부 돌발문제 역시 세 문제 연속 출제되므로 세 문제를 세트로 준비해야 한다. 'farmer, people (who live) in the countryside' 등이 질문에서 들리면 농부 Three Combo 돌발문제임을 인지해둔다.
2 농부들이 하는 일을 한 가지 정해서 여름과 겨울에 하는 일을 설명하도록 하고 필요할 경우 봄과 겨울에 하는 일도 추가로 설명해도 좋다.
3 농부와 관련된 직접적인 경험이 없다면 경찰과 마찬가지로 TV나 영화에서 봤던 기억에 남는 인상적인 장면을 떠올려 답변에 활용하도록 한다.

01

Tr-1103

Q Let's talk about farmers in your country. What are they like? Where do they live? What types of things do they grow? Tell me in detail.

A [농부들의 연령] As young people want to live in cities, most farmers in my country tend to be older people. [거주 지역] Of course, they live in the countryside, usually surrounded by the fields where they work. [기르는 작물] They may grow a variety of fruits and vegetables to sell in markets, or they may raise animals to sell for meat. [농부들의 일] The farmers have to work really hard, since there is a lot of work to be done and not many people to help them do it. [대단위 농장] In contrast, there are also big farms that are operated and owned by big companies. [공장형 농장] These factory farms usually specialize in one crop, like corn or wheat, or in raising one animal, like cows for milking. These large farms would employ many farmers, often migrant workers.

질문 당신 나라의 농부들에 대해 얘기해 보겠습니다. 농부들은 어떤 모습인가요? 어디에서 살고 있죠? 어떤 것들을 재배하나요? 자세히 말해 보세요.

답변 젊은 사람들은 도시에서 살고 싶어 하기 때문에 우리나라 대부분의 농부들은 나이 드신 분들입니다. 당연히 농부들은 보통 자신들이 일하는 논밭에 둘러싸인 시골에서 살고 있습니다. 그들은 시장에 내다 팔 다양한 과일과 채소를 재배하거나 고기로 팔 가축들을 기릅니다. 해야 할 일은 많고 일손은 부족하기 때문에 농부들은 정말 열심히 일해야 합니다. 이와는 반대로 가끔 큰 회사들이 소유해서 운영하는 큰 농장들도 있습니다. 이런 공장형 농장들은 보통 옥수수나 밀과 같은 한 가지 농작물이나, 젖소와 같은 한 종류 동물을 기르는데 특화되어 있습니다. 이런 큰 농장들은 많은 농부들을 고용하는데 종종 이민 노동자들을 고용하기도 합니다.

어휘 tend to ~하는 경향이 있다 raise 기르다 specialize in ~을 전문으로 하다

02

Tr-1103

Q What types of work do farmers normally do in summer and winter? Tell me about all the work they do in summer and winter with a lot of details.

A [바쁜 농사일] Farmers are usually busy all year. [예전의 모습과 현재의 모습 비교] A long time ago, they took a break every winter, but nowadays they don't. I think that they have lots of things to do in summer and winter. [여름의 일] In summer, they are busy making sure that everything has good growing conditions. So the farmers may have to water the crops, spray the crops to kill bugs, or fertilize the plants. [겨울의 일] And after harvesting crops, in winter, some of them take a short rest, but most of them work preparing for next year's farming in a vinyl greenhouse.

질문 여름과 겨울에 농부들은 보통 어떤 종류의 일을 하나요? 여름과 겨울에 농부들이 하는 모든 일을 자세히 얘기해 보세요.

답변 농부들은 보통 1년 내내 바쁩니다. 예전에 농부들은 매년 겨울에 휴식을 취했지만 요즘에는 그렇지 않습니다. 여름과 겨울에 농부들이 해야 할 일들이 많은 것 같습니다. 농부들은 여름에 모든 것들이 좋은 작화 조건을 갖출 수 있도록 바쁘게 보냅니다. 그래서 농부들은 작물에 물을 주고 해충들을 죽이기 위해 농약을 뿌리며 작물에 비료를 줍니다. 그리고 작물을 수확하고 난 이후인 겨울에 어떤 농부들은 잠시 휴식을 취하지만 대부분의 농부들은 비닐하우스에서 재배할 이듬해 농사일을 준비합니다.

어휘 fertilize 비료를 주다   harvest 수확하다

03

Tr-1103

Q Do you have any special memory about a farmer or a farm? You might have visited a farm or you might have seen one on TV or in the movies. Tell me about this special memory in detail.

A [아버지의 고향] My father was born in the countryside. [아버지의 친구] Most of his friends live in neighboring areas, so sometimes I visit their house with my father. [2년 전 경험] Two years ago, my father and I visited his friend's place in Haenam, located in the southernmost area of my country. [전통 가옥과 농장] He has a house built in a traditional way and runs a farm. [유기 농법] To my surprise, rice, fruits and vegetables were organically grown. [신기한 광경] The eye-catching scene was that there were ducks and mudfish in the rice field. [친구분의 설명] As they remove the weeds, he no longer needs to use pesticides, according to his explanation. [느낌] I was so happy to see that interesting scene.

질문 농부나 농장과 관련된 기억에 남는 일이 있나요? 농장을 방문해 본적이 있다거나 TV나 영화에서 보았을 것입니다. 기억에 남는 일에 대해 자세히 얘기해 보세요.

답변 제 아버지는 시골에서 태어나셨습니다. 그래서 아버지 친구분들은 대부분 지방에서 살고 계십니다. 그래서 가끔씩 저는 아버지를 따라 그분들의 집을 방문합니다. 2년 전 아버지와 저는 우리나라 최남단인 해남에 있는 친구분 댁에 간 적이 있습니다. 그분은 전통식으로 지어진 집을 가지고 계셨고 농장을 경영하셨습니다. 정말 놀랍게도 쌀, 과일 그리고 야채들을 유기농으로 재배하고 있었습니다. 오리와 미꾸라지들이 논에 있는 장면이 제 눈을 사로잡았는데요. 친구분 설명에 의하면 그 동물들이 잡초를 제거해주기 때문에 농약을 사용할 필요가 없다는 것이었습니다. 저는 그 재미있는 광경을 보게 되어서 정말 기뻤습니다.

어휘 organically 유기재배로, 유기적으로   pesticide 살충제, 농약   according to ~에 따라서   explanation 설명

명절 빈출 질문 살펴보기

1 한국의 명절 소개
2 대표적인 명절이 무엇이고 그날에는 어떤 활동들을 하는지 설명
3 어렸을 적 기억에 남는 명절 관련 경험 얘기
4 가장 최근 명절을 떠올리며 그날 했던 활동들에 대해서 자세하게 얘기

명절 돌발문제 주의사항

1 holiday는 '명절'과 '공휴일'을 의미하므로 한국의 대표적인 명절과 뜻깊은 공휴일을 답변으로 활용하도록 한다.
2 명절 돌발문제 역시 세 문제씩 덩어리로 출제되기 때문에 세 문제를 세트로 대비해둔다.
3 명절과 관련하여 과거 경험을 묻는 문제는 어렸을 적 기억에 남는 명절에 대한 질문이 자주 등장하고 있으므로 꼭 대비해둔다.

01

Tr-1104

Q What types of holidays are there in your country? Please tell me about the holidays in detail.

A [명절 소개(설과 추석)] In Korea, we have several major holidays. New Year's Day and Chuseok, which is like Thanksgiving in America, are the most important. [추석] In fact, Chuseok is one of the biggest holidays for Koreans. [고향 방문] At these times of the year, people usually have several days off work and visit their hometown to spend time with their families. [설] For New Year's Day, people also have a few days off work and travel to see their families. Koreans think that it's a courtesy that the children bow not only to their parents, but to their grandfather and grandmother. [성묘] Plus, people visit family members' graves to pay their respects on both Chuseok and New Year's Day.

질문 당신 나라에는 어떤 종류의 명절이 있나요? 명절에 대해 자세히 소개해 보세요.

답변 한국에는 몇 가지 주요 명절이 있습니다. 설날과 미국의 추수감사절과 같은 추석이 바로 가장 중요한 명절들입니다. 사실 추석은 한국인들에게 가장 큰 명절 중 하나입니다. 1년 중 이 시기에 사람들은 며칠간 일을 쉬게 되고 가족과 함께 시간을 보내기 위해 고향을 방문합니다. 또한 설날에 사람들은 며칠간 일을 쉬고 가족들을 만나러 떠납니다. 한국인들은 어린이들이 자신들의 부모님뿐만 아니라 할아버지나 할머니에게도 절을 올리는 게 예의라고 생각합니다. 게다가 사람들은 추석과 설날 모두 경의를 표하기 위해서 성묘를 갑니다.

어휘 hometown 고향 courtesy 공손함 grave 묘 pay one's respect 경의를 표하다

02

Tr-1104

Q **What is the biggest holiday in your country? What kind of activities do people usually do on that day? How do you celebrate it? Tell me all the details.**

A [민족의 대명절(추석)] In Korea, I believe that the biggest holiday is Chuseok, which is like Thanksgiving Day in America. [유래] I think it has been celebrated for thousands of years. [가족들과의 시간] At this time of the year, people stop working and gather together to spend happy time with their family. [음식과 놀이] Once they see each other, they make a variety of foods and eat them, and some of them enjoy playing "Go-Stop," which is like a card game. [한국의 전통] And on the very day of Chuseok, people visit family members' graves to pay their respects. I think it is why Korea is called the country of courteous people in the East.

질문 당신 나라에서 가장 큰 명절은 어떤 날인가요? 사람들은 보통 그날 어떤 활동들을 하나요? 어떤 식으로 그날을 축하하나요? 자세히 말해 보세요.

답변 한국에서 가장 큰 명절은 미국의 추수감사절과 같은 추석이라고 생각합니다. 추석은 수천 년 동안 기념되어 온 것 같습니다. 1년 중 이 시기에 사람들은 일을 쉬고 가족들과 함께 모여서 즐거운 시간을 보냅니다. 일단 서로 함께 만나게 되면 다양한 음식들을 만들어서 먹고 친척들과 함께 하는 카드 게임인 '고스톱'을 즐깁니다. 그리고 추석 당일에 사람들은 경의를 표하기 위해서 성묘를 갑니다. 이러한 이유 때문에 한국을 동방예의지국이라고 하는 것 같습니다.

어휘 relative 친족, 친척

03

Tr-1104

Q **Let's talk about the most memorable thing you have experienced on a holiday when you were a child. What was the holiday about? What did you do? Why was it so memorable to you? Please tell me about it in as much detail as you can.**

A [어렸을 때의 경험(설날)] When I was a child, I always got excited around New Year's Day because I was curious that the year had changed. [기억에 남는 경험 소개] But the most memorable experience I ever had on New Year's Day was being able to make some money by visiting people who I wanted to see and by bowing to them. [한국의 풍습(세뱃돈)] In fact, Korea has a tradition. People have to bow to older ones like family members or close acquaintances and then in return, they will receive some money. [중학교 교복 구입] I was given a lot of money so that I could afford to buy middle school uniforms when I entered the school. I remember the price was a hundred thousand won or so.

질문 어렸을 때 명절에 경험했던 가장 기억에 남는 일에 대해 얘기해 보겠습니다. 어떤 명절이었나요? 어떤 일을 했죠? 왜 그날이 그렇게 기억에 남나요? 그 경험에 대해 최대한 자세히 얘기해 보세요.

답변 제가 어렸을 때 설날이 다가오면 해가 바뀐다는 게 신기해서 항상 기분이 좋았습니다. 하지만 설날 가장 기억에 남는 경험은 바로 뵙고 싶은 분들을 찾아가서 절을 하고 돈을 받았던 일입니다. 사실 한국에는 풍습이 하나 있습니다. 사람들은 나이 드신 가족이나 가까운 분들에게 절을 드려야 하고 그 대가로 세뱃돈을 받게 됩니다. 제가 중학교에 들어갈 무렵에 중학교 교복을 살 만큼 많은 돈을 받았습니다. 제 기억으로는 거의 10만 원 정도 되었던 것 같습니다.

어휘 acquaintance 아는 사람, 지인 in return 대가로 afford to do ~할 (금전적, 시간적) 여력이 있다

병원 빈출 질문 살펴보기

1 자주 가는 병원(치과) 묘사
2 치료 받은 의사와 그 의사의 복장 묘사
3 최근 병원에 간 이유와 병원에서 했던 활동 설명
4 병원과 관련하여 특별히 기억에 남는 경험 얘기

병원 돌발문제 주의사항

1 병원(hospital) 또는 치과(dental clinic) 둘 중의 하나를 선택해서 답변을 하라는 질문이 등장할 수 있으므로 개인 병원 또는 종합 병원과 치과를 별개로 대비해두는 것이 좋다.
2 의사와 관련해서는 일반적인 의사를 묘사하라는 질문인지, 과거에 나를 진료했던 의사를 묘사하라는 질문인지 잘 듣도록 한다. 과거에 나를 진료했던 의사와 그 의사의 복장을 묘사하는 문제는 과거시제 위주로 답변하는 것이 좋다.

01

Tr-1105

Q **I'd like to know about a dental clinic you frequently visit. Describe it for me in detail.**

A [병원 소개] The dental clinic that I often go to is located in my hometown, Yeosu. [의사와의 친분] I have visited the same dentist for my whole life, and he knows me on a first-name basis. [병원의 규모] The clinic is pretty small, since only one dentist works there. [내부 모습] Once you walk into the waiting room, you can see ten chairs around the sides. There is a reception desk next to two big glass doors that go into the examination rooms. [진찰실 소개] If I remember correctly, there are three examination rooms. [진찰실 내부 묘사] Each room is identical, with one big chair for a patient who can recline back. There is also a big moveable lamp used to help the dentist and assistants to see inside the patients' mouth. [진료] The dental assistants clean the patients' teeth in these rooms, and then the dentist comes in to examine each patient's teeth.

질문 당신이 자주 가는 치과에 대해서 알아보겠습니다. 그 치과를 자세히 묘사해 보세요.

답변 제가 다니는 치과는 제 고향인 여수에 있습니다. 저는 지금까지 같은 치과의사에게만 치료를 받아서 이제 그 의사 선생님과는 절친한 사이가 되었습니다. 그 치과는 의사 선생님이 한 분만 계시기 때문에 약간 규모가 작은 편입니다. 대기실로 걸어 들어가면 벽 쪽으로 의자가 열 개 있습니다. 두 개의 큰 유리문 옆에는 접수처가 있고 유리문 안쪽에는 진찰실들이 있습니다. 제 기억이 정확하다면 그곳에는 진찰실 세 개 있습니다. 각 진찰실은 환자가 뒤로 비스듬히 누울 수 있는 큰 의자가 똑같이 구비되어 있습니다. 그리고 치과의사나 보조원이 환자의 입안을 보는데 사용되는 이동식 램프도 있습니다. 치과 보조원들은 이 진찰실에서 환자들의 치아를 깨끗하게 해주고 그러고 나서 의사 선생님이 오셔서 각 환자들의 치아를 검사합니다.

어휘 on a first-name basis ~와 절친한 사이로   waiting room 대합실, 대기실

02
Tr-1105

Q **Can you tell me about your dentist? What is he or she like? What clothes does he or she normally wear? Please tell me about him or her with a lot of details.**

A [성격과 친분] My dentist is a very nice man, and I have known him since I was a child. [친절함] He is very friendly with all of his patients, and he really seems to care about them. [미소] He always has a big smile, [옷차림] and he always wears a white coat over his normal clothes. [안경] But the most notable thing about his appearance is his glasses. While he is treating patients, he wears very big glasses. One side of the glasses has a special magnifying lens to help him see the details of his patients' teeth. It looks very funny if he talks to you without taking off his glasses first. [개인적인 생각이나 느낌] When I first saw those big glasses, I was afraid but I got used to them after several visits.

질문 당신의 치과의사에 대해서 말해 주시겠어요? 어떻게 생겼나요? 보통 어떤 옷을 입나요? 그 치과의사에 대해 자세히 얘기해 보세요.

답변 제 치과의사 선생님은 아주 좋으신 분이시고 저는 어렸을 때부터 그 분을 알아왔습니다. 선생님은 모든 환자들에게 정말 다정하게 대해주고 실제로도 환자들을 진심으로 대해 주십니다. 항상 환한 미소를 보여주고 일상적인 옷 위에 하얀색 가운을 입습니다. 하지만 그의 외모 중에서 가장 주목할 만한 것은 바로 안경입니다. 그는 환자들을 치료할 때 아주 커다란 안경을 씁니다. 안경의 한 쪽에는 특수 확대경이 있어서 환자들의 치아를 보다 자세히 관찰할 수 있습니다. 처음 그렇게 큰 안경을 봤을 때는 무서웠지만 여러 번 오다보니 익숙해졌습니다.

어휘 notable 주목할 만한   magnify 확대하다

03
Tr-1105

Q **Have you ever experienced a memorable thing at a dental clinic or with a dentist? If so, what was it about? What happened? Why was it so memorable to you? Tell me about it in as much detail as possible.**

A [어렸을 때 다니던 치과] My dentist's office was not close to where I lived when I was young. I thought that was fortunate since I hated to go to the dental clinic. [충치를 뽑기 위해 치과에 간 경험] But one day, I had to see a dentist to have a decayed tooth removed. I was so scared that I couldn't move myself. [충치를 뽑을 때의 상황 설명과 기분] I managed to be there with my mom, but the dentist looked like a monster to me. When I sat on the patient's seat, my terror went to the extremes. At that very moment, he just told me in whispers to close my eyes and try to sleep and all of a sudden, I realized that the whole thing was over. [충치를 뽑고 난 후 상황 설명] It took less than five minutes. He was smiling at me and it made me relieved. I know some kids are still afraid of dentists, but I think my dentist was very good.

질문 치과나 치과의사와 관련된 기억에 남는 일을 경험해 본 적이 있나요? 있다면 무엇에 관한 일이었나요? 무슨 일이 있었나요? 왜 그 일이 그렇게 기억에 남죠? 그 경험에 대해서 최대한 자세히 얘기해 보세요.

답변 제가 어렸을 때 다니던 치과는 저희 집에서 가깝지 않았습니다. 치과를 싫어하던 저로서는 다행이었죠. 하지만 어느 날 저는 썩은 치아를 뽑기 위해 치과에 가야 했습니다. 너무 무서워서 꼼짝할 수 없었습니다. 저는 어머니와 함께 겨우 치과에 가긴 했지만 치과의사 선생님이 저에게는 괴물처럼 보였습니다. 환자용 의자에 앉았을 때 공포는 극도에 다다랐습니다. 바로 그 순간 의사 선생님은 속삭이듯 말을 하며 눈을 감고 잠을 자도록 했고 저는 갑자기 모든 일이 끝난 사실을 알게 되었습니다. 5분도 채 걸리지 않았습니다. 의사 선생님은 저를 보고 미소를 짓고 계셨고 저는 안심이 되었습니다. 몇몇 아이들은 여전히 치과의사를 두려워 하지만 저를 치료한 의사 선생님은 너무 좋은 분이었던 것 같습니다.

어휘 decayed (치아가) 썩은   whisper 속삭이다

건물 빈출 질문 살펴보기

1 자주 가는 동네 건물 묘사
2 그 건물을 좋아하는 이유와 그 건물에서 하는 활동 설명
3 처음 그 건물에 간 계기와 첫 느낌, 그리고 그때 했던 일 얘기
4 최근 그 건물에 간 목적과 건물에서 했던 일 얘기

건물 돌발문제 주의사항

1 질문에서 'building in your neighborhood or in the place where you live now' 등이 들리면 건물 돌발 Three Combo 문제가 출제되었음을 알고 잘 대비하도록 한다.
2 동네나 집 근처에 있는 건물에 왜 자주 가는지, 그곳에서 무엇을 하는지, 처음 갔을 때의 느낌이나 첫인상은 어땠는지를 중점적으로 묻는 질문이 등장하고 있다.

01

Tr-1106

Q What building do you like to visit in your neighborhood? Please describe the building for me in detail.

A [건물의 위치] There is a building two blocks from my house that I really like going to. I usually go there at least once a day. [종합상가] The building is a large rectangle-shaped complex and has many windows. [장점] It has nine floors, and I think it has everything anyone would need. [슈퍼마켓] The basement and the first floor make up a nice supermarket. [식당과 술집] There are several restaurants on the 2nd, 3rd and 4th floors, and there are also a few pubs. [상가] The fifth to eighth floors have businesses and offices that I am not too concerned with, a travel agency and several institutes. [건물에서 가장 좋아하는 장소] But my favorite floor is the ninth. There is a great gym up on the top.

질문 당신은 동네의 어떤 건물을 즐겨 찾아 가나요? 그 건물을 자세히 묘사해 보세요.

답변 우리 집에서 두 블록 쯤 떨어져 있는 곳에 제가 정말 즐겨 찾는 건물이 하나 있습니다. 보통 하루에 한 번 꼴로 그곳에 가는데요. 그 건물은 큰 직사각형 모양의 종합상가로 창문이 많이 있습니다. 9층으로 되어 있고 사람들이 필요로 하는 모든 것들이 있다고 생각합니다. 지하와 1층에는 근사한 슈퍼마켓이 있습니다. 2, 3, 4층에는 여러 식당들과 술집들이 있습니다. 5층에서 8층까지는 제게는 별로 관심이 가지 않는 회사와 사무실들이 있고 또 여행사와 단체들이 몇 개 있습니다. 그렇지만 제가 좋아하는 층은 9층입니다. 꼭대기 층에는 멋진 헬스 클럽이 있습니다.

어휘 complex 종합상가, 복합단지   basement 지하   travel agency 여행사

02

Tr-1106

Q Why do you like to go to that building? What activities do you usually do there? Tell me all about those activities.

A [건물을 좋아하는 이유] I like going to that building because it has everything I need under one roof. [헬스 클럽] I like to work out, so I usually go to the gym in the building every day. [식료품 구입] If I want to cook food, I can buy groceries at the supermarket. [외식] If I don't want to cook, I can go and eat at one of the restaurants. [술집] Also, if I want to hang out with my friends, we can go to one of the pubs in the building. [편리한 점] Since the building is close to my house, and it has so many things inside, it is a great place. Because it is so convenient, it is my favorite building in the city. [개인적인 생각이나 느낌] If that building is closed, I don't know what I would do.

질문 왜 그 건물을 자주 찾아가나요? 그곳에서 보통 어떤 활동들을 하나요? 그 활동들에 관해 모두 말해 보세요.

답변 한 지붕 아래에 제가 필요로 하는 모든 것들이 있기 때문에 저는 그 건물에 가는 것을 좋아합니다. 제가 운동을 좋아해서 그 건물에 있는 헬스 클럽을 매일 다닙니다. 요리를 하고 싶으면 슈퍼마켓에서 식료품들을 살 수 있습니다. 요리가 하기 싫다면 그곳에 있는 식당 중 한 곳에 들어가서 음식을 먹을 수 있습니다. 또한 친구들과 어울리고 싶을 때는 건물 안에 있는 술집 한 곳에 들어갑니다. 그 건물은 우리 집에서 가깝고 건물 내부에는 많은 것들이 있어서 정말 좋습니다. 그 건물은 너무 편리 해서 제가 이 도시에서 가장 좋아하는 건물입니다. 만약 그 건물이 문을 닫게 되면 저는 어떻게 해야 할지 모를 것 같습니다.

어휘 grocery 식료품   pub 선술집

03

Tr-1106

Q How did you first go to that building? What was your first impression of it? Why did you go there? And what did you do then? Tell me all the details.

A [처음 방문한 이유] I first went to that building because I was looking for a supermarket. I had just moved into my apartment down the road, and I needed to find a convenient place to buy food. [슈퍼마켓] The first several times I went there, I only visited the supermarket. It was a nice supermarket, and it was much better than the one down the street. [식당] After a few visits, I noticed that there were some restaurants in the building, so I started visiting them. [헬스 클럽] It took me about three months before I realized there was a gym on the top floor, and it made me so happy, I signed up for a membership the next day. That was the day I really fell in love with my building.

질문 처음 그 건물에 어떻게 가게 되었나요? 그 건물에 대한 첫인상은 어땠나요? 왜 그 건물에 갔나요? 그리고 그때 그 건물에서 어떤 일을 했나요? 자세히 말해 보세요.

답변 저는 슈퍼마켓을 찾다가 그 빌딩을 처음 가게 되었습니다. 저는 도로 아래 아파트로 막 이사했던 터라 음식을 살 만한 편리 한 곳을 찾아야 했습니다. 처음 몇 번은 그냥 슈퍼마켓에 가려고 그 건물에 들렀습니다. 그 슈퍼마켓은 좋았고 거리 아래 슈 퍼마켓보다 훨씬 더 마음에 들었습니다. 몇 번 그 슈퍼마켓에 가고 나서 그 빌딩에 식당들도 있다는 것을 알게 되었고 저는 그 식당에 가기 시작했습니다. 꼭대기 층에 헬스 클럽이 있다는 것을 대략 3개월이 지난 후에 알았고 저는 정말 기뻐 다음날 바로 회원 등록을 했습니다. 그날이 제가 그 건물과 사랑에 빠지게 된 날입니다.

어휘 sign up for ~을 신청하다, 등록하다   fall in love with ~와 사랑에 빠지다

은행 빈출 질문 살펴보기

1 자주 가는 은행 묘사
2 은행에서 하는 일과 다른 사람들이 하는 일 설명
3 최근 은행에 간 목적과 일을 처리하기까지 걸린 시간 얘기
4 은행과 관련하여 기억에 남는 경험 얘기

은행 돌발문제 주의사항

1 질문에서 'bank in your country(Korea)'가 들리면 은행 Three Combo문제가 출제되었음을 인지해둔다.
2 은행에서 고객들이 보는 업무들을 서너 가지 미리 준비하여 답변하도록 한다.
3 과거 경험과 관련해서는 최근 은행에 왜 갔는지, 그리고 모든 일을 처리하기까지 얼마나 걸렸는지와 같이 은행에서 했던 일을 자세하게 묻는 문제가 출제되고 있으므로 잘 대비해두도록 한다.

01

Tr-1107

Q Let's talk about a bank in your country. What does the bank look like? When does it open and close? Please describe it for me in detail.

A [은행의 위치] My bank is located in one of the busiest places in Seoul, Korea, which is Myeongdong. [은행 묘사] It's on the first floor of the commercial building, which consists of other business stores, and by the main entrance, there are many ATM machines lined up on one side for customers to use. [은행 내부 묘사] Inside the bank, there is the main lobby where people can freely sit and wait for their turns and the bank tellers sit behind the counters. [영업시간] Its business hours during the weekdays are from 9 a.m. to 4 p.m. [고객 업무 소개] The customers who have more serious business like borrowing money for loans go further back inside the bank, and the rest usually stay in the main lobby, waiting for their numbers to be called.

질문 당신 나라에 있는 은행에 대해 얘기해 보겠습니다. 은행은 어떻게 생겼나요? 언제 문을 열고 닫나요? 은행을 자세히 묘사해 보세요.

답변 제가 이용하는 은행은 한국의 서울에서 가장 번잡한 곳 중 하나인 명동에 있습니다. 그 은행은 다른 상점들로 이루어져 있는 상업용 건물 1층에 있고 정문 입구 옆에는 고객들이 이용할 수 있도록 ATM들이 줄지어 있습니다. 은행 안에 들어가 보면 사람들이 자유롭게 앉아서 자신들의 차례를 기다릴 수 있는 중앙 로비가 있고 카운터 뒤에는 은행원들이 앉아 있습니다. 은행의 주중 영업시간은 아침 9시부터 오후 4시까지입니다. 대출과 같이 좀 더 중요한 업무를 보려는 고객들은 은행 안쪽으로 들어가서 업무를 보고 나머지 사람들은 보통 중앙 로비에서 자신의 번호표가 불리기를 기다립니다.

어휘 commercial building 상업용 건물   consist of ~로 이루어지다   main entrance 정문

02

Tr-1107

Q What kind of things do you usually do at a bank? What do people do there? Tell me all the details.

A [요금 납부] I usually go to the bank to pay my bills for gas, electricity and so on. [인출] Sometimes, I go to withdraw a large sum of money, [인터넷 뱅킹] but nowadays, I use the online banking system for most of my banking needs, so the number of visits to the bank has decreased. [통장 정리] But there comes a time when I have to organize my bank book, so then I go to the bank. [다른 업무] Besides these, you can do many other things at the bank. Some people go to the bank to open a new account, to get loans, to buy or sell stocks, or to exchange foreign currency.

질문 은행에서 보통 어떤 일을 하나요? 사람들은 은행에서 어떤 일들을 하나요? 모두 자세히 얘기해 보세요.

답변 저는 보통 가스비, 전기세 등의 요금을 내기 위해서 은행에 갑니다. 가끔은 큰 액수의 돈을 인출하기 위해서 은행을 찾기도 하는데 요즘에는 대부분의 은행 업무를 온라인 뱅킹을 사용해서 처리할 수 있어서 은행에 가는 횟수가 많이 줄어들었습니다. 하지만 통장을 정리해야 할 때가 오면 그때는 은행에 갑니다. 이외에도 은행에서는 여러 가지 많은 일들을 할 수 있습니다. 일부 사람들은 새로운 계좌를 개설하거나, 대출을 받거나, 주식을 사고팔기 위해서, 또는 환전을 하기 위해서 은행에 갑니다.

어휘 bill 고지서, 청구서 electricity 전기세 withdraw 인출하다 bank book 통장 foreign currency 외화

03

Tr-1107

Q When was the last time you went to a bank? What was the purpose of going there? How long did it take you to get all your business done? Please tell me about it in as much detail as you can.

A [은행에 간 시간] The last time I went to the bank was only a couple of days ago. [은행에 간 이유] I went there to use an ATM machine. [계좌이체 업무] I didn't need any assistance from a bank teller to take care of this business because I just needed to transfer money from my account to someone else's account, only by using the ATM machine. [계좌이체 이유] The person from whom I borrowed the money asked me to transfer it because we weren't going to see each other anytime soon. It was a simple task, and all I needed was to know the person's account number. [걸린 시간] It must have taken me only a few minutes, much shorter than the time it took me to get to the bank.

질문 언제 마지막으로 은행에 갔나요? 은행에는 어떤 목적 때문에 가게 되었나요? 업무를 모두 보는 데는 얼마나 걸렸죠? 그 경험에 대해 최대한 자세히 얘기해 보세요.

답변 제가 마지막으로 은행을 갔던 때는 바로 며칠 전이었습니다. ATM을 사용하기 위해서 갔었는데요. ATM을 사용해서 제 계좌의 돈을 다른 사람의 계좌로 이체하면 되기 때문에 그 일을 처리하는데 은행원의 도움은 전혀 필요하지 않았습니다. 제가 돈을 빌렸던 사람이 가까운 시일 내에 만날 수 없으니 돈을 송금해 달라고 저에게 부탁을 했습니다. 그 일은 간단한 일이었고 제가 필요했던 것은 그 사람의 계좌번호를 알아내는 것이었습니다. 일을 처리하는 데는 몇 분밖에 안 걸렸고 그 시간은 제가 은행에 가는 시간보다 훨씬 더 짧았습니다.

어휘 transfer 이체하다, 이동하다 account number 계좌번호

약속 빈출 질문 살펴보기

1 약속 목적과 대상 설명
2 약속을 정하기 전에 하는 일들 설명
3 최근에 했던 약속 얘기
4 가장 기억에 남는 약속 얘기

약속 돌발문제 주의사항

1 질문에서 'appointment'가 들리면 약속 Three Combo문제가 출제되었음을 인지해두고 약속 돌발문제를 대비해둔다.
2 약속을 정하기 전에 하는 일을 설명할 때는 약속의 성격, 일정, 날짜, 장소 등을 중심으로 순서대로 말하도록 한다.
3 최근에 어떤 약속을 했고 원했던 만남을 가졌는지를 묻는 문제가 자주 출제되고 있으므로 잘 대비해두도록 한다.

01

Tr-1108

Q **What do you usually do when making an appointment? Tell me about all the steps that you have to take to make an appointment.**

A [일정 확인] To make an appointment, first I check my schedule to see what time works best for me. [약속 날짜] I usually try to make an appointment not too far from the present because I never know what may come up in between now and then. [선약이 있는 경우] Also, I like to be flexible to all the possibilities that could happen even if I have already made the appointment. [날짜 확인] Once I check my schedule, I make sure that the other person also wants to meet me on that same day. [시간과 장소 협의] Then with the other person, I begin to discuss the time and the place to meet. [만나서 하는 일] If there isn't anything special the other person wants to do, we usually settle for movie and dinner or vice versa.

질문 약속을 정할 때 당신은 보통 어떻게 하나요? 약속을 정하기 위해서 거치는 모든 절차들에 대해 얘기해 보세요.

답변 약속을 정하기 위해서 저는 먼저 언제가 가장 좋은지 알아보기 위해서 제 일정을 확인합니다. 약속일까지 무슨 일이 일어날지 모르기 때문에 보통 지금에서 그리 멀지 않은 시점에 약속을 잡으려고 합니다. 또한 이미 약속을 잡았다고 하더라도 일어날 수 있는 모든 가능성들에 대해 유연하게 대처하는 걸 좋아합니다. 제 일정을 확인한 다음에는 상대방도 그날에 저를 만나고 싶은지를 확인합니다. 그러고 나서 상대방과 만날 시간과 장소를 협의하기 시작합니다. 상대방이 특별히 하고 싶은 게 없으면 우리는 보통 영화를 보고 저녁을 먹거나 아니면 그 반대로 저녁을 먹고 영화를 보는 것으로 약속을 정합니다.

어휘 **make an appointment** 약속을 정하다　**flexible** 유연한, 유동적인　**vice versa** 거꾸로, 반대로

02

Tr-1108

Q **What is the main purpose of making an appointment? Where do you usually meet other people? What kind of things do you do with them? Tell me with a lot of details.**

A [약속을 하는 주된 목적] The main purpose of making an appointment with other people is to meet them and have a good time with them. [약속의 의미] Once I make an appointment with someone, it means that we are close enough to get to know each other better or to just hang out. [약속 장소] For me, I don't go far from the places where I usually go. Sinchon or Myeongdong are the main places where I like to go to hang out with people. [하는 일] The kinds of things I do with them depend on the time. [낮에 만나는 경우] If I meet them during the day, I would grab a bite to eat and go to a noraebang. [밤에 만나는 경우] If I meet them during the night, we would go to see a movie and then have dinner together. For desserts and chatting, I usually bring them to my favorite cafe to enjoy the time without going too far from home.

질문 약속을 하는 주된 목적은 무엇인가요? 보통 어디에서 만나죠? 그들과 어떤 종류의 일들을 하나요? 자세히 말해 보세요.

답변 다른 사람들과 약속을 잡는 주된 목적은 만나서 즐거운 시간을 보내기 위해서입니다. 일단 누군가와 약속을 하면 그것은 우리가 서로 좀 더 잘 알고 지낼 만큼, 또는 어울려 놀 만큼 가까운 사이인 것을 의미합니다. 저는 제가 평소에 가는 장소를 크게 벗어나지는 않습니다. 신촌이나 명동이 제가 사람들과 어울리기 위해서 즐겨 찾는 주요 장소들입니다. 제가 사람들과 하는 일들은 시간에 따라 다른 편인데요. 낮 시간대에 만나면 함께 간단하게 식사를 하고 노래방에 갑니다. 밤 시간대에 만나면 영화를 보고 나서 함께 저녁을 먹습니다. 디저트와 가벼운 대화를 위해 집에서 먼 곳으로 가지 않고 제가 좋아하는 카페로 사람들을 데리고 가서 즐거운 시간을 보냅니다.

어휘 depend on ~에 달려 있다　grab a bite to eat 간단히 요기하다, 간단하게 먹다

03

Tr-1108

Q **When was the last time you made an appointment? What was it? Who did you meet? Did everything turn out as you expected? Tell me about it in as much detail as possible.**

A [최근 약속 시간] The last time I met people by making an appointment was last Saturday. [약속 내용] It was with a friend who needed my help with her personal problem, and we met at Myeongdong at night. [약속 장소] We went to Starbucks Cafe, where it was loud and crowded. We sat by the corner on the sofa to talk. [친구 이야기] She had broken up with her boyfriend, and she wanted to discuss the situation with me and ask my advice on many questions. [예기치 못한 상황 설명] Not everything turned out as I expected. I expected my friend not to cry a lot, but she cried although we were in a public place. [개인적인 생각이나 의견] Even worse, she did not take my advice because she had her own ideas to solve the problems.

질문 언제 마지막으로 약속을 잡았나요? 어떤 약속이었나요? 누구와 만났죠? 예상한대로 모든 것이 순조롭게 진행되었나요? 그 약속에 대해 최대한 자세히 얘기해 보세요.

답변 제가 마지막으로 약속을 잡아서 사람들을 만났던 건 지난 주 토요일이었습니다. 개인적인 문제 때문에 제 도움을 필요로 하는 한 친구와의 약속이었고 우리는 밤에 명동에서 만났습니다. 우리는 스타벅스 카페에 갔는데 그곳은 시끄럽고 번잡했습니다. 우리는 얘기를 하려고 구석에 있는 소파에 앉았습니다. 그녀는 남자친구와 헤어져서 그 상황에 대해서 저와 의논하고 여러 가지 문제들에 대해서 제 조언을 듣고 싶어 했습니다. 모든 것이 제 예상대로 돌아가지는 않았습니다. 저는 그녀가 울지 않을 거라고 생각했는데 친구는 그만 공공장소에서 울어버린 것입니다. 더 심한 것은 친구가 문제를 해결할 수 있는 자신만의 생각이 있다며 제 조언을 받아들이지 않는 것이었습니다.

어휘 break up with ~와 헤어지다　public place 공공장소　advice 조언, 충고

1 한국의 계절 소개
2 가장 좋아하는 계절과 그 계절에 하는 활동 설명
3 젊은이들과 노인들이 여름과 겨울에 하는 활동 비교 설명

1 질문에 'seasons in your country(Korea)'가 들리면 계절 Three Combo 돌발문제가 출제되었음을 인지한다.
2 계절과 관련해서는 주로 여름과 겨울을 중점적으로 묻고 있으므로 여름과 겨울을 중심으로 답변하도록 한다.
3 젊은이와 노인의 활동을 묻는 질문에 대해서는 각 계절의 특성에 맞는 활동을 대답하도록 한다.

01

Tr-1109

Q I'd like to know about the seasons in your country. What is each season like? Tell me about the weather in all four seasons.

A [사계절] There are four seasons in my country: spring, summer, autumn, and winter. All four seasons are clearly distinct from one another. [봄] In spring, the cold wind changes to a gentle breeze, and flowers begin to bloom under the warm sun. [여름] In summer, the humidity increases at the rate of the sun getting hot. The sunny weather becomes humid and sticky, causing a lot of people to sweat. [장마] The summer ends with the rainy season, when the rain pours down. [가을] When the rain stops, the air becomes chillier, and autumn comes. The sunshine is still strong, but the air stays cool. [겨울] Then the winter comes with much colder air. Sometimes it snows, and when it doesn't snow, the wind blows strongly.

질문 당신 나라의 계절에 대해 얘기해 보겠습니다. 각 계절은 어떤 모습인가요? 사계절의 날씨에 대해 말해 보세요.

답변 우리나라에는 봄, 여름, 가을, 겨울 사계절이 있습니다. 사계절 모두 명확히 구별됩니다. 봄에는 찬바람이 부드러운 산들바람으로 변하고 꽃들은 따뜻한 햇볕 아래 꽃을 피우기 시작합니다. 여름에는 습도가 높아지고 태양도 그에 못지않게 뜨거워집니다. 화창한 날은 습하고 끈적거려 많은 사람들이 땀을 흘리게 됩니다. 여름은 비가 퍼붓는 장마와 함께 끝이 납니다. 비가 그치면 공기가 더 차가워지고 가을이 찾아옵니다. 햇볕은 여전히 강하지만 공기는 차갑습니다. 그리고 훨씬 더 차가운 공기와 함께 겨울이 찾아옵니다. 겨울에는 가끔 눈이 내리며 눈이 안 올 때에는 바람이 강하게 붑니다.

어휘 **bloom** 꽃이 피다, 개화하다 **breeze** 산들바람, 미풍 **sticky** 끈적거리는

02

Tr-1109

Q **What is your favorite season of the year? Tell me why you like it. What activities do you normally do in that season? Tell me all the details.**

A [좋아하는 계절(여름)] My favorite season of the year is summer, even though it brings humidity. [좋아하는 이유] During the hot weather, I tend to sweat a lot, but I still like summer because I can go to beaches and valleys in search of cool water. [그 계절에 하는 활동] There are many activities I could do, but I like swimming the most. [테마 파크] Whether I go to a theme park with giant swimming pools or to a beach, I swim first and do other things later. [구체적인 설명] For example, if I go camping with my friends to a valley inside a mountain, I would swim first and then have a barbecue party at night.

질문 1년 중 어느 계절을 가장 좋아하나요? 왜 그 계절을 좋아하는지 말해 보세요. 그 계절에는 보통 어떤 활동을 하나요? 자세히 얘기해 보세요.

답변 비록 여름이 습하긴 하지만 저는 1년 중 여름을 가장 좋아합니다. 제가 무더운 날씨에는 땀을 많이 흘리는 편이지만 여름에는 시원한 물을 찾아서 해변이나 계곡을 갈 수 있기 때문에 그래도 여름이 좋습니다. 여름에 할 수 있는 활동들이 많이 있지만 저는 수영을 가장 좋아합니다. 저는 대형 수영장이 있는 테마 파크에 가든지 해변에 가든지 일단 수영부터 하고 다른 일은 뒤로 미룹니다. 예를 들어 친구들과 산에 있는 계곡으로 캠핑을 가면 저는 일단 수영을 하고 나서 밤에 바비큐 파티를 엽니다.

어휘 sweat 땀을 흘리다

03

Tr-1109

Q **What types of activities do young and old people normally do in summer and winter? Tell me about them in as much detail as you can.**

A [젊은이들의 여름철 활동] In summer, there are many things that young people can do. Some of them go on a road trip, go bungee jumping, ride on banana boats, go water skiing, or go camping with their friends at beaches and mountains. [겨울철 활동] In winter, they go snow boarding or skiing. [나이 드신 분들의 활동] On the other hand, activities are definitely limited for old people either in summer or winter. [여름철 활동] Many of them, if they still have the energy, go hiking with their friends in summer. They also go to beaches and swimming pools, but usually to baby-sit their grandchildren. [겨울철 활동] In winter, old people prefer staying inside. Not many old people can snow board or ski, so they usually hang out with their friends in a warm place.

질문 여름과 겨울에 젊은 사람들과 나이 드신 분들은 보통 어떤 활동들을 하나요? 젊은 사람들과 나이 드신 분들이 하는 활동에 대해 최대한 자세히 얘기해 보세요.

답변 젊은 사람들은 여름에 많은 것들을 할 수 있습니다. 몇몇 젊은이들은 친구들과 함께 장거리 자동차 여행, 번지 점프, 바나나 보트 타기, 수상스키를 하거나 또는 해변이나 산으로 캠핑을 갑니다. 겨울에 젊은이들은 스노보드나 스키를 타러 갑니다. 반면에 어르신들의 여름이나 겨울 활동들에는 확실히 제한이 있습니다. 아직 체력이 되시는 많은 어르신들은 여름에 친구들과 등산을 떠납니다. 해변이나 수영장에 가기도 하지만 보통은 손자, 손녀들을 보살피기 위해서입니다. 겨울에 어르신들은 집안에서 보내는 것을 선호합니다. 스노보드나 스키를 탈 줄 아는 어르신들은 그리 많지 않아서 보통 따뜻한 곳에서 친구분들과 어울리는 것을 좋아합니다.

어휘 water skiing 수상 스키   go hiking 하이킹(등산) 가다, 도보 여행을 가다

신분증 빈출 질문 살펴보기

1 가지고 있는 신분증과 용도 소개
2 신분증 발급 절차 설명
3 처음 신분증을 발급받았을 때의 느낌에 대해서 얘기

신분증 돌발문제 주의사항

1 질문에서 'identification(ID) cards'가 들리면 신분증 Three Combo 돌발문제가 출제되었음을 인지하고 미리 대비해둔다.
2 발급 절차의 경우, 일반적인 신분증 발급 절차인지 아니면 과거에 받았던 신분증 발급 절차를 소개하라는 질문인지를 구분하여 듣도록 한다.
3 처음 신분증을 발급받았을 때의 느낌을 묻는 문제는 주민등록증, 면허증, 학생증, 비자 등 각 신분증의 의미와 함께 당시 상황을 자세하게 전달하도록 한다.

01

Tr-1110

Q **Tell me about one of the identification(ID) cards you have now. When do you normally use it?**

A [학생증] My student identification card is my main ID card. I can do a lot of things with my student ID card. [도서 대출시 활용] Apart from getting identified as a student at my school, I can borrow books from my school library, which does not lend books to people other than its own students. [교통 카드 활용] Also, I can electronically charge it with money and use it as T-money, which is a transportation card, used for the public transportation like bus and subway. [학교 건물 출입] I can swipe my student ID to open the entrance of the school buildings at night. [학생 할인] At some restaurants, I can get student discounts when I show my student ID card.

질문 현재 소지하고 있는 신분증 중 하나에 대해 얘기해 보세요. 그 신분증은 보통 언제 사용하나요?

답변 제 주요 신분증은 학생증입니다. 저는 학생증으로 많은 것들을 할 수 있습니다. 우리 학교의 학생임을 확인받는 것 이외에도 저는 학교 도서관에서 책을 대출할 수 있는데 학교 도서관은 학교 학생이 아닌 다른 사람들에게는 책을 빌려주지 않습니다. 또한 카드에 돈을 전자충전해서 교통카드인 T-money로 사용할 수 있는데 T-money는 버스나 지하철 같은 대중교통을 이용할 때 사용합니다. 밤에는 학교 건물들의 출입문을 열기 위해서 학생증을 인식기에 읽힐 수 있습니다. 일부 식당에서는 학생증을 보여주면 학생 할인을 해주기도 합니다.

어휘 borrow 빌리다 lend 빌려주다 swipe (카드를 인식기에) 대다, 읽히다 get a discount 할인받다

02

Tr-1110

Q **What steps do you have to take to get an ID card? Tell me about all the steps you take from beginning to end.**

A [준비 사항] To get an ID, first I need to prepare the items required by the issuer. [사진] It's usually a photo of me and nothing more than that. [사진 찍기] For the photo, I make my best effort to look the prettiest because it will be on the card for a long time. I dress with care and do my hair carefully for the photoshoot day. [신청서 작성] When I am finally satisfied with the photo of myself, I visit the issuer of the card and fill out a form that asks for my basic information. If there are multiple forms, I fill them out as well. [서명 후 제출] For these forms, I try to write neatly, and at last I sign my name and turn them in.

질문 신분증을 발급받기 위해서는 어떤 절차를 밟아야 하나요? 당신이 밟아야 하는 모든 절차들을 얘기해 보세요.

답변 신분증을 발급받기 위해서는 우선 발행 기관에서 요구하는 것들을 준비해야 합니다. 보통은 제 사진을 필요로 하고 다른 것들은 요구하지 않습니다. 사진의 경우 오랜 시간 동안 신분증에 남기 때문에 가장 예쁘게 보이기 위해서 최선을 다해서 찍습니다. 사진을 찍는 날에는 세심하게 복장을 챙기고 머리를 예쁘게 합니다. 만족할 만한 사진이 나오면 저는 신분증 발행 기관에 가서 양식에 제 기본 정보를 기입합니다. 만약 여러 가지 서류들이 있으면, 그 서류들도 똑같이 기입합니다. 이러한 양식들을 깔끔하게 작성하고 나서 최종적으로 제 이름 옆에 서명을 하고 제출하면 됩니다.

어휘 issuer 발행처, 발행 기관 fill out 기입하다 neatly 깔끔하게, 단정하게 turn in 제출하다 (=submit)

03

Tr-1110

Q **When did you first get an ID card? What was it? How did you feel when you got it? What does it look like? Tell me with a lot of details.**

A [신분증 발급 시기] Besides my student ID card, I got my official identification card when I turned seventeen years old. [주민등록증] It's the official identification card that every Korean gets when he or she turns seventeen. [당시 느낌] I was really excited to apply for the card because having it showed that I was all grown up and not immature at all, though I was still seventeen years old back then. [사진] I put a lot of thought into taking a photo for the card because it would stay on the card for a long time. [신분증을 받았을 때의 기분] When I finally got the card, I felt like I was stepping into a new phase of my life, and I couldn't wait to graduate from high school and go to college to be a grown up. [카드 모습] The card looks sleek and important. [신분증을 받고 나서 한 일] The first thing I did was to put it in my wallet, and when I did so my wallet looked so meaningful all of a sudden.

질문 언제 처음으로 신분증을 발급받았나요? 어떤 신분증이었죠? 그 신분증을 처음 받았을 때 기분이 어땠나요? 그 신분증은 어떻게 생겼나요? 자세히 말해 보세요.

답변 학생증을 제외하고 제가 17살이 되었을 때 주민등록증을 발급받았습니다. 주민등록증은 모든 한국인들이 만 17세가 되면 받게 되는 공식 신분증입니다. 저는 주민등록증을 갖는다는 것은 다 자라서 더 이상 어리지 않다는 것을 입증해주는 것이었기 때문에 주민등록증을 신청할 때 정말 신이 났습니다. 지금 돌아보면 여전히 17살 밖에 안 되었지만 말입니다. 주민등록증 사진을 찍을 때에는 사진이 신분증에 오래 남기 때문에 오랜 시간 동안 생각을 했습니다. 마침내 주민등록증을 받게 되었을 때 저는 제 인생의 새로운 단계에 진입한 것처럼 느껴졌고 빨리 고등학교를 졸업하고 대학교에 가서 성인이 되고 싶었습니다. 주민등록증은 매끈하면서도 중요하게 보였습니다. 그 신분증을 받고 제가 처음으로 한 일은 그것을 지갑에 넣는 것이었고 지갑에 넣고 보니 지갑이 갑자기 아주 의미 있게 보였습니다.

어휘 official 공식적인, 공식의 immature 미성숙한, 미완성의 phase 단계, 국면 meaningful 의미 있는

1 한국의 젊은이들과 노인들이 여가에 하는 활동 설명
2 여가에 하는 나의 활동 설명
3 시골 사람들이 여가에 하는 활동 설명

1 질문에서 'activities in ~ free time'이 들리면 여가 Three Combo 돌발문제가 출제되었음을 인지해둔다.
2 한국의 젊은이, 노인, 시골 사람, 그리고 내가 여가에 하는 활동을 묻는 문제가 출제되고 있으므로 대상별로 다양하고 일반적인 여가 활동을 준비하여 답변하는 것이 좋다.

01

Tr-1111

Q **What types of activities do young and old people in your country usually do in their free time? Tell me about them in detail.**

A [비교 설명] Young people in my country can do many things in their free time, whereas old people have limited activities. [젊은이들의 활동] Many young people go to the fashion streets like Myeongdong to shop or other famous places to hang out. [데이트] If they have girlfriends or boyfriends, they go on a date, and if they don't, they go to a cafe to chat. [나이 드신 분들의 활동] Old people, especially men, usually enjoy hiking with their friends. [나이에 관계없는 활동] No matter how old they are, many people go to the Han River Park to take a break from their busy city life by taking a stroll or by light exercising. There, they also ride bikes when weather permits.

질문 당신 나라의 젊은이들과 노인들은 여가에 보통 어떤 활동을 하나요? 자세히 말해 보세요.

답변 우리나라의 젊은이들은 여가에 여러 가지 활동들을 할 수 있는데 반해 나이 드신 분들이 할 수 있는 활동들은 극히 제한되어 있습니다. 많은 젊은이들은 명동 같은 유명한 패션가에 가서 쇼핑을 하거나 다른 유명한 곳들에서 시간을 보냅니다. 여자 친구나 남자 친구가 있으면 데이트를 하고 없으면 카페에 가서 얘기를 나눕니다. 나이 드신 분들, 특히 남자분들은 보통 친구분들과 함께 등산을 즐겨 가십니다. 그리고 나이에 관계없이 많은 사람들이 한강 공원에 가서 산책이나 가볍게 운동을 하면서 바쁜 도시 생활 속에서 벗어나 휴식을 취합니다. 날씨가 좋으면 사람들은 한강 공원에서 자전거를 타기도 합니다.

어휘 **whereas** 반면에   **take a stroll** 산책하다 (=take a walk)   **light exercise** 가벼운 운동

02

Tr-1111

Q Let's talk about how you spend your free time. What types of activities do you usually do when you have free time?

A [여가에 하는 쇼핑] When I have free time, I usually go to Myeongdong for shopping with my sister. [쇼핑 전의 활동] She and I eat lunch at our favorite Italian restaurant first before really starting with the shopping. [쇼핑 상황 설명] Then we walk on the streets to go to the small shops because they have more unique fashion styles. Then sometimes, we stop at an ice cream store for dessert and then continue shopping. [쇼핑 후의 활동] When we finally finish shopping, we have dinner at another restaurant. Then depending on how much energy we have after all that shopping, we decide to go to either a noraebang or a cafe. [노래방] If we go to a noraebang, we sing the night away, [카페] and if we choose to go to a cafe, we just sit on comfortable seats and chat for a few hours.

질문 여가를 어떻게 보내는지 얘기해 보겠습니다. 당신은 여가가 생기면 보통 어떤 활동들을 하나요?

답변 저는 여가가 생기면 주로 언니와 함께 명동으로 쇼핑을 갑니다. 본격적인 쇼핑에 앞서 언니와 저는 먼저 우리가 좋아하는 이태리 음식점에서 점심을 먹습니다. 그러고 나서 훨씬 독특한 패션 스타일이 있는 길거리의 조그만 상점들에 들르기 위해 거리를 걷습니다. 그리고 가끔씩은 디저트로 아이스크림을 먹기 위해 아이스크림 가게에 들렀다가 다시 쇼핑을 계속합니다. 마침내 쇼핑이 끝나고 나면 우리는 다른 식당에 가서 저녁을 먹습니다. 모든 쇼핑을 마친 후에는 남아 있는 에너지를 살펴 보고 나서 노래방이나 카페에 가기로 결정을 합니다. 노래방에 가면 밤늦게까지 노래를 부르고 카페에 가기로 정하면 편안한 의자에 앉아서 몇 시간 얘기를 나눕니다.

어휘 unique 독특한   chat 담소를 나누다

03

Tr-1111

Q I'd like to talk about how people who live in a rural area or the countryside spend their free time. What types of activities do they normally do in their free time?

A [제약된 활동] There are fewer options for those living in rural areas or the countryside than those who live in the city. [여름의 활동] During summer time, people in the countryside could go to the valleys to swim or go on a picnic, [가을, 겨울의 활동] but during fall or winter they gather around their friends' houses and chat. [더 발달된 시내가 있는 경우] If they have a more developed downtown, they go there to eat out or to have drinks with their friends. [노래 부르기] Going to a noraebang is popular for Koreans, so if they have a noraebang machine somewhere, they can sing all night. [인터넷] Also, if they have computers at their homes, they can surf the Internet in their free time.

질문 지방이나 시골에 거주하고 있는 사람들이 여가를 어떻게 활용하는지 얘기해 보겠습니다. 그들은 보통 여가에 어떤 종류의 활동을 하나요?

답변 시골에 사는 사람들은 도시에 사는 사람들보다 할 수 있는 일의 선택권이 더 적습니다. 여름철에 시골 사람들은 계곡으로 수영을 하러 가거나 소풍을 가지만 가을이나 겨울철에는 친구들의 집 주변에 모여서 얘기를 나눕니다. 만약 좀 더 발전된 시내가 있다면 그곳에 가서 친구들과 외식을 하거나 술을 마십니다. 노래방은 한국 사람들에게 아주 인기가 많아서 어딘가에 노래방 기계가 있으면 밤새 노래를 부를 수 있습니다. 또한 집에 컴퓨터가 있다면 여가에 인터넷을 할 수 있습니다.

어휘 rural area 시골 지역, 지방   downtown 시내, 번화가

건강 빈출 질문 살펴보기

1 건강한 사람의 기준 설명
2 내가 알고 있는 건강한 사람 소개
3 건강한 사람이 되기 위해서 해야 하는 일들 설명

건강 돌발문제 주의사항

1 질문에서 'healthy person'이 들리면 건강한 사람 Three Combo 문제가 출제되었음을 인지해둔다.
2 건강에 대한 기준이 무엇인지, 내가 알고 있는 건강한 사람은 어떤 것을 먹고, 어떤 운동을 하는지 등을 묻는 문제가 자주 등장한다.
3 내가 만약 건강한 사람이 되려면 무엇을 할 것인지를 묻는 질문에서는 어떤 음식을 먹고, 어떤 운동을 하며, 어떤 식생활을 가져야 하는지 등을 중점적으로 답변하도록 한다.

01

Tr-1112

Q Let's talk about a healthy person whom you know. What is he or she like? How did you meet him or her? Please introduce him or her to me.

A [건강한 사람 소개] A healthy person whom I know is a soldier with a muscular body and tanned skin. [외모] With broad shoulders and nice muscles, he looks fit and sturdy. [처음 만났을 때] I first met him at church. When he was a newcomer, he joined my group and we got to know each other then. [나이와 직업] He is two years older than I am, and he is a professional soldier. [좋아하는 운동] As his body shows, he likes to exercise and especially he likes jogging. [건강을 위해서 하는 활동] For his health, he does not drink or smoke, and he has a strict meal plan in order to avoid much consumption of calories. [개인적인 생각이나 느낌] I think I have a lot to learn from him in terms of maintaining my health.

질문 당신이 알고 있는 건강한 사람에 대해서 얘기해 보겠습니다. 어떻게 생겼나요? 어떻게 만났죠? 그분을 소개해 보세요.

답변 제가 아는 건강한 사람은 근육질의 몸과 햇볕에 탄 피부를 가진 군인입니다. 넓은 어깨와 근육이 많아 그는 건강하고 튼튼해 보입니다. 저는 처음에 그를 교회에서 만났습니다. 그가 교회에 처음 왔을 때 우리 그룹으로 들어오게 되어서 그때 서로 알게 되었습니다. 저보다는 두 살이 더 많은 직업 군인입니다. 그의 몸에서 볼 수 있듯이 그는 운동을 좋아하며 특히 조깅을 좋아합니다. 그는 건강을 위해서 술과 담배를 하지 않고 많은 칼로리 섭취를 피하기 위해서 철저하게 식단을 관리합니다. 저의 건강을 유지하는 관점에서 본다면 그에게서 배울 점이 참 많이 있는 것 같습니다.

어휘 muscular 근육질의 tanned 햇볕에 그을린 sturdy 튼튼한 strict 엄격한, 까다로운 consumption 섭취

02

Tr-1112

Q Who do you think is a healthy person? What does he or she normally do and eat for his or her health? Tell me all the details.

A [건강한 사람에 대한 생각] I think a healthy person is a person who eats wisely and exercises often. [섭취하는 음식] He or she has to eat a lot of fruits and vegetables, and the meals should be balanced with all the nutrients. [채식주의자] In a way, I think being a vegetarian could be unhealthy because you could miss one or two nutrients that you can consume only through meat. [식단] The meals shouldn't be too salty, sweet or spicy. [운동] A healthy person also should not over exercise, in keeping with his or her ability. [음주와 흡연] Since drinking too much alcohol or smoking is detrimental to one's health, he or she should avoid both of those things in order to stay healthy.

질문 어떤 사람이 건강한 사람이라고 생각하나요? 건강한 사람은 보통 건강을 위해서 어떤 것을 하고 어떤 음식을 먹나요? 자세히 말해 보세요.

답변 저는 건강한 사람은 몸에 좋은 것들을 먹고 운동을 자주 하는 사람이라고 생각합니다. 건강한 사람은 과일과 채소를 많이 먹고 식단은 모든 영양소들이 균형이 잡혀 있습니다. 어떤 면에서 채식주의자는 고기를 통해서만 섭취할 수 있는 한두 가지 영양소를 놓칠 수밖에 없기 때문에 건강하지 않다고 생각합니다. 식단은 너무 짜지도, 달지도, 또는 맵지도 않아야 합니다. 또한 건강한 사람은 본인의 능력에 맞게, 즉 지나치게 운동을 해서는 안 됩니다. 지나친 음주와 흡연은 건강에 해롭기 때문에 건강을 유지하기 위해서는 술 담배를 해서는 안 됩니다.

어휘 nutrient 영양소, 영양분   detrimental 해로운

03

Tr-1112

Q What do you think you have to do if you want to be a healthy person? What types of activities do you need to do and what food must you eat? Please tell me in detail.

A [올바른 식사의 필요성] To be a healthy person, I believe I need to eat right first and foremost. [음식의 중요성] Even if I exercise regularly, if I eat only junk food or drink too much alcohol, my health would still be bad. [야채, 과일, 우유 섭취] So I need to eat a lot of vegetables and fruits at every meal, and drink milk regularly. [설탕 섭취] Consuming too much sugar is also bad for my health as well as my body shape, so I need to balance it out. [적절한 운동] For exercise, I will walk a lot because I don't like running. Also, I will do dumbbell exercises because it's a good way to build up muscles.

질문 건강한 사람이 되려면 어떤 것을 해야 하나요? 어떤 종류의 활동들을 해야 하고 어떤 음식을 섭취해야 하나요? 자세히 말해 보세요.

답변 건강한 사람이 되기 위해서 저는 가장 먼저 올바른 식사를 해야 한다고 생각합니다. 제가 규칙적으로 운동을 하고 있긴 하지만 정크 푸드만 먹거나 술을 너무 많이 마신다면 제 건강은 계속 나빠질 것입니다. 그래서 저는 식사 때마다 채소와 과일을 많이 먹어야 하고 우유를 규칙적으로 마셔야 할 필요가 있습니다. 설탕을 너무 많이 섭취하는 것 또한 제 몸매나 건강에 좋지 않기 때문에 균형 있게 섭취해야 합니다. 운동에 있어서 저는 달리는 것을 좋아하지 않기 때문에 걷기를 많이 하려고 합니다. 또 아령이 몸의 근육을 키우는데 좋기 때문에 아령 운동을 할 것입니다.

어휘 foremost 가장 중요한   consume 소비하다

How to **NEW**

OPIc

CHAPTER
12

Three Combo 실전문제

제 1 탄 학생 – 테크놀로지 Three Combo 길잡이

설문조사에서 학생을 선택할 경우 출제될 가능성이 높은 문제 중의 하나가 바로 Technology(테크놀로지, 기술)입니다. 도대체 어떤 기술을 말하는 건지 도통 이해하기가 어려울 수 있지만 질문과 모범 답안을 살펴보면 결코 어렵지 않다고 느끼게 될 것입니다. 먼저 문제부터 살펴볼까요?

Stage 1 학생-테크놀로지 Three Combo Questions

Q1 What kind of technologies do you frequently use at school? Tell me about them in detail.

학교에서는 어떤 종류의 테크놀로지(기술)를 자주 이용하나요? 자세히 말해 보세요.

Q2 Has technology greatly helped you to complete an assignment or a project? What was the assignment or project about? Tell me how technology helped you to finish it with a lot of details.

과제나 프로젝트를 수행하는데 테크놀로지(기술)가 크게 도움이 되었나요? 어떤 과제 내지는 프로젝트였나요? 그 과제를 수행하는데 그 기술이 어떻게 도움을 주었는지 자세히 말해 보세요.

Q3 Learning a new technology is sometimes very difficult. Have you ever experienced that you were frustrated in using a new technology? What was the problem? Tell me about it in as much detail as you can.

새 기술을 배우는 게 이따금 매우 어려울 때가 있습니다. 새 기술을 사용하다가 당황한 경험이 있나요? 어떤 문제였나요? 그 경험을 최대한 자세히 얘기해 보세요.

테크놀로지 첫 번째 문제는 학교에서 사용하는 테크놀로지가 무엇인지 소개해 보라는 질문입니다. 두 번째는 과제나 리포트를 할 때 사용했던 기술이 어떻게 도움이 되었는지를 묻는 질문이고, 마지막 세 번째는 새로운 기술을 배우다 보면 어렵거나 당황스러운 일을 겪게 되죠. 이런 실제 경험에 대한 질문입니다. 이 세 가지 문제 패턴을 잘 정리해두시기 바랍니다.

Stage 2 ACTUAL TEST

Q1 테크놀로지 소개 Tr-1201

What kind of technologies do you frequently use at school? Tell me about them in detail.

학교에서는 어떤 종류의 테크놀로지(기술)를 자주 이용하나요? 자세히 말해 보세요.

KEY POINTS

키워드 What, technologies, use at school

리스닝 포인트 technologies가 늘리고 학교에서 사봉하는 기술늘 붇는 분제구나.

스피킹 포인트 학교에서 자주 사용하는 테크놀로지를 말하고 왜 자주 사용하는지, 어떤 도움이 되는지 등을 간략하게 말해보도록 하자.

HOW TO MAKE A STORY

1st Story

[컴퓨터 기술] A computer is an electronic machine that can store and deal with large amounts of information. [필수품] In other words, it is a must-have in modern society. [학교에서 이용] At school, I use a computer a lot for various purposes, too.

컴퓨터는 많은 정보를 저장하고 처리할 수 있는 전자 기계입니다. 다시 말해서 컴퓨터는 현대 사회의 필수품이라고 할 수 있습니다. 저 역시 학교에서 컴퓨터를 다양한 목적으로 자주 이용합니다.

2nd Story

[컴퓨터실] As with most colleges, my school has a large computer room for students. [컴퓨터실 활용] I go to the computer room whenever I have no class or when I have to do research for assignments or write a paper. [학번] To use the computer, I must input my student ID number.

대부분의 대학들과 마찬가지로 저희 학교에도 학생들이 이용할 수 있는 큰 컴퓨터실이 있습니다. 저는 수업이 없을 때나 과제를 위해서 무언가를 검색해야 할 때, 또는 리포트를 쓸 때마다 이 컴퓨터실을 찾습니다. 컴퓨터를 사용하기 위해서는 제 학번을 입력해야 합니다.

3rd Story

[학생증 사용] And also in order to enter the room, I should have my student ID card. [사용 방법] Just like when you use the subway station, you've got to touch your student ID card to the card reader.

그리고 또한 컴퓨터실에 들어가기 위해서는 학생증을 소지하고 있어야 합니다. 지하철을 이용할 때처럼 카드 판독기에 학생증을 대기만 하면 됩니다.

Voca assignment 과제, 숙제 do research 조사하다, 검색하다 card reader 카드 판독기

Q2 테크놀로지의 도움 Tr-1201

Has technology greatly helped you to complete an assignment or a project? What was the assignment or project about? Tell me how technology helped you to finish it with a lot of details.

과제나 프로젝트를 수행하는데 테크놀로지(기술)가 크게 도움이 되었나요? 어떤 과제 내지는 프로젝트였나요? 그 과제를 수행하는데 그 기술이 어떻게 도움을 주었는지 자세히 말해 보세요.

KEY POINTS

키워드 technology, helped you to complete an assignment or a project, What was the assignment or project

리스닝 포인트 과제나 프로젝트를 수행하는데 도움이 되었던 기술이 무엇이고 어떤 과제나 프로젝트였는지를 묻고 있구나.

스피킹 포인트 먼저 어떤 기술을 가지고 과제나 프로젝트를 수행했는지 간략하게 설명한 후에 프로젝트의 성격과 구체적으로 어떻게 기술을 활용했는지 답변하도록 하자.

HOW TO MAKE A STORY

1st Story

[컴퓨터] Needless to say, a computer is an important and necessary tool to get my job done. [인터넷] And the Internet technology through computers is very useful for everything. [장점] One of the benefits of the Internet is that we can easily get any information that we want.

두말할 것도 없이 컴퓨터는 제 일을 처리하는 데 있어서 중요하고 꼭 필요한 장비입니다. 그리고 컴퓨터를 통한 인터넷 기술도 여러 가지로 매우 유용합니다. 인터넷의 장점 중 하나는 우리가 필요로 하는 정보를 쉽게 얻을 수 있게 해준다는 것입니다.

2nd Story

[과제] One day, I got an assignment which was about Japan's distorted history. [인터넷 이용] I used the Internet to search for the information and complete my paper. [관련 뉴스 검색] I got a lot of help from the Internet especially when I searched for relevant news reports.

언젠가 제가 일본의 역사 왜곡에 관한 과제를 받은 적이 있었습니다. 저는 정보를 찾고 리포트를 쓰기 위해서 인터넷을 이용했습니다. 저는 특히 관련 뉴스를 찾을 때 인터넷의 도움을 크게 받았습니다.

3rd Story

[부족한 시간] Although there were a lot of materials about it in the library, I didn't have time to look into them. [도움] The Internet really saved me time and made the assignment an easy work.

그 주제에 관한 자료들이 도서관에 많이 있었지만 저는 그것들을 일일이 찾아볼 시간이 없었습니다. 인터넷은 정말로 많은 시간을 절약하게 해주었고 그 과제를 쉽게 완성할 수 있었습니다.

Voca needless to say 말할 필요도 없이   distort 왜곡하다   relevant 관련된

Q3 테크놀로지의 어려움 Tr-1201

Learning a new technology is sometimes very difficult. Have you ever experienced that you were frustrated in using a new technology? What was the problem? Tell me about it in as much detail as you can.

새 기술을 배우는 게 이따금 매우 어려울 때가 있습니다. 새 기술을 사용하다가 당황한 경험이 있나요? 어떤 문제였나요? 그 경험을 최대한 자세히 얘기해 보세요.

KEY POINTS

키워드 experienced that you were frustrated in using a new technology, What, the problem

리스닝 포인트 새로운 기술을 사용하는데 좌절이나 어려움을 겪은 경험이 있는지와 어떤 문제가 있었는지를 묻고 있구나.

스피킹 포인트 새로운 기술을 익힐 때 흔히 겪게 되는 어려움 등을 적절하게 설명하고 어떤 문제 때문에 어려웠는지를 구체적으로 답변하도록 하자.

HOW TO MAKE A STORY

1st Story

[차량 통학] I bought a second-hand car when I was a senior in college. [문제점(바뀐 주차 시스템) 설명] I tried to use my car when I went to school, but I had a little problem with that because my school parking system had been completely changed.

대학교 4학년 때 중고차를 한 대 샀습니다. 학교갈 때 차를 이용하려고 했는데 학교 주차 시스템이 완전히 바뀌어서 문제가 생긴 적이 있었습니다.

2nd Story

[주차 카드] I needed to touch the parking card to the parking card reader in order to use the parking lot on campus. And I had to be issued a plastic parking card. [주차 카드 사용의 어려움] In fact, getting the card was not a problem at all, but it was more difficult for me to use the card than I thought when I was still in a car. It was not easy to touch the card to the reader.

학교 수자장을 이용하기 위해서는 제 주차 카드를 리더기에 대야만 했습니다. 그리고 저는 플라스틱으로 된 주차 카드를 발급받아야 했죠. 사실 주차 카드를 발급받는 것은 그렇게 큰 문제가 아니었지만 차 안에서 주차 카드를 사용하는 것이 생각했던 것보다 훨씬 어려웠습니다. 카드를 리더기에 갖다 대는 것이 쉽지 않았습니다.

3rd Story

[실수] I had to put the card exactly in the square line of the reader, but it's a very difficult thing to do. [불편함] I was forced to get out of my car to do it all the time. [당황했던 이유] That's an example of how I was frustrated in using a new technology.

카드를 정확히 리더기 안의 사각형 선에 놓아야 했는데 정말 어려운 일이었습니다. 그래서 저는 리더기에 주차 카드를 대기 위해서 항상 차에서 내려야만 했습니다. 이게 바로 제가 새 기술을 이용하면서 당황했던 경험입니다.

Voca senior 대학의 마지막 학년   square 정사각형 모양의   frustrated 당황스러운

제2탄   영화 Three Combo 길잡이

설문조사에서 영화를 선택할 경우에 출제될 가능성이 높은 Three Combo 문제를 구성하였습니다. 가장 빈번하게 출제되는 유형을 다뤘기 때문에 실제 정기시험에서도 적중률이 아주 높을 것입니다. 질문과 샘플 답안을 자세하게 살펴본 후 나만의 완벽한 답안을 준비해 보세요. 그럼 질문부터 살펴보겠습니다.

Stage 1 영화 Three Combo Questions

Q1 What types of movies do you like to see? Why do you like them? Tell me in detail.

어떤 장르의 영화를 좋아합니까? 왜 그 영화 장르를 좋아합니까? 자세히 말해 보세요.

Q2 When did you most recently see a movie? What was the movie about? Tell me about all the activities you did before, during, and after the movie from beginning to end.

가장 최근에 언제 영화를 감상했나요? 어떤 영화였나요? 영화를 감상하기 전과 도중, 그리고 감상 후에 했던 모든 활동들을 처음부터 끝까지 얘기해 보세요.

Q3 Let's talk about your favorite actor or actress. Have you recently heard about him or her in the news? Please give me a detailed description of him or her and what occurred.

당신이 좋아하는 배우에 대해 얘기해 보겠습니다. 최근에 그 배우에 관한 뉴스를 들은 적이 있나요? 그 배우를 자세히 설명하고 무슨 일이 일어났는지 얘기해 보세요.

첫 번째 영화 문제는 좋아하는 영화 장르가 무엇이고 좋아하는 이유는 무엇인지를 묻는 질문입니다. 두 번째는 최근에 본 영화가 무엇이고 영화를 감상하기 전과 도중, 감상 후에 했던 활동을 설명해 보라는 질문입니다. 마지막 세 번째 문제는 좋아하는 배우가 누구이고 그 배우에 대한 최근 소식을 얘기해 보라는 질문입니다.

Stage 2 ACTUAL TEST

Q1 좋아하는 영화 장르 소개  Tr-1201

What types of movies do you like to see? Why do you like them? Tell me in detail.

어떤 장르의 영화를 좋아합니까? 왜 그 장르의 영화를 좋아합니까? 자세히 말해 보세요.

KEY POINTS

키워드　　What, movies do you like to see, Why, like them

리스닝 포인트　좋아하는 영화 장르와 좋아하는 이유를 묻고 있구나.

스피킹 포인트　코미디, 액션, SF 등 좋아하는 영화 장르와 이유를 간단하게 대답하도록 하자.

HOW TO MAKE A STORY

○ 1st Story

[좋아하는 영화 장르] I definitely like action comedy movies. [좋아하는 이유] There are two reasons why I really enjoy watching this kind of movie.

저는 액션 코미디 영화를 정말 좋아합니다. 제가 이 장르의 영화를 좋아하는 데는 두 가지 이유가 있습니다.

○ 2nd Story

[첫 번째 이유] First, I don't like something serious, sad or gloomy in my life. This is the same when I choose a movie. I basically like something funny, like comedy movies. Actually, I've read lots of comic books since I was a kid. [두 번째 이유] The other reason that I often watch action comedy movies is because I like being active.

첫째 저는 인생을 살면서 심각하거나, 슬프거나, 우울한 것들을 좋아하지 않습니다 영화를 선택할 때두 마찬가지입니다. 저는 기본저으로 코미디 영화처럼 재미있는 것이 좋습니다. 사실 저는 어렸을 때부터 만화책을 많이 읽었습니다. 제가 액션 코미디 영화를 자주 보는 다른 이유는 활동적인 것을 좋아하기 때문입니다.

○ 3rd Story

[개인적인 특성이나 성격] I'm never a quiet person in my daily life, and I feel that I am dynamic. So, it is no surprise that I like watching action comedy movies. I believe this is related to my individual personality.

일상생활에서 저는 전혀 조용한 사람이 아니고 활동적인 편에 속한다고 할 수 있습니다. 그래서 제가 액션 코미디 영화를 좋아한다는 사실은 놀랄 만한 일이 전혀 아닙니다. 저는 이것이 개인적인 성격과 관련이 있다고 생각합니다.

○ Voca gloomy 우울한 dynamic 활발한, 역동적인 personality 성격, 인격

Q2 최근에 관람한 영화 Tr-1201

When did you most recently see a movie? What was the movie about? Tell me about all the activities you did before, during, and after the movie from beginning to end.

가장 최근에 언제 영화를 감상했나요? 어떤 영화였나요? 영화를 감상하기 전과 도중, 그리고 감상 후에 했던 모든 활동들을 처음부터 끝까지 얘기해 보세요.

KEY POINTS

키워드   When, recently see a movie, What, Tell, all the activities you did before, during, and after the movie

리스닝 포인트   최근에 어떤 영화를 봤고 그날 영화를 보기 전과 도중, 보고 나서 어떤 활동을 했는지 얘기해보라는 질문이구나.

스피킹 포인트   최근에 본 영화에 대해서 간략하게 설명하고 영화를 보러 간 날 했던 활동들을 순서대로 답변하도록 하자.

HOW TO MAKE A STORY

1st Story

[최근에 감상한 영화] I watched "The Karate Kid" recently on DVD. [영화 설명] It was known as "Best Kid" in Japan and South Korea, and was actually a 2010 martial arts remake of the 1984 film of the same name.

최근에 DVD로 'The Karate Kid'를 보았습니다. 이 영화는 한국과 일본에는 'Best Kid'란 제목으로 알려졌고 실은 같은 제목의 1984년 영화의 2010년판 리메이크 무술 영화였습니다.

2nd Story

[감독과 배우] The movie was produced by Will Smith, and the main characters were Jackie Chan and Jaden Smith, Will's son. [영화 내용] The story of the movie was all about a boy learning kungfu from a guy who was hurt in his heart. [영화 감상 전의 활동] Before watching this movie, I first finished my assignments and had dinner. I thought I could focus on the movie itself if I had completed my work.

그 영화는 Will Smith에 의해 제작되었고 주인공은 Jackie Chan과 Will의 아들인 Jaden Smith였습니다. 그 영화는 마음에 상처를 입은 한 남자로부터 쿵푸를 배우는 한 소년에 관한 이야기였습니다. 저는 이 영화를 보기 전에 과제를 먼저 끝냈고 저녁을 먹었습니다. 제가 해야 할 일을 끝내둬야 영화에 집중할 수 있다고 생각했거든요.

3rd Story

[영화 감상 중의 활동] While I was watching the movie, I was completely focused. I lost track of time while I was watching it. I was just so absorbed into this film. [영화 감상 후의 활동] After the movie was over, I felt very good. The hand of the clock already pointed to 11 p.m., so I went to bed afterwards.

영화를 감상하는 도중에는 영화에만 완전히 집중했습니다. 영화를 보는 동안에는 시간가는 줄을 몰랐습니다. 저는 그 영화에 빠져들었습니다. 영화가 끝난 후 저는 기분이 아주 좋아졌습니다. 시계 바늘은 이미 밤 11시를 가리키고 있어서 저는 이후에 잠자리에 들었습니다.

Voca   martial arts 무술, 격투기 produce 제작하다 absorb (관심을) 빼앗다, 빠지게 만들다

Q3 좋아하는 영화 배우의 근황 Tr-1201

Let's talk about your favorite actor or actress. Have you recently heard about him or her in the news? Please give me a detailed description of him or her and what occurred.

당신이 좋아하는 배우에 대해 얘기해 보겠습니다. 최근에 그 배우에 관한 소식을 들은 적이 있나요? 그 배우를 자세히 설명하고 무슨 일이 일어났는지 얘기해 보세요.

KEY POINTS

키워드 your favorite actor or actress, heard about him or her in the news, a detailed description of him or her

리스닝 포인트 아하! 좋아하는 배우가 누구이고 뉴스를 통해서 접한 그 배우의 최근 소식을 묻는 질문이구나.

스피킹 포인트 좋아하는 영화 배우를 소개한 후에 최근에 접한 그 배우에 관한 소식을 자세하게 말하도록 하자.

HOW TO MAKE A STORY

1st Story

[좋아하는 배우 소개] My favorite movie star is Jackie Chan, who is a Chinese. He is not only just a star but also a well-known film producer. [출연 작품 소개] He has appeared in many movies like "The Forbidden Kingdom," "The Karate Kid," "Police Story Series," and "Rush Hour."

제가 좋아하는 영화 배우는 Jackie Chan이며 그는 중국인입니다. 그는 유명한 스타이기도 하지만 잘 알려진 영화 제작자이기도 합니다. 그는 'The Forbidden Kingdom', 'The Karate Kid', 'Police Story Series', 'Rush Hour' 등과 같은 많은 영화에 출연했습니다.

2nd Story

[TV 프로그램] I remember seeing a TV entertainment program covering his news. [연기] As it showed, instead of using a stuntman, he usually does all the acting involving extreme action and martial arts himself. [기부 활동] In addition to this, I saw that he donated his money to some good social causes on the program.

TV에서 그에 관한 뉴스를 다루었던 TV 연예 프로그램을 본 기억이 납니다. 잘 알려진 대로 그는 보통 스턴트맨에게 대역을 시키지 않고 힘든 액션과 무술을 수반하는 모든 연기를 스스로 해냅니다. 게다가 저는 그 프로그램에서 그가 사회적으로 선할 일을 위해 돈을 기부하는 것을 보았습니다.

3rd Story

[개인적인 생각이나 의견] The program reported that he deserves to be respected. I also think he is a good person beyond a movie star.

그 프로그램은 그가 존경받아야 한다고 보도했습니다. 저 역시도 그가 영화 스타를 넘어서 좋은 사람이라고 생각합니다.

Voca cover 다루다, 취재하다, 방송하다 martial 싸움의, 전쟁의 donate 기부하다

제 3 탄 배드민턴 Three Combo 길잡이

세 번째 Three Combo 문제는 배드민턴 관련 질문들입니다. 실제 정기시험에서 아주 유사하게 출제될 수 있기 때문에 문제 패턴은 가급적 외워서라도 준비하는 게 좋습니다. 배드민턴 역시 질문과 샘플 답안을 자세하게 살펴본 후에 나만의 완벽한 답안을 준비하세요. 그럼 질문부터 살펴보겠습니다.

Stage 1 배드민턴 Three Combo Questions

Q1 Who do you play badminton with? What does he or she look like? Why do you like to play with him or her?

당신은 누구와 배드민턴을 치나요? 그 사람의 외모는 어떤가요? 왜 그 사람과 배드민턴 치는 것을 좋아하나요?

Q2 What kind of things do you usually do before you play badminton? Also, what do you do after playing it? Tell me about your typical badminton routine from beginning to end.

배드민턴 치기 전에 보통 어떤 일들을 하나요? 그리고 배드민턴을 친 후에는 어떤 일을 하나요? 일상적으로 배드민턴을 치는 패턴에 대해 처음부터 끝까지 얘기해 보세요.

Q3 When was the last time you played badminton? With whom did you play badminton? Please tell me about it in as much detail as you can.

언제 마지막으로 배드민턴을 경기를 했나요? 누구와 경기를 벌였나요? 최대한 자세히 얘기해 보세요.

배드민턴 Three Combo 문제를 확인해 보겠습니다. 첫 번째 문제는 함께 배드민턴을 치는 사람과 그 이유를 얘기해 보라는 질문입니다. 두 번째는 배드민턴을 치기 전과 후에 하는 활동, 즉 보통 배드민턴 치는 날 하는 일들을 설명해 보라는 질문입니다. 마지막으로 최근에 했던 배드민턴 경험을 얘기해 보라는 질문이 등장하고 있습니다.

배드민턴 파트너 소개 Tr-1201

Who do you play badminton with? What does he or she look like? Why do you like to play with him or her?

당신은 누구와 배드민턴을 치나요? 그 사람의 외모는 어떤가요? 왜 그 사람과 배드민턴 치는 것을 좋아하나요?

KEY POINTS

키워드　　Who, play badminton with, he or she look like, Why, play with him or her

리스닝 포인트　함께 배드민턴 치는 사람을 소개하고 왜 그 사람과 배드민턴을 치는지를 묻고 있구나.

스피킹 포인트　배드민턴 파트너를 소개하고 왜 그 사람과 치는 게 좋은지 적절한 이유를 답변하도록 하자.

HOW TO MAKE A STORY

1st Story

[아버지] I first learned how to play badminton from my father, so I usually play badminton with him. [외모] He has a curly hair and is 180 centimeters tall, and I think he is of above average stature.

저는 배드민턴 치는 것을 아버지에게 처음 배워서 보통 아버지와 배드민턴을 칩니다. 아버지는 곱슬머리이고 키는 180cm 정도이며 평균보다 키가 큰 편이라고 생각합니다.

2nd Story

[건강한 이유] Also, since he often works out in the gym, he is in good shape. [배드민턴을 즐기는 이유] But nowadays, I've started to play badminton with friends or other people who are also interested in it. [함께 배드민턴을 치는 사람] My friends are all into badminton, including me.

또한 아버지는 체육관에서 운동을 자주 하기 때문에 몸이 좋으십니다. 하지만 저는 요즘 배드민턴에 관심이 있는 친구들이나 다른 사람들과 배드민턴을 치기 시작했습니다. 저를 포함해서 제 친구들도 모두 배드민턴에 푹 빠져 있습니다.

3rd Story

[친구들 소개] They are also in good shape and all have nice bodies. [배드민턴을 치는 다른 이유(기대감)] That means I can become a person like that if I continue playing on a constant basis. [정리] That's why I like to play it with them.

친구들도 모두 건강하고 몸매도 아주 좋습니다. 이 말은 저도 계속 규칙적으로 배드민턴을 친다면 친구들처럼 될 수 있다는 것입니다. 이게 바로 그들과 배드민턴을 치는 게 좋은 이유입니다.

Voca　curly hair 곱슬머리　stature (사람의) 키　constant 끊임없는, 규칙적인

Q2 배드민턴을 치기 전후의 활동　Tr-1201

What kind of things do you usually do before you play badminton? Also, what do you do after playing it? Tell me about your typical badminton routine from beginning to end.

배드민턴 치기 전에 보통 어떤 일들을 하나요? 그리고 배드민턴을 친 후에는 어떤 일을 하나요? 일상적으로 배드민턴을 치는 패턴에 대해 처음부터 끝까지 얘기해 보세요.

키워드　　　　What, do before, play badminton, what, do after playing it, Tell me, typical badminton routine

리스닝 포인트　배드민턴을 치기 전과 후에 하는 활동, 즉 배드민턴을 치는 날 하는 활동이 무엇인지를 묻는 질문이구나.

스피킹 포인트　보통 배드민턴을 치는 날의 하루 일과를 시간 순서대로 얘기해보자.

○ 1st Story

[방과 후 활동] I usually exercise around a park near my place after school. [배드민턴을 치기 전의 활동] Before going to play badminton, I usually have a snack to give me extra energy. Of course, before that, I study hard at school.

저는 보통 방과 후에 집 근처 공원에서 운동을 합니다. 배드민턴을 치러 가기 전에 에너지를 보충하기 위해서 주로 간식을 먹습니다. 물론 그 전에는 학교에서 열심히 공부를 합니다.

○ 2nd Story

[걷기] And I often walk from school as a kind of exercise. [함께 배드민턴을 치는 사람] I play badminton with my friends or neighbors. [습관] Once I play badminton, I'm so into it that I often don't notice the time. [배드민턴을 마친 후의 활동] After that, I jog from the park to my house, and I have dinner cooked by my mom.

그리고 운동의 일환으로 종종 학교에서 집까지 걸어서 옵니다. 저는 친구들이나 이웃들과 함께 배드민턴을 칩니다. 일단 배드민턴을 치기만 하면 배드민턴에 너무 빠져들어서 자주 시간을 의식하지 못합니다. 배드민턴을 친 후에는 공원에서 집까지 가볍게 뛰어서 가고 어머니께서 만들어주시는 저녁을 먹습니다.

○ 3rd Story

[샤워, 과제, 공부] And then, after taking a shower, I do my homework or study until midnight. This is my typical badminton routine.

저녁을 먹고 나면 샤워를 하고 한밤중까지 숙제를 하거나 공부를 합니다. 이게 저의 전형적인 배드민턴 패턴입니다.

○ Voca　　take a shower 샤워를 하다　routine 일상, 루틴(통상적인 방법)

Q3 최근 배드민턴 경기 Tr-1201

When was the last time you played badminton? With whom did you play badminton? Please tell me about it in as much detail as you can.

언제 마지막으로 배드민턴 경기를 했나요? 누구와 경기를 벌였나요? 최대한 자세히 얘기해 보세요.

KEY POINTS

키워드 When, last time you played badminton, With whom, play badminton

리스닝 포인트 가장 최근에 언제 배드민턴을 쳤고 누구와 함께 쳤는지, 최근에 했던 배드민턴 경기를 얘기해 보라는 질문이구나.

스피킹 포인트 언제, 누구와 배드민턴을 쳤는지, 그리고 그날에 대한 생각이나 느낌을 간단하게 소개하도록 하자.

HOW TO MAKE A STORY

○ 1st Story

[아침 운동] I usually exercise every morning to build up my body. [배드민턴] Badminton is one of the best exercises for it. [어제] Yesterday, I went to play badminton as usual.

저는 몸을 만들기 위해서 보통 매일 아침 운동을 합니다. 배드민턴은 몸 만들기에 가장 좋은 운동 중 하나입니다. 어제 저는 평상시처럼 배드민턴을 치러 갔습니다.

○ 2nd Story

[친구들과의 약속] I played badminton with my classmates since I had an appointment with them. [친구들 가르쳐 주기] They told me that they had not played badminton since they were kids, so I was supposed to teach them how to play it again. [나의 생각] I thought I could easily teach them the way to play badminton well as I had been playing it for a long time.

반 친구들과 약속을 해서 함께 배드민턴을 쳤습니다. 친구들은 어렸을 때 이후로 한 번도 배드민턴을 쳐 본적이 없다고 해서 친구들에게 배드민턴을 다시 가르쳐 주기로 했습니다. 저는 오랫동안 배드민턴을 쳐왔기 때문에 배드민턴을 잘 칠 수 있도록 친구들을 쉽게 가르쳐 줄 수 있다고 생각했습니다.

○ 3rd Story

[어려움] But it was not as easy to teach them as I thought it would be because they had the wrong postures. [자세 교정] Three hours after they played badminton, they started to play in the right postures. [개인적인 생각이나 느낌] That was a tough day, but my efforts to teach them badminton were finally rewarded and I was happy with that.

그런데 친구들의 자세가 안 좋아서 제가 생각한 것보다 그들을 가르쳐 주는 일이 쉽지 않았습니다. 배드민턴을 치기 시작한 지 세 시간이 흘러서야 비로소 친구들은 바른 자세를 유지하기 시작했습니다. 정말 힘든 날이었지만 친구들에게 배드민턴을 가르치려는 제 노력이 결국에는 보상을 받게 되어서 너무 기뻤습니다.

○ **Voca** posture (사람이 앉거나 서 있는) 자세   reward 보상하다, 사례하다

Role-play 실전문제

제 1 탄　여가 활동 – 게임 Role-play Three Combo 길잡이

설문조사 여가 활동에서 게임을 선택하면 꼭 대비해둬야 할 Role-play Three Combo 문제입니다. Role-play 는 난이도가 높기 때문에 Intermediate Mid 3 등급을 받기 위해서는 꼭 해결해야 할 문제이기도 합니다. 그럼 게임과 관련된 Role-play 문제를 자세히 살펴볼까요?

Stage 1　게임 Role-play Three Combo Questions

Q1 I'll give you a situation and ask you to act it out. Suppose that your friend bought a new game a week ago and you want to know about it. Call your friend and ask three or four questions about the game.

상황을 드릴 테니 역할 연기를 해보세요. 일주일 전에 친구가 새 게임을 구입했는데 당신이 그 게임에 대해서 궁금하다고 해 보겠습니다. 친구에게 전화해서 그 게임에 관한 서너 가지 질문을 해보세요.

Q2 I'm sorry, but you have a problem which you need to solve. You borrowed a new game from your friend, but you accidentally dropped it onto the floor and broke it. Call your friend to explain the situation. And then offer two or three alternatives about this matter.

유감스럽게도 당신이 해결해야 할 문제가 생겼습니다. 친구한테 새 게임을 빌렸는데 바닥에 실수로 그 게임을 떨어뜨려 망 가져 버렸습니다. 친구에게 전화해서 그 상황을 설명하세요. 그러고 나서 이 문제에 대한 대안을 두세 가지 제시해 보세요.

Q3 Have you ever experienced that you accidentally dropped an item or a device and broke it? What was the item or device? How did you handle that? Tell me all about the experience in as much detail as possible.

어떤 물건이나 장비를 떨어뜨려서 망가뜨린 적이 있나요? 어떤 물건 혹은 장비였나요? 그 문제를 어떻게 처리했죠? 그 경험 을 최대한 자세하게 얘기해 보세요.

게임 Role-play 첫 번째 문제는 친구가 구입한 새로운 게임에 대해서 궁금한 점을 물어보라는 상황입니다. 두 번째 문제는 친구에게 빌린 게임기를 망가뜨린 돌발 상황을 해결해 보라는 질문이구요. 마지막 세 번째는 실제 로 어떤 물건이나 기구를 망가뜨린 경험이 있는지를 묻는 질문이 등장하고 있습니다. 세 문제의 패턴을 잘 익혀 두기 바랍니다.

Stage 2 ACTUAL TEST

Q1 새로운 게임에 대해서 친구에게 질문하기 ◯ Tr-1202

I'll give you a situation and ask you to act it out. Suppose that your friend bought a new game a week ago and you want to know about it. Call your friend and ask three or four questions about the game.

상황을 드릴 테니 역할 연기를 해보세요. 일주일 전에 친구가 새 게임을 구입했는데 당신이 그 게임에 대해서 궁금하다고 해보겠습니다. 친구에게 전화해서 그 게임에 관한 서너 가지 질문을 해보세요.

KEY POINTS

키워드　　　your friend bought a new game, you want to know about it, Call, ask, questions about the game

리스닝 포인트　친구가 새로 산 게임기에 대해서 알고 싶어서 친구에게 전화해서 궁금한 걸 질문해 보라는 거구나.

스피킹 포인트　전화를 건 목적을 설명하고, 게임기에 대해서 궁금한 점(가격이나 종류 등) 네 가지 정도를 물어보자.

HOW TO MAKE A STORY

○ 1st Story

[안부 인사] Hello, Bohyun. It's me, Yongmin. How are you doing? [최근 소식] I guess you're doing good because I heard that you finally got the new game that you really wanted.

여보세요, 보현이니? 나야, 용민이. 요즘 어떻게 지내니? 그렇게 갖고 싶어 하던 새 게임을 마침내 샀다니 넌 잘 지내고 있는 것 같더라.

○ 2nd Story

[전화 건 이유] By the way, can I ask you some questions about the game? [종류] What kind of game is it? [컴퓨터 게임] And does it work on the computer [비디오 게임] or on a video game console like Play Station or Xbox? [나의 바람] I actually want to get one.

다름이 아니고 그 게임에 대해서 좀 물어봐도 될까? 그 게임이 어떤 종류의 게임이니? 그 게임이 컴퓨터에서 작동하니, 아니면 플레이 스테이션이나 Xbox처럼 비디오 게임기에서 작동하니? 사실 나도 게임을 하나 갖고 싶거든.

○ 3rd Story

[가격] And can you tell me how much it costs? [주문 기간] If I order the game on the Internet, how long will it take for me to get it? [당부의 말] Just tell me whatever you know about the new game.

그리고 가격이 얼마인지도 알려줄 수 있어? 인터넷으로 게임을 주문하면 받기까지 얼마나 걸리니? 그 새 게임에 관해서 아는 게 있으면 무엇이든 말해 주렴.

○ Voca　game console 게임기　cost 비용이 들다

Q2 게임을 망가뜨린 상황 해결하기 🔘 Tr-1202

I'm sorry, but you have a problem which you need to solve. You borrowed a new game from your friend, but you accidentally dropped it onto the floor and broke it. Call your friend to explain the situation. And then offer two or three alternatives about this matter.

유감스럽게도 당신이 해결해야 할 문제가 생겼습니다. 친구한테 새 게임을 빌렸는데 바닥에 실수로 그 게임을 떨어뜨려 망가져 버렸습니다. 친구에게 전화해서 그 상황을 설명하세요. 그러고 나서 이 문제에 대한 대안을 두세 가지 제시해 보세요.

KEY POINTS

키워드   borrowed a new game, accidentally dropped it, broke it, Call your friend to explain the situation, offer, alternatives

리스닝 포인트   빌린 게임기를 떨어뜨려서 게임기가 망가진 돌발 상황 발생. 친구에게 상황을 설명하고 적절한 대안을 제시해 보라는 질문이구나.

스피킹 포인트   어쩌다 게임기를 망가뜨렸는지 설명한 후에 망가진 게임기를 어떻게 할 것인지 두세 가지 대안을 제시해 보자.

HOW TO MAKE A STORY

1st Story

[인사와 자기소개] Hello. It's me, Yongmin again. [전화를 건 이유] Thanks for lending me your new game, but I've got something serious to tell you.

안녕, 또 나야 용민이. 새 게임기를 빌려줘서 고마워, 그런데 심각하게 얘기할 게 좀 있어.

2nd Story

[상황 설명] Well, I think the game is broken since I accidentally dropped it onto the floor of the hall in my apartment. [부연 설명] I know this game was what you wanted to have and also it was pretty expensive. [수리비를 부담하겠다는 방안] So I'll pay for the cost of repairing the game.

음, 내가 우리 아파트 거실 바닥에 실수로 그 게임을 떨어뜨려서 고장이 난 것 같아. 이 게임이 네가 정말 가지고 싶어 했던 거고 가격도 꽤 비싸다는 것 나도 잘 알아. 그러니 게임 수리 비용을 내가 부담할게.

3rd Story

[새 게임기를 사주겠다는 방안] Otherwise, do you want me to get you a new one? If that's alright with you, I think I can do it. [부탁] Instead, let me have this broken one.

아니면 내가 새것으로 사주길 원하니? 네가 좋다면 그렇게 할게. 대신 이 고장 난 게임기는 내가 가지게 해줘.

Voca   serious 심각한, 신중한   accidently 실수로   repair 수리하다

물건이나 장비를 망가뜨린 경험 Tr-1202

Have you ever experienced that you accidentally dropped an item or a device and broke it? What was the item or device? How did you handle that? Tell me all about that experience in as much detail as possible.

어떤 물건이나 장비를 떨어뜨려서 망가뜨린 적이 있나요? 어떤 물건 혹은 장비였나요? 그 문제를 어떻게 처리했죠? 그 경험을 최대한 자세하게 얘기해 보세요.

KEY POINTS

키워드 experienced that you accidentally dropped an item or a device and broke it, What was the item or device, How, handle that

리스닝 포인트 어떤 물건을 떨어뜨려서 실제로 망가뜨린 경험이 있는지, 어떤 물건이고, 어떻게 그 문제를 해결했는지를 묻는 질문이구나.

스피킹 포인트 망가뜨린 물건이 무엇인지, 그 물건은 어떻게 망가졌고, 이후에 어떻게 해결했는지 등을 시간 순서대로 답변하도록 하자.

HOW TO MAKE A STORY

1st Story

[경험 여부] Of course, I have! I have replaced my cellular phones three or four times so far. [핸드폰 사고] One day, I had to get a new phone in each case due to these accidents.

물론 있습니다. 저는 지금까지 핸드폰을 서너 번 바꿨습니다. 다음과 같은 사고로 매번 새 핸드폰을 샀어야만 했습니다.

2nd Story

[시기] I remember it happened two years ago. [상황 설명] I was speaking on the phone, holding it in my right hand. [실수] But suddenly the cell phone slipped from my hand and I dropped it by accident in the course of trying to catch it with my left hand.

제 기억으로는 2년 전에 일어난 일입니다. 저는 핸드폰을 오른손으로 들고 통화를 하고 있었습니다. 그런데 갑자기 손에서 핸드폰이 미끄러졌고 왼손으로 핸드폰을 바꿔 잡으려고 하다가 실수로 그만 핸드폰을 놓쳐서 떨어뜨리고 말았습니다.

3rd Story

[새 핸드폰 구입] So, the phone was totally broken and I had to buy another one right away. [새옹지마] Getting a new one was like a blessing in disguise because I could purchase the most recent cell phone at that time.

그래서 그 핸드폰은 완전히 부서졌고 저는 바로 새 핸드폰을 사야 했습니다. 그때 가장 최신 핸드폰을 살 수 있었기 때문에 새 핸드폰을 산 것은 새옹지마와 같았습니다.

Voca in the course of ~ 동안   catch (물건을) 잡다   blessing in disguise 뜻밖의 좋은 결과(=새옹지마)

제 2 탄　취미 생활 – 음악 감상 Role-play Three Combo 길잡이

설문조사에서 관심사나 취미 항목 중 음악 감상을 선택하면 꼭 대비해둬야 할 Role-play Three Combo 문제입니다. 음악과 관련된 Role-play 문제가 그 동안 빈번하게 출제되었기 때문에 자세하게 대비해 두시기 바랍니다. 자, 그럼 음악 감상과 관련된 Role-play Three Combo 문제를 만나볼까요?

Stage 1　음악 감상 Role-play Three Combo Questions

Q1 I'll give you a situation and ask you to act it out. Imagine that you are planning to buy a new MP3 player at a nearby store. Call the store and ask three or four questions about the new MP3 player.

상황을 드릴 테니 역할 연기를 해보세요. 가까운 가게에서 새 MP3 플레이어를 하나 구입한다고 해보겠습니다. 그 가게에 전화해서 새 MP3 플레이어에 관해서 서너 가지 질문을 해보세요.

Q2 I'm sorry, but you have a problem which you need to solve. The new MP3 player you are interested in is not available right now. What should you do? Call the store again and propose some solutions so that you can buy it as soon as possible.

유감스럽게도, 해결해야 할 문제가 생겼습니다. 당신이 관심 있어 하는 새 MP3 플레이어가 지금 당장은 구매가 어렵다고 합니다. 어떻게 해야 할까요? 가게에 다시 전화해서 그 MP3 플레이어를 최대한 빨리 구입할 수 있도록 몇 가지 해결책을 제시해 보세요.

Q3 How and when did you first become interested in listening to music? How did the music influence you? Tell me about it with a lot of details.

어떻게, 언제 처음으로 음악 감상에 관심을 갖게 되었나요? 그 음악은 당신에게 어떤 영향을 주었나요? 자세히 얘기해 보세요.

음악 감상 Role-play의 주제는 MP3 플레이어입니다. 첫 번째 문제는 가게에 전화해서 새 MP3 플레이어에 대해서 궁금한 점을 물어보라는 상황입니다. 두 번째 문제는 원하는 MP3 플레이어를 지금 바로 구입할 수 없는 돌발 상황에서 빨리 구입할 수 있도록 해결책을 제시해 보라는 질문입니다. 마지막 세 번째는 음악에 관심을 가지게 된 계기와 때, 그리고 음악이 미친 영향을 묻는 과거 질문입니다.

Stage 2 ACTUAL TEST

Role play

Q1 새 MP3 구입  Tr-1202

I'll give you a situation and ask you to act it out. Imagine that you are planning to buy a new MP3 player at a nearby store. Call the store and ask three or four questions about the new MP3 player.

상황을 드릴 테니 역할 연기를 해보세요. 가까운 가게에서 새 MP3 플레이어를 하나 구입한다고 해보겠습니다. 그 가게에 전화해서 새 MP3 플레이어에 관해서 서너 가지 질문을 해보세요.

KEY POINTS

키워드 planning to buy a new MP3 player, Call the store, ask, questions about the new MP3 player

리스닝 포인트 새 MP3 플레이어를 살 계획이니 가게에 전화해서 궁금한 점을 몇 가지 물어보라는 질문이구나.

스피킹 포인트 가게에 전화한 목적을 간략하게 말하고 나서 MP3 플레이어에 대해서 궁금한 점을 서너 가지 정도 물어보도록 하자.

HOW TO MAKE A STORY

1st Story

[인사 및 확인] Hello. Is this XYZ Electronic Goods Store? [전화를 건 이유] I'm just calling to see whether you have a brand new MP3 player called BBB.

여보세요, XYZ 전자제품점이죠? BBB라는 새로운 브랜드의 MP3 플레이어가 있는지 알아보려고 전화 드렸습니다.

2nd Story

[재고 여부 질문] Do you have one available? [가격 묻기] How much is the new one? [신용카드 결제 직무] It's also possible to pay for it by credit card, right? [할부 관련 질문] Do you happen to have an interest-free installment plan for it? [할부 기간] If so, how long can I pay for this in installments? [기능에 대해서 묻기] And are there any special functions in the new MP3 player?

재고가 있나요? 가격은 얼마인가요? 신용카드로 지불해도 되겠죠? 혹시 카드 무이자 할부로도 되나요? 된다면, 할부는 몇 개월까지 되나요? 그리고 새 MP3 플레이어에 특별한 기능들이 있나요?

3rd Story

[방문] I think I will drop by your store and buy one soon. [부탁] Let's talk about it further then.

곧 상점에 직접 들러서 MP3 플레이어를 구입할 생각입니다. 그때 다시 한 번 이야기하죠.

Voca   installment 분할 불입, 할부

새 MP3 플레이어가 없는 상황 해결하기  Tr-1202

I'm sorry, but you have a problem which you need to solve. The new MP3 player you are interested in is not available right now. What should you do? Call the store again and propose some solutions so that you can buy it as soon as possible.

유감스럽게도, 해결해야 할 문제가 생겼습니다. 당신이 관심 있어 하는 새 MP3 플레이어가 지금 당장은 구매가 어렵다고 합니다. 어떻게 해야 할까요? 가게에 다시 전화해서 그 MP3 플레이어를 최대한 빨리 구입할 수 있도록 몇 가지 해결책을 제시해 보세요.

KEY POINTS

키워드 The new MP3 player, not available right now, propose some solutions so that you can buy it

리스닝 포인트 내가 사려고 하는 MP3 플레이어가 지금은 없는 돌발 상황이 주어졌고 가능한 한 빨리 구입할 수 있도록 적절한 해결책을 제시해 보라는 질문이구나.

스피킹 포인트 전화 건 목적과 빨리 MP3 플레이어를 받을 수 있는 방법 또는 대안을 두 가지 정도 제시하도록 하자.

HOW TO MAKE A STORY

○ 1st Story

[인사와 소개] Hello. This is the person who called you to ask about the brand new MP3 player the other day. [재고 상태] I heard that the new MP3 players are already out of stock.

여보세요. 일전에 새로운 브랜드의 MP3 플레이어에 대해 여쭈어보려고 전화 드렸던 사람인데요. 새 MP3 플레이어의 재고가 벌써 다 떨어졌다고 들었습니다.

○ 2nd Story

[구입 가능 시기] Then, when will you get some more in stock? How about this? [전화로 회신을 달라는 대안] As soon as you secure a supply of the new MP3 players, please call me at this number.

그럼 언제쯤 MP3 플레이어를 들여올 건가요? 이 방법은 어때요? 새 MP3 플레이어를 확보하시는 대로 이 번호로 제게 전화를 주세요.

○ 3rd Story

[부탁 확인] Would you do that for me? [계약금을 지불하겠다는 대안] I can make a down payment for it. How much is the deposit?

해주실 수 있죠? 제가 계약금을 먼저 내겠습니다. 계약금으로 얼마면 될까요?

○ Voca

the other day 일전에, 며칠 전에   out of stock 재고가 떨어진   make a down payment 계약금을 걸다

Q3 음악에 관심을 가지게 된 계기와 영향 ◯ Tr-1202

How and when did you first become interested in listening to music? How did the music influence you? Tell me about it with a lot of details.

어떻게, 언제 처음으로 음악 감상에 관심을 갖게 되었나요? 그 음악은 당신에게 어떤 영향을 주었나요? 자세히 얘기해 보세요.

KEY POINTS

키워드 How, when, first become interested in, listening to music, How, the music influence you

리스닝 포인트 어떻게, 언제 처음으로 음악에 관심을 가지게 되었고 그 음악이 당시에 어떤 영향을 미쳤는지를 묻고 있는 질문이구나.

스피킹 포인트 처음 음악에 관심을 가지게 된 계기를 먼저 소개하고 음악이 나에게 끼친 영향을 좀 더 구체적으로 대답하도록 하자.

HOW TO MAKE A STORY

○ 1st Story

[음악에 심취] I like to listen to music. It's not that I just like music, but I'm so into music itself. [콘서트 관람] I even go to concerts two or three times a month. [계기 설명] I think music has had a big influence on me ever since I watched a pianist.

저는 음악 감상을 좋아합니다. 단순히 좋아한다는 말이 아니라 완전 심취해 있습니다. 콘서트도 한 달에 두세 번 가는 편입니다. 음악은 제가 어떤 피아니스트를 본 이후로 저에게 큰 영향을 줬던 것 같습니다.

○ 2nd Story

[고등학교 때의 기억 설명] I vividly remember it was when I was a high school student. [피아니스트의 영향] She was a great pianist with four fingers. I first knew about her from a documentary that was aired on TV. Her story was like this. [장애 극복] She was born with only four fingers, but she enjoyed playing the piano and finally overcame her disability through enormous effort.

제가 고등학생 때였던 것으로 생생히 기억합니다. 그녀는 손가락이 네 개인 훌륭한 피아니스트였습니다. 저는 TV에 방송된 다큐멘터리를 통해서 처음 그녀를 알게 되었습니다. 그녀의 이야기는 다음과 같았습니다. 그녀는 손가락이 네 개 인체로 태어났지만 피아노 연주를 즐겼고 엄청난 노력 끝에 마침내 그녀의 장애를 극복했습니다.

○ 3rd Story

[느낌] After that, I had two thoughts. [음악의 위력] First of all, music is incredible, [다짐] and second of all, I will never give up on anything given to me.

그 후 두 가지 생각이 떠올랐습니다. 첫 번째로 음악은 대단한 위력을 가지고 있다는 것이고 두 번째는 제게 주어진 그 어떤 것도 결코 포기하지 않겠다는 것입니다.

○ Voca vividly 생생하게, 선명하게 air 방송하다 enormous 막대한, 거대한

제 3 탄   여행–자동차 렌트 Role-play Three Combo 길잡이

국내 여행과 해외 여행 둘 중 한 항목을 선택하면 출제될 가능성이 높은 Role-play 상황이 바로 자동차 렌트 관련 문제입니다. 자동차를 렌트하려고 하는데 원하는 브랜드의 자동차가 없는 상황이 일반적으로 등장하게 되는데요. 자동차 렌트 Role-play Three Combo 질문을 좀 더 자세하게 들여다보겠습니다.

Stage 1   자동차 렌트 Role-play Three Combo Questions

Q1 I'll give you a situation and ask you to act it out. Assume that you are going on a trip with your best friend and want to rent a vehicle. Call a rental company and ask three or four questions about renting it.

상황을 드릴 테니 역할 연기를 해보세요. 단짝 친구와 여행을 하려 하고 차를 한 대 렌트하고 싶다고 해보겠습니다. 렌터카 회사에 전화해서 차를 빌리는 것과 관련해서 서너 가지 질문을 해보세요.

Q2 I'm sorry, but you have a problem which you need to solve. You want to rent your favorite brand's vehicle for the trip with your friend, but it is not available. Call your friend and explain the situation. Then offer some options about this issue.

유감스럽게도 해결해야 할 문제가 생겼습니다. 당신이 이번 여행에 좋아하는 브랜드의 차를 빌리고 싶은데 해당 차를 지금은 이용할 수가 없다고 합니다. 친구에게 전화해서 상황을 설명하세요. 그러고 나서 이 문제에 대한 대안을 몇 가지 제시해 보세요.

Q3 Have you ever rented a vehicle? When was it? Where was the rental agency located? Why did you need to rent the vehicle? Where did you travel? Please tell me about the experience in as much detail as you can.

차를 빌려본 적이 있나요? 언제였나요? 렌터카 회사는 어디에 있었나요? 왜 차를 빌렸죠? 어디로 여행을 떠났나요? 그 경험에 대해 최대한 자세히 얘기해 보세요.

자동차 렌트 첫 번째 문제는 여행을 하기 위해서 렌터카 회사에 전화해서 차를 대여할 수 있도록 여러 가지 물어보라는 상황입니다. 그런데 원하는 브랜드의 차종이 없는 돌발 상황에서 친구에게 전화로 대안을 제시해 보라는 질문이 바로 나왔습니다. 마지막으로 자동차를 대여한 실제 경험에 대해서 묻는 질문이 나오고 있습니다. 세 문제의 내용과 패턴을 잘 숙지해서 잘 대비해두시기 바랍니다.

Stage 2 ACTUAL TEST

자동차 렌트 Tr-1202

I'll give you a situation and ask you to act it out. Assume that you are going on a trip with your best friend and want to rent a vehicle. Call a rental company and ask three or four questions about renting it.

상황을 드릴 테니 역할 연기를 해보세요. 단짝 친구와 여행을 하려 하고 차를 한 대 렌트하고 싶다고 해보겠습니다. 렌터카 회사에 전화해서 차를 빌리는 것과 관련해서 서너 가지 질문을 해보세요.

KEY POINTS

키워드 going on a trip with your best friend, want to rent a vehicle, Call a rental company, ask, questions about renting it

리스닝 포인트 친구와 여행을 갈 계획이니 렌터카 회사에 전화해서 차를 대여하기 위해 궁금한 점을 물어보라는 질문이구나.

스피킹 포인트 렌터카 회사에 전화해서 담당자에게 렌트 목적과 렌트와 관련된 여러 가지를 물어보도록 하자.

HOW TO MAKE A STORY

○ 1st Story

[인사] Hello. Is this ABC Rental Car company? [담당자 연결] Can I speak to the person in charge of renting cars? [차량 질문] Well, I need to rent a sleek sports car that seats two to four people.

안녕하세요, ABC 렌터카 회사입니까? 차량 렌트 담당자와 통화할 수 있을까요? 음, 2인에서 4인용의 매끈한 스포츠카 한 대를 빌리고 싶은데요.

○ 2nd Story

[원하는 차종이 있는지 물어보기] Do you have any cars like that? [렌트 기간 질문] And I want to use it for three days, this weekend. I mean, do you have one available from Friday to Sunday? [가격 질문] How much should I pay for three days and how much is it a day?

그런 차가 있나요? 그리고 이번 주말에 3일 동안 빌리고 싶습니다. 제 말은 금요일부터 일요일까지 빌릴 수 있는 차가 있나요? 3일 임대 비용은 얼마이고 하루 임대 비용은 얼마인가요?

○ 3rd Story

[기름 질문] I guess I have to put gas in the rental car, right? [부연 질문] Finally, is there anything else I need to know about renting a car?

렌터카에는 제가 기름을 넣어야 하죠, 그렇죠? 마지막으로 차를 빌리는 것과 관련해서 제가 더 알아야 할 게 있나요?

○ Voca in charge of ~을 담당하는, 책임지는 sleek (모양이) 매끈한

원하는 브랜드의 자동차가 없는 돌발 상황 Tr-1202

I'm sorry, but you have a problem which you need to solve. You want to rent your favorite brand's vehicle for the trip with your friend, but it is not available. Call your friend and explain the situation. Then offer some options about this issue.

유감스럽게도 해결해야 할 문제가 생겼습니다. 당신이 이번 여행에 좋아하는 브랜드의 차를 빌리고 싶은데 해당 차를 지금은 이용할 수가 없다고 합니다. 친구에게 전화해서 상황을 설명하세요. 그러고 나서 이 문제에 대한 대안을 몇 가지 제시해 보세요.

KEY POINTS

키워드 rent your favorite brand's vehicle, but it is not available, Call your friend, explain the situation, offer some options

리스닝 포인트 내가 선호하는 브랜드의 차를 지금 이용할 수 없는 돌발 상황이 주어졌구나. 친구에게 전화해서 상황을 설명하고 몇 가지 해결책을 제시해 보라는 질문이구나.

스피킹 포인트 먼저 친구에게 자동차를 대여할 수 없는 상황을 설명한 후에 어떻게 할 것인지 적절한 대안을 두세 가지 제시하도록 하자.

HOW TO MAKE A STORY

1st Story

[인사] Hello. This is Jake. Is this Yuri? [통화 가능 여부 질문] Can I talk to you for a minute?

여보세요, 나야 Jake. 유리니? 잠깐 통화할 수 있니?

2nd Story

[상황 설명] I just got a phone call in which I learned that I can't rent the sports car that I want. As the peak season began, the car I asked for was so popular that I can't rent it from the agency. What do you think about this problem? Actually, I have come up with a couple of ideas. [다른 렌터카 회사를 알아보자는 대안] The first one is just to call another rental agency, but I am not sure this is good because as you know this is the peak season.

방금 전화를 받았는데 원하는 스포츠카를 빌릴 수 없대. 성수기가 시작되서 내가 요청한 차가 너무 인기가 많아 그 대여점에서는 빌릴 수가 없다고 하네. 이 문제를 어떻게 하면 좋을까? 실은 몇 가지 생각을 해봤어. 우선 다른 렌터카 회사에 전화를 하는 건데 너도 알다시피 요즘 성수기라서 이게 좋은 방법인지 잘 모르겠어.

3rd Story

[보통 차종을 빌리자는 대안] The second one is renting just a normal model. Although it is not luxurious, I will try to find the one that is popular and not too expensive. [의견 구하기] Which one do you prefer? Or if you have a better idea, please let me know.

두 번째 생각은 그냥 평범한 차를 대여하는 거야. 호화롭진 않더라도 인기 있고 비싸지 않은 모델로 내가 찾아볼게. 어떤 게 맘에 드니? 혹시 더 좋은 생각이 있으면 나한테 알려줘.

Voca peak season 성수기   luxurious 호화로운

자동차 렌트 경험 Tr-1202

Have you ever rented a vehicle? When was it? Where was the rental agency located? Why did you need to rent the vehicle? Where did you travel? Please tell me about the experience in as much detail as you can.

차를 빌려본 적이 있나요? 언제였나요? 렌터카 회사는 어디에 있었나요? 왜 차를 빌렸죠? 어디로 여행을 떠났나요? 그 경험에 대해 최대한 자세히 얘기해 보세요.

KEY POINTS

키워드 rented a vehicle, When, Where, the rental agency, Why, rent the vehicle, Where, travel

리스닝 포인트 실제로 자동차를 렌트한 경험이 있는지, 있다면 언제 했고, 렌터카 회사는 어디에 있는지, 왜 렌트를 했고 어디를 여행했는지 다양한 것을 묻고 있구나.

스피킹 포인트 먼저 렌트 경험 유무를 간단하게 소개하고, 렌터카 회사 정보를 간략하게 설명한 후에 언제, 왜 차를 대여 했고 어디로 여행을 갔는지 등의 내용을 좀 더 구체적으로 답변하도록 하자.

HOW TO MAKE A STORY

1st Story

[과거 시간] One afternoon when I was a junior in college, I got a chance to rent a car. [잊지 못하는 이유 설명] I can't forget that day because it was the end of the year.

제가 대학 3학년이던 어느 날 오후 차를 빌릴 기회가 있었습니다. 그 해의 마지막 날이어서 저는 그 날을 잊을 수가 없습니다.

2nd Story

[여자 친구와의 여행] I was planning to go on a trip with my girlfriend back then. [근처 렌터카 회사] Fortunately, the rental agency was near where I lived. It was located between Seoul Station and Sookmyung Women's University subway station. [2주년 기념 여행] The trip was for our two-year-anniversary since we first dated. [정동진으로의 여행] We drove the rental car to Jungdongjin.

그때 저는 여자 친구와 여행을 갈 계획이었습니다. 다행히도 렌터카 회사가 제가 살고 있는 집 근처에 있었습니다. 그 회사는 서울역과 숙명여대 전철역 사이에 있었습니다. 그 여행은 우리가 처음 사귀기 시작한지 2주년을 기념하기 위한 것이었어요. 우리는 그 렌터카를 타고 정동진에 갔습니다.

3rd Story

[정동진을 가는 이유와 추억 소개] In Korea, the most popular way of celebrating New Year's Day is to travel to Jungdongjin. We enjoyed the New Year's sunrise together, and it was a very good memory.

한국에서 새해 첫 날을 축하하는 가장 인기 있는 방법은 정동진으로 여행을 가는 것입니다. 우리는 함께 새해 일출을 감상했고 이것은 너무나 좋은 추억이었습니다.

Voca sunrise 일출